Ihre Arbeitshilfen zum Download:

Die folgenden Arbeitshilfen stehen für Sie zum Download bereit:

- Checklisten
- Fragebögen
- Fallvignetten
- Linklisten

Den Link sowie Ihren Zugangscode finden Sie am Buchende.

Betriebe gesund managen

Erwin Gollner/Heinz K. Stahl/Florian Schnabel

Betriebe gesund managen

Systemorientiertes Handeln für ein nachhaltiges BGM

1. Auflage

Haufe Group
Freiburg · München · Stuttgart

Bibliografische Information der Deutschen Nationalbibliothek

Die Deutsche Nationalbibliothek verzeichnet diese Publikation in der Deutschen Nationalbibliografie; detaillierte bibliografische Daten sind im Internet über http://dnb.dnb.de/ abrufbar.

Print:	ISBN 978-3-648-14392-6	Bestell-Nr. 10568-0001
ePub:	ISBN 978-3-648-14393-3	Bestell-Nr. 10568-0100
ePDF:	ISBN 978-3-648-14394-0	Bestell-Nr. 10568-0150

Erwin Gollner/Heinz K. Stahl/Florian Schnabel
Betriebe gesund managen
1. Auflage, Oktober 2020

© 2020 Haufe-Lexware GmbH & Co. KG, Freiburg
www.haufe.de
info@haufe.de

Bildnachweis (Cover): © ThomasVogel, gettyimages

Produktmanagement: Dr. Bernhard Landkammer
Lektorat: Ulrich Leinz

Inhaltsverzeichnis

Vorwort

Dieses Buch erscheint zu einem Zeitpunkt, der vermutlich unter dem Stichwort »Corona-Pandemie« in die Geschichte eingehen wird. Schlagartig verdeutlichte die Pandemie unsere Verletzlichkeit. Gesundheit war plötzlich spürbar mehr als ein Konsumgut oder Lifestyleprodukt. Das Zusammenspiel von Körper und Geist konnte – in der Zeit des Lockdowns – jeder an Körper und Geist erfahren. Wird aufgrund dieser Erfahrung die Bedeutung von Gesundheit im beruflichen Kontext steigen? Wird die Aufmerksamkeit dafür am Arbeitsplatz wachsen?

Obwohl wir – historisch gesehen – weniger arbeiten als je zuvor, fühlen sich immer mehr Menschen bei der Arbeit unwohl und werden von ihr krank. Wo liegen die Ursachen für diese Entwicklung? Liegt es daran, dass Arbeit und Freizeit nicht mehr so klar getrennt sind, sondern die Arbeit die Freizeit zunehmend durchdringt? Wobei viele mobiles Arbeiten und Homeoffice durchaus nicht ablehnen, sondern wertschätzen. Liegt es auch daran, dass der Drang zur Selbstverwirklichung allzu oft in Selbstausbeutung umschlägt?

Wenn dem so ist, dann greift angesichts dieser Bedingungen ein Betriebliches Gesundheitsmanagement, dass nur auf *Krankheitsvermeidung* zielt, zu kurz. Dieses Ziel muss verknüpft werden – mit gesundheitlicher Prävention und Förderung zu einem ganzheitlichen Konzept.

Es genügt jedoch nicht, die Verwirklichung solcher Konzepte einigen Pionierorganisationen zu überlassen, und schon gar nicht, darauf zu warten, dass sich betriebliches Gesundheitsmanagement als bloße Mode erweist. Wer seinen Betrieb auch, aber nicht nur in Krisenzeiten gesund und leistungsfähig erhalten möchte, dem seien die folgenden Fragen ans Herz gelegt:

- Sind Mitarbeiter und Führungskräfte zuallererst ein Kostenfaktor? Und gilt es diesen Faktor unter dem allgegenwärtigen Diktat der »Effizienz« zu minimieren?
- Oder sind Mitarbeiter und Führungskräfte vielmehr ein Vermögenswert, durch den »Wertschöpfung« überhaupt erst möglich wird?
- Und ist es dann nicht sogar wirtschaftlich plausibel, diesen Vermögenswert weiter auszubauen, indem Gesundheit nicht als Nebengedanke mitläuft, sondern zur Leitidee der ganzen Organisation wird?
- Wenn dem so ist, was können wir in unserem Betrieb unternehmen, um genau dies zu erreichen, und zwar nicht nur für den Moment, sondern zeitübergreifend – und sei es, weil sich die nächsten Krisen nicht vermeiden lassen?

Mit diesem Buch möchten wir zeigen, welche praktischen Antworten es im betriebli chen Alltag auf diese letzte und entscheidende Frage gibt. Die Antworten, Anregungen und Empfehlungen haben wir unter dem Dachbegriff »*Betriebe Gesund Managen*« (**BGM**) zusammengefasst. Wir wenden uns mit diesem Buch an jene Menschen, die als Mitarbeiter, Führungskräfte, Unternehmer oder Berater an vorderster Front für den Erhalt und die Förderung betrieblicher Gesundheit tätig sind. Dabei vergessen wir nicht all jene, die gerade eine Aus- oder Weiterbildung im Bereich des Gesundheitsmanagements absolvieren.

Das Pinkafelder Modell »*Betriebe Gesund Managen*« ist das Ergebnis langjähriger Forschungstätigkeit eines interdisziplinären Teams. Carmen Braun, Judith Goldgruber, Katharina Hauer und Barbara Szabo haben dieses Projekt vorbereitet oder uns dabei begleitet. Dafür möchten wir uns herzlich bedanken. Dass wir dieses Modell mit der Praxis spiegeln durften, verdanken wir sehr vielen ungenannt bleibenden Betrieben, Organisationen und Unternehmen. Das vorliegende Buch wäre nicht möglich gewesen, ohne die tatkräftige Unterstützung durch Carmen Braun und Martina Meister bei der Aufbereitung der Abbildungen und Grafiken. Herzlichen Dank dafür. Nicht zuletzt erwies sich die Zusammenarbeit mit Anita Arneitz sowie Bernhard Landkammer und Ulrich Leinz vom Haufe-Verlag als überaus unterstützend und konstruktiv.

Erwin Gollner, Heinz K. Stahl, Florian Schnabel

Was Ihnen dieses Buch bietet

Intention des Buches »*Betriebe gesund managen*« ist es, einen theoriebasierten Zugang zum Thema Gesundheit im Betrieb anzubieten. Sie halten mit dem Buch einen praxisorientierten Leitfaden in der Hand, der immer wieder auf den wissenschaftlichen Hintergrund eingeht und diesen bündig transparent macht. Die Ziele sind:

- Sie lernen ein Managementsystem kennen, das Betriebe nachhaltig und ganzheitlich fit für die Zukunft macht, indem Gesundheit zu einem Leitwert in der Organisationskultur wird.
- Sie erfahren, welche vielfältigen und erprobten Möglichkeiten es gibt, um den Leitwert »Gesundheit« im betrieblichen Alltag mit Leben zu füllen.
- Wir versuchen die Zusammenhänge zwischen Gesundheit, Leistungsmotivation, Leistungsfähigkeit und Wettbewerbsfähigkeit zu verdeutlichen.
- Damit erhöhen sich die Chancen, betriebliche Gesundheit nicht auf Einzelmaßnahmen zu reduzieren, sondern Wirkungen zu erkennen, die bislang verborgen geblieben waren.
- Wo immer möglich und sinnvoll geben wir Ihnen wissenschaftlich erarbeitete »Tools« und Kennzahlen an die Hand.

Schnellübersicht
Das Buch »Betriebe Gesund Managen« bietet Ihnen insgesamt 10 Kapitel, die folgende Themen und Inhalte umfassen:

Teil 1: Grundlagen
In **Kapitel** 1 erhalten Sie einen kurzen Einblick, was es bedeutet Betriebe gesund zu managen und welche Ansätze dem Buche zugrunde liegen.

Eine Zusammenschau wie Gesundheit am Arbeitsplatz entstehen kann und welches Gesundheitsverständnis Sie durch das Buch begleiten soll, erfahren Sie in **Kapitel** 2.

Das dem Buch zugrunde liegende Modell »Betriebe Gesund Managen« und dessen Einsatz in der Praxis sowie die Anwendbarkeit der personen- und strukturorientieren Gesundheitsförderung im Betrieb, finden Sie in **Kapitel** 3 beschrieben.

Kapitel 4 zeigt Ihnen auf, was der Begriff »Performanz« bedeutet und welchen Stellenwert dieser im Kontext »Betriebe Gesund Managen« einnimmt.

Teil 2: Handlungsrahmen
Was es bedeutet, Organisationen gesund zu entwickeln und wie Organisationsstrukturen und Organisationskultur zusammenhängen erfahren Sie in **Kapitel** 5.

Die Gestaltung einer gesunden Führungskultur und worauf es bei einem gesunden Führungsverhalten ankommt, wird in **Kapitel** 6 thematisiert.

Kapitel 7 gibt Ihnen einen Überblick zum gesundheitsförderlichen Personalmanagement und zeigt Ihnen auf, welche Handlungsfelder es für eine gesundheitsförderliche Personalentwicklung zu forcieren gilt.

Teil 3: Umsetzung

In **Kapitel** 8 erhalten Sie einen Einblick in die **BGM-Toolbox** und wir zeigen Ihnen wie gesundheitsförderliche Personal-, Führungskräfte- und Organisationsentwicklung gemessen werden kann.

Eine Zusammenschau von sogenannten **BGM-Indikatoren** und welchen Nutzen die Kombination ISO 45001 mit **BGM** mit sich bringt, lesen Sie in **Kapitel** 9.

Abschließend finden Sie in **Kapitel** 10 Ansatzpunkte für die Gestaltung einer gesunden innerbetrieblichen Pausenkultur und welchen Nutzen der Einsatz einer Herzratenvariabilitätsmessung für **BGM** mit sich bringt.

Teil 1: Grundlagen

1 Einführung

Gesundheit als organisationskulturelles Selbstverständnis bringt Unternehmen von der reinen Arbeitsfähigkeit (Workability) hin zur Gesundheit in allen Unternehmensbereichen (Health in all business policies). Denn wellnessbezogene Alibiaktivitäten wie ein gesunder Obstkorb, Fitnessstudiomitgliedschaften oder Massagegutscheine fördern nicht nachhaltig genug die Gesundheit der Mitarbeiter, dessen müssen wir uns bewusst sein. Nur wenn die Rahmenbedingungen für Mitarbeiter und Führungskräfte in den Arbeitsprozessen und Arbeitsumgebungen gesund sind, können und wollen Mitarbeiter und Führungskräfte sich mit all ihren Potenzialen und Ressourcen in das Unternehmen einbringen.

> **Faktencheck**
>
> Unternehmen, die diese Leitidee einer gesunden Organisation ernst nehmen, werden belohnt durch Mitarbeiter, ...
> - die achtmal so engagiert,
> - dreimal produktiver und
> - viermal kreativer sind.
>
> (World Economic Forum 2010)

1.1 Ein wissenschaftlich basiertes Werkzeug

Unternehmen mit den Leitwerten Gesundheit und Arbeitsfähigkeit, verknüpft mit modernen Managementansätzen und bezogen auf wirtschaftlichen Erfolg – ein Unternehmen, das sich dieses Ziel setzt, hat mit dem interdisziplinären Pinkafelder Modell »Betriebe Gesund Managen« erstmals ein wissenschaftlich basiertes Werkzeug zur Hand, das bei der praktischen Umsetzung im Betrieb unterstützt. In Anlehnung an

Don Nutbeams (2010) Buch »Theory in a Nutshell«, der einen praktischen Leitfaden zu den Gesundheitsförderungstheorien erstellt hat, ist es unsere Intention mit dem **BGM-Modell** das Betriebliche Gesundheitsmanagement theoriebasiert für die Berufspraxis aufzubereiten.

Dabei umfasst das Pinkafelder Modell weit mehr als frühere Ansätze, die nur darauf abzielten, Mitarbeiter gesund zu halten. Mitarbeiter und Führungskräfte sollen ihren Betrieb mit einem Lächeln betreten und nach der Arbeit das Gefühl haben, etwas Sinnvolles geleistet zu haben. Das berufliche Sinnerleben und das Erkennen von Sinn in der Arbeit geht einher mit höherer Motivation, Leistungsbereitschaft – und Gesundheit! Gerade in unsicheren und herausfordernden Zeiten gibt Gesundheit als gelebter Grundwert Sicherheit und stärkt den Zusammenhalt. Mitarbeiter identifizieren sich mehr mit dem Betrieb. Sie sind bereit, Innovationen voranzutreiben und bringen sich im Sinne des Erfolges des Betriebes ein.

Konkrete Kennzahlen

Um das zu erreichen, braucht es einen systematischen und ganzheitlichen Managementansatz. Das ist mit unserem Modell bezweckt. Erstmals wird betriebliche Gesundheit mit konkreten Kennzahlen messbar und nachhaltig gemacht. Wir bauen auf einem Zusammenspiel von gesundem Betrieb, gesunden Mitarbeitern und gesunden Führungskräften auf.

Die Handlungsfelder Arbeitsschutz und Sicherheitsmanagement, Eingliederungsmanagement und Gesundheitsförderung, verbunden mit der globalen Norm ISO 45001, bilden den Rahmen. Organisationsentwicklung, Führungskräfteentwicklung und Personalentwicklung übernehmen die Funktion eines Schlüssels, der mit dem praktisch anwendbaren Konzept der Performanz einen Perspektivenwechsel ermöglicht.

Performanz rückt das »Was und Wie« ins Zentrum des Tuns und kombiniert damit Leistung mit Wirkung. Outcomeorientiert können Maßnahmen gesetzt werden. Durch die eigens von uns entwickelten Fragebögen und mittels standardisierter Verfahren lassen sich konkrete Kennzahlen vorlegen, über Zeiträume vergleichen und deren Wirksamkeit und Wirtschaftlichkeit überprüfen. So wird Nachhaltigkeit der Gesundheit im Betrieb erreicht.

Unternehmensleitung, Führungskräfte, Personalmanager, aber auch Berater erhalten mit dem Pinkafelder **BGM-Modell** konkrete Empfehlungen für ein strategisches Vorgehen, welches auf aktuellen wissenschaftlichen Erkenntnissen beruht.

1.2   Drei Grundbegriffe: Betrieb – Unternehmen – Organisation

»**Betrieb**« ist für uns der Ort der Wertschöpfung. Hier finden all jene Interaktionen – zwischen Mensch und Mensch in unterschiedlichen Rollen und mit unterschiedlichen Ressourcen, zwischen Mensch und Technik sowie zwischen Mensch und Umgebung – statt, die für den Erhalt und die Förderung von Gesundheit entscheidend sind.

»**Organisation**« ist für uns ein zweckgerichtetes soziales System, das einen bestimmten Auftrag zu erfüllen hat und dabei auf Dauer eingerichtet ist. Sie bildet den rechtlichen und strukturellen Rahmen für den Betrieb, wobei eine Organisation auch mehrere Betriebe umfassen kann.

»**Unternehmen**« sind solche Organisationen, die ihren Auftrag nach dem erwerbswirtschaftlichen Prinzip erfüllen und daher nach Gewinn und einer angemessenen Verzinsung des Eigenkapitals streben.

In der Praxis beobachten wir immer wieder, dass Non-Profit-Organisationen (NPO), Non-Governmental-Organisationen (NGO) und sozialwirtschaftliche Organisationen ebenso professionell wie Unternehmen geführt werden, wiewohl sie nicht dem erwerbswirtschaftlichen Prinzip folgen. Wenn also in diesem Buch von Unternehmen und Betrieb die Rede ist, denken wir diese Organisationen immer mit.

1.3   Woher das Betriebliche Gesundheitsmanagement kommt

Die erste betriebliche Auseinandersetzung mit der Gesundheit von Mitarbeitern hatte ihren Ursprung in den »Corporate Fitness«-Programmen großer amerikanischer Konzerne in den 1980er-Jahren. Diese vereinzelten Initiativen fassten kurz darauf Fuß in den deutschsprachigen Niederlassungen dieser globalen Unternehmen. (Gollner/Kreuzriegler/Eitzinger 1992) In den Anfängen entwickelte sich die Betriebliche Gesundheitsförderung (BGF) über »gesunde« und gut gemeinte Einzelmaßnahmen, inspirierter Aktionisten, wie z. B. der Arbeitsmedizin oder von Mitarbeitern und Beratern, die einen beruflichen Hintergrund zur Gesundheit aufzuweisen hatten. Je nach fachlichem Schwerpunkt der Protagonisten standen Bewegungs- oder Ernährungsangebote, ergonomische Schulungen oder Impfprogramme im Vordergrund.

Viele gute und gut gemeinte Ideen wurden in dieser Pionierphase umgesetzt und häufig genug nach einigen Monaten eingestellt. Die betrieblichen Gesundheitsinitiativen waren vom Engagement beseelter Mitarbeiter und Chefs abhängig. So blieben viele Initiativen Stückwerk. Nachhaltigkeit der BGF war noch nicht in den Köpfen der Verantwortlichen verankert.

Erst im Laufe des vergangenen Jahrzehnts befassten sich immer mehr Personalverantwortliche mit Gesundheit am Arbeitsplatz. Sie implementierten das Thema in Per-
sonalabteilungen und gaben diesen Aktivitäten Struktur und Prozesshaftigkeit. Dies
verlieh der Betrieblichen Gesundheitsförderung den Nimbus einer managementori-
entierten Glaubwürdigkeit. Das Betriebliche Gesundheitsmanagement wurde aus der
Taufe gehoben. Diese Entwicklung führte zu einer fachlichen Entfremdung von den
ursprünglichen BGF-Pionieren wie Sport- und Ernährungswissenschaftlern, Psychologen, Physiotherapeuten und Medizinern. Ihre Handlungsperspektive, mit dem Individuum direkt zu arbeiten, wich einem zielgruppenorientierten, strukturierten und
organisationalem Ansatz. In dieser Phase begann auch die Wissenschaft, sich für das
Thema zu interessieren. Mittlerweile ist Betriebliches Gesundheitsmanagement in
der Wissenschaft angekommen, was die Verständlichkeit und Anwendbarkeit dieses
Ansatzes nicht immer erhöht hat.

Nach unserem Verständnis stellt das Betriebliche Gesundheitsmanagement einen
strukturierten Ansatz dar, der auf einem System der Steuerung aufbaut und darauf
abzielt, Maßnahmen der Gesundheitsförderung sowie der Arbeitssicherheit zu entwickeln. Damit bezieht sich Betriebliches Gesundheitsmanagement auf eine Logik, die
den obligatorischen Standards von Managementsystemen entspricht und auf jeder
Betriebsebene zum Einsatz gelangt.

Betriebliches Gesundheitsmanagement ist, unabhängig von der Intention, mittlerweile »en vouge«. Es zeigt häufig von ernst gemeinter Fürsorge der Unternehmensleitung für die Belegschaft und findet so rasch Einzug in die interne und externe Kommunikation. Manche Führungskräfte sprechen allerdings in diesem Zusammenhang
auch von Employer Branding, in dem Glauben, Mitarbeiter mittels des Betrieblichen
Gesundheitsmanagements für das Unternehmen gewinnen und binden zu können.

1.4   Wohin wir mit dem Modell »Betriebe Gesund Managen« wollen

Aus unserer langjährigen wissenschaftlichen und beraterischen Erfahrung wissen
wir, es ist in der Praxis eine zentrale Managemententscheidung, ob das Betriebliche
Gesundheitsmanagement ein Feigenblatt eines sich als gönnerhaft verstehenden
Unternehmertums ist oder ob es ein ernsthaftes, gemeinsames Bestreben von und
mit den Führungskräften und Mitarbeitern, gesundheitsförderliche Werte der Wertschätzung und des Vertrauens gemeinsam zu leben, ist.

Ein positives Betriebsklima mittels eines transparenten und vertrauensvollen Miteinander zu schaffen, ist nicht nur dann wichtig, wenn sich Unternehmen mit externen
Krisen konfrontiert sehen, sondern sollte Teil der »New Work« oder »Arbeitswelt 4.0«

sein. Unser Ansatz von Betrieblichem Gesundheitsmanagements ist es nicht, die Mitarbeiter im medizinischen Sinne gesund zu halten oder deren körperliche Fitness in Schwung zu bringen, sondern einen innerbetrieblichen Managementprozess zu implementieren, der gesundheitsförderliche Rahmenbedingungen schafft, die eine Organisationskultur entstehen lassen, in der Mitarbeiter und Führungskräfte den Betrieb nach getaner Arbeit mit dem Gefühl etwas Sinnvolles geleistet zu haben, wieder verlassen.

Ungewollt und meistens unverschuldet stehen viele Unternehmen mitten im disruptiven Change, weil sie sich neu positionieren oder sogar vielleicht komplett neu erfinden müssen. Unsere neue Arbeitswelt ist von Innovationen und tiefgreifenden Veränderungen geprägt. Diese Veränderungen schaffen Unsicherheit. Oft stehen wir Problemen gegenüber, für die wir die Lösung noch nicht kennen. Umso wichtiger ist es, dass Mitarbeiter sich mit gelebten Grundwerten identifizieren können. Gesundheit in der Arbeitswelt kann einer dieser zukünftig wichtigen Grundwerte sein. Dieser kann die intrinsische Motivation der Mitarbeiter fördern und sie dabei unterstützen, sich mit dem Betrieb zu identifizieren. Eine gelebte gesunde Organisationskultur kann sich so zu einem Erkennungsmerkmal entwickeln, sichert nicht nur leistungsfähige Mitarbeiter, sondern auch Wettbewerbsvorteile, treibt Innovationen voran und stärkt den Zusammenhalt – ganz nach dem Motto »you'll never work alone«. (Gollner/Schnabel/Braun 2020)

Unser Modell »*Betriebe Gesund Managen*« wirft einen interdisziplinären Blick auf das Betriebliche Gesundheitsmanagement. Es orientiert sich am Aufbau von Unternehmen, indem sich die Verankerung der Gesundheit an drei **BGM-Ebenen** orientiert:

- **Personen:** Gesundheitsförderliche Verhaltensweisen bei Mitarbeitern und Führungskräften fördern.
- **Struktur:** Aufbau von betrieblichen Rahmenbedingungen, damit auf der Personenebene gesundheitsförderliches Verhalten entsteht.
- **System:** Nachhaltige Verankerung von gesundheitsförderlichen Verhältnissen und Verhalten mittels eines Managementsystems im Betrieb.

Das Modell »*Betriebe Gesund Managen*« hat nicht den Anspruch das Betriebliche Gesundheitsmanagement neu zu erfinden, sondern wir wollen damit einen Handlungsrahmen anbieten, der zu einer Win-Win-Situation für Unternehmen, Führungskräfte und Mitarbeiter führt.

Die Kapitel begleiten durch die unterschiedlichen Ebenen des Modells (vgl. Abb. 1) und gehen näher auf deren Ziele ein. Im Wesentlichen zeichnet unser Modell folgendes aus:

Betriebe Gesund Managen« (**BGM**) wendet sich an *alle* im Unternehmen beschäftigten Menschen. Ziel ist es, den hohen Wert der *Gesundheit* mit *wirtschaftlichem Erfolg* zu verbinden.

Dazu wird die Entwicklung des *Personals*, der *Führung* und der *Organisation perma-nent*, *systematisch* und mit Blick auf deren *Wirkungen* als Ganzes vorangetrieben.

Dieser Dreiklang lässt sich auch an der *Leitidee* des »*Betriebe Gesund Managen*« able-sen: Gesunde Mitarbeiter – Gesunde Führungskräfte – Gesunder Betrieb.

Arbeitsschutz, Sicherheitsmanagement, Eingliederungsmanagement und Gesund-heitsförderung nehmen einen besonderen Stellenwert ein. Der Idee der Salutogenese folgend, werden sowohl die *Menschen* im Betrieb als auch die betrieblichen *Strukturen* beachtet.

»*Betriebe Gesund Managen*« ist kein temporäres Projekt, sondern ein *nachhaltiges* und *ganzheitliches* Konzept. Deswegen bindet es auch alle wichtigen Initiativen für die Sicherheit und Gesundheit bei der Arbeit mit ein, so etwa den PDCA-Zyklus »Plan-Do-Check-Act« und die globale Norm ISO 45001.

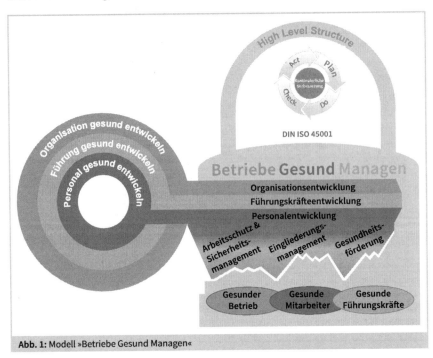

Abb. 1: Modell »Betriebe Gesund Managen«

Mit dem Modell »*Betriebe Gesund Managen*« geben wir Unternehmens- und Personal-verantwortlichen einen Orientierungsleitfaden zur Hand. Dabei wollen wir nicht Wis-sen über Dinge vermitteln, sondern den Nutzen und die Begeisterung für sie.

2 Grundverständnis Gesundheit

Arbeitsaufgaben
Kohärente Führung Salutogenese Arbeitsabläufe
Psychische Belastung
Sozialklima
Work Sense of Coherence
Psychische Gesundheit Wirkmodelle Organisationsklima
Psychische Beanspruchung Arbeitssinn
Ressourcenperspektive
Widerstandsressourcen
Arbeitsumgebung

Leitfragen   !

- Welcher Zusammenhang besteht zwischen Arbeit und Gesundheit?
- Was unterscheidet Belastung von Beanspruchung?
- Wie erklärt die Wissenschaft die Bedeutung der Gesundheit am Arbeitsplatz?

Mit Gesundheit verbinden wir im Alltag ein subjektives Gefühl, das uns in unterschiedlicher Weise und in verschiedenen Situationen begleitet. Mit der Frage »Wie geht es dir?« drücken wir ein Interesse an dieser subjektiven, gefühlten Gesundheit unseres Gegenübers aus. In eher seltenen Fällen interessiert uns aber der objektive Gesundheitszustand, tatsächliche Erkrankungen oder Krankheitsverläufe. Gesundheit ist für uns kein statischer Zustand, sondern ein dynamischer mehrdimensionaler Prozess, der sich in Abhängigkeit von äußeren Umständen und Einflussfaktoren permanent verändert.

Im Kontext der modernen Arbeitswelt bedeutet diese Dynamik von Gesundheit, dass wir in Abhängigkeit von spezifischen Arbeitsbedingungen und/oder tätigkeitsbezogenen Konfliktsituationen mit Kollegen bzw. Vorgesetzten unseren eigenen subjektiven Gesundheitszustand immer wieder aufs Neue einordnen und bewerten. Dabei ist hervorzuheben, dass die eigene Bewertung der Arbeitssituation auf zwei verschiedene Weisen vorgenommen werden kann, nämlich entweder als Ressource oder als Risiko für die eigene Gesundheit.

Salutogenese versus Pathogenese

Aus gesundheitswissenschaftlicher Sicht wird diese Ausrichtung auf den Aspekt Ressource als Salutogenese bezeichnet. Maßgeblich geprägt wurde diese Bezeichnung von dem amerikanisch-israelischen Wissenschaftler Aaron Antonovsky in den späten

1980er-Jahren. Ihm ging es nicht darum, Erklärungen für bestimmte Krankheiten oder Muster von Risikoverhaltensweisen zu finden, sondern er suchte nach Erklärungen für Gesundheit – jenseits der Risikovermeidung. Er stellte die simplen Fragen: »Warum bleiben Menschen gesund? Wie gelingt es ihnen, sich von Krankheiten zu erholen? Wie erhalten oder fördern sie ihre Gesundheit?«

Anders als das auf das Pathogene und auf Symptome hin orientierte Verständnis von Gesundheit der klassischen Schulmedizin, geht es bei der Salutogenese um »gesunde Personen«, die den Arbeitsbedingungen ausgesetzt sind. Es geht um Personen, die die Arbeitsbedingungen, als Ressource oder als Risiko für die eigene Gesundheit wahrnehmen.

Kohärenzgefühl: Stimmigkeit in allen Lebenslagen

Diese gesundheitsförderliche Perspektive wurde auf die Anforderungen der Arbeitswelt übertragen, indem Ergebnisse der Stressforschung mit der Salutogenese verknüpft wurden. So zeigten Studien, dass innerhalb des Konzeptes der Salutogenese, vor allem das Kohärenzgefühl maßgeblich dazu beiträgt inwieweit man die gesundheitlichen Auswirkungen von Arbeitsbedingungen modifizieren kann. Dies bedeutet, dass Mitarbeiter mit einem ausgeprägten Kohärenzgefühl unter gleichen Arbeitsanforderungen stressresistenter sind als Mitarbeiter mit geringem Kohärenzgefühl.

Den Begriff des »Kohärenzgefühls« deutet Aaron Antonovsky als Gefühl von Stimmigkeit in allen Lebenslagen. Das Kohärenzgefühl besteht aus den Faktoren *Sinnhaftigkeit*, *Verstehbarkeit* und *Handhabbarkeit*, die die Widerstandsfähigkeit gegenüber potenziellen gesundheitsschädigenden Stressoren beeinflussen.

Individuelle Beurteilung von Sinnhaftigkeit und Handhabung einer Tätigkeit

Umgelegt auf eine berufstätige Person bedeutet Kohärenz: Je besser eine Person den Sinn bzw. den Wert ihrer Tätigkeit für eine Abteilung oder Organisation erfassen kann und je besser sie für diese Tätigkeit qualifiziert ist, desto mehr ist diese Tätigkeit eine Ressource für die eigene Gesundheit. Führt die individuelle Beurteilung von Sinnhaftigkeit und Handhabung einer Tätigkeit hingegen nicht zu positiven Ergebnissen, so ist diese Tätigkeit ein Risiko für die eigene Gesundheit.

Das Konzept der Salutogenese führte auch hinsichtlich der Gesundheit am Arbeitsplatz zu einem Perspektivwechsel. Stand bis dahin der Gesundheitsschutz, um Mitarbeiter vor den Gefahren am Arbeitsplatz zu schützen, im Vordergrund, wandelte sich das Verständnis dahingehen, dass nun die Frage, was Betriebe dazu beitragen können, die Gesundheit ihrer Mitarbeiter zu unterstützen und zu fördern, im Mittelpunkt steht.

Dieses Umdenken kennzeichnete die fachliche Geburtsstunde der Betrieblichen Gesundheitsförderung. Vor diesem Hintergrund kann das Ziel moderner Personal- und Führungskräfteentwicklungsstrategien nur sein, bestehende Programme und Angebote um den Aspekt der Gesundheitsförderlichkeit der Arbeit zu erweitern und verstärkt in die Personal-, Führungskräfte- und Organisationsentwicklung in Zukunft zu integrieren.

2.1 Arbeitsbezogenes Kohärenzgefühl (Work-Sense of Coherence)

Betrachten wir renommierte Modelle zur Entstehung von Gesundheit im betrieblichen Kontext, so zeigt sich, dass der Bewältigung von arbeitsbedingten Belastungsfaktoren durch individuelle Bewältigungsstrategien (Copingstrategien) besondere Bedeutung beigemessen wird. Die Salutogenese zeigt zudem, dass wir auf sogenannte Widerstandressourcen angewiesen sind. Sie helfen uns, mit an uns herangetretenen Stressoren umzugehen und den durch Stressoren erzeugten Spannungszustand körperlich sowie psychisch zu überwinden. Wie und ob wir diese Ressourcen in uns mobilisieren können, hängt dabei vom Kohärenzsinn (Sense of Coherence – SoC) ab.

Zusammenhänge des Lebens verstehen und erschließen
Begeben wir uns auf die Suche nach dem Ursprung des Wortes »Kohärenz«, so werden wir in der lateinischen Sprache fündig. »Coherere« bedeutet im Lateinischen so viel wie »zusammenhängend«. Darüber hinaus wird der Begriff auch als Synonym für »logisch, schlüssig« verwendet. Kohärenzerleben hat demgemäß damit zu tun, Zusammenhänge des Lebens zu verstehen und zu erschließen – das Leben als logisch und schlüssig wahrzunehmen.

Kohärenz ist als eine Art »Sinn« zu verstehen, der von Person zu Person unterschiedlich stark ausgeprägt sein kann und der uns in der Wahrnehmung und Bewältigung von alltäglichen Erfahrungen und Belastungen begleitet. Der »Kohärenzsinn« kann gemäß Antonovsky als eine Überzeugung eines Menschen gesehen werden, das eigene Leben als sinnvoll, überschaubar und handhabbar wahrzunehmen. Das Ausmaß dieser Wahrnehmung (Kohärenzgefühl) ist wiederum ein entscheidender Parameter dafür, welche Positionierung ein Mensch auf dem Gesundheits-Krankheits-Kontinuum (vgl. Abb. 2) einnimmt. Je öfter eine Person wahrnimmt, dass sie Spannungs- und Stresszuständen des Lebens durch das Vorhandensein generalisierbarer Widerstandsressourcen nicht wehrlos ausgesetzt ist, desto ausgeprägter ist das Gefühl, das Leben meistern zu können und desto intensiver gestaltet sich das individuelle Kohärenzgefühl.

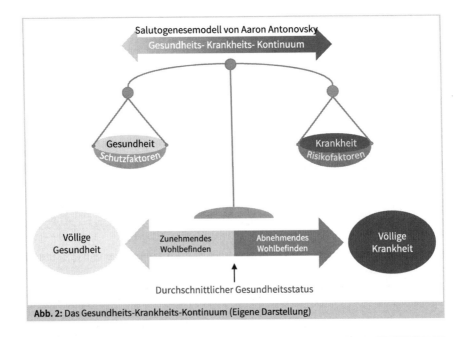

Abb. 2: Das Gesundheits-Krankheits-Kontinuum (Eigene Darstellung)

> **!** **Begriffsdefinition**
>
> **Generalisierte Widerstandsressourcen**
> Unter generalisierten Widerstandsressourcen sind individuelle, aber auch soziale und kulturelle Faktoren zu verstehen, die einem Individuum als Ressource dienen und dessen eigene Widerstandsfähigkeit erhöhen.

Das Kohärenzgefühl einer Person kann nach Antonovsky (1997, zitiert nach Franke 2006) als »(...) eine globale Lebenshaltung, verstanden werden, dass

- die Stimuli, die sich im Verlauf des Lebens aus der inneren und äußeren Umgebung ergeben, strukturiert und erklärbar sind (*Gefühl der Verstehbarkeit*)
- einem die Ressourcen zur Verfügung stehen, um den Anforderungen, die diese Stimuli stellen, zu begegnen (*Gefühl der Handhabbarkeit*)
- die Anforderungen Herausforderungen sind, für die sich Anstrengung und Engagement lohnen (*Gefühl der Sinnhaftigkeit*).«

Verstehbarkeit
Verstehbarkeit wird als jenes Ausmaß verstanden, in dem ein Mensch äußere Reize und Einflüsse als geordnet, konsistent und strukturiert wahrnimmt. Als entscheidend wird dabei das Gefühl von Vorhersehbarkeit beschrieben, welches Menschen mit hohem Kohärenzsinn ermöglicht, zukünftige Stimuli nicht als überraschend auftretend wahrzunehmen, sondern diese rechtzeitig zu erkennen, einzuordnen und zu bewerten. (Franke 2006)

Handhabbarkeit

Handhabbarkeit wird als pragmatischer Teil des Kohärenzgefühls gesehen und bezeichnet inwieweit einer Person Ressourcen zur Verfügung stehen, um mit Stressoren oder Anforderungen umzugehen. Diese Ressourcen müssen nicht unter eigener Kontrolle, sondern können auch unter Kontrolle anderer – nahestehender Personen, Personen im eigenen Umfeld – stehen. Personen mit einem hohen Maß an Handhabbarkeit sind befähigt, unerwartete Ereignisse und Schicksalsschläge zu bewältigen, ohne sich dabei in eine Opferrolle zu begeben. (Franke 2006)

Sinnhaftigkeit

Sinnhaftigkeit repräsentiert das Ausmaß, in dem eine Person das eigene Leben als sinnvoll erachtet. Entscheidend dafür ist die Einsicht, dass es sich lohnt, Anforderungen gegenüberzutreten und diese zu bewältigen. Vor diesem Hintergrund kann diese Komponente des Kohärenzgefühls unter einem motivationalen Aspekt gesehen werden, der Menschen befähigt, Herausforderungen und Aufgaben nicht als Last, sondern als Anforderungen wahrzunehmen. (Franke 2006)

Für die Entwicklung und Stärke der Ausprägung des Kohärenzgefühls sind jene Erfahrungen ausschlaggebend, die einem vermitteln, genügend Widerstandsressourcen zur Verfügung zu haben. Dies führt dazu, dass Menschen ihr Leben nicht als chaotisch und willkürlich wahrnehmen, sondern als geordnet, vorhersehbar und gestaltbar. Der Kohärenzsinn ist somit als ein dynamisches Konstrukt zu sehen, dass sich im Laufe der Lebenszeit unterschiedlich stark ausgestaltet und weiterentwickelt. (Blättner 2007)

2.1.1   Kohärenzerleben in der Arbeit

Der Einfluss der wahrgenommenen Arbeitsbedingungen auf die Gesundheit von Mitarbeiter konnte bereits zahlreich belegt werden. So können sowohl organisationale Ressourcen wie die Gestaltung von Arbeitsorganisation als auch personale und soziale Ressourcen wie Kohäsion oder Zusammenhalt zur Förderung der Mitarbeitergesundheit beitragen. (Mette/Harth 2017)

Aber welche Ressourcen erzielen eine indirekte Wirkung und beeinflussen die Wahrnehmung von Arbeitsorganisation und Arbeitsbedingungen sowie deren Auswirkungen auf die Gesundheit der Belegschaft? Bei dieser Überlegung stoßen wir schnell auf das Konzept des arbeitsbezogenen Kohärenzgefühls oder Work-Sense of Coherence (Work-SoC).

Antonovsky ging davon aus, dass der Kohärenzsinn als eine stabile Persönlichkeitsdisposition gesehen werden kann, die sich im Laufe der frühen Kindheit entwickelt und sich bis zu einem Alter von 30 Jahren stabilisiert.

Kohärenzsinn als intervenierende Variable zwischen Arbeitsumgebung, Gesundheit und Wohlbefinden

Aktuellere Erkenntnisse zeigen jedoch Gegenteiliges. So stellten Feldt et al. (2000) fest, dass sich der Kohärenzsinn einer Person im Laufe des Erwachsenenalters, aber auch innerhalb von Arbeit und Arbeitsumgebung, ändert. Es zeigt sich, dass der Kohärenzsinn eines Mitarbeiters als intervenierende Variable zwischen Arbeitsumgebung und Gesundheit sowie Wohlbefinden gilt. So beeinflusst der Kohärenzsinn nicht nur das Wohlbefinden des jeweiligen Mitarbeiters, sondern steht auch in Zusammenhang mit der wahrgenommenen Arbeitsumgebung. So können wir sagen: Je stärker der Kohärenzsinn eines Menschen ausgebildet ist, desto größer ist der Unterschied zum wahrgenommenen Stressniveau im Vergleich zu einem Menschen mit geringer ausgebildetem Kohärenzsinn. Daher sollten wir den Kohärenzsinn bei der gesundheitsförderlichen Betrachtung und Gestaltung von Arbeit nicht außer Acht lassen.

Drei Ebenen des arbeitsbezogenen Kohärenzgefühls

Übertragungen des Kohärenzsinns auf die Arbeit gibt es bereits – den »workrelated sense of coherence« (Work-SoC). Bauer & Jenny (2017) definieren den Work-SoC als das Ausmaß, in welchem ein Mitarbeiter seine Arbeit oder Arbeitssituation als verständlich, sinnhaft und handhabbar erachtet. Basierend auf diesen Überlegungen haben Eberz et al. (2011) eine Skala zur Erfassung des Kohärenzgefühls im Betrieb entwickelt. Sie sehen den Work-SoC jedoch weniger als Gefühl, sondern vielmehr als ein Schema, das sich aus einer emotionalen sowie einer kognitiven Komponente zusammensetzt. Die drei Ebenen des Work-SoC sind damit:

Handhabbarkeit in der Arbeitswelt

Das Gefühl, die geeigneten Ressourcen zur Lösung oder Bewältigung, der aus einer Arbeitsaufgabe resultierenden Anforderungen zur Verfügung zu haben und diese mobilisieren zu können.

Verstehbarkeit in der Arbeitswelt

Einflüsse und Arbeitsaufgaben subjektiv als vorhersehbar, erklärbar und strukturiert wahrzunehmen.

Sinnhaftigkeit in der Arbeitswelt

Die Bewältigung von Arbeitsanforderungen und die Auseinandersetzung mit Arbeitsaufgaben als sinnvoll und emotional befriedigend zu erachten.

Grundsätzlich zeigen Studienergebnisse, dass der Kohärenzsinn auf Wahrnehmungs- und Bewältigungsmechanismen von Arbeitsbedingungen Einfluss nimmt und sich bei starker Ausprägung positiv auf Gesundheit sowie Wohlbefinden auswirkt. Ergänzend zu diesen Erkenntnissen gilt es jedoch auch den gegenteiligen Wirkungszusammenhang – die Auswirkungen der Arbeitsbedingungen auf das Kohärenzerleben – zu betrachten. Eberz & Antoni (2016) definieren das Kohärenzerleben eines Mitarbeiters als eine Ressource, die durch Arbeitsbedingungen modifiziert sowie durch die Wahrnehmung von Arbeitsbedingungen beeinflusst wird. Feldt et al. (2000) untersuchten den Zusammenhang zwischen Kohärenzsinn und Organisationsklima bzw. Wohlbefinden. Die Ergebnisse zeigten Veränderungen im Organisationsklima und in Führungsbeziehungen, die mit einer Veränderung des Kohärenzsinns von Mitarbeitern verbunden waren. Die Vorstellung, dass der Kohärenzsinn durch Arbeitsbedingungen beeinflusst werden kann, stimmt auch mit den Annahmen von Antonovsky überein. So beschreibt er in seinem Konzept zur Salutogenese, dass die Umwelt entscheidend ist für die Gestaltung des Kohärenzsinns eines Individuums. Arbeit ist damit ein entscheidender Gestaltungsfaktor.

Langzeitstudien aus der Arbeitspsychologie stellen fest, dass das arbeitsbezogene Kohärenzgefühl pathogene Auswirkungen von Stressoren am Arbeitsplatz mildert (Bauer/Jenny 2017). Oder anders gesagt, ein hohes Kohärenzgefühl eines Mitarbeiters geht mit einer erhöhten Arbeitszufriedenheit einher und wirkt sich positiv auf allgemeines Wohlbefinden und aktive Bewältigung von Stressoren am Arbeitsplatz aus.

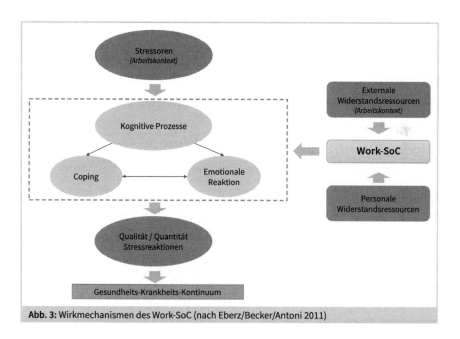

Abb. 3: Wirkmechanismen des Work-SoC (nach Eberz/Becker/Antoni 2011)

Beim Work-SoC geht es somit in erster Linie um die wahrgenommene Verstehbarkeit, Handhabbarkeit und Sinnhaftigkeit der aktuellen Arbeitssituation oder -bedingung. Diese Ebenen werden durch individuelle Charakteristika – wie z.B. Persönlichkeit – und durch arbeitsbezogene Charakteristika beeinflusst. Letzteres umfasst unter anderem die soziale Unterstützung durch das Führungshandeln des direkten Vorgesetzten sowie die Strukturen und Prozesse von Arbeitsbedingungen.

2.1.2 Kohärente Führung

Studien und Übersichtsarbeiten zeigen, dass die Wahrnehmung von Arbeitsbedingungen einen entscheidenden Einflussfaktor auf die Gesundheit von Beschäftigten darstellt. Dabei verdeutlicht sich, dass speziell der Kohärenzsinn eines Mitarbeiters einen moderierenden Effekt auf die Wahrnehmung von Arbeitsbedingungen ausübt und in weiterer Folge den Belastungsgrad verändern kann.

Der Work-SoC wird nicht nur durch individuelle Charakteristika wie das der Persönlichkeit, sondern auch durch arbeitsbezogene Charakteristika wie das Führungshandeln des Vorgesetzten beeinflusst. Die psychologische Führungsforschung konnte bereits nachweisen, dass Führungskräfte eine erhebliche Auswirkung auf die Gesundheit ihrer Mitarbeiter haben. Dabei kann Führung über mehrere Ebenen – über Führungsstil, Gestaltung von Arbeitsbedingungen oder Führungsverhalten – wirksam werden. Einerseits kann fehlorientiertes Führungsverhalten als Stressor und infolgedessen als Risikofaktor für die Entstehung von Arbeitsunzufriedenheit, Erschöpfungszuständen und Erhöhung der Fehlzeiten bei Mitarbeiter wirken. Andererseits kann Führungsverhalten ein protektiver Faktor sein, der sich in der Gestaltung gesundheitsförderlicher Arbeitsaufgaben und Rahmenbedingungen äußert und die Gesundheit der Mitarbeiter positiv beeinflussen kann. (Gregersen et al. 2011)

Einfluss der Kontextbedingungen auf das Kohärenzerleben
Führungskräfte nehmen über sogenannte Kontextbedingungen Einfluss auf das Kohärenzerleben von Mitarbeiter. Darunter sind die Erwartungen des direkten Vorgesetzten, Arbeitsbedingungen und die Gestaltung von Arbeitsaufgaben zu verstehen. Diese Kontextbedingungen nehmen wiederum Einfluss auf Interaktionsprozesse zwischen Mitarbeiter und Führungskraft und wirken sich so auf den Work-SoC aus.

Darüber hinaus lässt sich feststellen, dass das Kohärenzgefühl von Mitarbeitern ebenso durch sogenannte externale Widerstandsressourcen beeinflusst wird, zu denen auch die soziale Unterstützung des Vorgesetzten zählt, die sich ihrerseits aufgliedern lässt in die Möglichkeit der Partizipation, eine ganzheitliche Aufgabengestaltung und Feedback. (Braun 2018) Die Tabelle 1 zeigt jene Kernfaktoren von Führung, die sich positiv auf das Kohärenzerleben von Mitarbeiter auswirken.

Kernfaktoren kohärenter Führung		
Ebene des Work-SoC	Empirisch belegtes Führungsverhalten/-handeln	Evidenz
Verstehbarkeit	Schaffen von Klarheit	Udris (2006)
	Transparenz von Veränderungsprozessen und Vorgehen im Unternehmen	Udris (2006); Felfe et al. (2018)
	Vorhersehbarkeit von Veränderungen	Bauer et al. (2015)
	Übersichtlichkeit und Strukturierung von Arbeitsaufgaben	Bauer et al. (2015)
	Längerfristige Zielplanung	Felfe et al. (2018)
	aktive Mitgestaltung von Arbeit	Felfe et al. (2018)
Handhabbarkeit	Steuerbarkeit und Beeinflussbarkeit von Arbeit	Bauer et al. (2015)
	Möglichkeit zur Partizipation	Bauer et al. (2015)
	Gestaltungsspielraum	Bauer et al. (2015); Felfe et al (2018)
	Entscheidungsspielräume	Felfe et al. (2018)
Sinnhaftigkeit	Übereinstimmung von organisationalen und individuellen Werten	Felfe et al. (2018)
	Planbarkeit von Arbeitsschritten	Felfe et al. (2018)
	Individuelle Förderung von Mitarbeiter	Felfe et al. (2018)
	Partizipation	Felfe et al. (2018)
	Passende Informationsweitergabe	Flütter-Hoffmann (2018)
	Feedbackkultur	Flütter-Hoffmann (2018)
	Familienfreundliche Arbeitspolitik	Flütter-Hoffmann (2018)
	Klare und verständliche Kommunikation der Leistungserwartung	Flütter-Hoffmann (2018)
	Begründung der Leistungserwartung	Flütter-Hoffmann (2018)
	Einsatz von Mitarbeiter nach Fähigkeiten und Fertigkeiten	Waltersbacher et al. (2018)

Tabelle 1: Kernfaktoren kohärenter Führung (Braun 2018)

In der Ebene der *Verstehbarkeit* gelten das Schaffen von Klarheit und Transparenz von Veränderungsprozessen als eine der empirisch belegten Verhaltensweisen kohärenter Führung. Demnach gilt es, anstehende Veränderungen frühzeitig zu thematisieren und durch vordefinierte Strukturen sowie Prozesse Orientierungshilfen zu geben. Darüber hinaus zeigt sich, dass eine Übersichtlichkeit und Strukturierung von Arbeitsaufgaben zur Vermittlung von Verstehbarkeit beitragen. Führungskräfte sind demnach gefordert Arbeitsorganisation so zu gestalten, dass Mitarbeiter ihre Arbeitsaufgaben im Unternehmenskontext einordnen können und durch konkrete Zielvorgaben wissen, was gefordert wird. Als ein weiterer Faktor zur Vermittlung von Verstehbarkeit wird die aktive Mitgestaltung von Arbeit genannt. Wenn es Mitarbeitern ermöglicht wird, die Rahmenbedingungen von Arbeit mitzugestalten, ihre Ideen einzubringen, können Arbeitsaufgaben verstanden und in weiterer Folge die Motivation gesteigert werden.

Bezugnehmend auf die Ebene der *Handhabbarkeit* zeigt sich, dass die Möglichkeit zur Partizipation einen entscheidenden Einflussfaktor darstellt. Führungskräfte müssen demnach Beteiligungsmöglichkeiten bieten und Mitarbeiter dazu anregen, sich einzubringen. Ebenso konnte festgestellt werden, dass Arbeit, die von Mitarbeitern als steuerbar und beeinflussbar erlebt wird, Kohärenzerleben am Arbeitsplatz steigert. Als bedeutsam können das Schaffen von Gestaltungs- und Entscheidungsspielräumen gesehen werden.

Sinnhaftigkeit stellt eine besondere Ebene des kohärenten Führens dar. Sinnerleben erlangt in der Arbeitsgesellschaft des 21. Jahrhunderts zunehmend an Bedeutung und rückt auch ins Blickfeld der Führungsforschung. Beim kohärenten Führen stellt die Übereinstimmung von organisationalen und individuellen Werten eine zentrale Dimension der Sinnhaftigkeit dar. Darüber hinaus bedarf es einer selektiven Informationsweitergabe und regelmäßigem Feedback seitens der Führungskraft, um Sinnerleben zu ermöglichen. Als entscheidend wird die individuelle Förderung von Mitarbeiter genannt. Demnach muss kohärente Führung die Individualität des Mitarbeiters erkennen, ihn dementsprechend einsetzen und fördern. Partizipation und Planbarkeit von Arbeitsschritten gehören zu Faktoren der Sinnvermittlung innerhalb des Konzepts der kohärenten Führung.

Die Abbildung 4 stellt die Faktoren kohärenter Führung, getrennt nach den Ebenen Verstehbarkeit, Handhabbarkeit und Sinnhaftigkeit, grafisch dar.

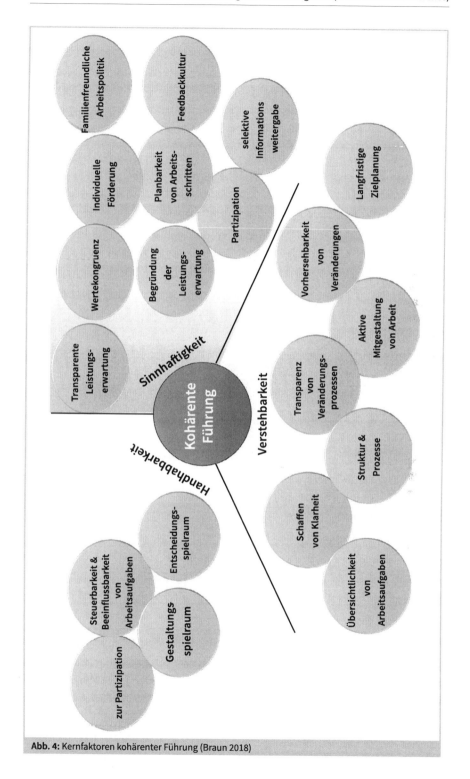

Abb. 4: Kernfaktoren kohärenter Führung (Braun 2018)

2.2 »Gute Arbeit« und Gesundheit

Der Stellenwert von arbeitsbedingten psychischen Belastungen nahm in den vergangenen Jahren beständig und deutlich zu. Mitarbeiter, die früher trotz gesundheitlicher Probleme ihrer Arbeit noch gut nachgehen konnten, überschreiten mittlerweile häufig ihre Grenzen, weil sie den psychischen Anforderungen im Arbeitsleben nicht mehr gewachsen sind. Dies gilt vor allem für den personenbezogenen Dienstleistungssektor, in welchem beratende oder emotional anspruchsvolle Tätigkeiten wie kommunikative Aufgaben und der häufige Kontakt mit Kunden oder Kollegen zum Berufsalltag gehören. Andere berufsbezogene Gründe für eine wachsende Erkrankungsrate psychischer Störungen können Arbeitslosigkeit, steigende Anzahl unsicherer Arbeitsverhältnisse sowie vermehrte Arbeitsbelastungen wie Zeitdruck, Unter- und Überforderung, fehlende Anerkennung oder geringer Handlungsspielraum sein. Auch mangelnde Eigenkontrolle und/oder soziale Unterstützung können eine große arbeitsbezogene Belastung darstellen.

> **!** **Wichtig: Psychische Erkrankungen und deren Folgen**
>
> Psychische Erkrankungen waren in Deutschland mit 43 Prozent im Jahr 2017 die häufigste Ursache für krankheitsbedingte Frühverrentung und verursachten 107 Millionen Arbeitsunfähigkeitstage sowie 21,7 Milliarden Euro Verlust an Bruttowertschöpfung in der deutschen Wirtschaft. (BAuA 2018)

Psychische Erkrankungen gehören zu den wichtigsten Ursachen für den Verlust an beschwerdefreien Lebensjahren und zählen zu den häufigsten Erkrankungsarten. Sie beeinflussen die Lebensqualität und schränken diese auch wesentlich ein. Im von Murray und Lopez (1996) erschienenen Bericht »Global Burden of Disease« werden Einschränkungen und Behinderungen aufgrund psychischer Erkrankungen jenen Erkrankungen, die durch körperliche Ursachen entstehen, gegenübergestellt und als vergleichbar eingestuft. Durchschnittlich wird jeder vierte Mensch mindestens einmal in seinem Leben durch psychische Belastungen in seinem Alltags- und Arbeitsleben beeinträchtigt. Große epidemiologische Studien zeigen, dass die Zuwachsraten psychischer Erkrankungen innerhalb des letzten Jahrzehnts bei rund 50 Prozent liegt und die Anzahl der Arbeitsunfähigkeitstage im selben Zeitraum um 80 Prozent zugenommen haben. (Statista 2019)

Statistisch gesehen ist die Zahl der Krankenstandstage aufgrund psychischer Erkrankungen in den vergangenen zehn Jahren sowohl in relativen als auch in absoluten Zahlen gestiegen – sie hat sich fast verdreifacht. In diesem Zusammenhang muss zudem beachtet werden, dass psychische Probleme vorrangig Langzeit- und Spätfolgen nach sich ziehen. Psychische Erkrankungen sind die häufigste Ursache für den Eintritt in die Invaliditäts- bzw. Berufsunfähigkeitspension. (Leoni 2015)

Faktencheck

!

Psychische Erkrankungen in der Arbeitswelt

- Anteil der psychischen Erkrankungen an Arbeitsausfällen stieg in den vergangenen 40 Jahren von zwei auf 15,7 Prozent
- Krankheitstage haben sich im gleichen Zeitraum verfünffacht
- sie sind die zweithäufigste Diagnosegruppe bei Krankschreibungen
- durchschnittliche Krankheitsdauer ist mit 38,9 Tagen dreimal so hoch wie bei allen anderen Erkrankungen mit 13,2 Tagen
- Krankheitskosten für psychische Erkrankungen betragen in Deutschland jährlich 44,4 Milliarden Euro und die Produktionsausfallskosten belaufen sich auf 12,2 Milliarden Euro
- Bruttwertschöpfungsverlust durch psychische Erkrankungen in Deutschland beträgt 0,7 Prozent des Bruttonationaleinkommens. (BAuA 2017, BKK Gesundheitsreport 2019)

Volkswirtschaftliche Nutzen eines rechtzeitigen Erkennens emotionaler Erschöpfungszustände

Stressbedingte Erkrankungen sind auf volks- und betriebswirtschaftlicher Ebene mit erheblichen Kosten verbunden. Unter anderem auch deshalb, weil von psychischen Erkrankungen, anders als bei physischen Erkrankungen, vermehrt jüngere Menschen im produktiven Alter betroffen sind. Der positive volkswirtschaftliche Nutzen eines rechtzeitigen Erkennens emotionaler Erschöpfungszustände (Phase II und III nach dem Maslach Burnout Inventory) wurde in einer Studie der Universität Linz errechnet. Demnach verursacht ein von Burnout Betroffener bei später Diagnose insgesamt 94.000 bis 131.000 Euro, bei zeitverzögerter Diagnose 12.400 bis 17.700 Euro und bei einer Früherkennung »nur« noch 1.500 bis 2.300 Euro. (Schneider/Dreer 2013)

Der Zusammenhang zwischen Arbeit und psychischer Gesundheit ist mittlerweile gut erforscht und mehrfach wissenschaftlich belegt. Arbeit kann physisch und psychisch belasten, aber auch Sinn, Struktur und Wohlstand geben. Dabei gilt es zu berücksichtigen, dass ein und dieselbe objektive Belastung – je nach Persönlichkeitsstruktur und individuellen Bewältigungsmöglichkeiten – zu unterschiedlichen Beanspruchungen führen kann.

Arbeitsfaktoren, die die psychische Gesundheit stärken

Bisher wurde in Betrieben meist der Zusammenhang von arbeitsbezogenen Belastungen und der psychischen Gesundheit betrachtet. Eine geringere Beachtung fand die Bedeutung von Arbeitsfaktoren, die die psychische Gesundheit stärken – die Ressourcen. Der Begriff Ressource bei der Arbeit schließt alle personale Kompetenzen und organisationale Unterstützungen, die die Arbeit verbessern und das Wohlbefinden der Mitarbeiter steigern, ein. Sowohl arbeitsplatzbezogene Ressourcen z. B. Handlungs- und Entscheidungsspielraum, Gemeinschaftsgefühl, unterstützende Führung als auch persönliche Ressourcen sind zu berücksichtigen und werden heute in vielen Qualifizierungsmaßnahmen für Führungskräfte und Mitarbeiter einbezogen.

Eine Analyse mehrerer großer Studien der stärkenden Faktoren bei der Arbeit ergab folgende Ansätze wie »gute« Arbeit die psychische Gesundheit fördern kann:

- Arbeitsbezogene Faktoren wie:
  - Handlungs- und Entscheidungsspielraum
  - mitarbeiterorientierte Führung
  - Gemeinschaftsgefühl/Kollegialität und
  - Möglichkeiten zur Weiterentwicklung wirken positiv.
- Emotional anfordernde Arbeit und eine fehlende Vereinbarkeit von Beruf und Privatleben sind die größten Belastungsfaktoren.
- Beschäftigte, die sich keine Sorgen um die Sicherheit ihres Arbeitsplatzes machen, beschreiben ihr psychisches Wohlbefinden als deutlich besser im Vergleich zu Beschäftigten mit einigen oder großen Sorgen um die Sicherheit des Arbeitsplatzes. (INQA 2019)

Arbeitshilfen online: Studienübersicht
Relevante Studien und Publikationen zum Nachlesen zur Bedeutung »guter Arbeit für die Gesundheit« finden Sie in den Arbeitshilfen im Downloadbereich.

2.3   Gesundheitsindikator: Sinnerleben am Arbeitsplatz

> *Der Wille zum Sinn bestimmt unser Leben! Wer Menschen motivieren will und*
> *Leistung fordert, muss Sinnmöglichkeiten bieten.*
> Viktor Frankl

Das Zitat von Viktor Frankl verdeutlicht die Notwendigkeit, sich dem Sinn und Sinnerleben im Arbeitsleben zu widmen. Eine Ebene des Kohärenzgefühls wendet der Sinnhaftigkeit von Arbeitsaufgaben und Arbeit große Aufmerksamkeit zu. Betrachten wir die Arbeitsgesellschaft des 21. Jahrhunderts, so zeigt sich, dass diese der Arbeit einen hohen moralischen Wert beimisst, was dazu führt, dass Arbeit als eine Quelle der Sinnstiftung angesehen wird. Badura (2017) betont den Wandel von der Handarbeit zur Kopfarbeit – eine durch Wissensintensität geprägte Arbeit – als Ursache dafür, dass Mitarbeiter heutzutage stärker durch eine intrinsische Motivation gekennzeichnet sind. Dieser Wandel weist Parallelen zur Gesundheit als biopsychosoziales Potential auf, die ihre Energie aus intrinsischer Motivation und sinnvoller Betätigung schöpft. Beim Work-Sense of Coherence (SoC) wird die Sinnstiftung als wahrgenommene Sinnhaftigkeit der aktuellen Arbeitssituation einer Person sowie eine als sinnvoll empfundene und emotional befriedigende Auseinandersetzung mit Arbeitsaufgaben definiert. (Eberz/Antoni 2016; Bauer et al. 2015) Die Ebene der Sinnhaftigkeit wird durch salutogenetische Interaktionen und Arbeitsbedingungen beeinflusst. Die Gestaltung dieser Interaktionen und Arbeitsbedingungen liegen primär dem vorherrschenden Führungshandeln zugrunde.

Sinnstiftung durch Beruf

In einer Gesellschaft, die durch Schnelllebigkeit und Kopfarbeit geprägt ist, rückt das Streben nach Sinn und Sinnerfüllung im beruflichen Kontext vermehrt in den Mittelpunkt. Bei näherer Betrachtung des Begriffs »Sinn« zeigt sich, dass Sinnerleben stark durch persönliche Ideale, Wertevorstellungen und auch durch einen kulturellen Kontext geprägt ist. Schnell (2018) beschreibt Sinnhaftigkeit als ein Kernmerkmal menschlichen Lebens, welches sich im Zusammenspiel vom beruflichen und privaten Umfeld entwickelt. Berufliche Sinnerfüllung ist dabei von der Sinnstiftung durch Beruf zu unterscheiden. Während Sinnstiftung durch Beruf einen zusätzlichen Faktor von Sinnerfüllung darstellt – jener Beruf, bei dem persönliche Ziele verfolgt werden können –, ist berufliche Sinnerfüllung ein Normalzustand im Sinne gesundheitsfördernder Arbeitsbedingungen. Berufliche Sinnerfüllung ist dann gegeben, wenn der Nutzen einer ausgeübten oder auszuübenden beruflichen Tätigkeit wahrgenommen wird.

Wir betrachten die berufliche Sinnerfüllung als Teil des arbeitsbezogenen Kohärenzerlebens. Forschungsarbeiten über den Zusammenhang von generellem Sinnerleben und Gesundheit von Steger et al. (2012) zeigen, dass die Identifikation mit einer ausgeübten Tätigkeit oder einer Organisation zu einer Erhöhung von Zufriedenheit und einer Verringerung von psychosomatischen Beschwerden führen. Waltersbacher, et al. (2018) konnten in einer repräsentativen Befragung von Erwerbstätigen einen Zusammenhang zwischen Sinnerleben und Präsentismus feststellen. Gemäß ihren Erkenntnissen wiesen jene Mitarbeiter, die nicht gegen einen ärztlichen Rat zur Arbeit gingen, höhere Übereinstimmungen zwischen Bedeutung und Erleben von Sinnaspekten im beruflichen Kontext auf. In einem positiven Zusammenhang standen gesundheitliche Beschwerden, die von den Befragten mit Arbeit in Zusammenhang gebracht werden, wie Rücken- und Gelenksbeschwerden, psychische Beschwerden und Kopfschmerzen, mit der Bedeutung und dem Erleben von Sinnaspekten.

Sinnerleben in der Arbeit führt zu einer Motivationssteigerung

Badura (2018) betont darüber hinaus den Stellenwert von Sinnerleben im Beruf und dem Entstehen von seelischem Gleichgewicht und Wohlbefinden. Vor diesem Hintergrund führt Sinnerleben in der Arbeit zu einer Motivationssteigerung bei Mitarbeiter und damit zu einer höheren Leistungsbereitschaft auf Grundlage guter Gesundheit. Wird folglich eine Arbeit als sinnvoll erlebt, wird sie auch als inspirierend wahrgenommen und steigert intrinsische Motivationsprozesse. Wird zusätzlich noch die Möglichkeit geboten, eigene Ziele zu verfolgen, kommt es gemäß Schnell (2018) zu einer Steigerung individuellen Wohlbefindens und einer Reduktion von Depressionen.

Weitere Studien untersuchten zudem die Übereinstimmung von Werten und Zielen zwischen Mitarbeiter und Organisation als Maß von sinnstiftender Arbeit. Eine schlechte Übereinstimmung von Werten und Zielen steht in einem positiven Zusammenhang mit Frustration und Stress sowie mit organisationalem Widerstand und innerer Kündigung.

(Waltersbacher et al. 2018) Wird die Arbeit als unbeeinflussbar und wenig vereinbar mit den eigenen Werte- und Zielvorstellungen empfunden, führt dies zu inneren Widerständen und Distanz sowie in weiterer Folge zu einer Steigerung von Fehlzeiten.

Unterscheidung von Sinn in der Arbeit und Sinn der Arbeit
Betrachten wir die Beschreibungen von Sinnquellen in der Arbeitswelt, so zeigt sich, dass grundsätzlich zwischen Sinn in der Arbeit (meaningful work) und Sinn der Arbeit (meaning of work) zu unterscheiden ist (vgl. Abb. 5). Dabei kann Sinn der Arbeit als sowohl gesellschaftlich als auch individuell geprägt beschrieben werden. Hierbei handelt es sich um die Wichtigkeit von Arbeit des Einzelnen sowie die Bedeutung, die der Erwerbsarbeit durch die Gesellschaft beigemessen wird. Dabei steht die zentrale Frage »Wie wichtig ist Arbeit in meinem Leben« im Mittelpunkt. Im Gegensatz dazu meint Sinn in der Arbeit, die durch den Einzelnen erlebte Sinnhaftigkeit der Arbeit. Die Bedingungen unter denen Sinnhaftigkeit auftritt und wie diese beschaffen ist, sind dabei bedeutsam. Sinnhaftigkeit wird nicht als Wert definiert, sondern als ein Ergebnis der Übereinstimmung von individuellen und organisationalen Werten. Bei der Betrachtung von Sinn in der Arbeit stehen die beiden Fragen »Wann erlebe ich meine Arbeit als sinnvoll?« und »Sehe ich einen Nutzen meiner Arbeit für mich und andere?« im Mittelpunkt.

Sinn *der* Arbeit	Sinn *in der* Arbeit
• Bedeutung von Arbeit im Leben, Zentralität der Arbeit • Sowohl gesellschaftlich als auch individuell geprägt	• Erleben der Arbeit • Sinn als Ergebnis der Übereinstimmung von individuellen und organisationalen Werten
Zentrale Fragestellung: *»Wie wichtig ist Arbeit in meinem Leben?«*	**Zentrale Fragestellungen:** *»Wann erlebe ich meine Arbeit als sinnvoll?«* *»Sehe ich einen Nutzen in meiner Arbeit für mich und andere?«*

Abb. 5: Sinn der Arbeit versus Sinn in der Arbeit (nach Hardering 2018)

Eine klare Definition und Abgrenzung von Sinnquellen in der Arbeitswelt gestaltet sich schwierig, da diese multikausal bedingt sind. Ein anschauliches Modell zu Sinnquellen in der Arbeitswelt haben Rosso et al. (2010) entwickelt, in denen vier zentrale Dimensionen von Sinnquellen in der Arbeit basierend auf bestehenden Erkenntnissen definiert wurden. Die Grundannahmen des Modells zeigen, dass die Sinnhaftigkeit von Arbeit davon abhängt, ob eine getätigte Handlung auf sich selbst oder auf andere ausgerichtet ist sowie ob ein Wunsch nach Handlungsfähigkeit oder nach Teilnahme besteht. Basierend auf diesen vier Grundannahmen können vier Dimensionen von Sinnquellen in der Arbeitswelt definiert werden:

Individuation

Individuation kann als jene Dimension beschrieben werden, die Erhöhung von Selbstwirksamkeit, Selbstkompetenz und Selbstwertgefühl als zentrale Sinnquellen von Arbeit betrachtet.

Beteiligung

Die zweite Ebene umfasst die Beteiligung, die sich aus dem Ausmaß an Spiritualität z. B. Berufung für eine Aufgabe oder einen höheren Zweck mit einer Aufgabe zu erfüllen ergibt.

Selbstverbindung

Die dritte Ebene der Selbstverbindung umfasst eigene Überzeugungen, Wertevorstellungen und Gefühle des Mitarbeiters und das Ausmaß deren Übereinstimmung mit der Arbeitsfähigkeit.

Vereinigung

Die letzte Dimension von Vereinigung bilden andere Menschen bei der Arbeit. Innerhalb dieser Dimension spielen Zugehörigkeit, Verbundenheit und das vorherrschende Wertesystem einer Gruppe eine zentrale Rolle.

Berufliche Sinnerfüllung ist demnach von einer Vielzahl von Faktoren wie Führungshandeln, Arbeitsbedingungen, horizontale und vertikale Beziehungsstrukturen abhängig. Sie ist dann gegeben, wenn der Nutzen der auszuübenden beruflichen Aktivität wahrgenommen wird. Die Wichtigkeit, die eigene Arbeit als sinnhaft zu erleben – den Sinn in der Arbeit erkennen – bedeutet eine höhere Motivation und damit eine höhere Leistungsbereitschaft, die mit höherer Gesundheit einhergeht.

2.4 Belastung versus Beanspruchung

Psychische Belastung

Eine häufige Verwechslung ist jene zwischen Belastung und Beanspruchung. Der Mensch braucht in der Arbeitswelt ein Mindestmaß an psychischer Belastung, denn sie ist der Motor für die menschliche Entwicklung. Psychische Belastung führt zu einer Beanspruchung, die sich positiv oder negativ auf den Menschen auswirken kann. Psychische Belastungen sind laut DIN ISO 10075-1 als die Gesamtheit aller erfassbaren Einflüsse, die von außen auf den Menschen zukommen und psychisch auf ihn einwirken, definiert. Diese von außen auf die Psyche einwirkenden Einflüsse entstehen durch die Arbeitsbedingungen wie Arbeitsaufgabe, Arbeitsmittel, Arbeitsumgebung, Arbeitsorganisation und Arbeitsplatz. Laut Ergonomie Norm DIN ISO 6385:2016-12 werden diese wie folgt definiert:

- *Arbeitsaufgabe* ist die Art und der Umfang der Arbeitstätigkeit. Beispiele für Arbeitsaufgaben sind: Verantwortung tragen, schwierige Aufgaben erfüllen oder monotone Tätigkeiten ausführen.
- *Arbeitsmittel* sind alle technischen Komponenten am Arbeitsplatz wie PC, Werkzeuge, Vorrichtungen, Maschinen, Geräte. Auch die Informationsein- und -ausgabe über Tastaturen oder Bildschirmen gehören zur Mensch-Maschine-Schnittstelle und sind damit Teil der Arbeitsmittel. Beispiele von Beanspruchung durch Arbeitsmittel sind Computersystemabstürze ohne ersichtlichen Grund oder ein flimmernder Bildschirm, der die Lesbarkeit erschwert.
- *Arbeitsumgebung* definiert die physikalisch-chemisch-biologische Arbeitsumgebung wie Klima, Farbe, Raumluft, Beleuchtung, Lärm und Schadstoffe sowie die soziale Arbeitsumgebung wie Führungsverhalten und Betriebsklima. Beispiele spezieller Beanspruchung durch die Arbeitsumgebung sind Konzentrationsschwierigkeiten durch Lärm und Hitze sowie Informationsverluste durch fehlende Kommunikation des Vorgesetzten.
- *Arbeitsorganisation* meint die Regelung der Arbeitszeit, Art und Weise der Reihenfolge von Tätigkeiten und Arbeitsabläufen. Beispiele spezieller Beanspruchungen durch die Arbeitsorganisation sind fehlende Pausengestaltung sowie unterschiedlicher Arbeitsanfall durch Stoßzeiten und ruhigere Zeiten.
- *Arbeitsplatz* stellt die direkte Arbeitsumgebung des Mitarbeiters mit Arbeitssessel und -tisch dar. Beispiele arbeitsplatzbedingter Beanspruchungen sind: Schlechte ergonomische Platzverhältnisse oder Sichtbedingungen sowie ergonomisch bedingte Zwangshaltungen.

Psychische Beanspruchung

Die psychische Belastung an sich ist neutral. Die psychische Beanspruchung hingegen ist die unmittelbare Verarbeitung der psychischen Belastung durch den Menschen. Das Ausmaß der Beanspruchung hängt dabei von persönlichen Merkmalen, Eigenschaften und Bewältigungsstrategien sowie der aktuellen Verfassung ab.

Grundbegriff: Psychische Belastung versus psychische Beanspruchung (gemäß ISO 10075-1)

Psychische Belastung ist die Gesamtheit aller erfassbaren Einflüsse, die von außen auf den Menschen zukommen und psychisch auf ihn einwirken.

Psychische Beanspruchung ist die unmittelbare Auswirkung der psychischen Belastung auf den Menschen in Abhängigkeit von seinen jeweiligen Voraussetzungen, einschließlich seiner individuellen Bewältigungsstrategien.

Aus dem Verhältnis der arbeitsplatzbezogenen Situationseinflüsse und der individuellen Voraussetzungen des Menschen resultieren geringe oder hohe Beanspruchung mit kurzfristigen als auch langfristigen Folgen. Die Abbildung 6 veranschaulicht den Unterschied zwischen Belastung und Beanspruchung. Während die Belastung per se personenunabhängig ist, entsteht das Ausmaß der Beanspruchung aufgrund individueller Voraussetzungen und Kompetenzen.

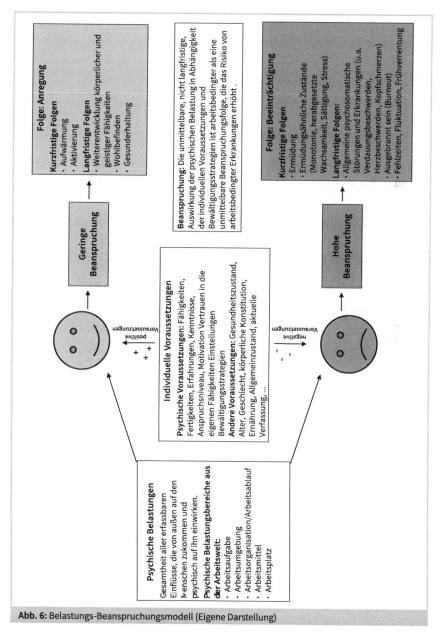

Abb. 6: Belastungs-Beanspruchungsmodell (Eigene Darstellung)

2.5 Belastungen am Arbeitsplatz vorbeugen

Damit Arbeit nicht krank macht, ist jeder Betrieb gesetzlich verpflichtet, auf sichere und gesunde Arbeitsbedingungen zu achten. Diese betriebliche Fürsorgepflicht gewährleistet, dass die physische und psychische Gesundheit der Mitarbeiter nicht beeinträchtigt oder gar gefährdet wird.

Ermittlung und Beurteilung von Gefahren für Mitarbeiter am Arbeitsplatz
Der Arbeitnehmerschutz verpflichtet Betriebe zur Ermittlung und Beurteilung von Gefahren für seine Mitarbeiter am Arbeitsplatz. Diese können von verschiedenen Bereichen ausgehen: Beschaffenheit der Arbeitsstätte, Arbeitsmittel und -stoffe, Arbeitsplätze, Arbeitsverfahren und -aufgaben oder dem Stand des Wissens der Beschäftigten. Im Bereich der psychischen Belastungen sind vier Dimensionen gesetzlich definiert, in denen es zu Gefahren kommen kann: Arbeitsaufgaben und Tätigkeiten, Sozial- und Organisationsklima, Arbeitsumgebung und Arbeitsabläufe und Arbeitsorganisation. Tabelle 2 veranschaulicht, durch welche Faktoren psychische Belastungen auftreten, die zu Fehlbeanspruchungen führen können.

Dimension	Kategorie	Belastungsbeispiele
Arbeitsaufgaben und Tätigkeiten	Körperliche Belastungen	Fehlhaltungen, hohe Anforderungen an Sehen, Hören etc.
	Geistige Belastungen	hohe Konzentration und Aufmerksamkeit, hohe Informationsdichte
	Emotionale Belastungen	Freundlichkeitsdruck, Umgang mit Trauer, Leid
	Qualifikationsprobleme	Aufgabenunter- oder -überforderung, fehlende Einschulung, intransparente Entwicklungsmöglichkeiten
Sozial- und Organisationsklima	Mangelhafte Zusammenarbeit	zu viele Schnittstellen, fehlende Teamarbeit, mangelhafte Kommunikation, fehlende Unterstützung, kein Feedback, interne Konflikte, Diskriminierung
	Informationsmängel	inadäquate Informationsweitergabe, große Informationsfülle
	Fehlender Handlungsspielraum	fehlende Gestaltungsmöglichkeiten bei der Arbeitsorganisation, fehlende Partizipation, fehlende Einflussmöglichkeit auf Probleme und Lösungen

Dimension	Kategorie	Belastungsbeispiele
Arbeitsumgebung	Klimatische Belastungen	Temperatur, Luftfeuchtigkeit zu hoch/niedrig
	Akustische Belastungen	Lärm, wichtige Signale sind nicht wahrnehmbar
	Visuelle Belastungen	zu wenig/viel Licht
	Platz und Flächen unzureichend	zu geringes Platzangebot
	Ausstattung und Arbeitsmittel unzureichend	fehlende/ungenügende Arbeitsplatzausstattung/Arbeitsmittel, ungenügende persönliche Schutzausrüstung
	Belastende Gefahren	Unfallrisiken, gefährliche Arbeitsstoffe etc.
Arbeitsabläufe und Arbeitsorganisation	Ungenügend gestaltete Arbeitsprozesse	Doppelgleisigkeiten, unveränderbare Reihenfolge von Arbeitsschritten
	Orientierungsmängel	unklare/widersprüchliche Ziele/Aufgaben, unklare Zuständigkeiten
	Störungen und Unterbrechungen	häufige Unterbrechungen der Arbeit, fehlende Planbarkeit der Arbeit
	Belastende Arbeitszeitgestaltung	Schichtplan, mangelhafte Pausengestaltung, häufig lange Arbeitszeiten
	Belastende Arbeitsmenge	Aufgaben in vorgegebener Zeit/Qualität nicht erfüllbar

Tabelle 2: Übersicht psychischer Belastungen in den vier Dimensionen (Eigene Darstellung)

Sind die psychischen Belastungen am Arbeitsplatz erhoben, werden Maßnahmen zur Vorbeugung dieser abgeleitet und festgelegt. Geeignete betriebliche Maßnahmen sollen folgende Eigenschaften erfüllen:

- *Sie setzen an der Quelle an:* Die in der Arbeitsplatzevaluierung festgestellten Ursachen für negative Belastungen werden dort verändert, wo sie entstehen. Maßnahmen sollten ursachenspezifisch wirken.
- *Sie sind kollektiv wirksam:* Die Maßnahmen verbessern die Arbeitsbedingungen für alle Personen, die unter den gleichen Bedingungen arbeiten. Sie sind unabhängig von der Person.

Belastungen und entsprechende Maßnahmen sollten nach dem »Schlüssel-Schloss-Prinzip« aufgebaut sein. Die Maßnahme muss genau zu der festgestellten Belastung passen.

Arbeitshilfe online: BGM-Kombi Tool
Eine Übersicht zum Fragebogen BGM-Kombi, der die psychischen Belastungen am Arbeitsplatz erfasst, sowie einen Selfcheck finden Sie unter den Arbeitshilfen im Downloadbereich.

2.5.1   Arbeitsaufgaben und Tätigkeiten

Fachliche Aufgabenüberforderung durch fehlende Einschulung oder mangelnde Weiterbildung belastet die Beschäftigten – vor allem neue Mitarbeiter. Wenn diese beim Einstieg in ein Unternehmen keine Unterstützung oder Betreuung durch einen Mentor erhalten, ist es für diese Personen sehr schwer, sich in das soziale Gefüge zu integrieren, was sich negativ auf die psychische Gesundheit auswirkt. Die Tabelle 3 listet verschiedene Maßnahmen auf, welche gesetzt werden können. Die Evidenz der Effekte der angeführten Maßnahmen auf die psychische Gesundheit der Beschäftigten wurden durch unterschiedliche Studien überprüft und nachgewiesen.

Maßnahme	Effekte	Evidenz
Eingliederungs- und Einschulungsprozess für neue Mitarbeiter definieren und durchführen	Soziale Unterstützung ↑ Psychische Gesundheit ↑	Bourbonnais et al. (2011) (Einzelstudie)
Angebot von psychologischer Unterstützung während der Arbeitszeit im Bedarfsfall	Soziale Unterstützung seitens des Vorgesetzten ↑	Bourbonnais et al. (2011) (Einzelstudie)
Schulungsangebot zum Umgang mit emotionalen Belastungen aufgrund der Tätigkeiten (z. B. Trauer, Leid)	Psychische Belastungen ↓	Bourbonnais et al. (2011) (Einzelstudie)
Kognitiv-behaviorale Interventionen	Stress ↓ Allgemeiner Gesundheitszustand ↑ Absentismus ↓ Produktivität ↑	Richardson & Rothstein (2008) (Metaanalyse 7/36) Marine et al. (2006) (Metaanalyse 4/19) Klink et al. (2001) (Metaanalyse 18/48)
Entspannungsverfahren	Stress ↓ Psychische Gesundheit ↑ Absentismus ↓	Richardson & Rothstein (2008) (Metaanalyse 15/36) Marine et al. (2006) (Metaanalyse 2/19) Klink et al. (2001) (Metaanalyse 17/48)

Maßnahme	Effekte	Evidenz
Alternative Interventionen (Biofeedback, Stresstagebuch)	Stress ↓ Angst ↓ Gesundheitszustand ↑ Produktivität ↑	Richardson & Rothstein (2008) (Metaanalyse 7/36)
Aufgabenvielfalt ermöglichen	Psychosoziales Arbeitsumfeld ↑ Gesundheit ↑	Bambra et al. (2007) (Metaanalyse 8/19)
Reduzierung von Checklistenpunkten	Arbeitsbezogene Stressoren ↓ Depression ↓ Krankenstand ↓	Kawakami et al. (1997) (Einzelstudie)
Einschulung in neue Ablaufpläne und Arbeitsmethoden vornehmen	Belastung ↓ Innovation ↑	Bunce & West (1996) (Einzelstudie)

Tabelle 3: Maßnahmen im Bereich Arbeitsaufgaben und Tätigkeiten (Eigene Darstellung)

Legende: ↑ Steigerung bzw. Verbesserung; ↓ Reduktion

Wenn in Betrieben, die für die Arbeitsaufgaben und Tätigkeiten dargestellten Maßnahmen umgesetzt werden, ist mit einer entsprechenden Belastungsminderung zu rechnen.

Ein Beispiel: Durch den Einschulungsprozess in einem Betrieb ist es möglich, die Eingliederung einzelner Personen in das soziale Gefüge zu fördern und dadurch eine belastungsreduzierende Wirkung zu erzielen. Einschulungen in neue Ablaufpläne haben denselben positiven Effekt für bestehende Mitarbeiter wie für neue, nämlich die Vorbeugung von Qualifikationsproblemen und Aufgabenüberforderungen. Schulungsangebote zum Umgang mit emotionalen Belastungen vermitteln den Mitarbeitern Kompetenzen, damit die emotionalen Belastungen, mit denen sie in gewissen Arbeitsaufgaben täglich konfrontiert sind, gut verarbeitet werden können.

In Bedarfsfällen ist psychologische Unterstützung während der Arbeitszeit für die Verarbeitung von emotionalen Belastungen, die aufgrund der Tätigkeit entstehen, von Vorteil. Eine Berücksichtigung der Aufgabenvielfalt führt zu einer Reduzierung von Aufgabenunterforderung. Zudem werden die Fähigkeiten der Mitarbeiter breiter gefördert und ihnen mehr Verantwortungsbereiche zugeteilt.

2.5.2 Sozial- und Organisationsklima

Im Sozial- und Organisationsklima können psychische Belastungen aufgrund von mangelhafter Zusammenarbeit, Informationsmängel oder fehlendem Handlungsspielraum entstehen. Zwischenmenschliche Beziehungen am Arbeitsplatz haben einen wesentlichen Einfluss auf die psychische Gesundheit. So können sie einerseits positive Auswirkungen haben und als Ressource dienen, andererseits auch negative Ausprägungen haben und belastend wirken. Am Arbeitsplatz werden häufig negative soziale Effekte wie Konflikte, Streitigkeiten, ungleiche Behandlung, geringe Anerkennung und sozialer Rückzug ein Thema sein. Studien konnten belegen, dass ein schlechtes soziales Arbeitsumfeld zu geringerer Jobzufriedenheit, vermehrten Kündigungsabsichten, vermehrter Depression und somatischen Symptomen führt. (Frone 2000)

Das Führungsverhalten ist ein ebenso bedeutender Faktor für die psychische Gesundheit der Mitarbeiter. Zahlreiche Studien können eine signifikant negative Auswirkung des Führungsverhaltens belegen (Glaser/Kühnl 2014) so zum Beispiel:

- fehlende soziale Unterstützung
- keine Wertschätzung der Arbeit der Mitarbeiter
- ein passiver, ineffizienter Führungsstil (laissez-faire)
- zwanghafte Kontrollmaßnahmen.

Tabelle 4 zeigt Maßnahmen, welche nachweislich einen positiven Effekt auf die psychische Gesundheit der Beschäftigten bzw. auf Faktoren, die diese beeinflussen, haben.

Maßnahme	Effekte	Evidenz
Schaffung von organisationaler Gerechtigkeit (Fairness bei Konfliktlösung, im Umgang mit Mitarbeiter, bei der Aufgabenverteilung etc.)	Mentale Gesundheit ↑ Langzeitkrankenstände ↓	Hjarsbech et al. (2014) (Einzelstudie) Ndjaboué et al. (2012) (Metaanalyse 11/11)
Durchführung von Teammeetings zur Konfliktlösung und Aufgabenverteilung/Aufgabenanpassung	Psychosoziales Arbeitsumfeld ↑ Psychische Gesundheit ↑ Stress ↓ Angst ↓	Bourbonnais et al. (2011) (Einzelstudie) Marine et al. (2006) (Metaanalyse 1/19)
Maßnahmen zur Partizipation bei Maßnahmenplanung	Zufriedenheit mit Job ↑ Gegenseitige Unterstützung ↑ Depression ↓	Kobayashi et al. (2008) (Einzelstudie)

Maßnahme	Effekte	Evidenz
Verbesserung des Informationsflusses durch Schaffen von Möglichkeiten zum Austausch (u. a. informelle Treffen, Gruppenevents, Abendessen mit Mitarbeiter und der Kommunikation	Kommunikation zw. Vorgesetzte/r und Mitarbeiter und zwischen Kollegen ↑ . Psychosoziales Arbeitsumfeld ↑ Stress ↓ Angst ↓	Kobayashi et al. (2008) (Einzelstudie) Marine et al. (2006) (Metaanalyse 2/19)
Einrichtung eines Mitarbeiterkomitees zur Arbeitsplatzreorganisation	Gesundheit ↑	Egan et al. (2007) (Metaanalyse 14/18)
Maßnahmen zur Förderung des Teamworks	Psychosoziales Arbeitsumfeld ↑ Stress ↓ Angst ↓	Bambra et al. (2007) (Metaanalyse 7/19) Marine et al. (2006) (Metaanalyse 2/19)
Übertragung von Verantwortungsbereichen (bzgl. Sicherheit am Arbeitsplatz)	Psychosoziales Arbeitsumfeld ↑ (Priorität der Sicherheit am Arbeitsplatz ↑)	Rasmussen et al. (2006) (Einzelstudie)
Einsatz eines partizipativen Führungsstils	Belastungen ↓ Fehlzeiten ↓	Stadler (2006) (Übersichtsarbeit)
Maßnahmen zur Förderung von sozialer Unterstützung	Stress ↓ Angst ↓ Gesundheit ↑	Marine et al. (2006) (Metaanalyse 2/19)
Erhöhung der Gestaltungsmöglichkeiten bei der Arbeitsorganisation	Psychische Gesundheit ↑ Selbst wahrgenommene Produktivität ↑ Krankenstand ↓	Bond & Bunce (2001) (Einzelstudie)
Schaffung von kleineren Teams für die Vorgesetzten	Verbesserte Kommunikation zwischen Mitarbeiter und Vorgesetzten Arbeitsbezogene Stressoren ↓ Depression ↓ Krankenstand ↓	Kawakami et al. (1997) (Einzelstudie)

Tabelle 4: Maßnahmen in der Dimension Sozial- und Organisationsklima (Eigene Darstellung)

Legende: ↑ Steigerung bzw. Verbesserung; ↓ Reduktion

Organisationale Gerechtigkeit bezieht sich insbesondere darauf, wie Mitarbeiter Fairness am Arbeitsplatz wahrnehmen bzw. Gleichbehandlung durch die unmittelbare Führungskraft erleben. Durch organisationale Gerechtigkeit kann die Teamarbeit verbessert und gefördert werden.

Psychische Belastungen aufgrund sozialer Konflikte oder fehlender Einflussmöglichkeiten bzw. das Erleben von Ungerechtigkeit können durch Maßnahmen wie Teammeetings zur Konfliktlösung und Aufgabenverteilung/-anpassung reduziert werden. Auch die Förderung des Teamworks führt zu stärkerer sozialer Unterstützung und stärkerem sozialen Zusammenhalt während zugleich Verantwortungsdruck reduziert wird.

Die Verbesserung des Informations- und Kommunikationsflusses durch das Schaffen von Möglichkeiten zum Austausch verhindert, dass vereinzelte Mitarbeiter einen Informationsüberfluss und andere Mitarbeiter einen Informationsmangel erfahren. Zudem wird das soziale Gefüge durch informelle Austauschmöglichkeiten gestärkt.

2.5.3   Arbeitsumgebung

Bedingt durch die Arbeitsumgebung können psychische Belastungen aufgrund von klimatischen, akustischen oder visuellen Belastungen, unzureichendem Platzangebot, unzureichender Ausstattung und Arbeitsmittel oder belastenden Gefahren entstehen. So ist eindeutig nachgewiesen, dass Großraumbüros unter anderem aufgrund zahlreicher Umgebungsstressoren, der geringen individuellen Kontrollmöglichkeiten und der reduzierten gruppendynamischen Prozesse einen negativen Einfluss auf die Gesundheit ausüben. (Nido et al. 2016) Probleme mit technischen Arbeitsmitteln werden von Beschäftigten verschiedener Branchen häufig als belastend empfunden, da es dadurch zu Verzögerungen bei der Arbeit kommen kann oder das Erfordernis auftritt, dass Überstunden gemacht werden müssen. Tabelle 5 listet arbeitsumgebungsbezogene Maßnahmen auf, bei welchen ein positiver Effekt auf die psychische Gesundheit der Beschäftigten nachgewiesen werden konnte.

Maßnahme	Effekte	Evidenz
Einrichtung eines fixen Arbeitsplatzes im Einzel- oder Gruppenbüro	Sozialer Zusammenhalt ↑ Krankenstand ↓	Nido et al. (2016) (Übersichtsarbeit)
Individuelle Kontrollmöglichkeiten über die Umwelt bieten (z. B. Öffnen und Schließen von Fenstern)	Zufriedenheit mit Umgebung ↑ Gesundheit ↑ Belastungserleben ↓	Nido et al. (2016) (Übersichtsarbeit)
Aufbau von Trennwänden zur Lärmreduktion in Großraumbüros	Wohlbefinden ↑ Produktivität ↑	Nido et al. (2016) (Übersichtsarbeit)

Maßnahme	Effekte	Evidenz
Anschaffung einer mechanischen Hebehilfe und Einschulung auf diese	Verletzungsrate ↓ Verletzungsbedingter Krankenstand ↓	Collins et al. (2005) (Einzelstudie)
Verbesserung der Maschinenleistung	Arbeitsbezogene Stressoren ↓ Depression ↓ Krankenstand ↓	Kawakami et al. (1997) (Einzelstudie)

Tabelle 5: Maßnahmen in der Dimension Arbeitsumgebung (Eigene Darstellung)

Legende: ↑ Steigerung bzw. Verbesserung; ↓ Reduktion

In der Arbeitsumgebung gibt es mehrere Möglichkeiten, um die psychischen Belastungen zu reduzieren. Die Einrichtung eines fixen Arbeitsplatzes in einem Einzel- oder Gruppenbüro schafft die Voraussetzung für die Verfügbarkeit der benötigten Arbeitsmittel und des benötigten Platzangebotes. Individuelle Kontrollmöglichkeiten über die Umwelt verhindern beispielsweise, dass die Mitarbeiter zu viel oder zu wenig Licht zur Verfügung haben oder für sie unangenehme raumklimatische Bedingungen vorherrschen. Trennwände zur Lärmreduktion in Großraumbüros oder raumakustische Lärmminderung helfen, Belastungen aufgrund von Umgebungsgeräuschen zu reduzieren.

2.5.4   Arbeitsabläufe und Arbeitsorganisation

Arbeitsabläufe und Arbeitsorganisation können psychische Belastungen aufgrund von ungenügend gestalteten Arbeitsprozessen, Orientierungsmängel, ständigen Störungen und Unterbrechungen der Arbeit, belastendende Arbeitszeitgestaltung oder belastender quantitativer Arbeitsmengen entstehen.

Die Möglichkeit auf Arbeitsabläufe und die Arbeitsorganisation persönlich Einfluss nehmen oder zwischen Alternativen wählen zu können, trägt zur psychischen Gesundheit der Beschäftigten bei. Geringe Kontrolle und Gestaltungsmöglichkeiten hinsichtlich der Arbeitsorganisation können zu Stresserschöpfungs-Symptomen führen, ebenso wie extrem lange Arbeitszeiten über einen langen Zeitraum hinweg. (Siegrist/Siegrist 2014) Eine hohe Arbeitsintensität sowie die zeitgleiche Bearbeitung mehrerer Aufgaben und daraus resultierender Zeitdruck führen ebenfalls zu psychischen Belastungen. Die Bearbeitung von zahlreichen administrativen Tätigkeiten, welche die Ausführung der eigentlichen Hauptaufgabe unterbricht oder verzögert, wirkt gleichermaßen belastend. (Stab 2014)

In Tabelle 6 werden mögliche Maßnahmen zu Arbeitsabläufen und Arbeitsorganisation angegeben.

Maßnahme	Effekte	Evidenz
Mitwirkung bei Dienstplange-staltung ermöglichen (Schichtar-beit – Lage und Dauer der Schicht, Möglichkeit des Schichttausches)	Zufriedenheit mit der Arbeitszeit-gestaltung ↑ Gesundheit ↑ Wohlbefinden ↑ (soziale Unter-stützung, Gemeinschaftsgefühl)	Garde et al. (2012) (Einzelstudie) Joyce et al. (2010) (Metaanalyse 4/10)
Gleitzeitregelung einführen	Produktivität ↑ Zufriedenheit mit Job und Arbeitszeit ↑ Absenzen ↓ Gesundheitsparameter ↑	Nijp et al. (2012) (Me-taanalyse 61/63) Baltes et al. (1999) (Metaanalyse 27/39)
Neuorganisation der Arbeitszeiten/ Arbeitspläne vornehmen	Stress ↓ Arbeitszufriedenheit ↑	Walter et al. (2012) (Metaanalyse 1/34)
Schaffen von Lösungen zur Reduk-tion von »Zeiträubern«, um mehr Zeit für die Hauptaufgabe zu haben	Zeitdruck ↓ Psychische Belastungen ↓ Handlungsspielraum ↑	Bourbonnais et al. (2011) (Einzelstudie)
Förderung von gegenseitiger Unterstützung und Teamwork zur Reduktion von Zeitdruck	Zeitdruck ↓ Psychosoziales Arbeitsumfeld ↑	Bourbonnais et al. (2011) (Einzelstudie)
Mehr Autonomie ermöglichen (Zeit-punkt der Pausen, Aufgabenvertei-lung etc. innerhalb einer Gruppe selbst bestimmen)	Intrinsische Motivation ↑ Zufriedenheit mit Job ↑ Mentale Gesundheit ↑ Psychosoziales Arbeitsumfeld ↑	Bambra et al. (2007) (Metaanalyse 6/19) Semmer (2006) (Übersichtsarbeit)
Förderung der Identifikation mit der Aufgabe (z. B. durch Veran-schaulichung des gesamten Prozes-ses [Entfernung von Sichtbarrieren in der Produktion])	Intrinsische Motivation ↑ Zufriedenheit mit Job ↑ Mentale Gesundheit ↑	Semmer (2006) (Übersichtsarbeit)
Rollen- und Zuständigkeitsklarheit schaffen	Organisatorisches Commitment ↑ Beteiligung ↑ Zufriedenheit ↑ Krankenstand ↓	Kammeyer-Mueller & Wanberg (2003) (Einzelstudie)
Klare Ziele formulieren	Motivation ↑	Kammeyer-Mueller & Wanberg (2003) (Einzelstudie)

Tabelle 6: Maßnahmen in der Dimension Arbeitsabläufe und Arbeitsorganisation (Eigene Darstellung)

Legende: ↑ Steigerung bzw. Verbesserung; ↓ Reduktion

Rollen- und Zuständigkeitsklarheit fördern die selbstständige Bearbeitung von Aufgaben. Mitarbeiter sind sich der zu erfüllenden Aufgaben und der mit ihrer Tätigkeit in Verbindung stehenden Anforderungen klar. Die Schaffung von Lösungen zur Reduktion von Zeiträubern, um mehr Zeit für die Hauptaufgabe zu haben, reduziert maßgeblich den Zeitdruck, der auf Mitarbeitern lastet.

Die Einführung innovativer Arbeitszeitregelungen erhöht die Autonomie und die Verantwortung der Mitarbeiter hinsichtlich ihrer Arbeitszeitgestaltung. Die Mitwirkung bei der Dienstplangestaltung fällt ebenfalls in diesen Bereich. Durch die weitgehend selbstbestimmte Gestaltung der Arbeitszeitlage bzw. die Berücksichtigung der individuellen Wünsche und Bedürfnisse, können die Mitarbeiter wesentlich besser mit längeren oder ungünstigen Arbeitszeiten umgehen. Generell betrachtet eignen sich zur Reduktion psychischer Belastungen am Arbeitsplatz alle Maßnahmen, welche die Autonomie bei der Gestaltung von Arbeitsabläufen und Arbeitsorganisation stärken. Der Grund hierfür ist, dass Mitarbeiter mehr Selbstbestimmung bei der Anpassung von Arbeitsschritten oder beispielsweise der Pausengestaltung bekommen und dies als positiv erfahren.

2.6 Wirkmodelle von Arbeit und Gesundheit

Individuelle Verhaltensweisen und Einstellungen zu Gesundheit liegen in der Eigenverantwortung der Mitarbeiter.

Ein Arbeitgeber kann zwar durch mitarbeiterorientierte Angebote wie Obstkörbe, Mitarbeiterlauftreffs oder Entspannungstrainings Anreize und Impulse zu einer Verhaltensveränderung geben, dennoch wird eine Verhaltensveränderung – auch wenn sie im Interesse des Arbeitgebers liegt –, immer eine individuelle Lebensstilentscheidung des Mitarbeiters bleiben.

Personen- und strukturorientierten Maßnahmen

Während bei personenorientierten Maßnahmen die Mitarbeiter und Führungskräfte im Fokus der Maßnahmen sind und das Ziel der Impulse zur Verhaltensveränderung verfolgt wird, wird bei strukturorientierten Maßnahmen ein anderer Blickwinkel eingenommen. Hier ist das Ziel personenunabhängige betriebliche Strukturen zu schaffen, die eine nachhaltige gesundheitsförderliche Wirkung auf die Mitarbeiter und Führungskräfte haben.

In der derzeitigen Diskussion über Gesundheit am Arbeitsplatz herrscht im deutschsprachigen Raum Konsens darüber, dass es sowohl personen- als auch strukturorientierte Ansätze geben muss, um nachhaltiges Betriebliches Gesundheitsmanagement erfolgreich umzusetzen.

Das Managementmodell »Betriebe Gesund Managen« verankert auf drei Ebenen (Managementprozesse, Handlungsfelder, Leitideen) Gesundheit und Sicherheit nachhaltig im gesamten Unternehmen und berücksichtigt sowohl personen-, struktur- als auch systemorientierte Maßnahmen. Inhaltliche Grundlage dieses Ansatzes bilden die wesentlichen arbeits- und organisationspsychologischen Modelle, kulturzentrierte Theorien sowie die Wirkmodelle der Betrieblichen Gesundheitsförderung. Ziel des Pinkafelder Modells »Betriebe Gesund Managen« ist es nicht alleine Betriebliches Gesundheitsmanagement zu implementieren, sondern vor allem Gesundheit als ein Querschnittsthema mit allen Managementsystemen des Betriebes zu verbinden um eine integrierte Steuerung zu erzielen.

2.6.1 Gesundheitliche Auswirkung von arbeitsplatzbezogenen Tätigkeiten

Anforderung an arbeitsplatzbezogene Tätigkeiten mit wenig Gestaltungsmöglichkeiten für Mitarbeiter führen zu psychischen Belastungen, die Stressreaktion auslösen und damit für stressbedingte Krankheiten verantwortlich sein können.

Anforderungs-Kontroll-Modell: Entscheidungsfreiraum und psychische Anforderungen
Eines der meist zitierten Modelle über den Zusammenhang der Auswirkungen von Arbeitsbedingungen auf Gesundheit ist das »Anforderungs-Kontroll-Modell« oder »Job-strain-Modell« der amerikanischen Soziologen Robert Karasek und Töres Theorell. Erstmals wird in diesem Modell ein empirisch gesicherter Erklärungsansatz zwischen psychosozialen Belastungen (Arbeitsanforderung, Entscheidungs- und Kontrollspielraum) und physiologischen Aktivierungsmuster (soziale Einflüsse) sowie psychologische Reaktionen (psychische Belastung) aufgestellt.

Welche Bedeutung hat dieses Modell für die alltägliche berufliche Praxis? Wenn ein Mitarbeiter in seiner subjektiven, individuellen Bewertung eine Arbeitssituation mit hohen psychischen und physischen Anforderungen – wie z. B. Termindruck, widersprüchliche Arbeitsanforderungen, Doppelgleisigkeiten in der Durchführung – verknüpft mit gleichzeitig niedrigem Gestaltungsspielraum oder Kontrolle wahrnimmt, dann entstehen Stresserfahrungen.

Sind diese Stresserfahrungen länger andauernd oder immer wiederkehrend, so steigt das Risiko von stressassoziierten Erkrankungen, verursacht durch den permanenten Aktivierungsmodus und durch fehlende Entspannungsmöglichkeiten. Kontrolle und fehlender individueller Gestaltungspielraum spielen also nach diesem Modell eine wesentliche Schlüsselrolle in der Bewertung und Bewältigung einer Tätigkeit.

Wer dieses Modell (vgl. Abb.7) für die Führungsarbeit nutzen will, muss sich näher mit den Begriffen Stress, psychische Belastung und Beanspruchung beschäftigen. Im Alltag sind die Begriffe omnipräsent und werden synonym verwendet: »Ich bin im Stress«, »ich bin belastet«, ich bin stark beansprucht«, »ich muss noch schnell was erledigen«.

4-Felder Matrix

Kommen wir nun zurück zum Anforderungs-Kontroll-Modell, wo vier mögliche Arbeitssituationen nach den Dimensionen Entscheidungsfreiraum und psychische Anforderungen skizziert werden:

1. Arbeitssituation mit wenig Entscheidungsfreiraum/Kontrolle und hohen psychischen Anforderungen
   → birgt gesundheitliche Risiken.
2. Arbeitssituationen mit viel Entscheidungsfreiräumen/Kontrolle und hohen psychischen Anforderungen
   → stellt eine gesundheitliche Ressource dar.
3. Arbeitssituationen mit viel Entscheidungsfreiräumen/Kontrolle und niedrigen psychischen Anforderungen
   → stellt eine gesundheitliche Ressource dar.
4. Arbeitssituationen mit wenig Entscheidungsfreiraum/Kontrolle und niedrigen psychischen Anforderungen
   → birgt gesundheitliche Risiken.

Die bisherigen Ausführungen zeigen, dass jede berufliche Arbeitssituation oder Tätigkeit in eine der genannten Gruppen zugeordnet werden kann. In welche Gruppe konkret hängt aber von den individuellen Bewältigungsstrategien (Copingstrategien) ab.

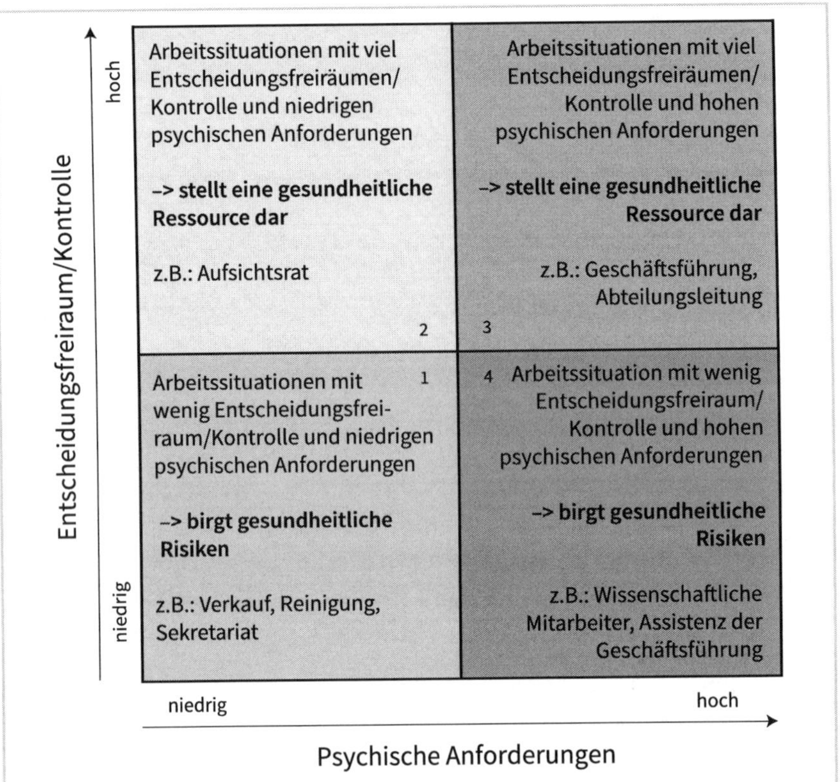

Abb. 7: Anforderungs-Kontroll-Modell (nach Karasek 1979)

> **!** **Wichtig: Arbeitstätigkeit und Gesundheit**
>
> Jede Arbeitstätigkeit wirkt sich auf die Gesundheit aus – in Abhängigkeit von Kontrolle und Anforderungen kann diese entweder ein Risikofaktor oder eine Ressource für Gesundheit sein. In einer 4-Felder Matrix lässt sich also jede Tätigkeit gemäß dem Anforderungs-Kontroll-Modell zuordnen.

Arbeitshilfe online: Fallvignette

Eine beispielhafte Übertragung des Modells in den Arbeitsalltag können Sie in der Fallvignette in den Arbeitshilfen im Downloadbereich nachlesen.

2.6.2   Arbeitsleistung und Belohnung (Gratifikation)

Berufliche Gratifikationskrisen entstehen durch die Verletzung des Gegenseitigkeitsprinzips indem hohe berufliche Verausgabung mit niedriger Belohnung einhergeht. Fehlende berufliche Gratifikationen erhöhen das Risiko für arbeitsbedingte Erkrankungen.

Gratifikationsmodell

Neben dem bereits erwähnten Anforderungs-Kontroll-Modell zählt das Gratifikationsmodell des Gesundheitssoziologen Johannes Siegrist (2004) zu den meist zitierten arbeitswissenschaftlichen Modellen über den Zusammenhang von Gesundheit und Arbeit. Dabei wird berufliche Gratifikation als eine Form der Belohnung z. B. Arbeitsplatzsicherheit, Karriere, Aufstiegsmöglichkeit, Wertschätzung, Entlohnung für erbrachte Arbeitsleistungen verstanden. Grundlage dieser sozialen Gegenseitigkeit bildet der Arbeitsvertrag, wonach für erbrachte Arbeitsleistungen angemessene Gratifikationen in Form von sozial vermittelten »Belohnungen« erfolgen. Diese normative Grundlage einer Arbeitsbeziehung steht im Wesentlichen einer subjektiv empfundenen tätigkeitsbezogenen Verausgabung mit entsprechenden Belohnungsmechanismen im Sinne des salutogenetischen Gesundheitsverständnisses gegenüber. Ist das Gleichgewicht zwischen Leistung (Verausgabung) und Belohnung (Gratifikation) gestört, so kommt es zu sogenannten Gratifikationskrisen, die Stressreaktionen auslösen, die ihrerseits wieder das Erkrankungsrisiko erhöhen. Dementsprechend belegen viele Studien (Kivimäki et al. 2006; Siegrist 2002; Siegrist/Dragano 2008) den Zusammenhang zwischen beruflichen Gratifikationskrisen und kardiovaskulären Ereignissen sowie psychischen Erkrankungen. Im Kontext moderner Arbeitsbedingungen leitet Siegrist drei charakteristische Eigenschaften ab, deren gemeinsames (kumulatives) Auftreten die Wahrscheinlichkeit beruflicher Gratifikationskrisen erhöht (vgl. Abb.8):

1. Abhängigkeiten aufgrund fehlender Arbeitsplatzalternativen.
2. Arbeitsverträge die mit beruflichen Gratifikationskrisen assoziiert sind.
3. Individuelle psychische Bewältigungsmuster, die durch eine Verausgabungsneigung gekennzeichnet sind.

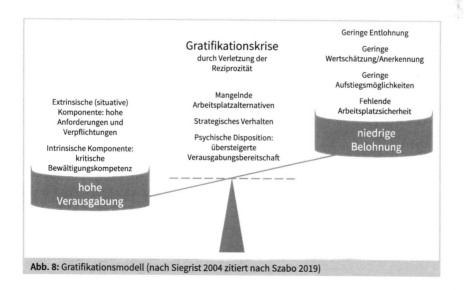

Abb. 8: Gratifikationsmodell (nach Siegrist 2004 zitiert nach Szabo 2019)

> **!** **Wichtig: Gratifikationskrisen im Beruf**
>
> Grundlage jedes Arbeitsverhältnisses ist das Prinzip der Gegenseitigkeit (Reziprozität). Sozusagen Arbeitsleistung für entsprechende Belohnung (Gratifikation). Ist dieses Gleichgewicht gestört kommt es zu Gratifikationskrisen, die Risikofaktoren für die eigene Gesundheit darstellen. In Abhängigkeit individueller Fähigkeiten und Kompetenzen können Bewältigungsstrategien entwickelt werden, um bestimmte Gratifikationskrisen zu überwinden.

Arbeitshilfe online: Fallvignette
Eine beispielhafte Übertragung des Modells in den Arbeitsalltag können Sie in der Fallvignette in den Arbeitshilfen im Downloadbereich nachlesen.

2.6.3   Soziale Ressourcen und Gesundheit

Ein hohes betriebliches Sozialkapital, als eine Ressource zwischenmenschlicher Beziehungsmuster, wirkt sich positiv auf die psychische Gesundheit der Mitarbeiter aus und beeinflusst direkt oder indirekt betriebswirtschaftliche Parameter eines Unternehmens wie Fehlzeiten, Arbeitsunfälle und Fluktuation. Die Organisationskultur, als struktureller Rahmen für organisationale Prozesse, ist laut dem Bielefelder Modell ein Schlüssel für personale und organisationale Gesundheit.

Sozialkapitalansatz
Aus soziologischer Perspektive hat der Begriff Sozialkapital eine lange Tradition, wobei der Wortteil »Sozial« als soziale Beziehungsmuster und der Wortteil »Kapital« als Ressource verstanden wird. Entscheidend für den Sozialkapitalansatz nach Badura ist der Sozialkapitalbegriff des amerikanischen Soziologen James Samuel Coleman (1990). Er geht davon aus, dass soziale Beziehungen sich über »Tauschakte« manifestieren, wobei alle individuell getroffenen Entscheidungen und Handlungen sich auf Strukturen der Gesellschaft auswirken. Daher ist soziales Kapital bei Coleman nicht nur eine individuell nutzbare Ressource, sondern eine Eigenschaft sozialer Strukturen oder Organisationen. Folglich geht er davon aus, dass sich diese Eigenschaften organisationaler Strukturen wie Werte und Normen auf Verhaltensweisen von Individuen auswirken.

Badura stellt sich in seinen Forschungsarbeiten die Frage, wie Organisationen oder Organisationseinheiten, in einer sich veränderten Arbeitswelt, strategisch ihr Gesundheits- und Personalmanagement ausrichten sollen. Der Fokus der strategischen Ausrichtung einer Organisation oder Organisationseinheit liegt dabei auf der potenziellen Ressource zwischenmenschlicher Beziehungsmuster auf horizontaler und vertikaler Ebene sowie auf gemeinsame Überzeugungen und Werte als ökonomische Wertschöpfungskette.

So analysiert Badura (2008) den Zusammenhang zwischen betrieblichem Sozialkapital und verschiedenen unabhängigen Merkmalen der Arbeits- und Organisationspsychologie wie Arbeitsleistung und Arbeitszufriedenheit. Gesundheit wird im Modell als Outcomevariable betrachtet. »Je höher das Sozialkapital einer Organisation oder Organisationseinheit, desto gesünder die Mitarbeiter und Führungskräfte und desto besser auch die Wettbewerbsfähigkeit«.

Netzwerkkapital, Führungskapital und Wertekapital

Das Modell gliedert sich in drei Säulen des kollektiven Handels, welches sich auf soziale Netzwerke (Netzwerk- und Führungskapital) und auf die Organisationskultur (Wertekapital) bezieht. Diese drei Säulen des betrieblichen Sozialkapitals haben direkten Einfluss auf die Gesundheit der Mitarbeiter und Führungskräfte und auf die Wettbewerbsfähigkeit des Unternehmens.

Bielefelder Unternehmensmodell

An dieser Stelle sei erwähnt, dass in den bisherigen Ausführungen Sozialkapital als Beziehungskapital einen direkten Einfluss auf Gesundheit hat. Im Umkehrschluss hat aber Gesundheit bzw. der individuelle Gesundheitszustand auch einen Einfluss auf das Sozialkapital. Über den letztgenannten Zusammenhang gibt es weniger Forschungsergebnisse als über die Grundthese des Sozialkapitalansatzes nach Badura. Mit Blick auf den Zusammenhang zwischen Arbeit, Organisation und Gesundheit haben die bisher beschrieben Modelle besonders im Forschungsfeld der Stressforschung und Sozialepidemiologie wichtige Beiträge geliefert. Dennoch geben diese Modelle noch keinen empirisch gesicherten Erklärungsansatz über den Zusammenhang zwischen Organisationskultur und Gesundheit in Verbindung mit Betriebsergebnissen bzw. Unternehmenserfolg. Um einerseits diese Forschungslücke zu schließen und andererseits die Bedeutung von betrieblichen Sozialkapital im Betrieblichen Gesundheitsmanagement als wesentlichen Treiber für Betriebsergebnisse und Wettbewerbsvorteil zu verdeutlichen, entwickelte Badura das Bielefelder Unternehmensmodell auf Basis des Sozialkapitalansatzes. Es besteht aus drei Grundthesen:

1. Sozialkapital nimmt Einfluss auf das Humankapital.
2. Humankapital nimmt Einfluss auf das Betriebsergebnis.
3. Sozialkapital nimmt Einfluss auf das Betriebsergebnis.

Badura fügt diesen Grundannahmen hinzu, dass das Ziel seines Modells darin besteht »genauere Erkenntnisse über Zusammenhänge zwischen den Strukturen und Prozessen einer Organisation und ihrem Einfluss auf die Gesundheit ihrer Mitglieder und das Betriebsergebnis zu gewinnen« (Badura 2017).

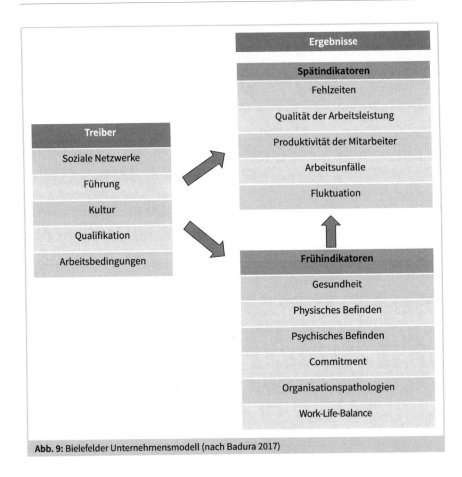

Abb. 9: Bielefelder Unternehmensmodell (nach Badura 2017)

Arbeitshilfe online: Fallvignette

Eine beispielhafte Übertragung des Modells in den Arbeitsalltag können Sie in der Fallvignette in den Arbeitshilfen im Downloadbereich nachlesen.

Das Bielefelder Unternehmensmodell stellt die Dimensionen des Sozialkapitalansatzes (Netzwerk-, Führungs- und Wertekapital) sowie individuelle Kompetenzen und immaterielle Arbeitsbedingungen als Treiber für Gesundheit dar. Unter Gesundheit werden gesundheitliche Frühindikatoren sowohl auf individueller Ebene wie physisches und psychisches Befinden, Einschätzung der Work- Life Balance, Mobbing, innere Kündigung als auch auf organisationaler Ebene die Identifikation mit dem Betrieb (Commitment) extrahiert. Diese Frühindikatoren wirken sich auf messbare betriebswirtschaftliche Ergebnisse aus wie Fehlzeiten, Qualität der Arbeitsleistung, Produktivität der Mitarbeiter, Arbeitsunfälle und Fluktuation, welche als Spätindikatoren bezeichnet werden.

Kernaussage des Bielefelder Unternehmensmodell ist also, dass sich das Sozialkapi-tal sowie die Fachkompetenz und immaterielle Arbeitsbedingungen sowohl direkt auf betriebswirtschaftliche Ereignisse als auch indirekt über die Gesundheit der Mitarbei-ter und Führungskräfte auswirken.

> **Wichtig: Zwischenmenschliche Beziehungen und Gesundheit**
>
> Gutes betriebliches Sozialkapital, als eine Ressource zwischenmenschlicher Beziehungs-muster, wirkt sich positiv auf die psychische Gesundheit der Mitarbeiter aus und beeinflusst direkt oder indirekt betriebswirtschaftliche Parameter eines Unternehmens wie Fehlzeit-zeiten, Arbeitsunfälle, Fluktuation. Die Organisationskultur, als systemischer Rahmen für organisationale Prozesse, ist laut dem Bielefelder Modell ein Schlüssel für personale und organisationale Gesundheit.

2.6.4 Organisationskulturtypen und Gesundheit

Es gibt nicht die eine Organisationskultur in Betrieben. Jede Organisationseinheit hat ihre eigene gelebte Kultur, die durch mehr oder weniger gute Rahmenbedingungen für Gesundheit gekennzeichnet ist. Charakteristische Eigenschaften einer Organi-sationseinheit können zu Kulturtypen zugeordnet werden, die ihrerseits wieder die Umsetzung unterschiedlicher Varianten von Betrieblicher Gesundheitsförderung bzw. Betrieblichem Gesundheitsmanagement begünstigen oder hemmen.

Varianten von Gesundheitsförderung im Betrieb

Die Themen Organisationskultur und Gesundheit am Arbeitsplatz sind stark mit der Forschungstätigkeit von Judith Goldgruber verbunden. Sie ging der Frage nach, ob unterschiedliche betriebliche Kulturtypen besser oder schlechter für die Imple-mentierung von Gesundheit im Betrieb geeignet sind bzw. welche Varianten von Gesundheitsförderung im Betrieb (verhaltensbezogene BGF, verhältnisbezogene BGF, Betriebliches Gesundheitsmanagement, keine BGF) sich für welchen Organisa-tionskulturtyp eignen. In ihrer Arbeit verknüpfte Goldgruber die Eigenschaften von vier Kulturtypen von Organisation (Bürokratie, Patriachat, Taskforce, Community) mit unterschiedlichen Varianten von Betrieblicher Gesundheitsförderung, um damit einen organisationskulturellen Erklärungsansatz für die fehlende Durchdringung von Gesundheit in Organisationen zu liefern. Ausgehend von Weissmanns empirischem Kulturmodell hat Goldgruber (2012) die BGF-Eignung von Organisationskulturtypen theoretisch ausgearbeitet.

Gemäß ihrer Ableitungen können von der Ebene der »gesundheitsförderlichen Orga-nisationskultur« bis hin zur Ebene der »nicht gesundheitsförderlichen Organisations-kultur« die Kulturtypen folgendermaßen gereiht werden: Community, Taskforce, Pat-riarchat und Bürokratie (vgl. Abb.10).

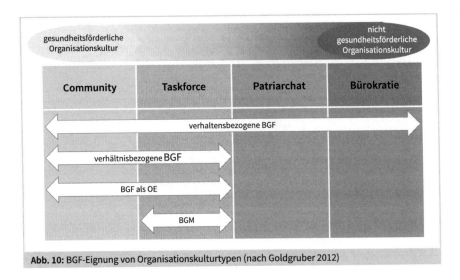

Abb. 10: BGF-Eignung von Organisationskulturtypen (nach Goldgruber 2012)

Arbeitshilfe online: Fallvignette

Eine beispielhafte Übertragung des Modells in den Arbeitsalltag können Sie in der Fallvignette in den Arbeitshilfen im Downloadbereich nachlesen.

Das Modell zeigt, dass die vergleichsmäßig selbstorganisierten Kulturtypen »Community« und »Taskforce« in eine gesundheitsförderliche Organisationskultur tendieren. Hingegen die hierarchischen Kulturtypen, wie »Patriarchat« und »Bürokratie«, Eigenschaften einer nicht gesundheitsförderlichen Organisationskultur aufweisen. »Je hierarchischer eine Organisation, desto weniger, je selbstorganisierter, desto mehr Ansatzpunkte für BGF bietet sie« (Goldgruber 2012).

Die Umsetzung von verhaltensbezogener Betrieblicher Gesundheitsförderung ist bei allen Kulturtypen möglich, während die Umsetzung von verhältnisbezogener BGF vor allem bei den Kulturtypen »Community« und »Taskforce« erfolgreich durchgeführt werden kann. Betriebliches Gesundheitsmanagement kann am vielversprechendsten beim Organisationstyp »Taskforce« umgesetzt werden. Eine Organisation, die dem Kulturtyp Taskforce zugeordnet werden kann, hat vorwiegend positive Rahmenbedingungen für die Umsetzung von Betrieblicher Gesundheitsförderung, daher können sowohl verhaltens- als auch verhältnisbezogene Gesundheitsförderungsmaßnahmen schnell realisiert werden. Gesundheit und ein positives Gesundheitsverhalten sind in diesem Kulturtyp häufiger vertreten, daher ist eine Umsetzung von Betrieblichem Gesundheitsmanagement möglich.

Im Vergleich zum Kulturtyp Taskforce weisen die Kulturtypen Patriachat und Bürokratie eher ungünstige Rahmenbedingungen für Betriebliches Gesundheitsmanagement auf. Die Organisationskultur eines Patriachats und einer Bürokratie sind durch starre und hierarchische Strukturen, sowie mehrheitlich nicht gesundheitsförderlichen Arbeitsbedingungen gestaltet. Besonders in einer bürokratischen Organisation handelt es sich um einen sehr autoritären Führungsstil, indem Gesundheit keinen passenden Platz findet und lediglich verhaltensbezogene Gesundheitsförderung umgesetzt werden kann. (Goldgruber 2012)

Fünf Merkmale einer gesundheitsförderlichen Organisation
Was macht eine gesundheitsförderliche Organisation aus? Eine gesundheitsförderliche Organisation ist durch fünf Merkmale, charakterisiert. Diese sind:
1. Rahmenbedingungen für BGF
2. Menschenbild
3. Gesundheitsbegriff
4. Arbeitsorganisation- und Bedingungen
5. Führungsverständnis.

Goldgruber verband diese fünf Merkmale mit 34 Indikatoren. Damit wurde die theoretische Grundlage für die quantitative Messbarkeit (Fragebogen für die Anwendung im Betrieb) mit der Kulturtypbestimmung erarbeitet. Darüber hinaus ermöglicht der Ansatz der Kulturtypbestimmung eine Orientierungshilfe für Betriebliches Gesundheitsmanagement. Was aus Betriebsperspektive speziell berücksichtigt werden sollte ist, dass es einen auf das gesamte Unternehmen bezogenen Kulturtyp gar nicht gibt, sondern jede Organisationseinheit mit einer Führungskraft hat ihre spezifische Kulturtypausprägung. Das heißt, es können pro Betrieb unterschiedliche Kulturtypen identifiziert werden. Schlussfolgernd bedeutet dies, dass in Abhängigkeit der vorherrschenden Kulturtypen auf Abteilungsebene unterschiedliche Varianten der Gesundheitsmaßnahmen von verhaltensbezogener Betrieblicher Gesundheitsförderung bis Betriebliches Gesundheitsmanagement umgesetzt werden sollten.

> **Wichtig: Organisationskultur und Betriebliches Gesundheitsmanagement**   !
> Es gibt nicht die eine Organisationskultur und es gibt nicht das Standardrezept für die Einführung von Betrieblichen Gesundheitsmanagement. Jede Organisation hat unterschiedliche Organisationseinheiten mit organisationskulturellen Ausprägungen. In Abhängigkeit dieser Eigenschaften lassen sich unterschiedlicher Varianten von Betrieblicher Gesundheitsförderung bzw. Betrieblichem Gesundheitsmanagement umsetzen.

2.6.5 Personen- und systemorientierte Wirkmodelle

Arbeits- und Organisationsbedingungen wirken auf Gesundheitszustände und Verhaltensweisen. Diese reduzieren empirisch gesichert die Fehlzeiten und Ausfallkosten, die innere Kündigung und Demotivation, Fluktuationsrate und den Präsentismus.

Wie kann das mit betriebswirtschaftlichen Kennzahlen und Messgrößen untermauert werden?

Wenn wir im Kontext von Betrieblichem Gesundheitsmanagement von Wirksamkeit (Effektivität) und bewusst nicht von Wirtschaftlichkeit (Effizienz) sprechen, dann werden zum einen personenzentrierte Wirkmodelle (Betriebliches Gesundheitsmanagement – Wirkmodell – Gesundheitsförderung Schweiz) und zum anderen systemorientierte Wirkmodelle (z. B. Treier und Uhle 2019) darunter verstanden.

Wirkmodell Gesundheitsförderung Schweiz

Wir verstehen unter *personenzentrierten* Ansätzen solche Modelle, die als primären Endpunkt der Wirkungskette entweder eine individuelle Verhaltensveränderung der Mitarbeiter oder eine Veränderung eines gesundheitlichen Indikators, z. B. Reduktion von stressbedingten Folgeerkrankungen, ausweisen.

Ein Beispiel hierfür ist das Wirkmodell der Gesundheitsförderung Schweiz (vgl. Abb. 11). Es geht von der Grundannahme aus, dass der Erhalt sowie die Verbesserung der psychischen Gesundheit der Erwerbstätigen, nicht direkt, sondern über Zwischenstufen erreicht wird. Diese Zwischenstufen wie Arbeitsbedingungen gesundheitsförderlich zu gestalten, personelle Ressourcen von Mitarbeitern und Führungskräfte schaffen, unternehmensweite Sensibilisierung für Gesundheit, entsprechen den Grundprinzipien der Gesundheitsförderung im Sinne von Verbesserung der betrieblichen Strukturen und können als Treiber für individuelle Gesundheit bezeichnet werden.

Treiber – Indikatoren-Modell

Uhle und Treier (2019) versuchen aus der Perspektive des Controllings und des Qualitätsmanagements sowohl primäre Endpunkte als auch systemorientierte Treiber und gesundheitsrelevante Indikatoren über eine Kausalkette in ihrem Treiber – Indikatoren-Modell zu veranschaulichen. Der salutogenetische Ansatz fordert im Betrieblichem Gesundheitsmanagement die Notwendigkeit des kennzahlengestützten und prozesshaften Vorgehens ein. Dabei gilt folgende Kausalkette als Grundlage des Treiber-Indikatoren-Modells: Arbeits- und Organisationsbedingungen beeinflussen den Gesundheitszustand und dieser beeinflusst direkt das Arbeitsverhalten. (Creas/Metzger 2001)

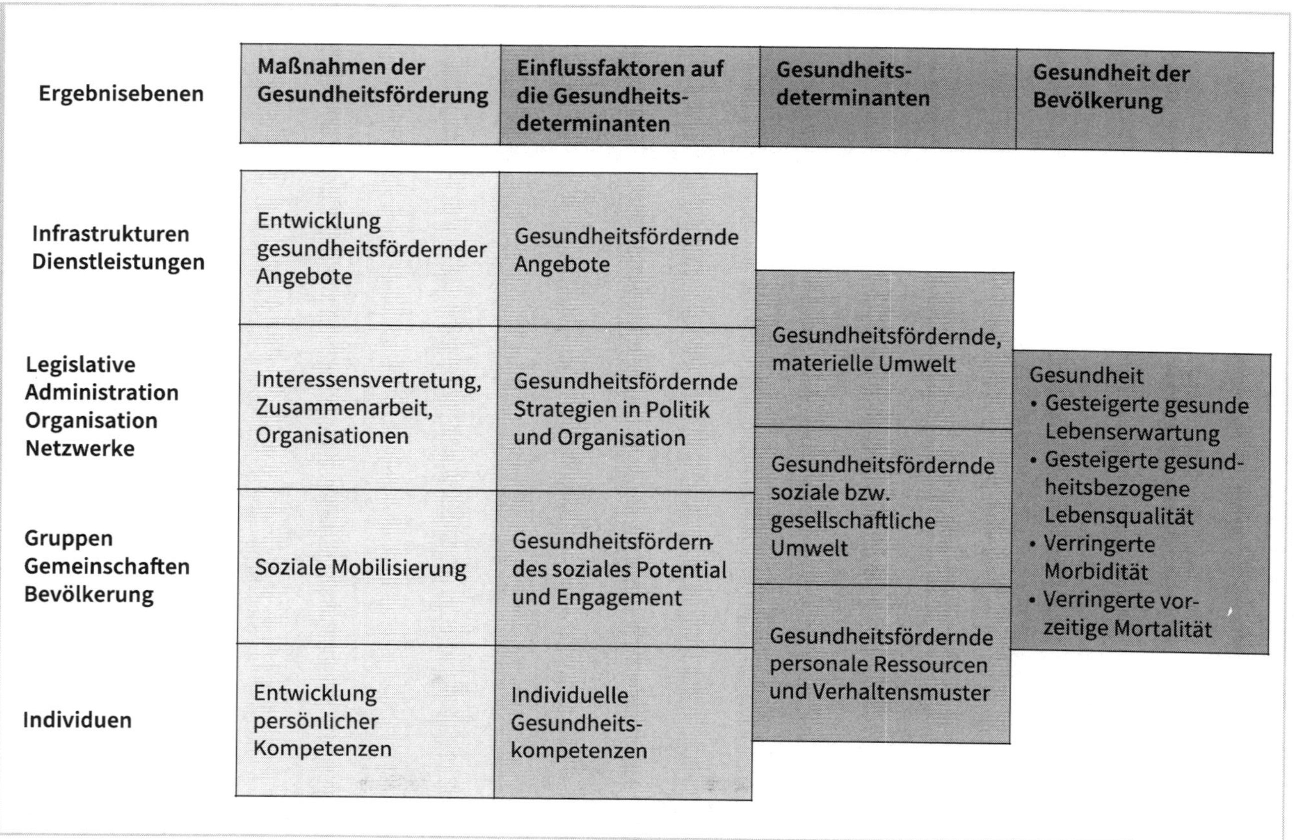

Ergebnisebenen	Maßnahmen der Gesundheitsförderung	Einflussfaktoren auf die Gesundheitsdeterminanten	Gesundheitsdeterminanten	Gesundheit der Bevölkerung
Infrastrukturen Dienstleistungen	Entwicklung gesundheitsfördernder Angebote	Gesundheitsfördernde Angebote	Gesundheitsfördernde, materielle Umwelt	Gesundheit • Gesteigerte gesunde Lebenserwartung • Gesteigerte gesundheitsbezogene Lebensqualität • Verringerte Morbidität • Verringerte vorzeitige Mortalität
Legislative Administration Organisation Netzwerke	Interessensvertretung, Zusammenarbeit, Organisationen	Gesundheitsfördernde Strategien in Politik und Organisation		
Gruppen Gemeinschaften Bevölkerung	Soziale Mobilisierung	Gesundheitsförderndes soziales Potential und Engagement	Gesundheitsfördernde soziale bzw. gesellschaftliche Umwelt	
Individuen	Entwicklung persönlicher Kompetenzen	Individuelle Gesundheitskompetenzen	Gesundheitsfördernde personale Ressourcen und Verhaltensmuster	

Abb. 11: Betriebliches Gesundheitsmanagement – Wirkmodell Gesundheitsförderung Schweiz (Eigene Darstellung)

Arbeitshilfe online: Fallvignette

Eine beispielhafte Übertragung des Modells in den Arbeitsalltag können Sie in der Fallvignette in den Arbeitshilfen im Downloadbereich nachlesen.

Die Autoren nennen in ihrem Modell sechs Treiberfaktoren:

1. Arbeitsbedingungen und Ergonomie
2. Aufgabeninhalt und Entscheidungsfreiraum
3. Qualität sozialer Beziehungen
4. Führungsqualität und gesunde Führung
5. Organisationskultur und Leitbilder
6. Flexibilisierung von Arbeitszeit und -ort.

Diese Treiber wirken sich auf personenbezogene Merkmale wie Selbstwirksamkeit und Vertrauen, Gesundheitszustand und Arbeitsfähigkeit, Gesundheitsverhalten und Einstellungen, Arbeitszufriedenheit und Commitment, psychosoziales Wohlbefinden und Erholungsfähigkeit und Resilienz aus. Für die betriebliche Praxis bedeutet dies einen Paradigmenwechsel von einzelnen nicht aufeinander abgestimmten Maßnahmen der Betrieblichen Gesundheitsförderung im Sinne personenzentrierter Interventionen, z. B. Ernährung und Bewegung, hin zu einer Systemorientierung von Gesundheit für eine Organisation – also die Genesis von Gesundheitsförderung hin zu Betrieblichem Gesundheitsmanagement wie im Pinkafelder Modell »Betriebe Gesund Managen«. Unter Berücksichtigung der Kausalkette fällt auf, dass Treier und Uhle die ersten beiden Säulen (Treiber und Indikatoren) noch mit betriebswirtschaftlichen Kennzahlen und Messgrößen untermauern. Sie finden, dass sich Arbeits- und Organisationsbedingungen auf Gesundheitszustände und Verhaltensweisen auswirken und diese wiederum reduzieren für den Betrieb messbare Kennzahlen wie die Fehlzeiten und Ausfallkosten, Fluktuationsraten sowie den Präsentismus. Auf der anderen Seite wirkt sich die betriebliche Investition in gesunde Arbeitsbedingungen (Treiber) auf die betriebswirtschaftlich relevanten Faktoren im Sinne der Steigerung der Produktivität und Leistungsfähigkeit sowie Arbeitsqualität und Kundenfreundlichkeit positiv aus.

2.7   Die wichtigen Fragen und Antworten zu Kapitel 2

Gibt es so etwas wie ein »Grundgerüst«, das unserer Gesundheit zugrunde liegt?
Neben biologischen Faktoren (Alter, Erbanlagen und Geschlecht) wird die Gesundheit in der Arbeitswelt auch von sogenannten individuellen Ressourcen des Mitarbeiters sowie innerbetrieblichen Rahmenbedingungen beeinflusst. Während die gesundheitsförderliche Gestaltung betrieblicher Strukturen und Prozesse Arbeitsbelastungen mildert, tragen individuelle Bewältigungsmuster des Mitarbeiters dazu bei, wie auf belastende Situationen am Arbeitsplatz reagiert wird und diese bewältigt werden. Der Aufbau von Widerstandsressourcen spielt beim Umgang mit Stressoren eine

wesentliche Rolle. Diese Widerstandsressourcen entwickeln sich aus dem sogenannten »Kohärenzgefühl« heraus, das wie ein Sinn oder eine Art Grundgerüst für unsere Gesundheit gesehen werden kann. Kohärenz besteht dann, wenn das eigene Leben als sinnvoll, überschaubar und handhabbar wahrgenommen wird. Ist dieses Kohärenzgefühl stark ausgeprägt sind wir in der Lage unsere Ressourcen zur Bewältigung alltäglicher Erfahrungen und Belastungen zu mobilisieren und uns dadurch ein Stück mehr in Richtung Gesundheit zu bewegen.

Gesundheit in der Arbeitswelt – Eigenverantwortung oder doch fremdgesteuert?
Die Entstehung von Gesundheit in der Arbeitswelt ist grundsätzlich als ein komplexer Prozess zu betrachten, der nicht durch einen Anfangs- und Endpunkt abgegrenzt werden kann. Vorweg betrachtet möchte man meinen, Gesundheit ist ein Gut, dass nicht primär durch äußere Einflüsse, sondern vielmehr durch individuelle Verhaltensweisen beeinflusst wird und somit als Eigenverantwortung zu sehen ist. Der individuelle Umgang mit der eigenen Gesundheit und die Kompetenz, dienlich für die eigene Gesundheit zu handeln (Gesundheitskompetenz), sind zwar wichtige Bausteine der Gesundheit aber im Kontext der Arbeitswelt nicht alleine zu betrachten. Gesundheit in der Arbeitswelt ist vielschichtig und durch vielmehr als nur durch das individuelle Gesundheitsverhalten des Mitarbeiters beeinflusst. So spielen innerbetriebliche Rahmenbedingungen, die sogenannten Verhältnisse, eine gleichbedeutende wenn nicht eine größere Rolle, als man dies zunächst vermuten mag. Gesundheit in der Arbeitswelt entsteht dann, wenn Mitarbeiter Arbeitsverhältnisse vorfinden, in denen sie als Humanressource anerkannt werden und sich gemäß ihren Kompetenzen und Potentialen entfalten können. Handlungsspielraum, Partizipation und Führungsverhalten sind nur wenige Handlungsfelder, die es in diesem Kontext zu nennen gilt.

Wie kann Gesundheit in der Arbeitswelt entstehen?
Gesundheit in der Arbeitswelt hängt nicht alleine von den individuellen Verhaltensweisen der Mitarbeiter ab. Erst die Gestaltung von, strukturorientierten Maßnahmen führt dazu, dass Gesundheit in der Arbeitswelt nachhaltig gefördert werden und entstehen kann. Ziel ist es, Maßnahmen die an das individuelle Verhalten von Mitarbeiter adressiert sind, mit strukturorientierten Maßnahmen (Verbesserung von Arbeitsabläufen, Veränderung von Kommunikationsstrukturen etc.) zu verbinden.

Worin besteht der Unterschied zwischen »Belastung« und »Beanspruchung«?
Während psychische Belastung ein notwendiger und normaler Bestandteil des menschlichen Lebens ist, ist die psychische Beanspruchung das Resultat aus dem, wie Menschen mit den äußeren Belastungen umgehen. Die psychische Belastung ist demnach die Gesamtheit aller erfassbaren Einflüsse, die von außen auf den Menschen zukommen und psychisch auf ihn einwirken. Jeder Mensch braucht psychische Belastungen, da diese notwendig für die menschliche Entwicklung sind. Die psychische Beanspruchung hingegen entsteht als Resultat wie Menschen auf psychische Belas-

tungen reagieren und ist abhängig von den individuellen Voraussetzungen und Bewältigungsstrategien.

2.8   Zusammenfassung

- Gesundheit ist ein Querschnittsthema, welches es in allen Unternehmensbereichen zu integrieren und mit allen Managementsystemen des Unternehmens zu verbinden gilt.
- Je höher das Kohärenzgefühl eines Mitarbeiters desto besser ist dieser in der Lage Spannungs- und Stresszustände zu bewältigen.
- Die eigene Arbeit als sinnhaft zu erleben führt zu einer erhöhten Motivation und einer höheren Leistungsbereitschaft, die mit höherer Gesundheit einhergeht.
- Um psychische Belastungen am Arbeitsplatz zu reduzieren, muss die gesetzte Maßnahme genau zu der festgestellten Belastung passen.

3   Das Pinkafelder Modell »Betriebe Gesund Managen«

Managementprozesse
Return-on-Investment Handlungsfelder

Betriebe Gesund Managen

Return-on-Prevention Stress Leitidee Strukturorientierung
Systemorientierung BGM-Performanz
High Level Structure
Personenorientierung

Leitfragen   **!**

- Wie kann das **BGM-Modell** alle betrieblichen Handlungsebenen integrieren?
- Wie können Organisationen auf die Gesundheit der Mitarbeiter und Führungskräfte einwirken?
- Was hilft mehr, personenbezogene oder strukturorientierte Maßnahmen?

Wir wollen aufzeigen, welches enorme Potential hinter der Ressource Mitarbeiter steckt und wie diese zu beiderseitigem Vorteilsgewinn nachhaltig genutzt werden kann. Dabei wird die ganzheitliche und systematische Bearbeitung der Gesundheit der Mitarbeiter, Führungskräfte und Organisation in den Mittelpunkt gestellt.

Grundbegriff: Betriebe Gesund Managen (BGM)

Betriebe Gesund Managen ist die bewusste, systematische und auf Performanz ausgerichtete Entwicklung des Personals, der Führung und der Organisation als Ganzes mit dem Ziel, wirtschaftlichen Erfolg und den Erhalt der Gesundheit miteinander zu verknüpfen.

Eine Definition ist für die Praxis eine Vorgabe, aber sie ist noch keine Richtlinie oder ein Leitfaden für das Handeln.

Aus der Erfahrung zahlreicher Forschungs- und Beratungsprojekte haben wir das Modell »*Betriebe Gesund Managen*« entwickelt, das einerseits eine Vielfalt der Handlungsfelder und auch die Anbindung in die Managementprozesse der Unternehmen ermöglicht. Um dem Anspruch: »Jedes gute Betriebliche Gesundheitsmanagement-Projekt beginnt mit einer guten Theorie« gerecht zu werden, hat sich die Entwicklung des **BGM-Modells** nicht nur am letzten wissenschaftlichen Stand, sondern auch an den Erkenntnissen und Machbarkeiten der Praxis durch Feedbackschleifen orientiert.

Ausgangspunkt der Modellentwicklung war die Erkenntnis, dass in den Sozialwissenschaften zwar zahlreiche Modelle zur Betrieblichen Gesundheitsförderung und zum Betrieblichen Gesundheitsmanagement existieren, in diesen jedoch lediglich einzelne Aspekte Berücksichtigung finden. Bei unserer Arbeit mit den Modellen der betrieblichen Gesundheit erkannten wir, dass es immer Fokussierungen auf unterschiedliche primäre Endpunkte gibt. Keines dieser Modelle erhebt für sich jedoch den Anspruch eines in sich geschlossenen Managementsystems. Um diese Lücke für Theorie und Praxis zu schließen, entwickelten wir das Pinkafelder Modell »*Betriebe Gesund Managen*« (**BGM**) als ein Managementsystem, das der Logik der High Level Structure folgt und mittels dessen – über die Ebenen Managementprozesse, Handlungsfelder und Leitideen – Gesundheit und Sicherheit integrativ im gesamten Betrieb nachhaltig verankert und gesteuert werden können.

Als Zielgruppen definiert sind Mitarbeiter, Führungskräfte und die gesamte Organisation über systematische Ansätze der Organisationsentwicklung. Anders als beispielsweise bei den Wirkmodellen, wo es um Kausalitäten zwischen zwei sich bedingenden Faktoren geht, zum Beispiel Führungsqualität und Arbeitszufriedenheit, spielt im Managementansatz »*Betriebe Gesund Managen*« Performanz eine zentrale Rolle (s. Kapitel 4). Es geht nicht um die Frage was **BGM** leisten (Outputorientierung) kann, sondern welche organisationale Wirkung **BGM** (Outcomeorientierung) hat.

Das Akronym **BGM** – bisher zumeist als Abkürzung für das »Betriebliche Gesundheitsmanagement« verstanden –, besetzen wir neu mit den drei Begriffen »*Betriebe Gesund Managen*«. Dies ist ein Hinweis auf den ganzheitlichen Modellansatz, der die wesentlichen Aspekte der Gesundheit in der Arbeitswelt in der betrieblichen Implementierung umfasst.

Für die bildliche Darstellung des **BGM-Modells** verwenden wir die Metapher von Schloss und Schlüssel, wobei das Schloss den Modellrahmen versinnbildlicht und der Schlüssel die Verknüpfung zu den Managementprozessen des Betriebs zum Ausdruck bringt.

Das Pinkafelder Modell »*Betriebe Gesund Managen*« (vgl. Abb. 12) orientiert sich an den zentralen Dimensionen des Betrieblichen Gesundheitsmanagements in folgender Charakteristik:

- ausgehend von der Leitidee »Gesunde Mitarbeiter«, »Gesunde Führungskräfte« und »Gesunder Betrieb«
- indem die Handlungsfelder des Arbeitsschutzes, Eingliederungsmanagements und der Gesundheitsförderung personen- als auch strukturorientiert unter Berücksichtigung der salutogenetischen Perspektive bearbeitet werden

- durch die systematische Planung, Steuerung und Integration gesundheitsrelevanter Aspekte in der Personal-, Führungskräfte- und Organisationsentwicklung sowie
- durch ein systematisches Monitoring anhand des PDCA-Zyklus und der ISO 45001 wird die Systemorientierung im Modell sichergestellt.

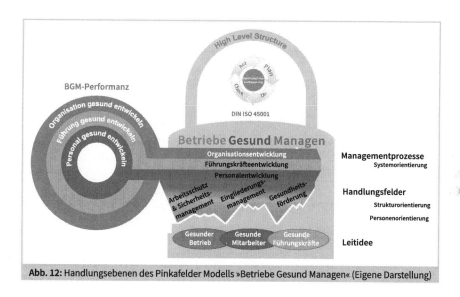

Abb. 12: Handlungsebenen des Pinkafelder Modells »Betriebe Gesund Managen« (Eigene Darstellung)

Arbeitshilfe online: Das BGM-Modell einfach erklärt
Eine anschauliche Erklärung des BGM-Modells finden Sie in Form eines Erklärvideos in den Arbeitshilfen im Downloadbereich.

Die Dimensionen des Modells sind jeweils eng miteinander verzahnt. So eignet sich z. B. zur Erreichung der Leitidee »Gesunde Mitarbeiter« das Konzept der gesundheitsförderlichen Personalentwicklung, wenn es über die Handlungsfelder Gesundheitsförderung sowie Arbeits- und Sicherheitsmanagement eingebunden ist. Entsprechende abgeleitete Maßnahmen können auf der Ebene der Managementprozesse in der organisatorischen Verantwortung des Human-Resource-Management angesiedelt werden.

3.1 Leitidee

Die Leitidee des Modells »*Betriebe Gesund Managen*« ist es gesunde Mitarbeiter und gesunde Führungskräfte in einer gesunden Organisation zu entwickeln. **BGM** ist dann Wirklichkeit geworden, wenn Gesundheit als Querschnittsthema fest in einer Organisation verankert ist und gelebt wird. Gesundheit bezieht sich auf personaler Ebene

(Mitarbeiter und Führungskräfte) auf Körper und Psyche und auf organisationaler Ebene, wenn Gesundheit zu einer gelebten Kultur in der Organisation geworden ist. Im Laufe der vergangenen Jahre zeigte sich aufgrund der zunehmenden Arbeitsverdichtung immer stärker die Bedeutung der psychischen Gesundheit am Arbeitsplatz. Stress am Arbeitsplatz als Folge von gesundheitsschädigender Arbeit zählt zu den größten Herausforderungen der modernen Arbeitswelt. Die Auseinandersetzung mit Belastungen und der Krankheitsentstehung hat eine lange Tradition bzw. ist gesetzlich im Arbeitnehmerschutz verankert. Die Frage nach der Gesunderhaltung am Arbeitsplatz hingegen bedeutet ein Umdenken in Organisationen und muss sich vor allem an personalstärkenden Faktoren (Ressourcen) orientieren.

> **!** **Praxistipp: Fragen, die sich Organisationen zu Beginn stellen sollten**
>
> - Soll die Leitidee top-down oder bottom-up entwickelt werden?
> - Wer wird mit der Ausarbeitung der Leitidee beauftragt?
> - Wie wird Commitment mit Leitidee geschaffen?
> - Wie wird die Leitidee kommuniziert?
> - Wer wird mit der Umsetzung der Leitidee beauftragt?

Gesunde Mitarbeiter

Gesunde Mitarbeiter stellen einen wesentlichen Erfolgsfaktor für Betriebe dar. Es ist mehrfach wissenschaftlich nachgewiesen, dass Mitarbeiter gesünder und leistungsfähiger sind, und eine stärkere Identifikation mit ihrer Organisation aufweisen, wenn der Betrieb aktiv Maßnahmen zur Stärkung der Gesundheit der Beschäftigten setzt. (Badura et al. 2010; Philipsen/Ziemer 2014)

Zur Erfüllung der Leitidee von gesunden Mitarbeitern bedarf es einer gesundheitsförderlich orientierten Personalpolitik, die das Wohlbefinden und die individuellen Bedürfnisse der Mitarbeiter, unter Wahrung der wirtschaftlichen Interessen des Unternehmens, bei allen Entscheidungen in den Fokus rückt.

Gesunde Führungskräfte

Für den Erfolg von **BGM** kommt den Führungskräften eine entscheidende Rolle zu. Das direkte Führungsverhalten der Führungskraft hat einen wesentlichen Einfluss auf das Wohlbefinden, die Arbeitsmotivation und folglich auch auf die Gesundheit der Mitarbeiter. Ein ressourcenorientierter Führungsstil, der sich in Beziehungsqualität zu den Mitarbeitern, in einer guten Organisationskultur und in einem Klima des Vertrauens äußert, hat vor allem auch etwas damit zu tun, wie Führungskräfte mit ihrer eigenen Gesundheit umgehen. (Badura/Hehlmann 2010)

Bei der Verankerung von **BGM** wird Führungskräften eine hohe Verantwortung zugeschrieben. Denn nur durch »gesunde Führungskräfte« können »gesunde Mitarbeiter« folglich eine »gesunde Organisation« realisieren.

Gesunder Betrieb

Gesundheit im Betrieb stellt eine strategische Aufgabe dar und erfordert somit ein effektives Gesundheitsmanagement. Folgende Merkmale zeichnen laut Badura und Hehlmann (2010) eine gesunde Organisation aus:

- partnerschaftlicher Führungsstil
- viele gemeinsame Überzeugungen, Werte und Verhaltensregeln
- flache Hierarchien
- Vertrauen und gegenseitige Hilfe
- Transparenz von Entscheidungen
- Partizipationsmöglichkeiten und Handlungsspielräume
- hochentwickeltes System der Weiterbildung
- gute, abteilungsübergreifende Zusammenarbeit.

Ziel aus der Sicht des Betriebs wäre es, durch aktives Betriebliches Gesundheitsmanagement einen Einfluss auf die Organisationskultur auszuüben.

3.2   Handlungsfelder

Da »Betriebe Gesund Managen« ein integriertes Gesamtkonzept darstellt, vereint es Arbeitsschutz und Sicherheitsmanagement, insbesondere den gesetzlich verpflichtenden Arbeitnehmerschutz, mit den freiwilligen Leistungen der Betrieblichen Gesundheitsförderung sowie des Eingliederungsmanagements. Die Maßnahmen auf diesen drei Handlungsfeldern zielen einerseits direkt auf die Beeinflussung des Verhaltens von Mitarbeitern und Führungskräfte ab, was als Personenorientierung der Intervention zu verstehen ist.

Darunter fallen klassische personenorientierte Gesundheitsmaßnahmen wie Bewegungs- oder Ernährungsprogramme oder auch Schulungen der personalen Kompetenzen wie das Führungsverhalten.

Andererseits sollen auch Interventionen auf Ebene der Rahmenbedingungen für gesundheitliches Verhalten berücksichtigt werden wie die Optimierung belastender Arbeitsabläufe, Führungskräfteentwicklung oder flexible Arbeitszeitmodelle. Diese strukturorientierten Maßnahmen setzen bei den betrieblichen Strukturen und Rahmenbedingungen für Gesundheit an.

3.2.1   Betriebliche Gesundheitsförderung

Im Gegensatz zum Arbeitsschutz ist Betriebliche Gesundheitsförderung nicht gesetzlich verankert und zeichnet sich durch eine Ressourcenorientierung aus. Betriebliche Gesundheitsförderung verfolgt das Ziel, die Gesundheit in einer Organisation und die Gesundheitskompetenzen von Mitarbeitern sowie Führungskräften zu fördern. In Anlehnung an die Ottawa Charta (WHO 1986) steht im Mittelpunkt der Betrieblichen Gesundheitsförderung die Frage nach der Entstehung und dem Erhalt von Gesundheit – und weniger jene der Abwehr von Krankheit. Betriebliche Gesundheitsförderung umfasst sowohl personenbezogene als auch betriebliche, strukturorientierte Interventionen. Zentrale Fachthemen der Betrieblichen Gesundheitsförderung sind:

- Bewegung
- Ernährung
- psychosoziale Gesundheit sowie
- Suchtmittelkonsum.

3.2.1.1   Personenorientierte versus strukturorientierte Gesundheitsförderung

Die Gesundheit von Beschäftigten und die Arbeitsbedingungen stehen nachweislich in einem engen Zusammenhang. Ein Großteil der Menschen verbringt ein Drittel des Tages an ihrem Arbeitsplatz. Die meisten Arbeitnehmer üben vermehrt Bildschirmarbeiten oder sitzende Tätigkeiten aus. In der Produktion überwiegen monotone Tätigkeiten, die wiederholt ausgeführt werden. Wenn es dort zu Belastungen oder Problemen kommt, beeinflusst das mitunter beträchtlich die Gesundheit der Betroffenen.

Die Situation: Fehlzeitenreporte zeigen stetig steigende Krankenstände, ausgelöst durch psychische Faktoren
Meistens sind heutzutage körperlich fordernde Arbeitstätigkeiten oder arbeitsplatzbezogene Schadstoffbelastungen nicht mehr die großen Herausforderungen am Arbeitsplatz. Die physischen Belastungen haben in den vergangenen Jahrzehnten kontinuierlich abgenommen, wohingegen die psychischen Belastungen gewachsen sind. Generell müssen sich die Mitarbeiter immer schneller auf neue Arbeitsbedingungen einstellen, was zu einer Zunahme der psychischen Beanspruchungen führt.

Der Druck am Arbeitsplatz, der Stress, die psychischen Belastungen, all das nimmt zu. Das ist keine gewagte These, sondern lässt sich deutlich aus den Krankenstandstatistiken ablesen. So weisen die Fehlzeitenreporte aus den vergangenen Jahren etwa nach, dass die Krankenstände, die durch psychische Faktoren ausgelöst wurden, seit Beginn der 1990er-Jahre stetig gestiegen sind. (BAuA 2017, BKK Gesundheitsreport 2019)

Diese Fehlzeiten dauern im Schnitt deutlich länger als die klassischen Krankenstände wie etwa grippale Erkrankungen. Die Digitalisierung vieler Wirtschaftsbereiche, die Forderung nach permanenter Erreichbarkeit und rascher Reaktion auf E-Mails und anderer Anfragen, die Internationalisierung und der zunehmende Konkurrenzdruck am Arbeitsmarkt sorgen für ständige Herausforderungen. Maschinen können wir weiter optimieren, Menschen hingegen sind nur bis zu einem gewissen Grad belastbar. Arbeitsunfälle und -ausfälle sind häufig die Folge, wenn die körperlichen Grenzen ignoriert werden. Daher haben psychische Fehlbelastungen nicht nur für die Betroffenen schwerwiegende Auswirkungen, auch die Betriebe bekommen die Folgen zu spüren. Im Gegensatz zu vielen körperlichen Beschwerden ist hier das Alter übrigens kein relevanter Faktor. Gerade jüngere Menschen, die am Beginn ihrer Laufbahn stehen, überfordern sich häufig oder fühlen sich überfordert.

Allerdings kann Arbeit auch gut für die Gesundheit sein, da sie das Selbstwertgefühl stärkt, ein soziales Netz von Kollegen schafft und Anerkennung und Einkommen bringt.

> **Wichtig: Arbeit ist gut für die Gesundheit, wenn folgendes zutrifft**
> - Die Mitarbeiter haben ein gutes Verhältnis zu Vorgesetzten und Kollegen
> - Die Mitarbeiter haben das Gefühl bei der Arbeit etwas Sinnvolles zu tun
> - Die Mitarbeiter können persönliche und berufliche Ziele in der Arbeit verwirklichen
> - Die Mitarbeiter erleben ihre Arbeit als sinnstiftend.
> (nach AOK, 2018 Fehlzeitenreport)

Nicht nur in den Betrieben lag bisher der Fokus primär auf der verhaltens-/personenorientierten Betrieblichen Gesundheitsförderung. Auch die Wissenschaft konzentrierte sich lange Zeit auf die Erforschung von Ernährungs-, Fitness- und Entspannungsprogrammen. Die körperliche Gesundheit hat nicht nur den vermeintlichen Vorteil, leichter beeinflussbar zu sein, sie ist auch deutlich sichtbarer und spürbarer. Wer Übergewicht hat, bekommt einen Diätplan und wird dazu motiviert, mehr Bewegung zu betreiben. Wer raucht oder übermäßig viel Alkohol zu sich nimmt, wird ebenfalls mit mehr oder weniger sanftem Druck dazu gebracht, sein Verhalten zu überdenken und seinen Lebensstil zu ändern. Was aber, wenn die Arbeitsverhältnisse krank machen?

Wenn der Großteil der Mitarbeiter einer Abteilung von Erschöpfungssymptomen oder Stress gekennzeichnet ist, hat sich das Unternehmen mittels der betrieblichen Gesundheitsförderungsmaßnahmen Gedanken gemacht, diese Symptome der Mitarbeiter gezielt zu reduzieren. Entspannungskurse, Selbstachtsamkeitstraining oder Stressmanagementschulungen waren die logische Konsequenz. Zur Verwunderung der Experten für Gesundheitsförderung zeigten sich aber wenig nachhaltige Erfolge bei diesen Verhaltensmaßnahmen. In der Medizin würde man sagen – ein klarer Fall von reiner Symptombekämpfung ohne Ursachenerforschung. Ein versierter Mediziner würde seine Patienten mit Fiebersymptomen nicht reduziert auf die Bekämpfung des Fiebers behandeln, sondern bei einer gründlichen Anamnese nach der Ursache des Fiebers Erkundigungen einholen, um eine wirksamere Therapie ansetzen zu können.

Wenn wir dieses Beispiel auf Betriebe übertragen, sollte ebenso bei Mitarbeitern Ursachenforschung betrieben werden. In vielen Fällen hat sich unserer Erfahrung nach gezeigt, dass es an einem problematischen Kommunikations- oder Führungsverhalten des Vorgesetzten liegt. Welcher Ansatz ist nun der wirkungsvollere? Die Mitarbeiter auf Stressseminare zu entsenden oder den Vorgesetzten auf sein Verhalten aufmerksam zu machen und mit ihm an einer diesbezüglichen Verbesserung seines Verhaltens gegenüber Mitarbeitern zu arbeiten? Dieses Beispiel klingt banal, aber in den überwiegenden Fällen wird am Verhalten der Mitarbeiter und nicht an einer Verhältnisänderung, also des problematischen Führungsverhaltens des Vorgesetzten, angesetzt. Im Gegensatz zur Betrieblichen Gesundheitsförderung setzt das Betriebliche Gesundheitsmanagement neben der personenbezogenen Verhaltensänderung auch an den betrieblichen Strukturen und Prozessen an, die eine Veränderung des Gesundheitsverhaltens der Mitarbeiter und Führungskräfte ermöglichen.

> **!** **Wichtig: Bei der Ursache ansetzen**
>
> Gesundheitsförderungsmaßnahmen sollten immer bedarfsorientiert an der Ursache eines Problems ansetzen. Zuerst klären, ob Rahmenbedingungen (Verhältnisse) das richtige Verhalten überhaupt ermöglichen.

In der Betrieblichen Gesundheitsförderung wird unterschieden, ob die Maßnahmen an den Verhältnissen (Struktur) im Betrieb oder am Verhalten der Mitarbeiter (Personen) ansetzen. Von der Zuordnung wird zwischen personen- und strukturorientierten Maßnahmen unterschieden.

Personenorientierung	Strukturorientierung
• Die Personenorientierung hat sich zum Ziel gesetzt, das individuelle Risikoverhalten der Mitarbeiter oder Führungskräfte, wie körperliche Inaktivität oder mangelhafte Ernährung, zu beeinflussen.	• Die Strukturorientierung hingegen legt Wert auf soziale, ökonomische und kulturelle Rahmenbedingungen einen direkten Einfluss zu nehmen.
• Der personenorientierte Ansatz versucht das Verhalten des Einzelnen zu beeinflussen und wird in der Literatur auch als verhaltensorientierte Maßnahme bezeichnet.	• Der strukturorientierte Ansatz versucht hingegen gesundheitsförderliche Arbeitsbedingungen zu schaffen und orientiert sich an den Strukturen des Unternehmens.[1]

Tabelle 7: Personen- und Strukturorientierung (Eigene Darstellung)

---

1   In der Literatur auch unter dem Begriff der verhältnisorientierten Maßnahme bekannt.

Grundbegriff: Personenorientierung versus Strukturorientierung

Personenorientierte Maßnahmen setzen am individuellen Verhalten des Mitarbeiters an, mit dem Ziel einer verhaltensorientierten Änderung. Strukturorientierte Maßnahmen versuchen die betrieblichen Rahmenbedingungen so zu ändern, damit Mitarbeiter ihr Verhalten anpassen können.

Personenorientierte Gesundheitsförderung

Im Mittelpunkt der personenorientierten Gesundheitsmaßnahmen im Betrieb steht der Mitarbeiter als eigenverantwortliches Individuum seiner Gesundheit, der unterstützt werden soll mit belastenden Arbeitsbedingungen erfolgreich umzugehen. Dabei soll der Mitarbeiter für gesundheitsbeeinträchtigende Situationen sensibilisiert werden, um entsprechende Gegenstrategien zur Erhaltung seiner Gesundheit einsetzen zu können.

Eine große Herausforderung bei den personenorientierten Maßnahmen sind seitens der Belegschaft die Bereitschaft (Motivation) und die Willensstärke (Volition) für eine gesundheitsbezogene Verhaltensänderung, da diese meist gleichzusetzen sind mit einer Änderung des individuellen Lebensstils. Hier stellt sich dann sehr oft die ethische Frage inwieweit kann oder darf ein Betrieb in die Gesundheit ihrer Mitarbeiter intervenieren.

> **Wichtig: Fokus der personenorientierten Gesundheitsförderung** !
>
> In der personenorientierten Gesundheitsförderung werden Impulse und Anstöße zur Verhaltensänderung gegeben, deren Umsetzung allerdings in der Hand der Mitarbeiter liegt und selten auf betriebliche Anordnung funktioniert.

Gesundheitsbezogene betriebliche Interventionen verfolgen das Ziel, gesundheitsförderliche Verhaltensweisen bei Mitarbeitern aufzubauen oder diese zu stärken oder gesundheitsschädigendes Verhalten zu reduzieren. Wesentlich für den Erfolg solcher Maßnahmen ist die Vermittlung von fachlichem Wissen und Handlungsansätzen, um eine höhere Kompetenz zum eigenverantwortlichen Handeln zu erlangen.

Dem Wissenstand und der betrieblichen Praxis entsprechend bilden die personenzentrierten Maßnahmen den größten Teil der Interventionen. Dies ist auch historisch begründet, da die Anfänge der Gesundheitsförderung von multiprofessionellen Ansätzen geprägt waren. So haben Sportwissenschaftler versucht spezifische Bewegungs- und Sportprogramme zu initiieren, Ernährungswissenschaftler widmeten sich neben der Installierung des täglichen Obstkorbes der Gemeinschaftsverpflegung und Psychologen nahmen sich spezifischer Entspannungsmethoden und Stressprogrammen an. Vieler dieser Maßnahmen wurden anlassbezogen initiiert, um aktuelle Belastungssymptome der Mitarbeiter wie Rückenschmerzen, Bluthochdruck oder Burn-out zu reduzieren und haben meistens einen kurativen Ansatz als Hintergrund.

> **! Praxistipp: Wissenschaftlicher Nachweis von Gesundheitsförderungsmaßnahmen**
>
> Einen sehr guten Überblick über den wissenschaftlichen Nachweis arbeitsweltbezogener Gesundheitsförderungsmaßnahmen liefert der IGA Report 40 (2018) der die Fülle der Literatur zu personenbezogenen betrieblichen Maßnahmen aufgearbeitet hat.

Bewegung

Der arbeitende Mensch verbringt die meiste Zeit seines Lebens in geschlossenen Räumen – und das häufig sitzend: im Auto, in der U-Bahn, im Bus, im Büro oder zu Hause auf der Couch. Das ist der körperlichen Aktivität wenig förderlich. Forscher haben errechnet, dass etwa 60 Prozent der Bevölkerung von Bewegungsarmut betroffen sind. Das heißt, fast zwei Drittel der Menschen schaffen es nicht, die Empfehlung von 150 Minuten moderatem körperlichem Training pro Woche umzusetzen.

Ein damit verbundenes Thema ist in jüngster Zeit in den Mittelpunkt gerückt – das Sitzverhalten oder die Umwandlung unseres Bewegungsapparates in einen Sitzapparat. In einer australischen Kampagne wird das »Sitzen als das neue Rauchen«, aufgrund der weitreichenden gesundheitlichen Auswirkung auf die Menschen, bezeichnet. Es gibt sehr gute Evidenz dafür, dass durch den Einsatz höhenverstellbarer Bürotische, mit denen sowohl im Sitzen als auch im Stehen gearbeitet werden kann, die passive Sitzzeit, zugunsten aktiver Bewegungszeit, reduziert werden konnte.

Empfehlenswert sind auch regelmäßige Gehpausen sowie Fitnesstracker zur Bewegungsmotivation. Brainwalks während Meetingpausen versorgen die Mitarbeiter nicht nur mit frischem Sauerstoff, sondern fördern die Kreativität und Leistungsfähigkeit. Die Bedeutung des unternehmensbezogenen Betriebssports oder die Teilnahme bei betrieblich organisierten Sportevents ist rückläufig und auch die Wirkung sehr indifferent, da organisierte, leistungsbezogene Sportprogramme von einem Großteil der Belegschaft abgelehnt werden.

Ernährung

Das individuelle Ernährungsverhalten ist für die Gesundheit der Mitarbeiter von hoher Relevanz, denn die Zufuhr von energiereichen beziehungsweise nährstoffarmen Lebensmitteln, welche gleichzeitig einen hohen Fett-, Salz- oder Zuckeranteil haben, zählen gemeinsam mit dem Bewegungsmangel zu den Hauptverursachern von Herz-Kreislauf-Erkrankungen, Diabetes Typ 2 und Krebserkrankungen.

Der Ernährungsreport (2017) des Bundesministeriums für Ernährung und Landwirtschaft zeigt auf, dass die Mehrheit der Erwerbstätigen sich täglich beziehungsweise sehr häufig lieber Essen von zu Hause mitbringt (57 Prozent), als in die Kantine (21 Prozent) oder in ein Restaurant (5 Prozent) zu gehen. Ein nicht unbeträchtlicher Teil der Mitarbeiter (18 Prozent) gaben zudem an, die Mittagspause ausfallen zu lassen beziehungsweise diese nicht für eine Mahlzeit zu nutzen.

Ein ungesunder Trend in Betrieben ist auch der Griff zu Fertigprodukten, die häufig zu salzig und zu fett sind, Zucker und problematische Zusatzstoffe wie Geschmackverstärker, Bindemittel, Farb- und Konservierungsstoffe enthalten.

Ein weiteres problematisches Ernährungsverhalten am Arbeitsplatz ist die unzureichende und ernährungsphysiologisch richtige Flüssigkeitsversorgung. Wird zu wenig Wasser mit der Nahrung zugeführt, hat das gravierende Folgen wie Müdigkeit, Konzentrationsprobleme und Kopfschmerzen bis hin zu Schwindel und Beeinträchtigungen der Körperfunktionen. Schon ab drei Prozent Flüssigkeitsverlust kann die Arbeitsfähigkeit erheblich sinken. Wer als Arbeitgeber leistungsfähige Mitarbeiter haben möchte, sollte die Beschäftigten über die Betriebliche Gesundheitsförderung für das richtige Trinkverhalten sensibilisieren.

Obwohl der tägliche Obstkorb oft symbolisch für betriebliche Gesundheitsförderung angesehen wird, sind rein personenzentrierte Maßnahmen im Betrieb aufgrund der individuellen Ernährungsgewohnheiten sehr schwer umsetzbar. Die verfügbaren Studien sprechen ebenfalls dafür, dass kombinierte Interventionen, die das mitarbeiterorientierte Verhalten und die Verhältnisse im Betrieb adressieren, rein personenbezogenen Maßnahmen überlegen sind. Für Schichtarbeitende gibt es wissenschaftliche Hinweise, dass strukturell angelegte Gesundheitsinterventionen in der Lage sind, das Ernährungsverhalten in Summe positiv zu beeinflussen.

Praxistipp: Interventionen im Ernährungsbereich

Kombinierte Interventionen im Ernährungsbereich, die sich laut AOK (2020) bewährt haben: Adaptierung der *Gemeinschaftsverpflegung* unter Bedachtnahme ernährungsphysiologisch sinnvoller Ergänzungen: täglich mehrere Gerichte zur Auswahl stellen, regelmäßig ein Gericht ohne Fleisch, ein veganes oder vegetarisches Gericht, täglich frisches, schonend gegartes Gemüse, einmal pro Woche Fisch, regelmäßig eiweißhaltige Beilagen wie Vollkornreis oder Hülsenfrüchte für Veganer und Vegetarier, Salatbar je nach Saison mit wechselnden grünen Blattsalaten, geraspeltem Frischgemüse, Saaten, Nüssen, Sprossen und Kräutern sowie hochwertigen Ölen, Frisches Obst und ungesüßte Milchprodukte.
Teeküche einladend mit Küchengeräten einrichten erhöht die Wahrscheinlichkeit, dass die Mitarbeiter sich genügend Zeit nehmen eine gesunde Essenspause einzulegen. Neben einer Kaffeemaschine auch ein Teeangebot mit verschiedenen Früchte- und Kräuterteesorten anbieten.
Snackautomaten auf »gesund« umstellen: Statt mit Schokoriegeln und süßem Naschzeug kann ein Snackautomat auch mit gesunden Nahrungsmitteln wie zum Beispiel mit Nüssen und Trockenobst befüllt werden. Werden Snackautomaten mit Kühlung aufgestellt können

zusätzlich ungesüßte Naturjoghurts, Wraps, Vollkornbrote oder gewürfeltes Obst, Gemüsesticks und Smoothies angeboten werden.

Wasserspender: Durch Aufstellung von Wasserspender werden Mitarbeiter an das regelmäßige Trinken erinnert und animiert. Der Getränkeautomat kann mit Mineralwässern oder Fla-
vored Waters bestückt werden. Wasser löscht nicht nur den Durst, sondern in ausreichender
Menge getrunken, beugt es Kopfschmerzen, Gedächtnis- und Konzentrationsstörungen vor.

Gesunde Meetings: Eine gesunde Verpflegungsalternative zu Keksen und Schokolade in Besprechungen sind Nüsse, Kürbis- und Sonnenblumenkerne oder ein Obstteller. Bei längeren
Meetings ist eine richtige Pause mit Zeit zum Essen von Vollkornbroten, Naturjoghurts, Obst
oder Gemüsesticks sowie einer kurze Bewegungspause förderlich.

Um die Akzeptanz bei den Mitarbeitern zu erhöhen, sollten *Führungskräfte* bei all diesen
Maßnahmen mit gutem *Vorbild* vorangehen. Gesundes Essverhalten kommt ihnen selbst
auch zugute.

Nikotin- und Tabakkonsum

Da der Nikotin- und Tabakkonsum erhebliche Auswirkungen auf die Mortalität hat
und vielen Rauchern es schwerfällt, ihre Suchtgewohnheiten aufzugeben, sollte im
Betrieb diesbezügliche Unterstützung angeboten werden. Zur Rauchentwöhnung
stehen mehrere effektive Interventionsansätze zur Verfügung. Besonders erfolgver-
sprechend sind sie für Beschäftigte, die tatsächlich beabsichtigen, mit dem Rauchen
aufzuhören. Anreize von Unternehmensseite tragen dazu bei, die Teilnahmezahl zu
erhöhen und steigern die Zahl der Aufhörenden. Überzeugende Belege finden sich
für die Wirksamkeit gruppentherapeutischer Ansätze, persönliche Einzelberatun-
gen, medikamentöse Behandlungen sowie kombinierte Interventionen. Positive wissenschaftliche Effekte konnten nicht nachgewiesen werden bei Maßnahmen, die mit
Selbsthilfe-Methoden, sozialer Unterstützung oder mit unterstützenden Elementen in
der Umgebung arbeiten. (IGA 2019)

Alkoholprävention

Regel- und übermäßiger Alkoholkonsum geht mit einem erhöhten Risiko von chroni-
schen Erkrankungen einher. Davon betroffen sind vor allem das Nervensystem, die
Leber, das kardiovaskuläre sowie das gastrointestinale System. Der Arbeitsplatz stellt
einen der bedeutendsten Lebensbereiche dar, der mit alkoholbedingten Beeinträch-
tigungen konfrontiert wird.

Für die Wirksamkeit von Maßnahmen zur Alkoholprävention und Prävention von Sub-
stanzstörungen ist sowohl die Studien- als auch die Evidenzlage unzureichend. Die
Evidenzlage für Alkoholscreening-Maßnahmen und Kurzinterventionen am Arbeitsplatz sind in den verfügbaren Studien nicht eindeutig. Der Arbeitsplatz wird aber
grundsätzlich als geeignetes Setting für Interventionen angesehen, da längerfristig
angesetzte Interventionen durchwegs positive Effekte zeigten. (IGA 2019)

Stress und psychische Störungen

Häufiges Stresserleben kann die Entstehung psychosomatischer und kardiovaskulärer Erkrankungen fördern. Dies kann aufgrund stressbedingter Fehlzeiten zu erheblichen Mehrkosten im Betrieb führen. Deshalb ist die Bedeutung von stressverringernden Maßnahmen in der Betrieblichen Gesundheitsförderung sehr hoch. Speziell durch Interventionen im Umgang mit stressbedingten Belastungen sollen Mitarbeiter lernen Stressoren zu identifizieren, zu reduzieren bzw. zu bewältigen.

Laut Studienlage gibt es für die Vorbeugung von Stress und psychischen Belastungsstörungen eine Reihe gut erprobter Ansätze, die am Arbeitsplatz sinnvoll eingesetzt werden können. Sehr gut bewährt haben sich kognitiv-verhaltensorientierte Techniken, die mit Problemlöse- oder Stressbewältigungstechniken in Kombination eingesetzt werden.

Besondere Wirksamkeit wird achtsamkeitsbasierten Interventionen, die in einer Vielzahl von Studien erforscht wurden, zugeschrieben sowohl bezüglich der psychischen Gesundheit als auch Stressreduktion oder Verbesserung der Resilienz. Besonders wirksam sind spezifische Führungskräftetrainings, die Maßnahmen zur Früherkennung und Thematisierung von psychischen Symptomen bei Mitarbeitern als Inhalt haben. (IGA 2019)

> **Wichtig: Gesundheitsverhalten und personenorientierte Gesundheitsförderung** !
>
> Die personenorientierte Gesundheitsförderung versucht durch »bewusst intendierte Veränderung von Gewohnheiten wie z. B. Ernährung, Bewegung, Nikotinkonsum, Stress« eine Reduzierung von gesundheitlichen Risikofaktoren zu erzielen, um somit das Gesundheitsverhalten der Mitarbeiter und Führungskräfte in eine gesundheitlich positive Richtung zu beeinflussen.

Trotz zahlreicher und mehrjähriger Aktivitäten und Kampagnen in der personenorientierten Gesundheitsförderung, können zusammenfassend gesehen kaum große Erfolge oder eine sichtbare Nachhaltigkeit solcher Maßnahmen nachgewiesen werden. Daraus kann die Schlussfolgerung gezogen werden, dass nachhaltige Erfolge über die Personenorientierung hinaus gehen müssen und eine ganzheitliche Sichtweise, unter Miteinbindung der organisationalen Rahmenbedingungen, erfordert. Verhältnisse im Unternehmen bedingen das Gesundheitsverhalten der Mitarbeiter oder anders ausgedrückt bedeutet dies für die betriebliche Gesundheitsförderungspraxis den Fokus weg von den personenorientierten hin zu den strukturorientieren Maßnahmen zu legen. Der »*Betriebe Gesund Managen*«- Ansatz versteht Gesundheit als Teil der gesamten Umwelt des Menschen, als Teil seiner Lebensbedingungen. Er hebt den Gegensatz zwischen menschlichem Verhalten und Verhältnissen der Arbeitsumwelt auf.

3.2.1.2   Strukturorientierte Gesundheitsförderung

Die Orientierung in der Betrieblichen Gesundheitsförderung, neben dem Mitarbeiter (personenorientiert) auch zur Organisation (strukturorientiert) gewandt, stellt einen Paradigmenwechsel dar. Im Vordergrund steht nicht die Frage, was können wir Gutes für die Gesundheit unserer Mitarbeiter machen, sondern wie schafft der Betrieb gesunde Rahmenbedingungen unter denen sich die Mitarbeiter wohlfühlen und damit ihre Gesundheit und Leistungsfähigkeit erhalten bzw. gefördert wird.

Die personenorientierte Gesundheitsförderung hat das Ziel, das individuelle Risikoverhalten, wie körperliche Inaktivität, schlechte Ernährungsgewohnheiten oder Suchtverhalten zu beeinflussen. Der Ansatz der strukturorientierten Gesundheitsförderung hingegen versucht auf soziale, ökonomische und kulturelle Umweltbedingungen im Betrieb einen direkten Einfluss zu nehmen. Daraus folgt, dass die strukturorientierte Gesundheitsförderung nicht auf den einzelnen Mitarbeiter, sondern auf alle betrieblichen Zielgruppen ausgelegt ist.

> **!**   **Wichtig: Fokus der strukturorientierten Gesundheitsförderung**
>
> Strukturorientierte Gesundheitsförderung fokussiert auf die gesundheitsförderliche Gestaltung von Arbeitsstrukturen und Verhältnissen, die beispielsweise in Form von Reduktion belastender Arbeitsbedingungen, wie Störungen, mangelnder Aufgabentransparenz, Ungewissheit erfolgen können. Außerdem kann die Verbesserung des Kooperationsklimas oder die Erweiterung von Handlungsspielräumen in der Arbeit dazugezählt werden.

Die strukturorientierte Gesundheitsförderung setzt bei den Arbeitsbedingungen der Menschen an. Dabei steht das Ziel im Vordergrund, die Arbeits- und Lebensbedingungen gesundheitsförderlich zu gestalten, um die Gesundheit und Leistungsfähigkeit am Arbeitsplatz zu erhalten bzw. zu steigern.

Der strukturorientierte Gesundheitsförderungsansatz versteht Gesundheit als Teil der gesamten betrieblichen Umwelt des Mitarbeiters, als Teil ihrer Lebensbedingungen und ihrer Lebenswelt. Das Ziel der strukturorientierten Gesundheitsförderung ist das Stärken der Selbstbestimmung, sowohl jene der Mitarbeiter, als auch die der Führungskräfte und Förderung des Ressourcenpotentials. Dazu sollen bereits vorhandene betriebliche Rahmenbedingungen und Handlungsspielräume analysiert und in Richtung einer gesundheitsförderlichen Entwicklung gesetzt werden.

Strukturorientierte Gesundheitsförderung fokussiert auf die Wechselwirkung zwischen Mitarbeiter und Führungskräfte und auf eine durch Gesundheitsbewusstsein geprägte betriebliche Alltagsstruktur. Strukturorientierte Interventionen zielen auf eine gesundheitsförderliche Gestaltung von betrieblichen Strukturen und Verhältnissen ab, die beispielsweise durch Reduktion belastender Arbeitsbedingungen, mangelnder Aufgabentransparenz oder Ungewissheit in den Arbeitsaufgaben erfolgen können. Außerdem kann die Verbesserung des Kommunikationsklimas sowie die Erweiterung von Handlungsspielräumen wichtige gesundheitsförderliche Maßnahmen sein.

Strukturorientierte Maßnahmen zielen primär auf eine Veränderung der Arbeitsbedingungen und -situationen ab, um damit eine höhere Wahrscheinlichkeit der Nachhaltigkeit von Gesundheitsförderungsmaßnahmen zu erreichen. Zur Verbesserung der Arbeitsumgebung sind gesundheitlich gefährdungs- und beeinträchtigungsfreie Mindestkriterien der Arbeitsplatzgestaltung, die sich auf körperliche und psychische Bedürfnisse beziehen, zu berücksichtigen. Dazu gehören Lichteinfluss, Arbeitsplatzergonomie, Raumgestaltung, sowie das Raumklima. Grünpflanzen haben einen wohltuenden Einfluss auf die Psyche, fördern seelische Ausgeglichenheit und haben eine entspannende Wirkung auf Mitarbeiter.

Die Kombination von personen- und strukturorientierten Maßnahmen verspricht die größtmögliche nachhaltige Wirkung, damit arbeitsbezogene Belastungen reduziert und Ressourcen aufgebaut werden, um so individuelle Beanspruchungen möglichst gering zu halten. Tabelle 8 gibt einen Überblick über mögliche personen- und strukturorientierte Maßnahmen und ordnet diese in die vier Ebenen ein

Interventionsansatz	Reduktion von Belastungen	Aufbau von Ressourcen
Struktur-orientiert	• ergonomische Arbeitsplatz-adaptionen • Raumklimaoptimierungen • Errichtung von Pausenräumen und Pausenregelungen • Einrichtung von rauchfreien Zonen • angepasste Arbeitszeitmodelle	• Effiziente Teambesprechungskultur • Mitsprache bei der Gestaltung von Dienstplänen • Arbeitsaufgaben mit hohen Entscheidungsspielräumen • Beteiligungsmöglichkeiten • Generationsübergreifende Arbeitsteams
Personen-orientiert	• Rückenschule • Ernährungsprogramme • Haut- und Infektionsschutz • Nikotinentwöhnung • Alkoholprävention	• Seminare zu Stress- und Konfliktmanagement • Gesundes-Führen-Training • Onboarding für neue Mitarbeiter • Jobrotation • Multiplikatoreneinsatz

Tabelle 8: Vier Ebenen der betrieblichen Intervention (erweitert nach Ulich/Wülser 2018)

3.2.2 Arbeitsschutz und Sicherheitsmanagement

Arbeitsschutz und Sicherheitsmanagement bezieht sich auf Aktivitäten in Betrieben, die auf die Abwendung von Gesundheitsgefahren abzielen. Es beinhaltet insbesondere die betriebliche Prävention, den Arbeitnehmerschutz sowie das betriebliche Sicherheitsmanagement. Im Zentrum stehen das Vermeiden von Krankheiten, Gefahren und Unfällen sowie die Schaffung von Sicherheit in Betrieben. (Slesina/Bohley 2011)

Neben der betrieblichen Gesundheitsförderung sind Arbeitsschutz und Sicherheitsmanagement wichtige Handlungsfelder des Betrieblichen Gesundheitsmanagements und stellen die organisationalen Rahmenbedingungen für die Arbeit im Betrieb dar. Die Begriffe »Gesundheitsmanagement« und »Sicherheitsmanagement« werden häufig miteinander kombiniert aber auch verwechselt. Im Mittelpunkt des Betrieblichen Sicherheitsmanagements steht die Sicherheit der Mitarbeiter.

Arbeitsschutz und Sicherheitsmanagement zielt auf eine menschengerechte Gestaltung der Arbeit ab, die nur dann gegeben ist, wenn die Gesundheit der Menschen nicht gefährdet und ein Höchstausmaß an Arbeitszufriedenheit und Wohlbefinden erreicht ist. Ein zentrales Kennzeichen des Arbeitnehmerschutzes ist der Fokus auf Gefahren, Risiken und Belastungen. Zentrale Themen des Arbeits- und Sicherheitsmanagements sind:

*   sicheres Arbeiten im Betrieb und Unfallverhütung
*   menschengerechte Arbeitsgestaltung
*   physische und psychische Gefahren und Belastungen im Betrieb vermeiden
*   arbeitsmedizinische Untersuchungen.

3.2.2.1   Arbeitsschutz

Die Grundlage für ein gesellschaftlich funktionierendes Beschäftigungssystem ist die Schaffung und der Erhalt sicherer und menschengerechter Arbeitsbedingungen. Ein wirksamer Arbeitsschutz und eine effektive Unfallvermeidung sind hierfür besonders bedeutsam, vor allem auch im Hinblick auf die aktuellen Herausforderungen der digitalisierten Arbeitsprozesse, die eine immer stärker verdichtete und anspruchsvollere Arbeitswelt entstehen lassen.

Beim Arbeitsschutz werden grundsätzlich alle Arbeitsbedingungen, die Unfallursachen und Krankheitsursachen darstellen, betrachtet. Folglich sind die Vermeidung von Sicherheitsrisiken und gesundheitsschädigenden Einflüssen die wesentlichen Themen des Arbeitnehmerschutzes. Maßnahmen, die an diesen Punkten ansetzen, sollen zu einem Rückgang der Arbeitsunfälle und Berufskrankheiten führen. In den vergangenen Jahrzehnten wurden deutlich weniger Unfälle und Berufskrankheiten gemeldet, da die Arbeitsverhältnisse immer sicherer werden. Gerade in Bereichen der Produktion sind die Maßnahmen des Arbeitsschutzes gut etabliert und bilden somit die Grundlage für sichere Arbeitsplätze.

Das wichtigste Grundlagengesetz für den betrieblichen Arbeitsschutz ist das Arbeits-schutzgesetz (ArbSchG) in Deutschland oder in Österreich das Arbeiternehmerschutz-gesetz (ASchG). Das Gesetz verpflichtet den Arbeitgeber, eventuelle Gesundheitsge-fährdungen am Arbeitsplatz zu beurteilen und über notwendige Schutzmaßnahmen zu entscheiden. Der Betrieb hat die Verpflichtung für ein funktionierendes Arbeits-schutzsystem Sorge zu tragen. Dies kann besonders effektiv durch eine nachhaltige Einbindung des Arbeitsschutzes in die Managementstrukturen und Abläufe des Unter-nehmens erreicht werden.

Eine weitere wichtige Aufgabe des Betriebes ist die Unterweisung der Mitarbeiter über Sicherheit und Gesundheitsschutz bei der Arbeit und Vorkehrungen für besonders gefährliche Arbeitsbereiche und Arbeitssituationen zu treffen. Bei der Umsetzung der Arbeitsschutzmaßnahmen gibt das Arbeitsschutzgesetz den Betrieben Gestal-tungsspielräume, um den unterschiedlichen Gegebenheiten eines jeden Unterneh-mens gerecht werden zu können. Das Arbeitsschutzgesetz wird durch eine Reihe von Arbeitsschutzverordnungen konkretisiert, die z. B. Maßnahmen für eine sichere Arbeitsstätten- und Arbeitsplatzgestaltung, einen sicheren Arbeitsmitteleinsatz, für Lärmschutz und arbeitsmedizinische Vorsorge, regeln.

Dem modernen Arbeitsschutz liegt der Gedanke der Prävention zu Grunde, also nicht erst zu handeln, wenn es schon zu einer Beeinträchtigung der Gesundheit gekommen ist, sondern vorher Maßnahmen zu setzen, um die Wahrscheinlichkeit von Beeinträch-tigungen zu minimieren.

Zentrale Themen des Arbeitnehmerschutzes sind:
- Gestaltung von Arbeitsräumen, Arbeitsplätzen und sanitären Anlagen
- Ausstattung der Gebäude, Verkehrswege und Fluchtwege
- Anforderung an und Benutzung von Arbeitsmitteln
- Einsatz von Maschinen und Werkzeugen
- Umgang mit gefährlichen Arbeitsstoffen
- Belastungen durch Arbeitsvorgänge und andere Einwirkungen wie z. B. Lärm
- persönliche Schutzausrüstung
- organisatorische Vorkehrungen wie z. B. Maßnahmen für die Erste Hilfe
- Arbeitszeit und Arbeitsruhe
- Arbeitsbedingungen von Jugendlichen und Schwangeren.

Eine Studie der Initiative Gesundheit und Arbeit (IGA Report 22) liefert einen guten Überblick über die Verbreitung arbeitsweltbezogener Risikofaktoren. Als Verbrei-tungsmerkmal diente die Häufigkeit des Auftretens eines Risikofaktors nach organisa-tionalen, psychosozialen und organisationalen Gesichtspunkten (vgl. Tabelle 9).

Physische Risikofaktoren	Psychosoziale Risikofaktoren	Organisationale Risikofaktoren
• Lastenhandhabung/schweres Heben • Ganzkörpervibrationen • Kniende/hockende Tätigkeiten • Schwere körperliche Arbeit • Repetative Bewegung Schulter • Repetative Bewegung gebeugter Nacken • Dauer Mausnutzung • Statische Belastung der Nacken-Schulter-Muskulatur • Häufiges Treppensteigen/auf Leitern steigen	• Hohe Arbeitsdichte/Arbeits-überlastung • Geringe soziale Unterstützung am Arbeitsplatz • Geringe Arbeitszufriedenheit • Selbsteinschätzung Stress • Selbsteinschätzung Arbeits-fähigkeit • Überzeugung, dass Arbeit gefährlich ist • Emotionaler Aufwand • Psychische Anforderungen • Entscheidungsspielraum • Gratifikationskrisen	• Schichtarbeit • Atypische Beschäf-tigungsverhält-nisse

Tabelle 9: Besonders bedeutsame arbeitsweltbezogene Risikofaktoren nach IGA Report 22 (2011)

Betrieblicher Arbeitnehmerschutz und die betriebliche Gesundheitsförderung ver-folgen ein gemeinsames Ziel: die Wahrung der Gesundheit der Mitarbeiter. Und doch haben sie zwei völlig unterschiedliche Herangehensweisen, um dieses Ziel zu errei-chen. Die Gegenüberstellung in der Tabelle 10 zeigt die Unterschiede im Menschen-bild, bei struktur- sowie personenorientierten Aufgaben bzw. Ziele. Der Arbeitsschutz geht prinzipiell davon aus, Mitarbeiter am Arbeitsplatz vor Gefahren oder Erkrankun-gen zu schützen, hingegen hat die Gesundheitsförderung die Ressourcenorientierung der Mitarbeiter im Fokus. Dementsprechend sind die Aufgaben und Ziele auf der per-sonen- und strukturorientierten Ebene ausgerichtet.

	Arbeitsschutz	Gesundheitsförderung
Menschenbild	größtmögliche Schutzbedürftigkeit • Schwächenorientierung • krankheitliches Grund-verständnis	weitgehende Autonomie • Ressourcenorientierung • gesundheitsförderliches Grund-verständnis
Ziele personen-orientiert	Vermeidung und Beseitigung gesundheitsgefährdender Arbeits-bedingungen und Belastungen • Schutzperspektive • belastungsorientiert	Schaffung und Erhaltung gesund-heitsförderlicher Arbeitsbedingun-gen und Kompetenzen • Entwicklungsperspektive • ressourcenorientiert
Ziele strukturori-entiert	Erkennen und adäquates Handeln in gefährlichen Situationen • Wahrnehmen von Gefahren	Erkennen und Nutzen von Hand-lungs- und Gestaltungsspielräumen • Wahrnehmen von Chancen

Tabelle 10: Gegenüberstellung Betrieblicher Arbeitsschutz und Gesundheitsförderung (nach Ulich und Wülser 2010)

Beim Arbeitsschutz sollte ähnlich wie bei der Betrieblichen Gesundheitsförderung keine isolierte Betrachtung erfolgen, sondern eine Einbettung in eine organisationale Gesundheitsmanagement-Strategie im Vordergrund stehen, um das übergeordnete Ziel der Sicherheit und Gesundheit im Betrieb zu erreichen.

3.2.2.2 Sicherheitsmanagement

Eine große Herausforderung im Arbeitsschutz stellt die Umsetzung eines entsprechenden systematischen Vorgehens dar. Ein betriebliches Managementsystem für Sicherheit und Gesundheit (SGA) unterstützt den Betrieb bei der Gestaltung der Arbeitsplätze und -abläufe und die Anwendung von Arbeitsmitteln und Ausrüstungen derart, dass möglicherweise bestehende Gefährdungen bewertet und geeignete Abhilfe sowie Vorbeugungsmaßnahmen getroffen werden. Das Sicherheitsmanagement soll Betriebe in prozesshafter Weise unterstützen Arbeitsunfälle, und arbeitsbedingte Verletzungen sowie Erkrankungen zu vermeiden. Die Maßnahmen zum Schutz der Gesundheit der Mitarbeiter müssen regelmäßig auf Wirksamkeit geprüft und aktualisiert werden. Damit ist Arbeitssicherheit als Managementsystem praktisch vorgegeben. Zusätzlich unterstützt ein Sicherheitsmanagementsystem die Führungskraft im Rahmen ihrer Fürsorgepflicht.

Vorteile des Betrieblichen Sicherheitsmanagements
Die Vorteile eines betrieblichen Managementsystems für Sicherheit und Gesundheit (SGA) sind:

- Integration von Arbeitsschutz in das betriebliche Managementsystem
- erhöhte Rechtssicherheit durch Nachweis der Erfüllung der gesetzlichen Anforderungen
- Kostensenkung durch verbesserte Arbeitssicherheit, z. B. Senkung der Unfallzahlen und Mitarbeiterfehlzeiten
- Verbesserung der internen und externen Kommunikation bei Gesundheitskrisen (Covid-19)
- Steigerung der Motivation der Mitarbeiter durch klar beschriebene Strukturen und Verantwortungen
- Flexibilität und einfachere Anpassung an neue Gegebenheiten durch klar definierte Abläufe.

Die ISO 45001 ist die aktuelle Norm der Sicherheitsmanagementsysteme für Arbeitsschutz und Gesundheit und orientiert sich an der High Level Structure die für alle neuen ISO-Managementsysteme vorgeschrieben ist. Sie legt ihren Schwerpunkt auf den betrieblichen Gesundheitskontext. Die ISO 45001 verlangt, dass der Betrieb sich überlegt, was Stakeholder in Sachen Arbeitsschutzmanagement von der Organisation erwarten. Der Betrieb muss festlegen, welche betroffenen Zielgruppen für ihr Sicherheitsmanagementsystem relevant sind und welche Anforderungen diese stellen.

Grundbegriff: ISO 45001

Die ISO 45001 ist eine durch die Internationale Organisation für Normung im März 2018 veröffentlichte Norm und beschreibt Anforderungen an ein Arbeits- und Gesundheitssicherheitsmanagementsystem sowie eine Anleitung zur Umsetzung.

Das Arbeits- und Gesundheitssicherheitsmanagementsystem ISO 45001 stellt sicher, dass Betriebe ein gemeinsames Verständnis für relevante Themen aufbauen, die sich positiv oder negativ auf den Arbeitsschutz und die Gesundheit der Mitarbeiter auswirken können. Ein weiteres Ziel der ISO 45001 ist die Schaffung eines betrieblichen Umgangs mit den gesetzlichen Arbeitsschutzpflichten gegenüber Mitarbeitern. Dazu zählen die Ziele, die sich das Unternehmen mit seinem Sicherheitsmanagementsystem gesetzt hat, wie das Erreichen der Verpflichtungen aus seiner Arbeitsschutzrichtlinie. Eng verbunden mit dem Fokus auf den organisationalen Kontext ist die Forderung, bei der Entwicklung und Umsetzung eines Sicherheitsmanagementsystems einen risikobasierten Ansatz zu wählen. Der Betrieb muss sich mit den Risiken und Chancen identifizieren, um sicherzustellen, dass die gewünschten Ergebnisse im Sinne der Gesundheit der Mitarbeiter erzielt werden.

Bei der ISO 45001 muss die Führungskraft durch direkte Partizipation ihre Beteiligung am Sicherheitsmanagementsystem und ihr Engagement dafür nachweisen und die Arbeitsschutzleistungen bei ihren strategischen Planungen berücksichtigen. Zudem muss die Geschäftsleitung zum Erfolg des Sicherheitsmanagements beitragen, indem sie eine aktive Rolle bei der Anweisung und Unterstützung von Mitarbeitern und in der Kommunikation mit ihren Mitarbeitern einnimmt, die die Sicherheits- und Gesundheitskultur in der Organisation fördert und mit gutem Beispiel vorangeht. Das Arbeits- und Gesundheitssicherheitsmanagementsystem ISO 45001 legt eindeutige Anforderungen bezüglich der Verantwortung und Rechenschaftspflicht der Geschäftsführung in Zusammenhang mit dem gesetzlichen Arbeitsschutz fest. So wird sichergestellt, dass die letztendliche Verantwortung nicht an Sicherheitsbeauftragte oder andere Führungskräfte im Unternehmen delegiert werden kann.

3.2.3   Betriebliches Eingliederungsmanagement und Return to Work

Betriebliches Eingliederungsmanagement (BEM) und Return to Work (RTW)- Programme sind ein Handlungsfeld des Betrieblichen Gesundheitsmanagements und ergänzen die klassischen Ansätze des Arbeitsschutzes. Ziel des BEM ist es, die Beschäftigungsfähigkeit von erkrankten Mitarbeitern wiederherzustellen, um eine mögliche Ausgliederung aus der Arbeitswelt zu verhindern. Dabei ist es wichtig, dass der bisherige Arbeitsplatz dahingehend untersucht wird, ob dieser noch für den Mitarbeiter geeignet ist und dass die Arbeitsbedingungen seinen jeweiligen Bedürfnissen angepasst werden.

Im Mittelpunkt eines umfassenden Betrieblichen Eingliederungsprozesses steht der zurückkehrende Mitarbeiter und seine Motivation zur Rückkehr an den Arbeitsplatz. Der Prozess beginnt bereits während der Arbeitsunfähigkeit, ist Teil der Behandlung und Therapie und endet mit der Rückkehr an den Arbeitsplatz. Betrieblich gesehen ist es ein Verständigungsprozess über die Bedingungen der Rückkehr, die Gestaltung der Arbeitsbedingungen und gleichfalls ein Prozess der Organisationsentwicklung.

Seit 2004 sind Arbeitgeber in Deutschland verpflichtet, länger erkrankten Beschäftigten eine betriebliche Eingliederung anzubieten. In Österreich geschieht dies auf freiwilliger Basis.

Wichtig: Nutzen von BEM   !

Betriebliches Eingliederungsmanagement ist als systematisch orientierter Prozess zu sehen. BEM ist als individuelles Fall- bzw. Teammanagement und Organisationsentwicklung zu verstehen und trägt dazu bei:
- eine bestehende Arbeitsunfähigkeit zu überwinden
- erneuter Arbeitsunfähigkeit vorzubeugen
- die Arbeitsfähigkeit langfristig zu erhalten und zu fördern. (BAuA 2020)

Ebenen der Arbeitsfähigkeit

Ein systematisch orientiertes BEM agiert dabei auf vier Ebenen der Arbeitsfähigkeit und zwar auf der:
1. *medizinischen* Ebene mit Blick auf den Erhalt der Leistungsfähigkeit
2. *psychischen* Ebene mit Blick auf die Motivation und Selbstwirksamkeit
3. *sozialen* Ebene mit Blick auf die Unterstützung durch professionelle Helfer, direkte Vorgesetzte und Kollegen
4. *betrieblichen* Ebene mit Blick auf die Entwicklung von Unterstützungsstrukturen und die Gestaltung von Arbeitsanforderungen bzw. -bedingungen. (BAuA 2020)

Ein entsprechend organisierter BEM-Prozess ermöglicht es darüber hinaus, Früherkennung und Rehabilitation miteinander zu verknüpfen. Insbesondere dann, wenn im Falle wiederholter Arbeitsunfähigkeit frühzeitig (über-)betriebliche Unterstützung organisiert wird. Außerdem können die Erfahrungen aus dem BEM zur Vorbeugung chronischer Erkrankungen genutzt werden.

Grundbegriff: Arbeitsfähigkeit

Arbeitsfähigkeit ist die psychische und körperliche Fähigkeit eines Arbeitnehmers, die ihm zugewiesenen Arbeitsaufgaben erfolgreich zu bewältigen.

Vorgehensweise für das Betriebliches Eingliederungsmanagement

Um ein Betriebliches Eingliederungsmanagement erfolgreich durchführen zu können, empfiehlt es sich, systematisch vorzugehen. Folgende Schritte sind dabei zu berücksichtigen:

- Erfassung der BEM-Berechtigten
- Kontaktaufnahme
- Vier-Augen-Gespräche zur Klärung der Ausgangssituation
- Vertiefende Analysen zu den Arbeitsbedingungen, Ressourcen und Einschränkungen
- Verständigung über die Bedingungen der Rückkehr und der begleitenden Maßnahmen
- Begleitung der Wiedereingliederung durch Feedback- und Coachinggespräche
- Abschluss- und Nachhaltigkeitsgespräche. (BAuA 2020)

Return to Work ist ein über das BEM hinausgehender multidimensionaler Prozess, der über die betrieblichen Strukturen hinweg den Aufbau betriebsnaher Versorgungs- und Rehabilitationsnetzwerke fördert. Aus der Perspektive der Betroffenen ist der RTW-Prozess ein wesentlicher Aspekt der integrierten Krankheits- und Arbeitsbewältigung. Mit Blick auf die Behandlung der Betroffenen ist er eine medizinisch-therapeutische Begleitung, eine psychosoziale Beratung und mitunter ein Arbeitscoaching. Der Return to Work-Ansatz wird dabei als ein ganzheitlicher Prozess verstanden, mit dem Ziel den betroffenen Mitarbeitern, der Sozialversicherung, den Therapieträgern und dem Betrieb eine frühzeitige Rückkehr zur Arbeit nach einer längeren Erkrankung zu ermöglichen. Dazu ist vor allem eine Zusammenarbeit betrieblicher Schlüsselakteure mit den behandelnden Ärzten und Therapeuten erforderlich. Betriebliches Eingliederungsmanagement und Return to Work-Programme sind zwei Seiten einer Medaille. Ansätze der Prävention, Früherkennung und Wiedereingliederung und greifen dabei synergetisch ineinander.

Es gibt keinen fixen Plan, wie Betriebliches Eingliederungsmanagement ablaufen soll. Ein situativ angepasstes Handeln ist notwendig. Nichtsdestotrotz finden sich allgemeine Prozessabläufe, die herangezogen und je nach Bedarf adaptiert werden können. Auf Basis dieser Überlegungen stellt sich die Frage, was zu beachten ist, wenn eine passende Struktur im Unternehmen zum Umgang mit Betrieblicher Eingliederung entwickelt werden soll. Eine gute Orientierungshilfe für den Aufbau einer betrieblichen BEM-Struktur stellen die Hinweise des BEM-Austria Netzwerks dar.

Eine wesentliche Voraussetzung für eine effektive BEM-Struktur ist, dass Betrieb und Arbeitnehmervertretung sich auf eine gemeinsame Vorgehensweise einigen und hinter dem BEM stehen. Das kann gerade zu Beginn etwas Abstimmungsbedarf erforderlich machen, um die beiderseitigen Vorteile sichtbar zu machen. Damit eine hohe Akzeptanz seitens der Mitarbeiter ermöglicht wird, bedarf es einheitlicher Kriterien, für die Teilnahme am BEM. Werden definierte Kriterien erfüllt, muss in jedem Fall das Angebot durch das Unternehmen erfolgen. Die Kriterien für eine BEM-Berechtigung müssen allen Mitarbeitern transparent bekannt sein, wer die konkreten Ansprechpersonen sind und welche Einzelschritte in einem BEM-Prozess durchlaufen werden. Den Mitarbeitern müssen alle Informationen vorliegen, die eine Entscheidung ermöglichen, das Angebot zum BEM anzunehmen.

Extrem wichtig ist es die Einhaltung des Datenschutzes. Um einen Missbrauch von eingebrachten Informationen zu verhindern, muss penibel darauf geachtet werden, transparente Datenschutzregelungen zu treffen. Empfehlenswert ist es, dass am Ende jedes BEM-Gesprächs in einem Protokoll festgehalten wird, welche Informationen die BEM-Berechtigten an Dritte weitergeben dürfen.

BEM beschäftigt sich mit der Wiederherstellung der Arbeitsfähigkeit von Einzelpersonen, wobei das Zusammenspiel von Gesundheit mit den Anforderungen eines einzelnen Arbeitsplatzes analysiert wird. Dies kann zu wertvollen Erkenntnissen führen, die auch für die Verbesserung der Arbeitsfähigkeit von weiteren im Betrieb beschäftigten Personen sinnvoller Weise genutzt werden kann. Dies bedingt, dass die gewonnenen Erkenntnisse in anonymisierter Form in den Arbeitsschutz und das Sicherheitsmanagement einfließen.

Neben einer personenbezogenen gibt es auch eine betriebsbezogene Ausrichtung des BEM, die Betriebe bei der kontinuierlichen Entwicklung und Festigung einer gesundheitsförderlichen Arbeitswelt damit unterstützt. Betriebliches Eingliederungsmanagement setzt in erster Linie an Maßnahmen bereits erkrankter Mitarbeiter an. Folglich ist es aus betrieblicher Perspektive von großer Bedeutung, dass Betriebliches Eingliederungsmanagement auch die Gesundheitsförderung im Fokus hat, um im Vorfeld längere Ausfälle oder durch die Arbeit bedingte Einschränkungen zu vermeiden bzw. zu vermindern. Aus diesem Grund ist eine enge Verknüpfung des Betrieblichen Eingliederungsmanagements mit den beiden anderen Handlungsfeldern des Betrieblichen Gesundheitsmanagements dem Arbeitsschutz und Sicherheitsmanagement als auch der Gesundheitsförderung von maßgeblicher Bedeutung.

Arbeitshilfe online: BEM Kompass
Arbeitshilfen zum Betrieblichen Eingliederungsmanagement können dem Downloadbereich entnommen werden.

Gemeinsamkeiten der Handlungsfelder

Die drei Handlungsfelder des **BGM-Modells** (Betriebliche Gesundheitsförderung, Arbeitsschutz und Sicherheitsmanagement, Eingliederungsmanagement) haben unterschiedliche Schwerpunkte, greifen jedoch im Sinne der Leitidee »gesunde Mitarbeiter, gesunde Führungskräfte, gesunde Organisation« ineinander. Besondere Berührungspunkte liegen in der generationsgerechten Arbeit, dem Themenfeld Vereinbarkeit von Familie und Beruf, Life-Domain-Balance sowie Diversity.

Aufgrund der demografischen Veränderungen der erwerbstätigen Bevölkerung werden Belegschaften in Betrieben vielfältiger und kulturell »bunter«. Im betrieblichen Gesundheitsförderungskontext bezieht sich Diversität gezielt auf die Potenziale der Mitarbeitervielfalt. Indem Unterschiede aber auch Gemeinsamkeiten eine Wertschätzung erfahren, wird die Wettbewerbsfähigkeit gesteigert.

Auch das Merkmal Alter gewinnt in der demografischen Mitarbeiterzusammensetzung an Relevanz. Altersgerechtes Arbeiten oder der Erhalt der Beschäftigungsfähigkeit bis in das höhere Alter rücken Beschäftigte und gesundheitsförderliche Arbeitsbedingungen stärker in den Fokus. Betriebe sind daher in der Zukunft gefordert zunehmend altersgemischte Teams und Konzepte des lebenslangen Lernens zu berücksichtigen.

Im Wandel und in Krisen wird eine positive und dynamische Organisationskultur immer wichtiger. Sie treibt an, verleiht Charakter und gibt Betrieben eine Identität, die Veränderungen auf Basis eines gemeinsamen Werteverständnisses zulässt. Durch gesundheitsfördernde Maßnahmen können individuell gelebte Werte eine gemeinschaftliche Identität ergeben und so eine gesunde Organisationskultur prägen. Gesundheitlich gelebte Werte sind authentisch und bilden das Fundament eines gesunden Betriebs.

3.3   Managementprozesse

Die Ebene der Managementprozesse im Modell gibt Auskunft darüber, in welche bereits bestehenden Strukturen und -abläufe Aktivitäten des Betrieblichen Gesundheitsmanagements integriert werden können und stellt die Systemorientierung und die Nachhaltigkeit innerhalb des **BGM-Modells** sicher.

Personalentwicklung
Personalentwicklung dient der Förderung von Ressourcen und Potenzialen der Mitarbeiter, um betrieblichen Anforderungen gerecht zu werden. Angesichts der demographischen Entwicklung und der Megatrends in der Arbeitswelt wird es für Organisationen immer mehr zum Thema Gesunderhaltung der Mitarbeiter stärker in der Personalentwicklung zu verankern. Die Erhaltung der Arbeitsfähigkeit der Mitarbeiter zu gewährleisten ist das Ziel der gesundheitsförderlichen Personalentwicklung im Rahmen des **BGM-Modells**.

Bislang herrschte die Annahme vor, dass Arbeitsfähigkeit durch den Erwerb und Erhalt von personalen Kompetenzen sowie die Förderung der Motivation aufrechterhalten werden kann. Derzeit steigt aber zunehmend das Bewusstsein dafür, dass sich Motivation, Kompetenzerhalt und Gesundheit gegenseitig stark beeinflussen und somit auch der Erhalt und die Förderung der Gesundheit wesentlich für die Aufrechterhaltung der Beschäftigungsfähigkeit sind.

In der gesundheitsförderlichen Personalentwicklung ist auf die Individualität der Mitarbeiter ein besonderer Fokus zu legen. Dazu zählen stärken- und ressourcenorientierte Entwicklungsprozesse, Berücksichtigung der beruflichen und privaten Lebensphase, frühzeitiges Abwenden drohender Überlastungsmomente und generationsgerechte Personalentwicklung.

Führungskräfteentwicklung

Führungskräfteentwicklung meint die gezielte und systematische Förderung von Führungskräften durch die Weiterentwicklung von Kompetenzen, Fähigkeiten und Grundhaltungen. Ziel ist es, zukünftige und aktuelle Leistungsaufgaben besser bewältigen zu können. Führungskräfteentwicklung ist eng mit der Personalentwicklung verbunden und kann folglich als Grundstein der Organisationsentwicklung verstanden werden. (Grote 2012)

Führungskräfteentwicklung im Sinne von *Betriebe Gesund Managen* umfasst die Weiterentwicklung und Förderung von Führungskräften hin zu gesunden Führungskräften, die in der Lage sind, Arbeitsbedingungen so zu gestalten, dass die eigene Gesundheit und die der Mitarbeiter im Arbeitsumfeld positiv beeinflusst wird. Da Betriebliches Gesundheitsmanagement zum übergeordneten Organisationsziel gehört, obliegt die Umsetzung in erster Linie der Führungskraft. Folglich stellen Führungskräfte eine zentrale Ressource in der Schaffung von gesundheitsförderlichen Arbeitsbedingungen dar. (Felfe/Ducki/Franke 2014)

Eine kontinuierliche Entwicklung von Führungskräften hin zu ressourcenorientierten und empathischen Führungskräften zählt zu den Erfolgsfaktoren für ein umfassendes *Betriebe Gesund Managen*.

Organisationsentwicklung

Organisationsentwicklung will unter Beteiligung aller betroffenen Mitarbeiter und Führungskräften einerseits zu einer Verbesserung der organisatorischen Leistungsfähigkeit führen, andererseits deren Entfaltungsmöglichkeiten innerhalb der Organisation unterstützen. Der Prozess der Organisationsentwicklung wird von der Organisationsstruktur bzw. -kultur beeinflusst und muss die Wechselwirkungen zwischen Individuen, Gruppen, Organisationen, Technologien, Umwelt, Zeit sowie den Kommunikationsmustern, Wertestrukturen und Machtkonstellationen, die in der Organisation vorherrschen, berücksichtigen.

»*Betriebe Gesund Managen*« will auf eine gesundheitsförderliche Organisationsentwicklung, auf eine ständige Verbesserung der Arbeitsbedingungen und des Gesundheitsverhaltens aller Mitarbeiter und Führungskräfte im Unternehmen strukturorientiert abzielen. Die Maßnahmen gehen über die rechtlichen Verpflichtungen zum Arbeits- und Gesundheitsschutz sowie der Betrieblichen Gesundheitsförderung hinaus, was die Notwendigkeit der Beteiligung aller Organisationsmitglieder unterstreicht. Als anzustrebendes Ziel der gesundheitsförderlichen Organisationsentwicklung wird die feste Verankerung der Gesundheitsförderungsgesinnung als Managementstrategie in der Organisation gesehen. (Kugler et al. 2016)

Zusammenfassend lässt sich festhalten, dass das Ziel der gesundheitsförderlichen Organisationsentwicklung in einer gesunden, partnerschaftlichen bzw. mitarbeiterorientierten Organisationskultur liegt. Inwieweit Betriebliches Gesundheitsmanagement in der Organisation verankert ist, zeigt sich schlussendlich in der gelebten Organisationskultur. Das erfordert Ausdauer und konsequentes Handeln. Der Aufbau einer echten von Gesundheit geprägten Organisationskultur muss außerdem auf allen Ebenen stattfinden, wegweisend und für alle verständlich sein. Das bedeutet, Mitarbeiter verschiedener Bereiche und Levels in den Prozess mit einzubeziehen und offen für Kritik zu sein.

High Level Structure
Die Sicherung der Nachhaltigkeit der betrieblichen Gesundheitsmanagementprozesse im Rahmen des **BGM-Modells** wird durch die »High Level Structure« sichergestellt, die aufzeigt wie Implementierung und das Monitoring des Betrieblichen Gesundheitsmanagements anhand des PDCA-Zyklus und der ISO 45001 bewerkstelligt werden kann (siehe Kapitel 9).

3.4   BGM-Performanz

»*Betriebe Gesund Managen*« zeichnet sich dadurch aus, dass es Maßnahmen auf drei organisationalen Ebenen – Mitarbeiter, Führungskräfte und Unternehmen – setzt und sich die Bereiche gesunder Entwicklung von Personal, Führung und Organisation gegenseitig beeinflussen. Im Sinne einer Performanzkultur (siehe Kapitel 4) geht es dabei nicht nur darum *was*, sondern auch *wie* die Konzepte umgesetzt werden. Der BGM-Performanzwirkpfad, siehe Abb. 13, wirkt sich auf den wirtschaftlichen Erfolg des Unternehmens als auch auf den Erhalt der Gesundheit der Mitarbeiter und Führungskräfte aus.

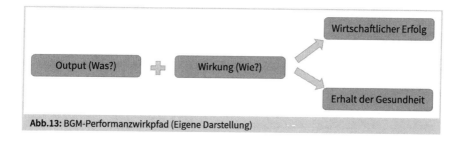

Abb.13: BGM-Performanzwirkpfad (Eigene Darstellung)

Arbeitshilfe online: Performanz einfach erklärt

Eine anschauliche Erklärung von Performanz finden Sie in Form eines Erklärvideos in den Arbeitshilfen im Downloadbereich.

Personal Gesund Entwickeln

Personale Kompetenzen der Mitarbeiter bauen auf Ressourcen als autonom abrufbare Fähigkeiten des Denkens, Fühlens und Handelns von Menschen auf. Ab dem Zeitpunkt, wo personale Fähigkeiten in sozialen Kontexten eingesetzt werden, sprechen wir von Kompetenzen. Die Transformation interner Ressourcen, mit schwierigen Aufgabenstellungen in sozialen Kontexten, erklärt die Entwicklung von Kompetenzen. Im Sinne der gesunden Personalentwicklung im Pinkafelder **BGM-Modell** soll der Fokus auf personale Selbstkompetenzen gelegt werden.

Führung Gesund Entwickeln

Mittlerweile eindeutig belegt ist, dass zwischen dem Verhalten der Führungskraft und der Gesundheit der Mitarbeiter ein enger Zusammenhang besteht. Zum einen kann Führungsverhalten als Ressource wahrgenommen werden, die sich gesundheitsförderlich auf Mitarbeiter auswirkt, zum anderen kann Führungsverhalten ein Stressor sein und einen negativen Einfluss auf die psychosoziale Gesundheit der Mitarbeiter nehmen. Ein gesundheitsförderliches Führungsverhalten, das sich in Wertschätzung, Mitarbeiterorientierung und einem ressourcenorientierten Führungsstil äußert, wird sich besonders positiv auf das Wohlbefinden und die Arbeitsfähigkeit von Mitarbeitern auswirken.

Wichtig: Führung braucht Selbstführung   **!**

Gesundes Führen fordert auch Achtsamkeit der Führungskräfte gegenüber ihrer eigenen Gesundheit. Denn auch Führungskräfte sind Beanspruchungen und steigendem Druck ausgesetzt. Durch das Erlernen eines gesundheitsförderlichen Verhaltens, welches sich in Arbeitsorganisation und Zeitmanagement äußert, können Führungskräfte Vorbilder für ihre Mitarbeiter sein. Erst dann kann Gesundes Führen durch Schaffung wertschätzender Führungsbeziehung und Gestaltung gesundheitsförderlicher Arbeitsbedingungen vervollständigt werden.

Organisation Gesund Entwickeln

Bei der Umsetzung von Betrieblichem Gesundheitsmanagement spielt die Organisationskultur eine entscheidende Rolle und wird als »Summe aller Wertvorstellungen, die sich in den direkt oder indirekt vorhandenen Verhaltensweisen widerspiegelt« verstanden. (Schuster 2006)

Wir sind uns der Balance zwischen einer gesunden Organisation und gesunden Mitarbeitern im Klaren, da sich diese beiden Gesundheitsfaktoren stark wechselseitig beeinflussen. Aufgrund der expliziten Verknüpfung von Organisationskultur und Gesundheit fanden diese Aspekte spezielle Berücksichtigung im Pinkafelder **BGM-Modell**.

Unter dem Blickwinkel des *»Betriebe Gesund Managen«*-Modells können in jedem Betrieb drei Faktoren identifiziert werden, die entweder gesundheitsförderlich oder gesundheitsschädigend ausgeprägt sein können: seine Struktur, seine Strategie und seine Kultur. Solche organisationalen Faktoren haben großen Einfluss auf das Wohlbefinden der Belegschaft. Zu einer gesunden Organisationskultur gehört vor allem die grundlegende Überzeugung, dass Mitarbeiter ein Erfolgsfaktor für den Betrieb sind und nicht nur als Kostenfaktor gesehen werden. In einem Betrieb mit einer gesundheitsförderlichen Kultur werden Mitarbeiter soweit es möglich und sinnvoll ist, in wichtige Entscheidungen einbezogen, ihre Ressourcen geschätzt und Kompetenzen gefördert.

Arbeitshilfe online: BGM-Tools

*Selfchecks sowie eine Kurzbeschreibung zu den **BGM-Tools** können den Arbeitshilfen im Downloadbereich entnommen werden.*

3.5   Die wichtigen Fragen und Antworten zu Kapitel 3

Woran orientiert sich das Pinkafelder Modell »Betriebe Gesund Managen«?

Es ist ein wissenschaftlich abgeleitetes Modell, das in den letzten Jahren von einem Forschungsteam der Fachhochschule Burgenland im Rahmen von Forschungsprojekten mit Betrieben entwickelt wurde. Es entstand aus den Erkenntnissen und Machbarkeiten der Betriebe zum Thema Gesundheit am Arbeitsplatz und wuchs durch reflexive Wissenschafts- und Praxisfeedbackschleifen.

Was ist das Alleinstellungsmerkmal des Modells?

Das Pinkafelder Modell »Betriebe Gesund Managen« erhebt für sich den Anspruch eines in sich geschlossenen Managementsystems wie z. B. Qualitäts- oder Risikomanagement. Aus diesem Grund folgt es der Logik der *High Level Structure,* die eine Grundstruktur für Managementsystemnormen darstellt. Diese Standardisierung soll dafür sorgen, dass die Anwendung der Inhalte des Betrieblichen Gesundheitsmanagements durch ihre gleiche Struktur unabhängig von Branche, Größe oder Betriebsform ermöglicht wird.

An wen richtet sich das Modell?
Gedacht ist das Pinkafelder Modell »Betriebe Gesund Managen« als ein Handlungsleitfaden für jene Personen, die sich beruflich mit Gesundheitsagenden im Betrieb auseinandersetzen. Das können z. B. *Arbeitsmediziner, Sicherheitsfachkräfte* und auch *Gesundheitsmanager* sein.

Zusätzlich hat das Buch die Absicht Personen anzusprechen, die sich für die *Personal-, Führungskräfte-* oder *Organisationsentwicklung* verantwortlich zeigen.

Aber auch *Führungskräfte* oder *Unternehmensleitungen*, die die Bedeutung des Themas im Betrieb erkannt haben, soll es einen systematischen Überblick zur Gesundheit in allen Unternehmensbereichen ermöglichen.

Was ist die Leitidee des Modells?
Aufgrund der zunehmenden Arbeitsverdichtung wächst die Bedeutung der psychischen Gesundheit am Arbeitsplatz und zählt zu den größten Herausforderungen der modernen Arbeitswelt. Die darauf abzielende Leitidee des Modells ist es gesunde Mitarbeiter und gesunde Führungskräfte in einer gesunden Organisation zu entwickeln. »Betriebe Gesund Managen« kann erst dann realisiert werden, wenn Gesundheit als Querschnittsthema in allen Unternehmensbereichen verankert ist und natürlich auch gelebt wird. Gesundheit bezieht sich auf personaler Ebene (Mitarbeiter und Führungskräfte) auf Maßnahmen der Gesundheitsförderung für Körper und Psyche und auf betrieblicher Ebene, Gesundheit zu einer vorgelebten Kultur zu entwickeln.

Wie kann das Pinkafelder Modell »Betriebe Gesund Managen« in bestehende betriebliche Strukturen integriert werden?
Das Modell gibt eine Orientierung, in welche bereits bestehenden Strukturen und Abläufe die Maßnahmen des Betrieblichen Gesundheitsmanagements integriert werden können:

*   *Gesundheitsförderliche Personalentwicklung* hat die Erhaltung und Förderung der Arbeitsfähigkeit der Mitarbeiter als Ziel.
*   *Gesundheitsförderliche Führungskräfteentwicklung* zielt auf die Weiterentwicklung und Förderung von Führungskräften hin, die in der Lage sind, Arbeitsbedingungen so zu gestalten, dass die eigene Gesundheit und die der Mitarbeiter im Arbeitsumfeld positiv beeinflusst wird.
*   *Gesundheitsförderliche Organisationsentwicklung* fokussiert auf eine ständige Verbesserung der Arbeitsbedingungen und des Gesundheitsverhaltens aller Mitarbeiter und Führungskräfte und schafft die entsprechenden Rahmenbedingungen.

Gesundheit im Betrieb – ein Thema der Strukturen oder einzelner Personen?
Um innerbetriebliche Gesundheit zu fördern, müssen Maßnahmen auf mehreren Ebenen gesetzt werden. Während man in den Anfängen der Betrieblichen Gesundheitsförderung davon ausgegangen ist, lediglich auf das individuelle Gesundheitsverhalten einzelner Mitarbeiter zu fokussieren (Personenorientierung), weiß man heute,
dass Gesundheit im Betrieb nur dann entstehen kann, wenn Maßnahmen auf mehreren Ebenen gesetzt werden. So braucht es nicht nur die Gesundheitskompetenz der
Mitarbeiter, sondern es bedarf auch spezifischer Rahmenbedingungen, sogenannte
Strukturen, die ein gesundheitsförderliches Verhalten erst ermöglichen. Diese Perspektive wird auch als »Strukturorientierung« bezeichnet und nimmt arbeitsplatz- und
tätigkeitsbezogene Strukturen in den Fokus. Werden die Personen und Strukturen mit
einzelnen Maßnahmen adressiert, bedarf es in einem letzten Schritt einer nachhaltigen Verankerung des Themas »Gesundheit« im Unternehmen. Nur, wenn sich Unternehmen langfristig auf die Förderung von Gesundheit Ihrer Mitarbeiter ausrichten und
den Leitgedanken »Gesunde Mitarbeiter in gesunden Unternehmen« systematisiert in
die Managementprozesse integrieren (Systemorientierung), sind die gesetzten Maßnahmen langfristig betrachtend von Erfolg geprägt.

3.6   Zusammenfassung

- Die Leitidee des Pinkafelder Modells »Betriebe Gesund Managen« ist die Entwick-
  lung gesunder Mitarbeiter, gesunder Führungskräfte und eines gesunden Betriebs.
- Die Handlungsfelder des Modells orientieren sich am Arbeitsschutz, Eingliede-
  rungsmanagement und der Gesundheitsförderung unter Berücksichtigung der
  Personen- und Strukturorientierung.
- Die Systemorientierung des Modells sichert die Integration gesundheitsrelevanter
  Maßnahmen in die Personal-, Führungskräfte- und Organisationsentwicklung.
- Die Nachhaltigkeit des Pinkafelder Modells »Betriebe Gesund Managen« wird
  durch Implementierung und ein Monitoring anhand des PDCA-Zyklus und der ISO
  45001 bewerkstelligt.

Teil 2: Handlungsrahmen

4 Performanz: Mehr als Kompetenz und Leistung

Homo Discens Wirkung
Sinn an der Arbeit Kompetenz

Performanz

Homo Socialis Was & Wie Leistung
Arbeit Emergenz Homo Faber
Nicht-Triviales System
BGM-Performanz Modell

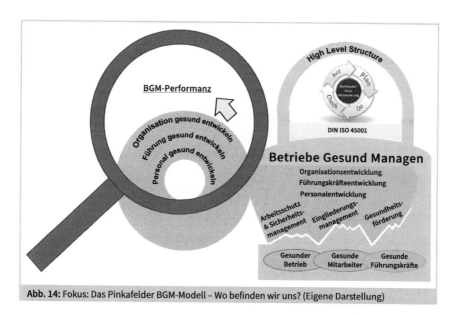

Abb. 14: Fokus: Das Pinkafelder BGM-Modell – Wo befinden wir uns? (Eigene Darstellung)

Leitfragen

- Was ist das Wesen der »Performanz«?
- Inwieweit vermag Performanz das Betriebliche Gesundheitsmanagement zu fördern?
- Worin bestehen die Vorzüge einer systemischen Perspektive für das Betriebliche Gesundheitsmanagement?

»Performanz« ist keine bloße Eindeutschung des englischen Worts *performance*. Typisch für so manch englische Begriffe kann vieles darin untergebracht werden: die messbare Leistung, der Durchsatz, die künstlerische Darbietung, das Ergebnis eines Finanzgebarens usw. Im Managementjargon wird *performance*, z. B. in Verbindung mit *appraisal*, auf die menschliche Leistung zugespitzt, die es zu kontrollieren, zu bewerten oder zu steigern gilt. Wer darin Anklänge an die Philosophie des Taylorismus sieht (»Langsame Bewegungen müssen durch schnelle und unökonomische durch ökonomische Handgriffe ersetzt werden«) oder dabei an fragwürdige Glaubenssätze erinnert wird (»Was man nicht messen kann, kann man auch nicht managen«), liegt richtig. Wir geben uns mit solchen Vereinfachungen nicht zufrieden. Bevor wir eine Begründung dafür liefern, soll der Begriff Performanz erklärt werden.

Der Linguist Noam Chomsky führte vor über fünfzig Jahren das Gegensatzpaar Kompetenz versus Performanz in die Sprachwissenschaften ein. Mit Kompetenz bezeichnet er die Fähigkeit eines Sprechers, beliebig viele Sätze hervorzubringen, die in ihrer Form und Struktur weitgehend korrekt sind. Eine Fähigkeit ist immer eine Möglichkeit. Kompetenz ist nicht beobachtbar. Sie ist Teil der menschlichen Tiefenstruktur mit ihren Interessen, Motiven, Einstellungen und dem Willen. Kompetenz erweist sich erst durch entsprechendes Handeln und dessen Wirkung auf das soziale Umfeld. *Performanz* ist bei Chomsky hingegen die tatsächliche Sprachanwendung und ihre Wirkung des Verstandenwerdens. Performanz ist sichtbar – durch das Handeln und in der Wirkung auf das soziale Umfeld (vgl. Abb. 15).

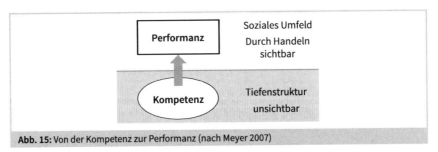

Abb. 15: Von der Kompetenz zur Performanz (nach Meyer 2007)

4.1 Betriebe Gesund Managen durch Performanz

Performanz bricht mit der Vorstellung, Leistung als planbarer Output sei das einzig anzustrebende Ziel. Der Erfolg der heutigen arbeitsteiligen Organisation lässt sich vielmehr daran ablesen, inwieweit Leistung auch die entsprechende Wirkung mit sich bringt. Das *Was* muss sich auch am *Wie* messen lassen. Diese Forderung wird auf drei Ebenen sichtbar: auf der Ebene der Organisation, auf der Ebene des Menschen in der Organisation und auf der Ebene der Führung als Bindeglied zwischen dem Menschen und der Organisation. Wenn wir diesen Gedanken auf das Pinkafelder Modell »*Betriebe Gesund Managen*« umlegen, stellt sich die Frage, wie es gelingen kann, dass sich die Organisation mit all ihren Prozessen und Rahmenbedingungen zu einer gesundheitsdienlichen und gesundheitsförderlichen Ausrichtung entwickelt, dass die Führungskräfte ihre Fürsorgepflicht ernst nehmen und dass die Mitarbeiter Sinn und Freude an ihrer Arbeit entdecken?

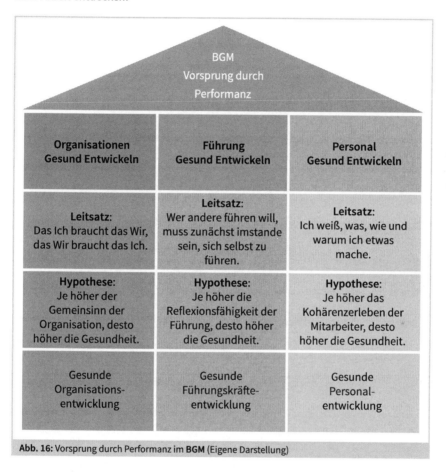

Abb. 16: Vorsprung durch Performanz im **BGM** (Eigene Darstellung)

Abb. 16 macht deutlich, welcher Leitsätze und Hypothesen es bedarf, um ein gesundheitsförderliches Managementsystem auf den Ebenen der Organisation, der Führung und des Personals zu entwickeln.

Ebene 1: Organisationen Gesund Entwickeln
Für die Ebene *Organisationen Gesund Entwickeln* lautet der **BGM-Leitsatz**: »Das Ich braucht das Wir – das Wir braucht das Ich«. Die Zeit des Einzelkämpfertums ist längst vorbei. Selbst die höchste individuelle Leistung verpufft oder verkehrt sich sogar ins

Gegenteil, wenn sie nicht mit den beiden Grundwerten einer wirkungsvollen Organisation verknüpft ist:

- *Reziprozität* (»Ich gebe, damit du gibst.«) und
- *Kooperationsbereitschaft* (»Ich stimme meine Wünsche und Ziele mit den Wünschen und Zielen anderer ab«).

Umgekehrt hängen der Erfolg und oft sogar die Überlebensfähigkeit einer Organisation davon ab, inwieweit es ihr gelingt, Vielfalt und Individualität nicht nur zuzulassen, sondern auch zu schätzen.

Der **BGM-Leitsatz** »Das Ich braucht das Wir – das Wir braucht das Ich« spiegelt genau dieses Sowohl-als-auch wieder. Daraus leiten wir die folgende Hypothese ab: »*Je höher der Gemeinsinn in der Organisation, desto höher das Gesundheitsniveau*«. Gemeinsinn ist Teil unseres anthropologischen Erbes. Er fällt der Organisation allerdings nicht in den Schoß, sondern muss auch erkämpft werden, indem z. B. Trittbrettfahrer sanktioniert werden, um sie auf den Pfad der Reziprozität und Kooperationsbereitschaft zurückzubringen. Aus der Sicht einer gesunden Organisationsentwicklung wäre es durch salutogenetische orientierte Prozesse und Rahmenbedingungen möglich einen Einfluss auf die Organisationskultur auszuüben. Diese reflexive Beeinflussung der Handlungen über die Strukturen auf eine gesundheitsförderliche Organisationskultur ist über den **BGM-Ansatz** erstrebenswert.

Ebene 2: Führung Gesund Entwickeln

»Wer andere Menschen führen will, muss auch imstande sein, sich selbst zu führen.« Dieser Leitsatz steht für »Führung Gesund Entwickeln«. Er knüpft an beobachtbare Pathologien der Führung an. So braucht zum Beispiel die narzisstische Führungskraft die permanente Bestätigung des eigenen Größenselbst durch andere. Den »Blick ins Innere« scheut sie, weil sie dabei Züge entdecken könnte, die ihrem Größenselbst zuwiderlaufen. Auch die dem Aktionismus verfallene Führungskraft flüchtet vor dem Nachdenken über sich selbst. Und wer sich ständig hinter seiner Erfahrung dogmatisch verschanzt (»Ich weiß genau, wo's lang geht«), blockiert auch den Zugang zu sich selbst. Die Bereitschaft zur Selbstreflexion wäre ein erster Schritt, um sich selbst zu führen. Denn die Selbstführung funktioniert im Prinzip wie die Führung anderer. Der Grund dafür liegt in einer nur uns Menschen zugänglichen Fähigkeit: Wir erfahren unseren Körper und damit uns selbst als Teil einer Außenwelt, in der es auch viele andere Körper gibt. Durch diese Außenseite können wir uns selbst und zugleich auch andere führen. Daraus ergibt sich die folgende Hypothese: »Je höher die Reflexionsfähigkeit der Führung, desto höher das Gesundheitsniveau«. Die Begründung dafür liegt auf der Hand. Viele krankmachende Konflikte in Organisationen entstehen durch die »blinden Flecken« der Führenden: Sie sehen nicht, dass sie nichts sehen.

»Führung Gesund Entwickeln« ist ein hehrer Anspruch, der noch dazu ohne Alternative ist. Ein bloßes »Durchwursteln«, bei dem versucht wird, mit wohlgemeinten aber nicht einmal halbherzig befolgten Führungsgrundsätzen oder durch sporadische, wirkungslos bleibende Seminare die Führungsqualität an die Eigenverantwortung der Führungskräfte zu binden, wird scheitern. Gesundheitsmanagement wird erst dann zum tragenden Pfeiler der Führung, wenn innerhalb der Organisation Einigkeit über ein Menschenbild besteht, das deutlich humanistische Züge trägt. Es gilt damit Abschied zu nehmen von drei Menschenbildern, welche die Organisationen über ein Jahrhundert lang geprägt haben: dem tayloristischen Bild des unmündigen Menschen, dem skeptischen Bild des grundsätzlich arbeitsscheuen Menschen und dem opportunistischen Bild des Menschen, der in höchstem Maße anpassungsfähig ist, zugleich aber anspruchslos bis zur Selbstausbeutung agiert.

Ebene 3: Personal Gesund Entwickeln

Von der Frage des Menschenbildes ist es nur ein kleiner Schritt zur Ebene »Personal Gesund Entwickeln«. Das nüchterne Wort »Personal« ist eine Errungenschaft des Mittelalters. Es markiert den uns heute fremd anmutenden Unterschied zwischen Sachen (z. B. Sklaven) und Menschen mit Rechten und Pflichten innerhalb einer Gesellschaft. Aus dem bäuerlichen Gesinde entwickelte sich das Dienstpersonal, dann das Geschäftspersonal und später das Fabrikpersonal. Unser Leitsatz auf dieser dritten Ebene lautet: »Ich weiß, was, wie und warum ich etwas mache.« Was hier durchschimmert, ist die Frage nach dem *Sinn* der oder in der Arbeit.

Wichtig: Sinn der Arbeit oder Sinn in der Arbeit   **!**

- Als *Homo faber* findet der Mensch Sinn in der Arbeit, wenn das von ihm Geschaffene für ihn auch sichtbar wird. Dies ist bei Dienstleistungen zwar schwieriger ist als bei produzierten Gütern. Aber, in dem Moment.in dem der Mensch den Wert seines Schaffens in einem größeren Zusammenhang erkennt (z. B. der Fließbandarbeiter seine einzelnen Handgriffe als Voraussetzungen für ein hochwertiges Endprodukt), entsteht für ihn Sinn.
- Als *Homo socialis*, der auf zwischenmenschliche Beziehungen angewiesen ist, kann der Mensch die positive Wirkung seines Arbeitens auf die Gemeinschaft als Sinn erfahren.
- Und der *Homo discens* in uns, der lernende Mensch, vermag vielfältige Erfahrungen zu sammeln und zu verwerten, was ihm Souveränität verleiht und Sinn verschafft.

Für uns gilt daher: »Je höher das Kohärenzerleben der Mitarbeiter, desto höher das Gesundheitsniveau.« Kohärenz ergibt sich genau aus diesem Verstehen von Zusammenhängen und der Sinnerfahrung. Sie ist eine Ressource, die schädliche Einflüsse von Stressoren am Arbeitsplatz reduziert und damit wesentlich zur Gesundheit beiträgt. Das Kohärenzgefühl hat drei Wurzeln: die Verstehbarkeit, die Handhabbarkeit und die Bedeutsamkeit des eigenen Lebens. Alle drei tragen zur Selbstbestimmung über das eigene Leben bei. Menschen mit einem hohen Kohärenzgefühl vertrauen darauf, dass sie ausreichend viele und vielfältige Ressourcen besitzen, um unterschiedliche Lebensanforderungen bewältigen zu können. Demnach ist das Kohärenzgefühl keine bloße flüchtige Befindlichkeit, sondern vielmehr die Basis der Gesundheit jedes Einzelnen. Je ausgeprägter dieses Gefühl der Stimmigkeit ist, umso gesünder ist der Mensch. Da der Mensch im Laufe des Lebens ständig neue Lebenserfahrungen sammelt, wird auch das Kohärenzgefühl davon geprägt. Gerade in Krisen und bei neuartigen Herausforderungen erweist es sich als unbezahlbarer Schatz.

4.2   Von der Leistung zur Performanz

Wir übertragen nun die Performanz in das Management und stellen sie der *Leistung* gegenüber. Leistung ist *Output* verstanden als Ausstoß oder Ausbringung und somit das Ergebnis des gezielten Einsatzes von bestimmten Faktoren, dem Input. Das *Was* ist hier bestimmend. Performanz geht jedoch über den Output hinaus. Sie berücksichtigt immer auch die *Wirkung*, die der Weg zum Output oder der Output selbst erzielt hat. Zum *Was* kommt also das *Wie* hinzu. Der Output wird zum *Outcome* (vgl. Abb. 17).

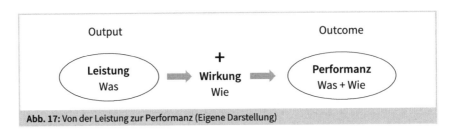

Abb. 17: Von der Leistung zur Performanz (Eigene Darstellung)

Ein Mitarbeiter kann z. B. eine hohe Leistung auf verschiedene Art und Weise erzielen. Er kann als quasi autistischer Nerd agieren, er kann sich laufend mit anderen messen, um sie zu übertrumpfen, oder er kann sich als Einzelkämpfer dichte Scheuklappen anlegen und Hilfsansuchen von Kollegen einfach ignorieren. Das *Wie* ist ihm ziemlich egal. Es zählt das *Was*. Solche solitären Rollen sind in Organisationen häufig anzutreffen. Disruptive Ideen entstehen in der Regel nicht in einem Klima der gegenseitigen Handreichungen, sondern oft dann und dort, wo wenig Rücksicht auf eine Gruppe und deren Meinung genommen werden muss.

Allerdings, wenn der Erfolg einer arbeitsteiligen Organisation von Reziprozität (»Ich gebe, damit du gibst.«) und Kooperationsbereitschaft (»Das *Wir* kommt vor dem *Ich*.«) abhängt, muss auch das *Wie* zum Thema gemacht werden. Gerade das Betriebliche Gesundheitsmanagement muss sich, und das ist unsere Überzeugung, dem *Was und* dem *Wie* widmen.

4.3   Eine systemische Perspektive oder Abschied von der linearen Kausalität

Es gilt Abschied zu nehmen von der Vorstellung, die Welt funktioniere ausschließlich kausal als Abfolge von Ursache und Wirkung. Das Prinzip der Kausalität besticht durch Einfachheit und kommt damit unseren Erwartungen entgegen. Auch Managementprozesse werden gerne so abgebildet. Ein Objekt, egal ob Mensch, Gruppe, Organisation oder Markt, reagiert auf den gleichen Input immer mit dem gleichen Output. Für diese Funktionsweise hat der Physiker Heinz von Foerster den Begriff »*triviale Maschine*« geprägt. Wer die Funktionsweise der »Maschine« kennt, vermag diese auch zu »steuern«. Eine solche *analytische* Vorgehensweise ist typisch für das klassische Management. Der Manager analysiert z. B. das Verhalten des einzelnen Mitarbeiters, deckt seine Defizite auf und definiert etwaige Stärken. Alles mit dem Ziel, das Verhältnis von Input zu Output zu optimieren.

Viele Vorgänge in der Welt, und gerade auch im Betrieb, entziehen sich jedoch dieser Trivialität. Es ist oft zum Verzweifeln, wenn ein Objekt so störrisch reagiert, dass es mit dem gleichen Input unbestimmte oder unbestimmbare Outputs produziert. Das Objekt verhält sich dann als »*nichttriviales System*« (vgl. Abb. 18). Ein solches System bildet durch die Wechselwirkung zwischen ihren Teilen und mit ihrer Umwelt innere Zustände aus, die nicht bestimmbar und voraussagbar sind. Anders als die analytische Vorgehensweise vermeidet es die *systemische* Methode, Personen, Gruppen oder ganzen Organisationen voreilig Eigenschaften zuzuschreiben (Manager reklamieren oft für sich »den Durchblick zu haben«, »zu wissen, wo es lang geht«). Wer systemisch an eine Sache herangeht, richtet seine Aufmerksamkeit auf Strukturen, Beziehungen und soziale Zusammenhänge. Und genau hier schließt sich der Kreis zur Performanz. Sie hat, wie gesagt, immer auch die Wirkung im Blick, welche die Dynamik eines Systems entfaltet.

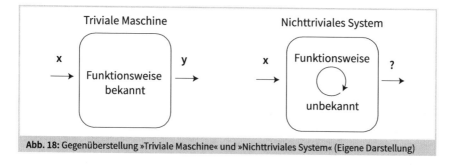

Abb. 18: Gegenüberstellung »Triviale Maschine« und »Nichttriviales System« (Eigene Darstellung)

Wir vertreten kein Entweder-oder. Wir plädieren vielmehr dafür, die analytische und systemische Vorgehensweise mitelnander zu verbinden. So kann z. B. die »Leistung« eines Mitarbeiters analytisch anhand seines Könnens und Wollens beurteilt werden. In dem Moment, indem die »Wirkung« seiner Leistung interessiert, ist eine systemische Sichtweise angebracht, die auch das Umfeld des Mitarbeiters mit seinen Strukturen und Beziehungen in den Blick nimmt. Wie nützlich eine systemische Perspektive sein kann, wollen wir anhand eines besonderen Phänomens nichttrivialer Systeme zeigen. Durch die Wechselwirkungen der Teile eines Systems entsteht eine neue Eigenschaft, die aus den Eigenschaften der Teile nicht erklärbar ist. Sie heißt *Emergenz* (lat. *emergere* = auftauchen, hervorkommen, sich zeigen).

Das bedeutet, das Ganze ist nicht mehr, sondern *anders* als die Summe seiner Teile. Wer sich mit physischer und psychischer Gesundheit auseinandersetzt – wie etwa wir im Zusammenhang mit »Betriebe Gesund Managen« und Führung – kommt an der Emergenz nicht vorbei. So sind z. B. Leistung plus Wirkung (= Performanz!) des Herzens nicht aus dem filigranen Zusammenspiel seiner Zellen und anderer winziger Teile zu erklären. Gedanken lassen sich nicht auf die Zustände der Neuronen und deren Verbindungen im Gehirn zurückführen. Wir können beileibe nicht alles ergründen. Aber wir können durch Beobachten von Systemen Wirkungen aufspüren und durch Intervenieren in Systeme Wirkungen erzielen.

> **!** **Wichtig: Betriebe Gesund Managen durch Performanz**
>
> - Performanz geht über die Leistung als planbaren Output einer Organisation hinaus.
> - Der Erfolg einer Organisation lässt sich daran ablesen, inwieweit Leistung auch die entsprechende Wirkung mit sich bringt.
> - Das *Was* muss sich auch am *Wie* messen lassen.
> - Auf der Ebene der Organisation lebt Performanz von zwei Grundwerten: Reziprozität (»Ich gebe, damit du gibst.«) und Kooperationsbereitschaft (»Ich stimme meine Wünsche und Ziele mit den Wünschen und Zielen anderer ab.«).
> - Dieser Gemeinsinn ist der Garant für ein Gesundheitsniveau, das wiederum positiv auf die Performanz zurückwirkt.
> - Auf der Ebene der Führung braucht Performanz die Fähigkeit und Bereitschaft der Führenden, sich mithilfe von Selbstreflexion die Wirkung des eigenen Handelns einzugestehen.
> - Damit werden »blinde Flecken« deutlich, welche die Gesundheit im Betrieb schwächen.

4.4   Die wichtigen Fragen und Antworten zu Kapitel 4

Inwieweit unterscheidet sich Performanz von Leistung?

Performanz geht über die Leistung als planbaren Output einer Organisation hinaus. Um einen Betrieb nach tayloristischen Gesichtspunkten zu steuern, genügt das Kriterium der Leistung. Menschliche Arbeitskraft ist hier ein Produktionsfaktor, Punkt. Wenn hingegen die Gesundheit als kritischer Faktor des betrieblichen Humankapitals auf dem Spiel steht, greift diese Denk- und Handlungsweise zu kurz.

Woran lässt sich dann der Erfolg einer Organisation ablesen?

Entscheidend ist, inwieweit Leistung auch die entsprechende Wirkung mit sich bringt. Das heißt, das *Was* muss sich auch am *Wie* messen lassen. Zur Stoppuhr, zum Maßband, zur Waage, zur Zählvorrichtung gesellt sich die Frage: Haben wir mit der Leistung den Wert der Gesundheit erhalten, gesteigert, geschmälert oder gar vernichtet?

Was braucht es auf der Ebene der Organisation, um Performanz zur Entfaltung zu bringen?

Auf der Ebene der Organisation lebt Performanz von zwei Grundwerten: Reziprozität (»Ich gebe, damit du gibst.«) und Kooperationsbereitschaft (»Ich stimme meine Wünsche und Ziele mit den Wünschen und Zielen anderer ab.«). Aus beiden Werthaltungen kann sich ein Gemeinsinn entfalten, der die Grundlage für ein stabiles und menschengerechtes Gesundheitsniveau bildet. Damit noch nicht genug, wirkt dieses wiederum positiv auf die Performanz zurück. Es entsteht so ein »Circulus virtuosus«, der mit gängigen Managementkonzepten außer Reichweite bleibt.

Und was ist auf der Ebene der Führung zu berücksichtigen?

Auf der Ebene der Führung braucht Performanz die Fähigkeit und Bereitschaft der Führenden, sich mithilfe von Selbstreflexion die Wirkung des eigenen Handelns einzugestehen. Damit werden jene »blinde Flecken« deutlich, welche die Gesundheit im Betrieb schwächen. Diese Bereitschaft zur Innenschau ist keineswegs selbstverständlich. Mit ihrem Aktionismus (als Flucht vor dem Nachdenken) und dogmatischen Verschanzen (als Furcht vor der Selbstöffnung) blockieren sich viele Führungskräfte selbst.

4.5   Zusammenfassung

- Performanz hat nichts mit dem (vagen) englischen Begriff »Performance« zu tun.
- Körperliche und mentale Gesundheit sind das Ergebnis von Wirkungen. Genau hier knüpft die Performanz an.
- Ist der Wert der Wirkungen im Betrieb einmal erkannt worden, so werden Vorgänge ausgelöst, die diese Wirkungen verstärken oder sogar neue positive Wirkungen erzeugen können.
- Performanz spiegelt die Abkehr wider vom herkömmlichen Ursache-Wirkung-Denken hin zu einem *zirkulären Denken*.
- Performanz ist zwar nicht direkt messbar wie Leistung, sie kann jedoch an vielen gesundheitsfördernden Faktoren abgelesen werden, so z. B. an einer höheren Arbeitssicherheit, weniger belastenden Arbeitszeiten, einer ausgewogenen Arbeitsintensität, mehr individuellem Handlungsspielraum, kollegialer Unterstützung, Vorbeugung gegen vertikale Konflikte im Betrieb und gegen laterale Konflikte am Arbeitsplatz.

5   Organisationen Gesund Entwickeln

»Das Ich braucht das Wir, das Wir braucht das Ich«

Abb. 19: Fokus: Das Pinkafelder BGM-Modell – Wo befinden wir uns? (Eigene Darstellung)

Leitfragen

- Was steckt hinter dem Konzept »Organisation Gesund Entwickeln?
- Was braucht es für eine gesunde Organisation?
- Wie wirken Organisationsstrukturen und Organisationskultur zusammen?

Wenn Menschen in Organisationen handeln, richten sie ihr Handeln an bestimmten Regeln aus. Diese Regeln sind im Gedächtnis gespeichert und werden bei passender Gelegenheit abgerufen. Das heißt, es gibt gewisse Selbstverständlichkeiten, an die man sich hält, will man nicht durch sein Handeln signalisieren, dass man andere Regeln für zweckmäßiger hält. Ein Handeln *ohne* Regeln ist schwer vorstellbar, da der Handelnde in jeder Situation eine Auswahl aus einer Vielfalt von Möglichkeiten treffen müsste, was enorm viel Zeit und Energie kostete.

Da Organisationen zunächst einmal fremdbestimmt sind, werden die handlungsleitenden Regeln vorgegeben oder vorgelebt. Wird ihre Einhaltung mit schwerwiegenden Sanktionen verbunden, wie z. B. beim Militär, so bleibt dem Handelnden nur der Gehorsam. Dieser entlastet ihn zudem von der Mühe des kritischen Nachdenkens. Sind die Sanktionen hingegen schwächer, so steht den Regeln ein längerer Test bevor. Erst wenn sie sich im betrieblichen Alltag bewährt haben, werden sie verinnerlicht und damit zur vorläufigen Selbstverständlichkeit. Ansonsten werden die Regeln angepasst, uminterpretiert oder verworfen. Genau darin spiegeln sich der Eigensinn, die Eigenlogik und die Eigendynamik einer Organisation wider. Und genau darin erkennt man wie schwierig, ja manchmal naiv es ist, mithilfe des Werkzeugs »Changemanagement« Selbstverständlichkeiten ändern zu wollen. Das ist auch eine der Herausforderungen, wenn ein Unternehmen Betriebliches Gesundheitsmanagement umsetzen möchte. Der Grundsatz, dass gesunde Mitarbeiter ein gesundes Unternehmen formen, ist bei aller Plausibilität bei weitem kein Selbstläufer.

5.1   Zirkularität von Strukturen und Kultur

Es stellt sich die Frage, ob und woran ein Unterschied zwischen Strukturen und Kultur festzumachen ist. Die Antwort haben wir grafisch dargestellt. Zunächst zu den Strukturen: Wenn z. B. ein Mitarbeiter in einem Betrieb handeln will, wird er dieses Handeln an den Strukturen ausrichten, an die er sich erinnern kann. Sie liefern ihm eine Antwort auf die Frage nach dem *Wie*. Mit seinen Handlungen bestätigt er die bestehenden Strukturen.

Es kann aber durchaus sein, dass der Arbeiter so handelt, dass sein Handeln von den Strukturen abweicht, weil er dies zielführender findet. Bewährt sich diese neue Art des Handelns und wird sie deshalb öfters wiederholt, so ändern sich auch die Strukturen und zeigen bestimmte Muster, die helfen, wertvolle Ressourcen wie Zeit, Arbeitskraft oder Geld zu sparen. Sie sind jedoch gleichsam »seelenlos«, weil sie dem Diktat der Wirtschaftlichkeit unterliegen. In dem Moment, in dem Strukturen emotional »aufgeladen« werden, geben sie Antworten auf die Frage, *warum* so und nicht anders gehandelt werden soll. Die Menschen fühlen sich auf diese Weise stärker an die Strukturen gebunden. Es entsteht Sinn und damit *Kultur*.

> **Faktencheck: Zusammenhang von Gesundheit und Organisationskultur** !
>
> Die Organisationskultur hat einen maßgeblichen Einfluss darauf, ob gesundheitsbezogene Interventionen salutogen oder pathogen wirken. So ist empirisch belegt, dass Partizipationsmöglichkeiten, soziale Unterstützung und ein wertschätzender Umgang Gesundheit fördern und so Krankenstände und Fehlzeiten reduzieren. (Badura & Helmann 2003)

Kultur verleiht einer Struktur Bedeutung, weil sie einen Gesamtzusammenhang aufzeigt. Die emotionale Aufladung von Strukturen erfolgt etwa durch Symbole in Form von Zeichen (z. B. Logos), von Räumen (z. B. für »Konferenzen«) oder von Inszenierungen (z. B. um den betrieblichen Alltag zu unterbrechen), aber auch durch Sprachformen (z. B. Slogans, Firmensprache, Akronyme). So erlebt z. B. ein Vorarbeiter eine bestimmte Kultur, wenn er sich am Freitagnachmittag mit Kollegen wieder zum Qualitätszirkel trifft. Er erkennt darin einen Sinn, den er mit den anderen teilt. Solche Rituale, wie Betriebsfeste, Jubiläen, »Heldenfeiern«, der »Casual Friday« sind anschauliche Beispiele dafür, wie sich im Zeitablauf Strukturen zu Kultur entwickeln (vgl. Abb. 20). Auch hier gilt: Handlungen richten sich nach der Kultur, die wieder auf die Handlungen zurückwirkt.

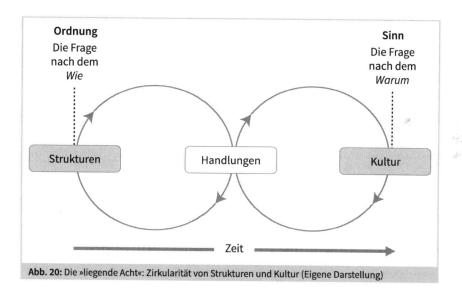

Abb. 20: Die »liegende Acht«: Zirkularität von Strukturen und Kultur (Eigene Darstellung)

5.2 Prinzip der betrieblichen Lebenswelt

Strukturen und Kultur einer Organisation formen für die in ihr arbeitenden Menschen die *betriebliche Lebenswelt*. Diese ist oft von der persönlichen Lebenswelt streng getrennt. Daher versuchen Konzepte –wie das der inzwischen kritisch gesehene Konzept der »Work-Life-Balance« (Thomas Vašek: »Work-Life-Bullshit«) – Übergänge zwischen den beiden Lebenswelten zu schaffen. Mittlerweile führt die zunehmende Flexibilisierung der Arbeitsverhältnisse (Neue Arbeitszeitmodelle, Homeoffice, mobiles Arbeiten) ohnehin dazu, dass sich die beiden Lebenswelten einander annähern. Und mit der Philosophie des »New Work« (»Die Symbiose von Leben und Arbeiten«) verschmelzen sie sogar zu einer einzigen Lebenswelt (vgl. Abb. 21). Die Folgen können sowohl krankmachende Selbstausbeutung als auch Entfaltung der eigenen Persönlichkeit und Kreativität sein. Wie auch immer, die Ausgestaltung *beider* Lebenswelten entscheidet über den Erhalt der *Gesundheit* der Menschen. Die persönliche Lebenswelt entzieht sich dem Zugriff der Arbeit gebenden Organisation. betriebliche Lebenswelt kann jedoch, bei allen Beschränkungen, sehr wohl eingegriffen werden. Genau dies ist die Aufgabe einer gesundheitsbewussten Führung von Organisationen.

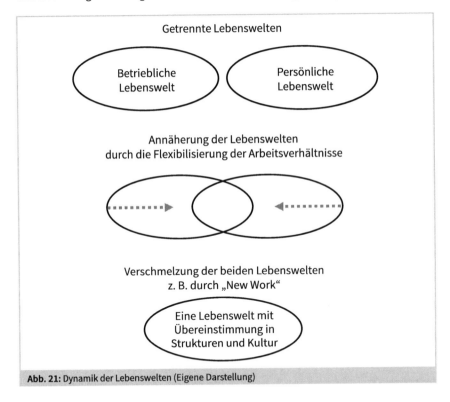

Abb. 21: Dynamik der Lebenswelten (Eigene Darstellung)

Grundbegriff: Betriebliche Lebenswelt

Die Betriebliche Lebenswelt wird durch die Strukturen (Prozesse, Arbeitsbedingungen usw.) und die Kultur (Werte, Normen usw.) einer Organisation geformt. Sie ist zwar von der persönlichen Lebenswelt getrennt. Beide beeinflussen jedoch den Erhalt und die Förderung von Gesundheit.

Organisationen sind zweckbestimmte soziale Systeme. Ihre Lebenswelten unterliegen daher Zwängen, die verengend wirken und die Handlungsmöglichkeiten der beschäftigten Menschen einschränken. Militärisch oder sektenartig geführte Organisationen sind zwar extreme, aber keineswegs abwegige Beispiele dafür. Das heißt, Organisationen bilden von Natur aus mehr eher *geschlossene* betriebliche Lebenswelten aus. Drei Entwicklungen haben dazu geführt, dass sich diese Geschlossenheit nicht mehr halten lässt und Organisationen gezwungen sind sich zu *öffnen*: Erstens, die in den späten 1960er-Jahren aufbrechende *Wertedynamik* rückt Werthaltungen wie Spontaneität, Ungebundenheit, Spaß, Mut zu zivilem Ungehorsam und vieles mehr in den Vordergrund. Zweitens, die *demografische* Entwicklung verursacht eine Lücke im Angebot an Fachkräften, die es sich erlauben können, wählerisch zu sein und die daher restriktive betriebliche Lebenswelten nicht mehr erdulden müssen. Und drittens sind in vielen Branchen die *Unternehmensgrenzen* durchlässiger geworden, um z. B. dem Zwang zu mehr Kundennähe gerecht zu werden.

5.3   Geschlossene und offene Lebenswelten

Es ist daher durchaus legitim, die betrieblichen Lebenswelten von Organisationen anhand der beiden Pole *geschlossen* und *offen* zu charakterisieren. Für diese Unterscheidung sollen drei Gesichtspunkte herangezogen werden: der Stellenwert des Individuums in der Organisation, die Art und Weise, wie man in der Organisation zu Erkenntnissen gelangt und der Entscheidungsprozess (vgl. Abb. 22).

- In einer geschlossenen betrieblichen Lebenswelt gilt das Kollektiv als schützenswert, hat also die Organisation den Vorrang; der Mensch besitzt kaum Freiheitsgrade. Die Spitze der Organisation ist die einzige Quelle der Erkenntnis. Entscheidungen werden von oben getroffen, schon um Eindeutigkeit sicherzustellen.
- In einer offenen betrieblichen Lebenswelt ist Vielfalt ein hohes Gut; der Mensch kann sich auf viele Freiheitsgrade berufen. Zu Erkenntnis gelangt man in der Organisation z. B. durch Versuch und Irrtum. Entscheidungen werden in Diskussionen gesucht und vorbereitet.

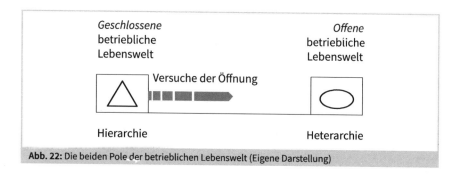

Abb. 22: Die beiden Pole der betrieblichen Lebenswelt (Eigene Darstellung)

115

Projiziert man nun die gegenwärtige (und mit etwas Spekulation auch die zukünftige) gesellschaftliche Situation auf die beiden Pole der betrieblichen Lebenswelt, so lässt sich die folgende Schlussfolgerung für die Gesundheit ziehen:

- Eine extrem geschlossene betriebliche Lebenswelt stiftet hohe Sicherheit – für den Preis der persönlichen Selbstaufgabe. Immer weniger Menschen sind bereit, diesen Preis zu bezahlen und das wird wohl in der absehbaren Zukunft nicht anders sein. Betriebliche und persönliche Lebenswelt klaffen so weit auseinander, dass diese Diskrepanz auf Dauer krank macht.
- Einer eher offenen betrieblichen Lebenswelt gelingt es besser, die unterschiedlichen Wertvorstellungen und Lebensentwürfe der heutigen Zeit in sich aufzufangen – ein erheblicher Pluspunkt für die Gesundheit.

Vorsicht ist allerdings beim Gegenpol einer extrem offenen betrieblichen Lebenswelt geboten. Anarchie (wörtlich »ohne Herrschaft«) muss zwar nicht unbedingt Chaos bedeuten, löst aber doch bei vielen Menschen Zukunftsangst aus. Auch das macht auf Dauer krank. Für uns gilt daher der folgende Leitsatz für die Gestaltung der betrieblichen Lebenswelt: So offen wie möglich und so geschlossen wie notwendig.

5.3.1   Die Hierarchie

Der Ursprung von Organisationen jeglicher Art ist die *Hierarchie*. Sie markiert den Pol der Geschlossenheit. Der Gegenpol der Offenheit kam Mitte des vergangenen Jahrhunderts in die Diskussion: die *Hetararchie*. Seitdem wird versucht, sich der Hierarchie entweder zu entledigen oder sie zumindest durch die Verbindung mit anderen Strukturformen zu öffnen. Die folgenden Ausführungen sollen diese Entwicklung skizzieren.

Die geschlossene Lebenswelt der Hierarchie beruht auf dem Prinzip der *Über- und Unterordnung*. Diese vertikale Ausrichtung wird im Extremfall mit Befehlen, Schrecken und Durchsetzung des obersten Willens erzwungen, wie etwa in der militärischen Organisation oder der Sekte. Sie kann sich aber auch zu einer Art »Hierarchie light« entwickeln, in der Rückmeldungen von »unten« akzeptiert oder sogar willkommen sind. Hierarchie reduziert *Komplexität*, das macht sie so attraktiv. Oft verringert sie die »falsche« Komplexität, weil sie nicht erkennt, dass ein Aufbau von Komplexität an manchen Stellen der Organisation durchaus nützlich sein kann. Hierarchie definiert damit auch die *Kommunikationswege*, ohne jedes Detail festzulegen, wie es etwa bei der *Bürokratie* der Fall ist. Diese ist heute – ursprünglich als *legale* Herrschaft des Vorgesetzten über den Berufsbeamten erfunden – gleichsam zur »hässlichen Schwester« der Hierarchie geworden.

Grundbegriff: Hierarchie

Die Hierarchie ist jene Organisationsform, die durch das Prinzip der Über- und Unterordnung, die Festlegung der Kommunikationswege und den Druck zur Reduktion von Komplexität gekennzeichnet ist. Sie führt in ihrer Reinform zu einer geschlossenen betrieblichen Lebenswelt.

Beide will man loswerden, und dies ist zum Teil schon gelungen. Zwar kommen weder Konzerne noch Staaten, Parteien oder Vereine ohne bürokratische Strukturen aus, aber unterhalb dieses Gerüsts hat sich doch einiges getan. Das Bedürfnis, sich in der Arbeit nicht durch eine mehr oder weniger strenge Über- und Unterordnung einengen zu lassen, wuchs im gleichen Tempo und Ausmaß, in dem – in unserem Kulturkreis – die traditionellen Pflicht- und Akzeptanzwerte wie Disziplin, Gehorsam erodierten und die weiter oben erwähnten Selbstentfaltungswerte in den Vordergrund rückten. Es waren also nicht so sehr organisatorische Entwürfe am Reißbrett als vielmehr missionarische Versuche in der Praxis, die zu Gegenmodellen der Bürokratie und Hierarchie führten. Organisationen, so das Ziel, sollten schneller auf die sich verändernden äußeren Bedingungen reagieren und die Menschen in der Organisation ihre Potenziale wirkungsvoller entfalten können.

5.3.2   Die Heterarchie

Nur so ist es zu verstehen, dass die offene betriebliche Lebenswelt der *Heterarchie* (griech. *heteros* = der Andere, *archein* = herrschen) überhaupt in die Diskussion gelangte. Der Begriff stammt von dem Neurophysiologen und Kybernetiker Warren McCulloch (1898–1969), der das Gehirn nicht als hierarchisch und ausschließlich sequenziell operierend beschrieb, sondern als neuronales Netz mit heterarchischer Funktionsweise, die auch Parallelverarbeitung ermöglicht.

In einer Heterarchie stehen die Akteure nicht in einem Über- und Unterordnungsverhältnis, sondern gleichberechtigt nebeneinander (vgl. Abb. 23). Jedes Mitglied einer heterarchischen Organisation ist zugleich auch Steuerungseinheit dieser Organisation. Was zählt, sind Argumente und die Fähigkeit des Überzeugens. Wer etwas beizutragen hat, kann es einbringen. Er wirkt zwar so an der Erzeugung interner Komplexität mit, samt ihren Folgen der Unsicherheit und Widersprüchlichkeit. Zugleich ist er aber an der Entstehung von Ideen beteiligt, aus denen schließlich neuartige Lösungskonzepte werden können.

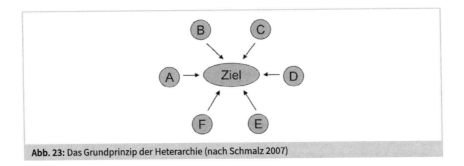

Abb. 23: Das Grundprinzip der Heterarchie (nach Schmalz 2007)

Grundbegriff: Heterarchie

Das Denkmodell der Heterarchie kennt keine Über- und Unterordnung. Es basiert auf einer Analogie zum menschlichen Gehirn, in dem es ja keine »oberste Instanz« gibt. Die Heterarchie steht für ein Nebeneinander mit Betonung der Selbststeuerung und Selbstbestimmung. Heterarchisierung geht immer mit einer Öffnung der betrieblichen Lebenswelt einher.

Eine Heterarchie in Reinform bleibt allerdings nicht lange bestehen. Es kristallisieren früher oder später verschiedene Rollen und Funktionen aus. Während diese in der Hierarchie über lange Zeit fixiert bleiben, sind sie in der Heterarchie *dynamisch*. Sie entwickeln sich aus dem Arbeitsprozess heraus und sind abhängig vom Wissen und den Fähigkeiten der Personen. Eine bestimmte Rollenverteilung bleibt so lange bestehen, wie sie sich für die jeweiligen Problemlösungen als nützlich erweist. (Schmalz 2007)

Was bedeutet dies für die Praxis? Es kommt zu einer Hierachisierung der Heterarchie. Wenn wir uns für einen Moment in die Philosophie begeben, dann kann daraus etwas Höherwertiges entstehen. Heterarchie und Hierarchie verbinden sich *dialektisch* zu einer Organisationsform mit einer neuen Eigenschaft, welche sie »fitter« für die Bedingungen in ihrer Umwelt macht. Versuche einer Heterachisierung der Hierarchie sind immer häufiger bei kleineren, jüngeren und innovativeren Unternehmen zu beobachten.

5.3.3   Die Adhokratie

Eine weitere extrem offene Form des Organisierens ist die Adhokratie (lat. *ad hoc* = aus dem Moment heraus). Der Begriff geht auf den Autor Alvin Toffler (1928–2016) und sein Buch »Future Shock« sowie auf den Managementdenker Henry Mintzberg zurück. Der Adhokratie wird das größte Innovationspotential und die größte Flexibilität nachgesagt. Hier gibt es keine strategische Spitze mehr, keinen organisatorischen Kern, in dem die fleißigen Bienen die eigentliche Arbeit verrichten, keine Technostruktur deren Spezialisten sich um die Prozesse kümmern und auch keinen Hilfsstab mehr. In der Adhokratie, verschmelzen alle diese Einheiten zu einem vernetzten Ganzen (vgl. Abb. 24). Das Nebeneinander der Heterarchie wird zu einem Miteinander (gebrannte Kinder sagen »Durcheinander«). Die heute so oft angemahnte Struktur des internen Netzwerks wird in der Adhokratie am deutlichsten sichtbar.

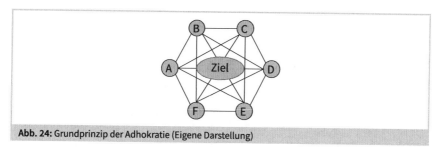

Abb. 24: Grundprinzip der Adhokratie (Eigene Darstellung)

Grundbegriff: Adhokratie

Diese Organisationsform kann als Gegenentwurf zur Bürokratie gesehen werden. Statt der gesetzten Ordnung regiert hier die Spontaneität, statt unpersönlicher Neutralität der individuelle Geistesblitz, statt Aktenkundigkeit die unermüdliche Suche nach der Nadel im Heuhaufen der Möglichkeiten. Die Adhokratie in Reinform kann nicht als Organigramm abgebildet werden, sie wird erst innerhalb der Organisation sicht- und erlebbar.

Die Adhokratie ist vor allem auf Innovationen ausgerichtet. Neues entsteht, so meinte einmal Immanuel Kant (1724–1804), durch »systematische Verrücktheit« oder »positive Unvernuft«. In der Adhokratie sind beide gut aufgehoben. Sie braucht Konflikte und Angriffslust als Antreiber, um am Ende mit überraschenden Problemlösungen aufzuwarten. Die adhokratische Expertenorganisation zeigt auch, wie Machtressourcen gleichmäßig verteilt sein können. Ein vermeintlicher Wissensvorteil des einen wird durch den Wissensvorteil eines anderen wieder aufgehoben. Zementhersteller und Gebäudereiniger, Universitäten und Krankenhäuser werden sich mit der Adhokratie schwer tun. Für Werbeagenturen und Beratungsfirmen ist sie fast schon naheliegend. Dennoch gilt für alle Organisationen: Kleine Einheiten, die Neues oder Außergewöhnliches leisten sollen, können in die Adhokratie entlassen und dann lose an die Heim-Organisation angekoppelt werden.

5.3.4 Die Holakratie

Eine ganz andere Form der offenen betrieblichen Lebenswelt ist die *Holakratie*. *Holon* ist ein von Arthur Koestler (1905–1983) eingeführter Begriff, der »ein Ganzes, das Teil eines Ganzen ist« bezeichnet. So ist z. B. eine Zelle zwar ein Ganzes, sie ist aber auch Teil eines Gewebes, dann eines Organs, das wiederum Teil eines Organismus ist. Holonen bilden folglich eine Hierarchie, die Koestler *Holarchie* nennt. Durch Verschmelzung mit der Silbe »*kratie*« entsteht die Organisationsform der *Holakratie*. Das Anliegen der Holakratie besteht darin, »die *Arbeit* zu organisieren und nicht die Menschen.« Die dadurch gewonnene Freiheit sollen die Menschen dafür nutzen, sich innerhalb bestimmter Rollen selbst zu organisieren. »Statt als einzelne Knotenpunkte in der Hierarchie eines Unternehmens organisiert zu werden, können die Menschen als freie selbstverantwortlich Handelnde wirken«, so der Schöpfer der Holakratie, der Unternehmer Brian J. Robertson (2016).

Das Holon der Holakratie ist der *Kreis*, in der unterschiedliche organisationale Rollen gebündelt sind. Diese Rollen sind definiert (a) nach ihrem Schwerpunkt oder Zweck (»*Purpose*«) für den jeweiligen Kreis, (b) nach den Entscheidungen, die ausschließlich von dieser Rolle getroffen werden (»*Domains*«) und (c) nach ihren wiederkehrenden Aktivitäten, die von allen Mitgliedern erwartet werden können (»*Accountabilities*«). Die Kreise sind in zweifacher Weise durch besondere Rollen, den sogenannte »*Links*«, miteinander verbunden. Ein »*Rep-Link*« vertritt seinen Kreis im nächsthöheren Kreis, ein »*Lead-Link*« in den unteren Kreisen (vgl. Abb. 25).

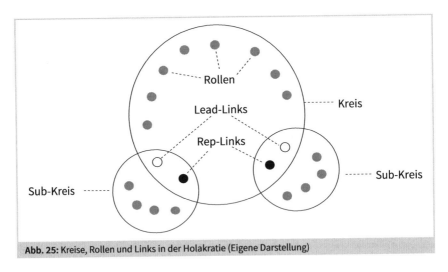

Abb. 25: Kreise, Rollen und Links in der Holakratie (Eigene Darstellung)

Rollen, Subkreise, Regeln etc. werden durch die »*Governance*« festgelegt, können aber durch Vorschläge der Mitglieder verändert werden. Besonderer Wert wird auf gemeinsame Entscheidungsfindung gelegt. Jedes Mitglied darf einen schwerwiegenden und begründeten Einwand einbringen, den keiner überstimmen kann. Dieses Prinzip des *Konsent* (nicht Konsens!) stammt von der *Soziokratie*, gleichsam des Vorläufers der Holakratie, die eng mit dem Namen des niederländischen Unternehmers Gerard Endenburg verknüpft ist.

Grundbegriff: Holakratie

Eine Organisationsform, die auf der einer Seite Abläufe und Verantwortungsbereiche klar absteckt, andererseits aber die darin befindlichen Rollen frei verteilen lässt. Die Holakratie ist eine Hierachie (!) von Kreisen, die aus einzelnen Rollen bestehen und die mit Links untereinander verbunden sind.

Selbst bei einer flüchtigen Betrachtung fällt auf, dass dieses doch sehr regellastige Gebilde ständig mit sich selbst beschäftigt sein muss. Draußen dreht sich die Welt inzwischen weiter. Irritierend ist auch, dass trotz des heutigen Bestrebens, den Menschen nicht auf eine Figur am Arbeitsplatz zu reduziert (der passende Begriff lautet »Wholeness«), die Holakratie auf einer strikten Trennung von Arbeitsrolle und Person beharrt. Dies überfordert genau jene Menschen, die sich mit ihrer *Tätigkeit* identifizieren und ihren Selbstwert aus dem gewinnen, was sie tun. Auch ist zu bedenken, dass es hier, anders als bei der Heterarchie und der Adhokratie, wo ein Sowohl-als-auch mit der Hierarchie möglich ist, nur ein Entweder-oder gibt: Man bekommt die Holakratie nur ganz oder gar nicht.

5.3.5   Virtuelle Strukturen

Ein weiterer Versuch, die betriebliche Lebenswelt von einengendem Ballast zu befreien, indem sich die Menschen ausschließlich auf gemeinsame »Kernkompetenzen« konzentrieren, sind die *virtuellen Strukturen*. Als dynamisches, selbstorganisierendes Netzwerk soll sie die Kompetenzen verschiedener Einheiten bündeln und nach außen wie eine einheitliche Organisation auftreten. »Virtuell« bedeutet, dass eine Organisationswirklichkeit erzeugt wird, die ohne moderne Kommunikationstechniken so nicht möglich wäre. Mit einer virtuellen Organisation (VO) soll vor allem das Schlankheitsideal der »Lean«-Philosophie übernommen werden. Typisch für diese Strukturen ist auch der begrenzte Zeithorizont. Er ergibt sich aus dem Ziel, so flexibel wie möglich zu agieren, was eine rasche und reibungslose Auflösung mit einschließt. Und keine Organisationsform verzichtet so deutlich auf klare Grenzen zwischen sich und ihren Umwelten wie die virtuelle Organisation.

Grundbegriff: Virtuelle Strukturen

Das sind gesteuerte (»gemanagte«) Netzwerke, die zwar nach außen hin als Einheit erscheinen, deren Knoten (z. B. Funktionen, Arbeitsbereiche) sich jedoch im Innenverhältnis ständig bedarfsorientiert neu ausrichten. Der Einsatz moderner Kommunikationstechniken und der Verzicht auf Kontrollinstanzen machen virtuelle Strukturen ausgesprochen schlank. Sie unterliegen allerdings einem begrenzten Lebenszyklus.

Virtualität kann auf zweierlei Weise entstehen. Einmal »top-down« auf Initiative des Managements der Organisation, welche die internen Strukturen lockern oder teilweise auflösen und Tätigkeiten in die Umwelten verlagern möchte. Oder »bottom-up« dadurch, dass bestimmte Potenziale mit anderen Personen oder Einheiten gebündelt werden, ohne diese fest in eine Einheit zu integrieren. In beiden Fällen ist der Einsatz moderner Kommunikationstechniken notwendig, um räumlich getrennte, selbständige Partner in ein Netzwerk einzubinden und ihre Tätigkeiten zu koordinieren. In beiden Fällen wird auf formale Lenkungsstrukturen und Absicherung durch detaillierte Verträge verzichtet. Anderenfalls würde das Ziel der Flexibilität verfehlt werden. Dies bedeutet, dass virtuelle Organisationen weitgehend auf »weichen« Semantiken aufbauen müssen, obwohl die Partner ihre ureigenen Kompetenzen einbringen und damit die Gefahr opportunistischer Ausbeutung allgegenwärtig ist.

Genau hier liegt der Haken der virtuellen Organisation. Kooperation kann nur entstehen, wenn bei den Beteiligten die Bereitschaft zu *Vertrauen*, also zu riskanten Vorleistungen besteht, wenn diese Bereitschaft zu überwiegend *positiven* Erfahrungen führt und wenn die Summe dieser Erfahrungen einen bestimmten *Schwellenwert* überschreitet, damit das mühsam aufgebaute Vertrauen nicht bei der ersten Enttäuschung in sich zusammenfällt. Die Partner treffen jedoch meist nur »virtuell« aufeinander und können daher das Verhalten des anderen nur schwer einschätzen. Es gibt einfach zu wenige Gelegenheiten, durch Interaktion von Angesicht zu Angesicht Vertrauensfähigkeit zu »lernen« und Vertrauenswürdigkeit zu schätzen.

5.4   Die wichtigen Fragen und Antworten zu Kapitel 5

Inwieweit verträgt sich die Hierarchie mit dem Bestreben »Betriebe Gesund Managen«?
Es gibt einen gewichtigen Grund, warum die Hierarchie der Gesundheit abträglich sein kann. Wer als Führungskraft immer nur hierarchisch geführt hat (weil er oder sie ebenso geführt worden ist), tendiert in der Regel dazu, Freiräume, die an sich in einer Hierarchie immer existieren, dicht zu machen. Ganz nach dem Motto: »Wo kämen wir denn hin, wenn jeder machen könnte, wie wer will.« Die Folge: Eingeschränkte Möglichkeiten, Arbeitsabläufe, Vorgehensweisen, Arbeitszeit und Entscheidungen zu beeinflussen, führen besonders bei andauernder hoher Arbeitsintensität in zweifacher Hinsicht zu *Stress*. Der Mitarbeiter verspürt die Ohnmacht, den Stress auslösenden Faktor weder *direkt* (z. B. durch die eigene Entscheidung, den Arbeitsablauf zu ändern) noch *indirekt* (z. B. indem bei Lärm die Arbeit zu einem anderen Zeitpunkt erledigt wird) zu reduzieren oder gar zu eliminieren. Er weiß zwar, was zu ändern wäre, aber dieses Wissen erweist sich laufend als nutzlos. Der Arbeitsplatz wird zum Gefängnis, dem man nicht entkommen kann.

Die Beziehung zwischen Handlungsspielraum und stressmildernder Arbeitszufriedenheit verläuft jedoch auch anders herum. Auch ein großzügiger Handlungsspielraum vermag bei manchen Menschen als Stressor wirken. Es ist vor allem die Angst Fehler zu begehen, die hier lähmend wirkt und Stress verursacht. Ein Teufelskreis: Man versucht Misserfolge zu vermeiden, schränkt damit seine Handlungsmöglichkeiten ein, was prompt zu Misserfolgen führt. Individualisierendes Führen ist hier das Mittel der Wahl: Jeder Mitarbeiter erhält genau den Handlungsspielraum, den er oder sie aufgrund seines oder ihres Ressourcenprofils (siehe Kapitel 6.4) braucht.

Das heißt, eine weitgehend offene betriebliche Lebenswelt muss nicht unbedingt gesundheitsfördernd sein?
Die Praxis zeigt, dass viele Öffnungen der betrieblichen Lebenswelten in die »*Autonomiefalle*« münden. Die Mitarbeiter sollen Aufgaben selbstbestimmt erledigen, was sie nahezu unbemerkt dazu verführt, rund um die Uhr verfügbar zu sein. Überlastung wird zum Dauerzustand. Eine andere Variante besteht darin, von den Beschäftigten ein hohes Maß an Selbstkontrolle zu erwarten und sie zugleich mit ausgeklügelten Evaluationsprozessen und Prämiensystemen zu überziehen, die oft schwer zu durchschauen sind. (Cabanas/Illouz 2019) Das Gefüge der heilen betrieblichen Lebenswelt zerbröckelt und das macht krank. In *gesunden* betrieblichen Lebenswelten machen die Menschen unter anderem drei positive Erfahrungen: Sie werden in bestimmten Situationen *emotional* unterstützt, z. B. durch Ermutigung, einen Rat oder akzeptierendes Zuhören. Sie werden *praktisch* unterstützt, indem sie etwa Hilfe bei neuartigen Aufgaben erfahren oder von übermäßigen Belastungen befreit werden. Und sie wissen die *Zugehörigkeit* zu einer Gruppe oder Organisation zu schätzen. In Studien (z. B. Ditzen/Heinrichs 2007) konnte belegt werden, dass die kardiovaskuläre Reaktivität auf Stress bei Menschen geringer ist, wenn sie sich sozial unterstützt fühlen.

Wichtig: Gesunde betriebliche Lebenswelten   !

Eine gesunde betriebliche Lebenswelt zeichnet sich durch folgende drei Elemente aus:
- *Emotionale Unterstützung*: Mitarbeiter werden in bestimmten Arbeitssituationen und bei bestimmten Aufgaben emotional unterstützt.
- *Praktische Unterstützung*: Mitarbeiter werden in bestimmten Arbeitssituationen und bei bestimmten Aufgaben praktisch unterstützt.
- *Gefühl der Zugehörigkeit*: Mitarbeiter erleben das Gefühl, dass sie einer Gruppe, einem Team oder einer Organisation angehören.

Was wäre eine optimale Gestaltung der Strukturen und der Kultur, um zu einer gesunden betrieblichen Lebenswelt zu gelangen?
Es gilt zwei Extreme zu vermeiden. Erstens muss verhindert werden, dass die Hierarchie, ihrer natürlichen Tendenz folgend, in die Bürokratie abgleitet. Das Credo der Bürokratie ist die »Entsubjektivierung« der Verhältnisse, das heißt, der Mensch muss hinter das Regelwerk zurücktreten. Wird diese Degradierung auch noch mit Leistungs-

druck kombiniert, so ergibt sich daraus die perfekte Mischung für Krankheiten aller Art. Zweitens ist zu berücksichtigen, dass nicht jede Organisation eine Expertenorganisation ist, in der man sich ohne große Bedenken die Heterarchie (ein gleichberechtigtes Nebeneinander) oder die Adhokratie (ein kreatives Miteinander) zum Vorbild nehmen kann. Für die »gewöhnliche« Organisation empfiehlt sich die folgende Vorgehensweise: Ausgehend von einer hierarchischen Struktur und einer eher geschlossenen Kultur sollte ein Bereich ausgewählt werden, der sich für eine schrittweise Öffnung der Strukturen (z. B. durch Verzicht auf Regeln und stattdessen Ermutigung zu autonomen Handeln) und der Kultur (z. B. durch Akzeptanz von Vielfalt statt der Tendenz zur Gleichschaltung) am besten eignet. Die daraus gewonnenen Erfahrungen dienen dann zur schrittweisen Öffnung weiterer Bereiche.

> **!** **Wichtig: Schrittweises Öffnen der Unternehmensstrukturen**
>
> Die Kultur eines sozialen Systems ist änderungsresistent. Kein Wunder, bildet sie doch im Lauf der Zeit Selbstverständlichkeiten aus, die zumindest von der Mehrheit der Mitglieder des Systems geteilt werden. Eine Kultur kann am ehesten geöffnet (wie auch geschlossen) werden, wenn dieser Versuch nicht überfallsartig geschieht, sondern in kleinen Schritten zwischen denen ausreichend Zeit zum Testen, Fragen und Murren besteht. Leitbilder und ähnliche »Tools« bleiben in der Regel wirkungslos. Die Veränderung von Selbstverständlichkeiten wirkt am besten über Imitationslernen. Dies bedeutet, »signifikante Personen« des Systems (das sind nicht nur Führungskräfte, sondern auch Mitarbeiter, die ein besonderes Zutrauen genießen) müssen über ihr Verhalten (aus dessen Konsistenz auf bestimmte Werte und Überzeugungen geschlossen werden kann) eine Vorbildwirkung ausüben.

Wie kann man sich ein Nebeneinander von geschlossenen und offenen Elementen vorstellen?

Dazu ein Beispiel aus der Praxis. Ein streng hierarchisch geführtes Nahrungsmittelunternehmen hatte sich in eine Situation von hohem Absentismus und ebenso hohen Präsentismus (Anwesenheit am Arbeitsplatz trotz gesundheitlicher Beeinträchtigung) manövriert. Außerdem hatte das Unternehmen große Schwierigkeiten, Fachkräfte besonders der jüngeren Generation zu rekrutieren. Man musste umdenken. Durch eine schrittweise Öffnung entstand eine Kombination von Normen, die unbedingt einzuhalten waren, und Freiräumen, in denen Individualität gelebt werden konnte. Auf der »strengen« Seite standen z. B. die Werte Pünktlichkeit und Sauberkeit, kein Pardon bei aktiver oder passiver Bestechung, das Einhalten der Richtlinien für das Berichtswesen, die lückenlose Weitergabe von Kundenbeschwerden und -anregungen an die zuständige Abteilung und so fort. Auf der »offenen« Seite fanden sich z. B. die Toleranz in Äußerlichkeiten, eine Vertrauensarbeitszeit, vollkommen freie Wege zu Problemlösungen und Zielerreichung, ein ungezwungener Umgang miteinander innerhalb von Abteilungen und Projektgruppen, »Kommunikationsinseln« in den Gebäuden als Räume für informalen Austausch etc.

Welche Rolle spielte dabei die Führung?

Strukturen und Kultur können weder durch ein neues Organigramm noch durch ein verordnetes Leitbild verändert werden. Aus der betrieblichen Aktionsforschung ist bekannt, dass Mitarbeiter in Organisationen die Führungspersonen viel genauer beobachten, als sich diese dessen bewusst sind. Mitarbeiter suchen im Verhalten der Führungskräfte nach Fingerzeigen für das passende eigene Verhalten. Dies bedeutet zweierlei: Wer führen will, muss *präsent* sein. Ein Verschanzen hinter dem Monitor (»Management by Screening Around«) oder ein Führen durch Abwesenheit wird oft mit organisatorischen Zwängen begründet, ist jedoch nutzlos bis sträflich. Und was oft übersehen wird: Die Wirkung eines Führungsverhaltens kommt nicht durch Zufall zustande. Es verlangt vielmehr von den Führenden, immer wieder den Autopiloten zu verlassen und sich bewusst den Menschen zuzuwenden, die es zu führen gilt.

5.5   Zusammenfassung

- Die betriebliche Lebenswelt ist jener Ort, in dem Menschen physisch und gedanklich mehr Zeit verbringen und mehr Energie einsetzen als in manch anderen Lebenswelten (z. B. Familie, Freundeskreis, Verein).
- Tradition, Machtkonzentration und Herrschaftswissen sind typische Merkmale für geschlossene, Vielfalt, Machtverteilung und Experimentierfreudigkeit für offene betriebliche Lebenswelten.
- Übertragen auf die Leitidee »*Betriebe Gesund Managen*« bedeutet dies: Es gilt nicht nur die »weitgehende Schließung«, sondern auch die »hochgradige Öffnung« der betrieblichen Lebenswelt zu vermeiden.
- Stattdessen ist eine behutsame Öffnung anstreben, ohne den eigentlichen Zweck des Betriebes und das Bedürfnis der Menschen nach Zugehörigkeit aus den Augen zu verlieren.

6 Führung Gesund Entwickeln

»Wer andere führen will, muss zunächst imstande sein, sich selbst zu führen.«

Abb. 26: Fokus: Das Pinkafelder BGM-Modell – Wo befinden wir uns? (Eigene Darstellung)

Leitfragen

- Was steckt hinter dem Konzept »Führung Gesund Entwickeln«?
- Was braucht es, um eine gesunde Führungskultur zu etablieren?
- Durch welches Führungsverhalten ist gesunde Führung bestimmt?

Führungskräfte können durch ihr Führungsverhalten unterschiedliche Emotionen bei ihren Mitarbeitern hervorrufen. Einerseits kann es sich motivierend und leistungssteigernd, anderseits jedoch auch negativ auf die Arbeit auswirken, sodass z. B. Angst oder Stress bei den Mitarbeitern entsteht. Dieser Stress am Arbeitsplatz wird oft durch das Machtverhalten der Führungskraft hervorgerufen. Die Beziehungsqualität zwischen einer Führungskraft und den Mitarbeitern ist ein entscheidender Faktor, der sich im Team- sowie Betriebsklima widerspiegelt. Zudem darf die Vorbildfunktion der Führungskraft für die eigene Gesundheit und die der Beschäftigten nicht übersehen werden.

Herkömmliches Führungsverständnis

Das heute nach wie vor weit verbreitete Verständnis von Führung weist drei Merkmale auf: a) Führung setzt eine Asymmetrie zwischen Führenden und Geführten voraus, die nicht umkehrbar ist; b) wer führt, darf sich als überlegenes Subjekt betrachten, dem die »Geführten« als Objekte folgen; c) Führung gründet auf dem Prinzip von Ursache und Wirkung, also einer linearen Kausalität.

Zwar meldeten sich spätestens in den 1990er-Jahren Vertreter einer Denkweise von Führung zu Wort, welche die Herabstufung der Geführten zu Objekten kritisierten. So ermahnte etwa der Managementdenker Peter Drucker die Unternehmen, Führung doch als Menschenarbeit zu verstehen, weil diese Haltung auch Wettbewerbsvorteile generiere. Da aber die militärische Führung in ihrer Schnörkellosigkeit vielen Führungskräften (oft gar nicht bewusst, sondern einfach durch die Vorbildwirkung starker Persönlichkeiten) näher stand als etwa die Forschungsbeiträge humanistischer Psychologen (z. B. Carl Rogers oder Abraham Maslow), blieb beim Thema Führung alles beim Alten.

6.1   Neues Führungsverständnis

Der in einem US-amerikanischen Telefonkonzern groß gewordene Manager Robert Greenleaf (1904–1990) entwickelte, tief beeindruckt von Hermann Hesses Erzählung »Die Morgenlandfahrt« (1932), die Philosophie des Servant Leadership. In dieser Parabel ist es der Diener Leo, der mit unsichtbarer Hand eine Reisegesellschaft gen Osten »dem Lichte« entgegenführt. Auf diesem Weg werden fromme Orte, Denkmäler und ehrwürdige Grabstätten besucht, gefeiert und geschmückt. In einer Schlucht verschwindet der Diener Leo plötzlich und spurlos, und mit ihm wichtige Gegenstände. Die Stimmung schlägt um, die Gruppe zerbricht. Es wird den Morgenlandfahrern bewusst, wie notwendig der Diener war. Leos demütiges Dienen machte ihn zum Führer der Gruppe. Für Greenleaf wird der *Diener* zum Führenden, wenn er zwei Fragen mit einem emphatischen Ja beantworten kann: »Werden diejenigen, denen von anderen gedient wird, als Personen wachsen? Werden sie, während ihnen gedient wird, gesünder, klüger, freier, autonomer?« Bescheidenheit und Demut sind Attribute, die in Greenlaefs Schriften immer wieder ins Auge springen.

Christliche Bewegungen übernahmen die Philosophie des Servant Leadership, gibt es doch in den Evangelien einige Passagen, die dem Dienen eine grundlegende Bedeutung bescheinigen. Solche religiösen Ambitionen sind zwar ehrenwert, stehen aber doch in deutlichem Kontrast zu dem, was Führungskräfte heute benötigen, um in einer Welt des weltweiten Wettbewerbs, des hohen Tempos und der permanenten Überraschungen bestehen zu können. Servant Leadership wird aus gutem Grund in der Praxis vielfach als abgehoben und indoktrinierend empfunden. Wissenschaftler des Zentrums für Systemische Forschung und Beratung in Heidelberg versuchten daher, die Philosophie des Servant Leadership zu »erden«.

Grundbegriff: Servant Leadership

Servant Leadership ist der Versuch, das herkömmliche Führungsverhalten, das auf Überlegenheit und Durchsetzung beruht, umzukehren, und auf Zurückhaltung und Helfen auszurichten.

Ihr Konzept des »*Dienenden Führens*« fragt, wie Führung als soziales System wechselseitig abhängiger und aufeinander einwirkender Individuen gelingen kann. (Fischer/ Stahl, 2014). Das Führungsverhältnis wird dabei nicht mehr nur *hierarchisch* (über- und untergeordnet), sondern auch *heterarchisch* (nebengeordnet) gedacht. Führender und Geführter sind damit für einander Umwelt. Aus der Perspektive des Führenden stellt sich die entscheidende Frage dann so: »Wie kann ich andere führen, damit sie sich persönlich weiterentwickeln und ihr Potenzial voll entfalten können, um unsere gemeinschaftlichen Ziele zu realisieren?« Das Wort »*Dienen*« erhält damit die Bedeutung von »ermöglichen«, »bewirken«, »zum Ergebnis führen«. Eine gedankliche Verbindung zu »aufopfern« oder gar »sich unterwerfen« ist somit nicht angebracht.

6.2 Drei Säulen des Dienenden Führens

Die drei Säulen der Dienenden Führung (vgl. Abb. 27) – Zirkularität, Individualisierung und Balancierung – spiegeln genau die Bedeutung von »ermöglichen«, »bewirken«, »zum Ergebnis führen« wider.

Abb. 27: Die drei Säulen der Dienenden Führung (nach Stahl 2019)

6.2.1   Zirkuläres Führen

In den gängigen Theorien der Führung steht der persönliche Einfluss des Führenden auf den oder die Geführten im Mittelpunkt. Ausgestattet mit einem Vorsprung an verschiedenen Machtressourcen (z. B. Status, Wissen, Persönlichkeit, Fähigkeiten) versucht der Führende, seine Vorstellungen *durchzusetzen*. In dem Moment in dem man den Führenden und die Geführten in einen gemeinsamen Kontext einordnet – wie es eine unverstellte Sichtweise der Führungspraxis ja nahelegt – sind Führende nicht mehr autonome, überlegene, allein verantwortliche und allwissende Lenker, sondern selbst Gelenkte (Neuberger 1994). Dienen und Führen sind damit keine Gegensätze mehr. Beide sind in einem Regelkreis *zirkulär* verknüpft, wie es ja auch im kybernetischen Denken selbstverständlich ist. Dies bedeutet auch: Wer andere führen will, muss sich *selbst* führen können – und sich von anderen führen *lassen*.

> **! Wichtig: Selbstführung**
>
> Wer andere führen will, muss zunächst imstande sein, sich selbst zu führen. Dies ist anspruchsvoller als es klingt. Menschen sind die einzigen Wesen, die in ein Verhältnis zu sich selbst treten können. Viele Führungskräfte vermeiden jedoch diesen Weg, weil sie dadurch Dinge bei sich entdecken könnten, die ihrem Selbstbild widersprechen. Dennoch, erst die Selbstführung mündet in ein Verständnis für die Führung anderer.

Die Zirkularität von Führung zeigt sich dort am eindrucksvollsten, wo die Führungsbeziehung in ein positives *Resonanzerlebnis* mündet. Dazu drei Beispiele.

- Der *Tanz* ist nur aus dem Beobachterblickwinkel eine asymmetrische soziale Beziehung. Tatsächlich interagieren hier zwei Subjekte in einem zirkulären Prozess, in dem der Führende auch von der Geführten geführt wird. Jeder ist vom anderen abhängig, wenn beide den gemeinsamen Erfolg möchten, der allein nicht möglich ist.

- *Reiter* und *Pferd* sind ebenfalls in einem solchen zirkulären Prozess miteinander verbunden. Juli Zeh, Schriftstellerin und Pferdeliebhaberin, drückt dies in ihrer »Gebrauchsanweisung für Pferde« (2019) so aus: »Je öfter ich Momente von Harmonie zwischen zwei völlig unterschiedlichen Wesen, von wortloser Verständigung durch kleinste Signale, desto mehr möchte ich davon haben.«
- Es gibt auch eine Zirkularität zu dritt. *Dirigent*, *Orchester* und *Zuhörer* bilden das »magische Dreieck« der Musik. Ein musikalisches Kunstwerk gelingt erst durch eine ständige Abfolge von Verstärkungen – etwa durch die Körpersprache des Dirigenten, die zustimmenden Blicke der Musiker, die Reaktion des Publikums – sowie Loslassungen, in denen alle drei einfach in die Musik eintauchen.

6.2.2 Individualisierendes Führen

War es bis in die späten 1960er-Jahre noch möglich, eine Abteilung so zu führen, als wäre diese Einheit eine einzige Person, so ist das heute Illusion. Längst haben sich die Wertvorstellungen der Menschen von einheitlichen, tradierten Mustern abgelöst und den höchst unterschiedlichen Anschauungen über »sich selbst«, über »die anderen« und über »die Welt da draußen« angepasst. Wir Menschen sind zudem Wesen mit unglaublich vielen Handlungsoptionen. Und wir sind heute mehr denn je bereit, diese Optionen auch auszuüben. Sitte, Moral und Tradition stehen uns dabei nicht mehr so sehr im Weg wie früher.

> **Wichtig: Elemente individualisierender Führung** !
> - Führen anhand von individuellen Werten
> - Führen anhand von individuellen Motiven
> - Führen anhand des individuellen Ressourcenprofils

Als Ergebnis muss Führung *individualisiert* werden. Wer führen will, muss sich dem Einzelnen, der sich auf den zirkulären Prozess des Führens einlassen soll, zuwenden. Zuwendung braucht allerdings *Aufmerksamkeit*. Diese wird erst durch ein Wissen über

- a) die individuellen Werthaltungen,
- b) die individuellen Bedürfnisse und damit Motive sowie
- c) dem individuellen »Ressourcenprofil« der anvertrauten Menschen möglich.

6.2.2.1 Führen anhand von individuellen Werten

In unserem Kulturkreis löste der zügige Übergang von der Not und Knappheit der Zeit nach dem zweiten Weltkrieg zum Massenwohlstand und einem wohlausgebauten Sozialstaat eine bis heute ungebrochene Wertedynamik aus. Vor dem Wertewandlungsschub war es noch möglich, sich etwa bei der Führung einer Abteilung mit einem Dutzend Mitarbeitern darauf zu verlassen, dass diese einen einheitlichen Wertekanon verinnerlicht hatten. Die Koordination der Individuen konnte so z. B. über »fokale Punkte« erfolgen. Dieser aus der Spieltheorie stammende Ausdruck besagt, dass sich Menschen mit übereinstimmenden Gepflogenheiten auch ohne Kommunikation übereinstimmend verhalten werden. So wie man etwa früher seine Freunde am Sonntagvormittag ohne Absprache und ganz selbstverständlich vor oder in der Kirche treffen konnte.

Die individuellen Werthaltungen in einer Gruppe oder Abteilung können mithilfe der Selbsteinschätzung der Mitarbeiter leicht bestimmt werden. Abb. 28 zeigt ein Beispiel aus der Praxis: Die Leiterin eines Verkaufsinnendienstes fertigte für jeden ihrer zehn Mitarbeitenden anhand von Gesprächen und Beobachtungen ein Werteprofil an, um sich besser auf jeden Einzelnen einstellen zu können. Wer etwa Autonomie und Individualität als oberste Werte verinnerlicht hat, wird anders zu »führen« sein, als jemand, dem der Sinn nach Geborgenheit und Zusammenhalt steht. Selbstbeherrschung als Wert verlangt ein anderes Führungsverhalten, als Spontaneität. Auf Selbstverwirklichung wird sich eine Führende anders einstellen müssen als auf Disziplin. Hier wird besonders deutlich, wie sehr »Dienen« mit »ermöglichen«, »bewirken«, »zum Ergebnis führen« in Verbindung steht.

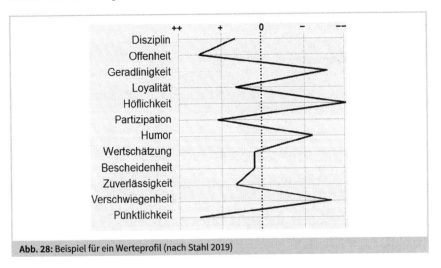

Abb. 28: Beispiel für ein Werteprofil (nach Stahl 2019)

Arbeitshilfe online: Werte

Eine Anleitung zur Ermittlung eines Werteprofils können Sie den Arbeitshilfen im Downloadbereich entnehmen.

6.2.2.2   Führen anhand von individuellen Motiven

Motive erlauben eine Vorhersage menschlichen Verhaltens. Sie werden durch innere oder äußere Bedingungen aktiviert. Die inneren sind die Bedürfnisse einer Person, die äußeren Bedingungen entsprechen den Anreizen der jeweiligen Situation. Motive können zwar nicht einfach abgefragt, aber immerhin aus dem beobachteten *Verhalten* abgeleitet werden. Für eine Führung, die individuell auf den einzelnen Mitarbeiter zugehen möchte, stellt sich daher die folgende Frage: »Habe ich als Führungskraft genug getan, um z. B. durch Gespräche ein Gefühl für die Motivstruktur meines Mitarbeiters zu bekommen?«

Die drei »klassischen«, vor allem durch frühkindliche Einflüsse geprägten Motive – Macht, Leistung und Verbundenheit – spiegeln nicht die Vielfalt der heutigen Arbeitswelt wider. Deshalb haben wir sie für die Individualisierung des Führens um fünf auf insgesamt acht Motive erweitert.

1. *Macht* als mein Motiv, mithilfe bestimmter Ressourcen – etwa meine Persönlichkeit, rares Wissen, besonders gefragte Fähigkeiten oder die Autorisierung innerhalb einer Gruppe oder Organisation etc. – andere Menschen *bewusst* zu beeinflussen.

2. *Leistung* als mein Anspruch, das Ergebnis meiner Hände oder meines Kopfes Arbeit sichtbar zu machen und es anhand eines passenden Vergleichsmaßstabes zu bewerten.

3. *Verbundenheit* als mein Wunsch, in einer überschaubaren Gruppe jene Geborgenheit und Identität zu finden, die mir z. B. in der anonymen Großorganisation verwehrt bleiben muss.

4. *Selbstbestimmung* als mein Bedürfnis, in organisatorischen Freiräumen meine Fähigkeiten auch zur Geltung zu bringen und Entscheidungen frei treffen zu können.

5. *Anerkennung* als das Streben, meinen Selbstwert bestätigt zu erhalten, wodurch ich Zutrauen in die eigenen Stärken gewinne (»Selbstwirksamkeit«) und dadurch ermutigt werde, die Messlatte für mein Handeln höher zu setzen (»Anspruchsniveau«).

6. *Abwechslung* als Ausdruck meiner besonderen Offenheit für Neues, welche sich auch in dem Verlangen ausdrücken kann, der Langeweile – einer der Kardinalsünden unserer Zeit – zu entkommen.

7. *Sicherheit* als Bedürfnis nach Stabilität und Ordnung, das mir in Zeiten hoher Unbestimmtheit und abnehmender Planbarkeit besonders wichtig ist

8. *Lebensbalance* als mein Ziel, Beruf und Familie, Karriere und Kinder, Arbeit und persönliche Sphäre miteinander zu verbinden und nicht als sich ausschließende Gegensätze einfach zu akzeptieren.

	Selbst-bestimmung	Anerken-nung	Verbunden-heit	Abwech-slung	Sicherheit	Lebens-balance
Müller						
Hönig						
Seibt						
Ohnsorg						
Foster						
Martens						
Sieg						
Brandt						

Abb. 29: Beispiel für die Motivstruktur einer Abteilung (nach Stahl 2019)

Arbeitshilfe online: Motive
Eine Anleitung zur Ermittlung von Motivstrukturen können Sie den Arbeitshilfen im Downloadbereich entnehmen.

Wie bereits erwähnt, können Motive nicht einfach abgefragt werden. Durch Beobachten und Sammeln von Episoden vermag jedoch eine Führungskraft aus bestimmten Verhaltensmustern auf die Ausprägung bestimmter Motive schließen. In Abb. 29 ist als Beispiel die *Motivstruktur* einer Kundendienst-Abteilung dargestellt.

6.2.2.3   Führen anhand des individuellen »Ressourcenprofils«

Das »*Ressourcenprofil*« eines Mitarbeiters knüpft an die Idee des britischen Ökonomen Alfred Marshall (1842–1924) an: »Das wertvollste Kapital ist das in Menschen investierte«. Das *persönliche* Humankapital ist an die Mitarbeiter gebunden. Sie stellen es Organisationen gegen Entgelt und nichtmaterielle Vorteile zur Verfügung. Die Organisationen wiederum integrieren das persönliche Humankapital in die betrieblichen Strukturen, um ihren ureigenen Auftrag – monetären Zugewinn, Dienst am Menschen oder was auch immer – zu erfüllen. Das solcherart entstandene *organisatorische* Humankapital muss den sich ändernden äußeren Bedingungen laufend angepasst werden.

Das *persönliche Humankapital* besteht aus dem Können und dem Wollen. Das *Können* umfasst das Wissen, die Fähigkeiten und die Fertigkeiten, die nötig sind, um die mit einer Funktion verbundenen Aufgaben zu erfüllen. Zum Können eines Verkäufers gehören z. B. Fachkenntnisse, interpersonale Kompetenz als Fähigkeit mit einer wechselnden Vielfalt von Menschen zu interagieren und Methodenkompetenz für das Planen, Organisieren und Entscheiden. Die Ausprägung des Könnens reicht vom »Anfänger« (z. B. Lehrling) bis zum »Könner« (z. B. Meister, Experte).

Das *Wollen* ist die Bereitschaft, das eigene Können auch einzusetzen, um die mit einer Funktion verbundenen Aufgaben zu erfüllen. Es bemisst sich

a) nach dem persönlichen Anspruchsniveau,

b) der Erfolgszuversicht und

c) der Frustrationstoleranz als Fähigkeit, Enttäuschungen, Ärger und Rückschläge auszuhalten und konstruktiv damit umzugehen.

Die beiden Pole des Wollens werden verkörpert vom »Leistungsminimierer«, der seine Entfaltung außerhalb des Betriebes sucht und findet, und dem »Hochmotivierten«, der hart arbeitet, um erfolgreich zu sein und dabei nur schwer zu bremsen ist.

Um aus den persönlichen Humankapitalen ein *organisatorisches Humankapital* zu formen, sind zwei weitere Faktoren notwendig, das Dürfen und das Sollen.

Das *Dürfen* beschreibt das Vermögen einer Person, ihr Wissen, ihre Fähigkeiten und Fertigkeiten selbstständig zur Erfüllung von Aufgaben einzusetzen, die nicht ausdrücklich definiert, aber mit der Funktion logisch verknüpft sind. Zum Dürfen gehören

a) die Bereitschaft, ein bestimmtes Ereignis als Konsequenz des eigenen Handelns, und nicht etwa »höherer Mächte«, anzuerkennen;

b) die Fähigkeit, »schlecht definierte«, neuartige Situationen zu bewältigen ohne in Resignation, Regression oder Aggression zu verfallen; und

c) der Mut, selbstbestimmt zu handeln und dabei die eigenen Stärken zu nutzen.

Die beiden Gegensätze des Dürfens sind auf der einen Seite der »Formalist«, der perfekt zur Bürokratie passt und nur mit genauen Vorgaben seine Leistung erbringt; und auf der anderen Seite der »Intrapreneur«, der unternehmerisch Denkende und Handelnde, der Freiräume sucht, findet und zum Wohl der Organisation nutzt.

Das *Sollen* lässt sich

a) an dem Ausmaß ablesen, in dem eine Person die stillschweigend vorausgesetzten und die ausdrücklich formulierten Werte und Normen einer Organisation verinnerlicht hat,

b) am Grad der Selbstverpflichtung, übernommene Aufgaben auch gegen innere Widerstände auszuführen und

c) am Verantwortungsbewusstsein, also der Bereitschaft, sich die Folgen des eigenen Handelns auch zurechnen zu lassen.

Auch beim Sollen sind in Organisationen Menschen anzutreffen, die Extreme verkörpern. Der »Systemagent«, der kritiklos und sogar mit Begeisterung alles mitmacht, was sich die Führung der Organisation a Neuerungen so ausdenkt, steht oft dem »Einzelkämpfer« gegenüber, der durchaus schatzenswerte Leistungen erbringt, den aber Leitbilder, Grundsätze, Richtlinien und andere normative Werkzeuge kalt lassen.

> **!** **Wichtig: Messung des Ressourcenprofils eines Mitarbeiters**
>
> Können, Wollen, Dürfen und Sollen kann man nicht im wissenschaftlichen Sinn »messen«. Wer jedoch als Führungskraft Verantwortung für andere Menschen übernommen hat, sollte sehr wohl in der Lage sein, die ihm anvertrauten Menschen entlang dieser vier Dimensionen einzuschätzen. Beobachtungen und Gespräche sind dafür die Quellen, Vorurteilsfreiheit und Achtsamkeit die Voraussetzungen für deren Interpretation.

In Abb. 30 wird gezeigt, wie die eingeschätzten Ausprägungen auf den vier Dimensionen das individuelle »Ressourcenprofil« in Form einer Fläche ergeben.

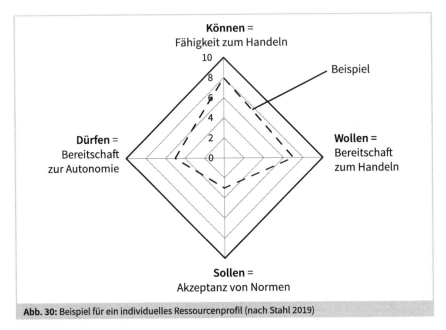

Abb. 30: Beispiel für ein individuelles Ressourcenprofil (nach Stahl 2019)

Arbeitshilfe online: Ressourcenprofil
Eine Anleitung zur Ermittlung eines individuellen Ressourcenprofils finden Sie in den Arbeitshilfen im Downloadbereich.

6.2.3   Balancierendes Führen

Wer unter den heutigen Bedingungen hoher Unbestimmtheit führt, ist fortlaufend mit *Dilemmata* und *Widersprüchen* konfrontiert. Er muss handeln, obwohl die Folgen daraus nicht überschaubar sind und er soll Ergebnisse gemeinsam mit Personen liefern, die er kaum kontrollieren und nur schwer beeinflussen kann. Diese Dilemmata und

Widersprüche entstehen auch aus unserem Hang zum Entweder-oder. Meister seines Faches ist in aller Regel derjenige, der einem einmal gewählten Grundsatz treu bleibt und diesen durchzieht.

Die Kunst des Führens besteht jedoch heute darin, die richtige *Balance* zwischen scheinbar widerstreitenden Kräften zu finden, etwa zwischen Effizienz und Redundanz (Überschuss), Straffen und Lockern, Beschleunigen und Entschleunigen, und so fort. Wer führt, muss nicht nur *einen* Drahtseilakt vollführen, sondern deren viele, und noch dazu auf verschiedenen Seilen und bei unterschiedlichen Gelegenheiten.

> **Wichtig: Führung braucht Balance**
>
> Wer sich in ein Entweder-oder einzementiert verliert die Handlungsmöglichkeiten, die ihm ein Sowohl-als-auch bietet.

Balancieren bedeutet, Gegensätze bewusst nebeneinander oder nacheinander zur Geltung zu bringen. Extreme Pendelausschläge – z. B. von chaotischer Offenheit auf sektenartige Geschlossenheit zu wechseln oder blinde Vertrauensbereitschaft durch Kontrollbesessenheit zu ersetzen – sind typisch für den Zwang zum Entweder-oder und daher zu vermeiden. Dies gelingt am besten, wenn die Balance auf eine *handhabbare Zone* begrenzt wird (vgl. Abb. 31). Diese Art der balancierenden Führung erhöht die Handlungsmöglichkeiten des Führenden und eignet sich somit vorzüglich für die Individualisierung des Führens. Misstrauen und Vertrauen, Planen und Improvisieren, Distanz und Nähe sind aus dem organisatorischen Alltag nicht mehr wegzudenken.

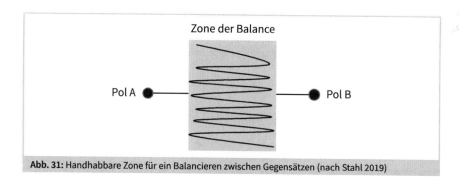

Abb. 31: Handhabbare Zone für ein Balancieren zwischen Gegensätzen (nach Stahl 2019)

Misstrauen und *Vertrauen* schließen sich nicht gegenseitig aus. So kann es z. B. ratsam sein, innerhalb einer Organisation *grundsätzlich* Vertrauen zu praktizieren und *zugleich* kritische Teilbereiche durch konsequentes Misstrauen zu kontrollieren (vgl.

Abb. 32). Solche »Misstrauensbereiche« müssen begründet, mit Sanktionen versehen und offen kommuniziert werden. Auf diese Weise bewegt man sich in einer handhabbaren Zone der Balance, welche die beiden Extreme des blinden Vertrauens und des reflexhaften Misstrauens vermeidet. Misstrauen ist an sich nichts Anrüchiges, solange es sich aus einem intuitiven Umgang mit Unsicherheit speist. Die Devise des gesunden Misstrauens lautet: »Bis hierhin, aber nicht weiter«.

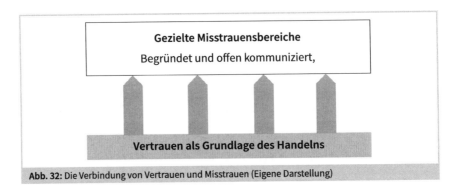

Abb. 32: Die Verbindung von Vertrauen und Misstrauen (Eigene Darstellung)

Planen und *Improvisieren* bilden nur scheinbar einen Widerspruch. Denn wer heute plant, sollte dafür ohnedies mehrere mögliche Zukünfte (»Szenarien«) in Betracht ziehen. Wenn aber alles unbestimmt zu sein scheint, dann ist Improvisieren das Mittel der Wahl. Dazu braucht es einen Handlungsrahmen, der zwar wenige, dafür aber überlegt gewählte Zielgrößen definiert und der die Zeit festlegt, für die er gilt. Die Menschen lernen auf diese Weise, die Freiräume innerhalb des Handlungsrahmens für das Erreichen des angestrebten Ganzen sinnvoll zu nutzen. Für sie bilden Planen und Improvisieren eine gegenseitige Ergänzung. Sie betreiben, zugespitzt formuliert, »zielgerichtetes Durchwursteln« (»Goal-oriented muddling through«).

Distanz und *Nähe* begleiten uns ein Leben lang. Schon das Neugeborene pendelt ständig zwischen der Nähe zur Mutter, um sich mit ihr eins zu fühlen, und der Distanz zu ihr, um die neue Außenwelt erkunden. Wer nur auf Distanz führt, erzeugt notgedrungen eine Atmosphäre gefühlsmäßiger Leere; die Mitarbeiter arrangieren sich mit der Situation. Wer indes immer kumpelhaft mit übertriebener Nähe führt, wird als Führender nicht mehr wahrgenommen. Er läuft Gefahr, sein Ansehen durch pausenloses Schulterklopfen und übertriebene verbale oder sogar physische Nähe zu verspielen. Die schwierige Balance besteht darin, einerseits die zur Beeinflussung nötige Distanz aufzubauen und sich andererseits zur richtigen Zeit, in der richtigen Art und im richtigen Ausmaß selbst zu öffnen. Wer diese Balance meistert, beherrscht die »Hohe Schule« des Führens.

6.3   Individuelle Voraussetzungen für gesundheitsförderliche Führung

Egal, welche Führungsphilosophie man zu Grunde legt, das *Verhalten* der Führenden, definiert als beobachtbares Tun oder Unterlassen, ist immer das ausschlaggebende Moment. Dieses Verhalten wird von dreierlei beeinflusst: den persönlichen *Eigenschaften*, die im Wesentlichen das Ergebnis genetischer und frühkindlicher Prägungen darstellen; dem *Bereitschaftspotenzial* sich in einer bestimmten Weise zu verhalten, das sich aus Erfahrungen speist und an der Differenz zwischen Nutzen und Aufwand ausrichtet; und den *Werthaltungen*, die als Leitplanken des Verhaltens dienen und sich im Laufe des ganzen Lebens durchaus als anpassungsfähig erweisen.

> **Wichtig: Verhalten von Führungskräften**   !
>
> Das Verhalten von Führungskräften wird durch drei zentrale Merkmale beeinflusst:
> - die persönlichen Eigenschaften
> - das Bereitschaftspotential, sich in einer bestimmten Weise zu verhalten
> - die Wertehaltungen

Die individuellen Voraussetzungen für Dienende Führung

Die im Folgenden skizzierten individuellen Voraussetzungen für Dienende Führung beinhalten alle drei der genannten Elemente. Sie sind zum Teil aus den unterschiedlichen Eigenschaften, dem Bereitschaftspotenzial und den Werthaltungen zu erklären. Führungskräfte, die bereits seit einiger Zeit Dienende Führung praktizieren – ohne dass sie sich vielleicht des Begriffs oder der Konzeption bewusst waren – gaben uns dazu über ihre Einschätzungen Auskunft.

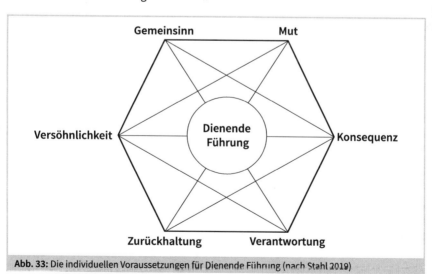

Abb. 33: Die individuellen Voraussetzungen für Dienende Führung (nach Stahl 2019)

Bei dem Versuch, diese Voraussetzungen mit eindeutigen Begriffen zu versehen, stößt man allerdings rasch an *sprachliche Grenzen*. So erzeugt z. B. »Mut« bei manchen das innere Bild von Tapferkeit, bei anderen wiederum bloß von Unverzagtheit. »Bescheidenheit« wiederum kann reflexhaft etwa als Demut oder Anspruchslosigkeit aufgefasst werden. Deshalb wollen wir die in unseren Praxisgesprächen eruierten individuellen Voraussetzungen für Dienende Führung (vgl. Abb. 33) etwas verdeutlichen.

Gemeinsinn bedeutet, das eigene Handeln am Wohl der *ganzen* Organisation auszurichten. Gemeinsinn verbindet ein Verhalten, mit dem man sich selbst Gutes tut, mit einem, das der Gemeinschaft nutzt. Das erstere stärkt den Selbstwert, der wiederum eine Vorbedingung ist für den Einsatz zum Wohl des Ganzen. Gemeinsinn eliminiert so die beiden Extreme des puren Egoismus, der letztlich in der Vereinzelung endet, und des Altruismus, der ausgebeutet werden kann. Gemeinsinn erfordert Mut.

Mut beweist, wer sich gegen Widerstände und Gefahren für eine *gemeinsam* als richtig und notwendig erkannte Sache einsetzt. Es geht also *nicht* darum, wie etwa beim Machtbegriff von Max Weber, den *eigenen* Willen gegen Widerstreben durchzusetzen, sondern für eine WIR-Sache einzutreten. Widerstände gehören aufgrund der unterschiedlichen Interessen der Bezugsgruppen ebenso zur Normalität von Organisationen wie die Möglichkeit des Scheiterns selbst wohlgemeinter Initiativen.

Konsequenz zeigt, wer den eigenen Absichten auch die entsprechenden Handlungen folgen lässt. Absichten sind naturgemäß *unscharf*. Die Grenze zum konkreten Handeln wird mit der Absicht noch nicht überschritten. Sie lässt sich ohne Konsequenzen korrigieren, man kann lavieren. Erst wenn man (wie einst Julius Caesar im Kampf gegen Pompeius) den »Schritt über den Rubikon« getan und sich für eine Handlungsmöglichkeit *entschieden* hat, gibt es kein Zurück mehr.

Verantwortung ist die Bereitschaft, sich die *Folgen* des eigenen Handelns auch zurechnen zu lassen. Ein solches Eingestehen ist alles andere als selbstverständlich. Nach Verantwortung zu streben und alle Vorteile daraus zu nutzen ist eine Sache, Verantwortung auch zu übernehmen und mögliche Nachteile zu tragen, eine andere. Sich einfach durchzumogeln wäre eine Handlungsoption. Allerdings nicht bei dienendem Führen. Die verheerende *Vorbildwirkung* würde den Gemeinsinn zerstören, Mutlosigkeit belohnen und konsequentes Handeln sinnlos scheinen lassen.

Zurückhaltung heißt, sich selbst beschränken, damit das Sein größer sein darf als der Schein. Gemeint ist eine selbstbewusste *Bescheidenheit*. Eine solche legt an den Tag, wer z. B. auch einem anderen die Bühne überlässt, wenn dies der Sache oder gar dem Gemeinwohl dient; oder wer den Impuls unterdrückt, sich eine sofortige Belohnung zu verschaffen. Zurückhaltung übt *nicht*, wer Fehler und Ungerechtigkeiten nicht klar benennt, sich ständig duckt und Zivilcourage vermissen lässt.

Versöhnlichkeit verlangt den Willen, nach Kontroversen wieder Frieden zu schließen. Kooperation beruht auf einem zerbrechlichem Gut, dem *Vertrauen*. Wird es enttäuscht, so empfiehlt es sich, den Vertrauensbruch zwar mit ähnlicher »Münze« zu vergelten, danach jedoch wieder Kooperationsbereitschaft zu zeigen. Eine solche Vorgehensweise entspricht der von dem russischen Systemtheoretiker Anatol Rapoport in den frühen 1980er-Jahre formulierten Strategie des »Tit for Tat«. Sie wird mittlerweile in Politik und Wirtschaft erfolgreich angewandt.

Wird hier nicht einfach zu viel verlangt? Ja, wenn man sich damit zufrieden gibt, eine Führungsposition nach dem Grundsatz zu besetzen, wer fachlich kompetent ist, der kann auch führen. Und auch ja, wenn man sich blenden lässt von Zahlenfetischisten oder pathologischen Narzissten, die in der Führungsposition ihre Rigorosität ausleben möchten oder sie zur Selbstbespiegelung missbrauchen. Dann überrascht es nicht mehr, wenn in Umfragen »schlechte Führung« als krankmachender Faktor weit oben rangiert.

6.4 Gesunde Führungskräfteentwicklung

Bei der betrieblichen Umsetzung einer gesunden Führungskräfteentwicklung gilt es in erster Linie zu berücksichtigen, dass eine Führungskraft von ihren Mitarbeitern als Ressource und nicht als Stressor erlebt wird. Daher bedarf es einer Sensibilisierung der Führungskräfte über ihre Wirkung auf die Mitarbeiter. Der Einfluß auf das Unternehmen, den Führungskräfte haben, kann sich als erfolgs- oder misserfolgsfördernd für das Unternehmen auswirken. Führungskräfte haben neben dem Einfluss auf die Arbeitsplatzgestaltung, Arbeitsplatzaufgaben, Zeitrahmen, Kommunikation auch auf die Gestaltungsfreiräume sowie auf die Gesundheit der Mitarbeiter. Führungskräfte können nicht nur wesentlich auf die Gesundheit der Mitarbeiter Einfluss nehmen, sondern auch auf die eigene Gesundheit.

Gesunde Führung im Ansatz der Dienenden Führung ist mehr als eine *Philosophie* im Sinne eines Glaubenssystems. Mit einer auf Wissen und Erfahrung gründenden Vorstellung, wie Führung idealerweise gedacht werden soll, ist dem Praktiker in seinen täglichen Arbeits- und Führungsbeziehungen nur wenig geholfen. Er erwartet Antworten auf Fragen wie »Was soll ich wann wie tun?« Dienende Führung soll eine *praktische Anleitung zum gesunden Führen sein*. Sie verzichtet keinesfalls auf einen gedanklichen Überbau, ist aber undogmatisch und versucht nicht ideologisch auf eine sozial erwünschte, ideale Führung abzuzielen, sondern die psychische Gesundheit des Führenden als auch der Mitarbeiter im Fokus zu haben.

Es gibt kulturelle Bedingungen, die eine Dienende Führung behindern oder unmöglich machen. Als Beispiel seien hier eine hohe Machtkonzentration, eine ausgeprägte Kluft zwischen den Geschlechterrollen und eine chronische Scheu vor Unsicherheit genannt. Deshalb enthält sich das Konzept der Dienenden Führung auch jeder generalisierenden Aussage. Dienende Führung setzt ferner bestimmte persönliche Eigenschaften und Fähigkeiten voraus, die keinesfalls selbstverständlich und überall anzutreffen sind. Daraus ergibt sich eine zweite *Einschränkung* für ihre Anwendbarkeit. Dort, wo sie jedoch praktiziert werden kann, vermag Dienende Führung die Voraussetzungen zu schaffen, die Gesundheit der in den Betrieben arbeitenden Menschen zu erhalten. Dies wird schon anhand der drei Säulen der Dienenden Führung deutlich.

> **!**   **Wichtig: Dienende Führung als die Gesunde Führung**
>
> Wenn man »dienen« nicht als unterwerfen versteht, sondern als beispringen, förderlich sein oder sich kümmern, dann wird deutlich, dass Dienendes Führen wesentlich mehr zur betrieblichen Gesundheit beitragen kann, als ein Verhalten, das auf der Durchsetzung des eigenen Willens beruht.

Zirkularität bedeutet, dass Führung immer Reaktionen bei den oder dem Geführten hervorruft, die der Führende – ob er es will oder nicht – als Impulse wahrnimmt, um darauf seinerseits zu reagieren. Beide, Führender und Geführter, sind somit in einem dialektischen Zirkel verschränkt. Sie sind ein Interaktionssystem, das sich über Feedback steuert und in dem das Tun des Einen das Tun des Anderen ist. Dienendes Führen sieht in gelingender, anerkennender Interaktion mit dem Mitarbeiter das Mittel, das dem Erfolg des größeren Ganzen, der Organisation dient. (Fischer/Stahl 2014)

Viele krankmachende vertikale Konflikte können auf diese Weise vermieden werden. Der Mitarbeiter kann sich sozialer Unterstützung bei schwierigen Aufgaben oder in zwiespältigen Situationen gewiss sein. Eine vom Mitarbeiter als unfair empfundene Entgelt- und Anreizgestaltung würde rasch entdeckt werden und könnte so nicht als ständige diffuse Unzufriedenheit die Gesundheit beeinträchtigen. Dienende Führung entzieht auch der Rollenüberlastung gerade des mittleren Managements die Grundlage. »Nach oben buckeln und nach unten treten« hat hier ebenso wenig Platz wie eine abgehobene Führung, die das mittlere Management sich selbst überlässt und nur dann interveniert, wenn etwas schiefgelaufen ist.

Die *Individualisierung* von Führung – anhand der divergierenden Wertvorstellungen, unterschiedlichen Motive und des individuellen Ressourcenprofils – befreit die Mitarbeiter von den Fesseln, die ihnen durch ein uniformes Führungsverhalten (den notorischen »Führungsstil«) oder ein generalisiertes Führungskonzept (»one size fits all«) angelegt wurden. Ein Manager aus der Markenartikelindustrie meint dazu: »Mein spontaner Einwand gegen die Dienende Führung war: Ich habe zwanzig Direct-Reports, wie soll das gehen? Aber mit dem Ressourcenprofil kann ich nicht nur die Aufgaben besser verteilen. Ich kriege von meinen Leuten viele Ideen, die sie vielleicht auch früher schon hatten, aber sich darüber nicht äußern wollten – oder nicht getrauten.« Ein zu geringer oder zu großer Handlungsspielraum des Mitarbeiters gehört zu den Stressfaktoren im Betrieb. Individualisierendes Führen gesteht jedem genau den Freiheitsgrad zu, den er oder sie braucht.

Ein Balancieren zwischen scheinbaren Gegensätzen erhöht die Anzahl der Handlungsmöglichkeiten des Führenden. Wer z. B. nicht nur strafft, kontrolliert, beschleunigt und Komplexität reduziert, sondern auch je nach Situation und individuellem Ressourcenprofil die Zügel lockert, Vertrauen erweist, den Takt verlangsamt und Komplexität zulässt oder sogar erhöht, kann auf Eventualitäten viel wirksamer reagieren als im Modus des Entweder-oder. Der Verwaltungsdirektor eines regionalen Krankenhauses ist überzeugt: »Würden wir nicht ständig balancieren, käme der Betrieb zum Erliegen. Wir haben straffe Dienstpläne und rigorose Qualitätsstandards. Das sind unsere Eckpfeiler. Daneben brauchen wir aber eine enorme Wendigkeit, um Unvorhersehbares – abhängig vom Wetter, der Tageszeit und was weiß ich – zu bewältigen.« Bei »klassischer«, auf einer festgezimmerten Asymmetrie zwischen »oben« und »unten« beruhenden Führung würde eine Zunahme der Handlungsmöglichkeiten zu Unübersichtlichkeit und Unberechenbarkeit führen.

6.5 Macht und Vertrauen

Macht und Vertrauen – was haben die beiden Phänomene miteinander zu tun? Wer über Macht verfügt glaubt auf Vertrauen verzichten zu können, kann er doch seinen Willen auch gegen den Widerstand anderer durchsetzen (Max Weber). Wem umgekehrt Vertrauenswürdigkeit zugeschrieben wird, der vermag andere Menschen zu beeinflussen, indem ihm diese das knappe Gut des Vertrauens schenken. Macht und Vertrauen spielen auch in die betriebliche Gesundheit hinein. Zweifellos gibt es in den Organisationen einen Überschuss an Macht, was bei den Unterlegenen oft zur »Ohnmacht« führt – keine gute Voraussetzung für gesundes Arbeiten. Und es gibt in Organisationen ebenfalls ohne Zweifel einen Mangel an Vertrauen. Damit dominiert das krankmachende Negative mit der Furcht vor dem, was da alles noch kommen mag. Die folgenden Ausführungen sind der Versuch, Macht und Vertrauen auszutarieren.

Grundbegriff: Macht und Vertrauen

Macht beruht auf der Asymmetrie von strukturellen Ressourcen (z. B. Position, »Gatekeeping«) und persönlichen Ressourcen (z. B. Wissen, physische Attraktivität) mit deren Hilfe eigene Interessen in einem sozialen Aushandlungsprozess durchgesetzt werden können. Vertrauen, und gemeint ist hier das persönliche Vertrauen, beruht auf der Erwartung, dass sich die Person, der Vertrauen entgegengebracht werden soll, in einer bestimmten Weise verhalten wird. Vertrauen ist damit eine riskante Vorleistung. Dieses Risiko wird dadurch kompensiert, dass die eigenen Handlungsmöglichkeiten erweitert werden. Dies ist beim Misstrauen, das alles ins Negative zuspitzt, nicht der Fall.

6.5.1   Macht – Mythos und Missverständnisse

Während das englische Wort *power* ebenso wie das französische *pouvoir* Kraft signalisieren, wird das deutsche Wort *Macht* reflexhaft mit Missbrauch, Besessenheit oder Übernahme in Verbindung gebracht. Dabei besteht überhaupt keine Einigkeit darüber, was »Macht« eigentlich bedeutet. Der Philosoph Bertrand Russel etwa definierte sie ganz allgemein als die »Herstellung beabsichtigter Effekte« (1938). Der Systemtheoretiker Niklas Luhmann sieht Macht als ein Kommunikationsmedium, das über ihre Symbole (Paraden, Empfänge, Fahnen, Gedenktagen, Monumente etc.) allgemein verständlich ist (Luhmann, 1988). Für den Verhaltenswissenschaftler David McClelland wiederum ist Macht das Bedürfnis »*to feel strong*« und gehört neben Leistung und Zugehörigkeit zu den drei grundlegenden Motiven des Menschen. Schließlich versteht der Soziologe Max Weber Macht »als jede Chance, innerhalb einer sozialen Beziehung den eigenen Willen auch gegen Widerstreben durchzusetzen, gleichviel worauf diese Chance beruht«. (Weber 1976)

6.5.2   Macht als Medium

Diese Fixierung auf die »Überwindung eines Widerstandes«, passt nicht zu einer zeitgemäßen Idee von Führung. Sie würde sich ständig in Konflikten verhaken, für die es dann nur eine Lösung gäbe, nämlich den anderen zum Aufgeben zu zwingen. Ein Diskurs, mit dem Unterschiede zwischen den Beteiligten verringert oder gar beseitigt werden könnten, stünde nicht zur Debatte. Ebenso wenig die Möglichkeit, dass eine der beiden Personen einlenkt, weil dies für sie »kostengünstiger« ist, als den Konflikt schwelen oder eskalieren zu lassen. Führung in Organisationen ist jedoch gerade unter den aktuellen Bedingungen hoher Unbestimmtheit darauf angewiesen, dass nicht jede Interaktion zwischen Führungskraft und Mitarbeitern gleich in einen ausweglosen Konflikt mündet.

Wir sehen Macht vielmehr als *Medium*, das innerhalb einer Führungsbeziehung, vom Beginn bis zu ihrem Ende, immer präsent ist. Am Zustand dieses Mediums kann man ablesen, wie sich die ursprüngliche Asymmetrie im Laufe der Führungsbeziehung weiterentwickelt hat, ob sie erhalten bleibt, ob sie zwischen Führendem und Geführten je nach Situation wechselt oder sich sogar gänzlich umkehrt. Wichtig ist dabei lediglich, dass vereinbarte Ziele und Aufgaben erfüllt werden. Die Art des Machtgefälles ist unerheblich. Der Managementdenker Henry Mintzberg sieht deshalb Macht ganz unaufgeregt: »Macht ist das Vermögen, organisatorische Ergebnisse zu bewirken oder zu beeinflussen«. (Mintzberg 1983; Übersetzung Stahl)

6.5.3   Macht und Einfluss

In diesem Zusammenhang ist noch eine wichtige Frage zu klären: Sind *Macht* und *Einfluss* synonym oder sind die beiden Begriffe zu trennen? Anders gefragt, fallen unter die Machtausübung nur solche Handlungen, die vom Handelnden beabsichtigt ausgeführt werden? Oder beinhaltet die Ausübung von Macht auch jene Handlungsfolgen, die vom Handelnden zwar nicht beabsichtigt waren, aber in ihren Auswirkungen andere beeinträchtigen oder sie sogar zur Unterordnung veranlassen können? Das Problem hierbei ist, dass jegliches soziales Handeln unausweichliche Nebenfolgen hat. Auf unserem eiligen Weg zum Parkplatz »veranlassen« wir andere Dahineilende, uns auszuweichen, ebenso wie andere wiederum uns »veranlassen«, ihnen auszuweichen. Eine Führungskraft, die unbewusst bestimmte Gewohnheiten oder Macken an den Tag legt, die dann von den Mitarbeitern ebenso unbewusst imitiert werden, hat in diesen Situationen sicher nicht mit Absicht gehandelt.

Auch Sympathie, als Gefühl der verstandesmäßig schwer begründbaren Zuneigung, oder ihr Gegenstück, die Antipathie, kann andere Menschen zu einem bestimmten Handeln anregen. Doch sind weder Sympathie noch Antipathie quasi auf Knopfdruck abrufbar. Solche und andere Wirkungen fallen in die Kategorie der unbeabsichtigten Nebenfolgen einer Machtausübung. Der Philosoph Karl Popper wusste es schon: »Eines der auffallendsten Phänomene im sozialen Leben besteht darin, dass niemals genau jenes Ereignis auftritt, das von den Beteiligten beabsichtigt war«. (Popper 1965, S. 124) Würde man diese unbeabsichtigten Handlungsfolgen in die Macht einschließen, so fiele der Machtbegriff mit dem Begriff des sozialen Handelns zusammen und wäre somit überflüssig. Trotz der Bedeutung der unbeabsichtigten Handlungsfolgen erscheint es daher zweckmäßig, Macht als ein *beabsichtigtes* Tun oder Unterlassen zu definieren. (Stahl 2013b)

6.5.4   Machtquellen und Machtmittel

Wer Macht »ausüben« will, braucht Zugang zu *Machtquellen*, aus denen er konkrete *Machtmittel* schöpfen kann. Diese Machtquellen sind entweder struktureller oder persönlicher Natur. Wichtige *strukturelle* Machtmittel für die Führung in Organisationen sind die Legitimation von Führung, das Schleusen von Daten und Nachrichten, die Kontrolle von Unsicherheitszonen und die Definition von Situationen. Zu den Machtmitteln, die ihren Ursprung in der *Person* des Machtausübenden haben, gehören die Persönlichkeit, das Expertenwissen, soziale Kontakte und die Fähigkeit zur Inszenierung.

6.5.5   Strukturelle Machtmittel

Die *Legitimation von Führung*, die mit einer bestimmten Position innerhalb der Organisation verbunden ist, wird durch zwei Pole bestimmt: Menschen *wollen* geführt werden (die Sehnsucht nach der »starken Hand«) und Menschen *müssen* geführt werden (um sie »zur Ordnung« zu rufen. Mit der Legitimation von Führung wird dem Führenden das Recht eingeräumt, die Verhaltensweisen anderer Menschen durch positive Sanktionen (Belohnungen vom Lob bis zu materiellen Vorteilen) oder negative Sanktionen (»Bestrafungen« oder Entzug von Belohnungen) zu beeinflussen. Diese Legitimation ist zeitlich, sachlich und räumlich begrenzt.

Das *Schleusen von Daten und Nachrichten* ist an eine bestimmte Stellung innerhalb der Organisation gebunden. Dieses Machtmittel beinhaltet die Möglichkeit, die Weitergabe und Verwertung von Daten und Nachrichten zu kontrollieren. Der dazu passende englische Ausdruck »*Gatekeeping*« stammt aus den Anfängen des Fernschreibjournalismus, als der Journalist allein entscheiden konnte, was am Ende in der Zeitung steht. Wer zum »Schleusen« autorisiert ist oder sich diese Möglichkeit auf geschickte Weise angeeignet hat, kann Nachrichten unterdrücken, verkürzen, umlenken, beschönigen, dramatisieren und so fort. Stellen mit Entlastungsfunktionen – Sekretäre, Assistenten, Stäbe – verfügen in der Regel über dieses Machtmittel, obwohl sie hierarchisch gesehen eine untergeordnete Rolle spielen.

Auch das Machtmittel der *Kontrolle von Unsicherheitszonen* ist nicht an eine hierarchisch höhere Position gebunden. Durch die Ausdünnung des mittleren Managements im Zuge der Euphorie des »Lean Managements« fällt den verbliebenen mittleren Führungskräften oft eine monopolartige Position zu, wodurch sie kritische Schnittstellen im Betrieb beherrschen können. Meister und Betriebsleiter in der Produktion, Logistiker und Key Account Manager, Personen im ohnedies knapp besetzten Gesundheits-, Heil- und Pflegebereich sowie »Altgediente« im Wissenschaftsbetrieb kontrollieren häufig solche Unsicherheitszonen. Ob und inwieweit sie dieses Machtmittel tatsächlich einsetzen, hängt von den Umständen und ihrer Persönlichkeit ab.

Ein weiteres strukturelles Machtmittel besteht in der Möglichkeit, *Situationen* im Führungsalltag *zu definieren*. Wer kraft seiner Position diese Möglichkeit besitzt, kann bestimmten Gelegenheiten einen Rahmen (»frame«) verleihen. Dadurch gibt er vor, wie sich der andere in einer bestimmten Situation verhalten soll. Der Nutzen dieses Machtmittels ist offensichtlich. So kann z. B. eine Führungskraft die Situation »Mitarbeitergespräch« durch räumliche Bedingungen (z. B. großes Büro, imposanter Schreibtisch) und Spielregeln (z. B. Beginn, Dauer und Ende des Gesprächs) so eng definieren, dass es dem Mitarbeiter schwer gemacht wird, sich eventuell seiner eigenen Machtmittel zu bedienen.

6.5.6 Persönliche Machtmittel

Die *Persönlichkeit* wird in vielen Studien als wichtigstes Machtmittel der Führung bestätigt. Zu erwähnen sind hier die physische Attraktivität (bei Frauen verstärkt allerdings Attraktivität die Zuordnung »feminin«, was in maskulinen Kulturen ein gravierender Nachteil ist), Selbstsicherheit, Überzeugungsfähigkeit sowie »Ausstrahlung« Diese kann zwar nicht nach Belieben abgerufen werden, aber eine erfahrene Führungskraft wird sich an Situationen erinnern, in denen ein bestimmtes Verhalten positive Wirkungen auf andere Personen hatte. Dieses Verhalten dann in ähnlichen Situationen abzurufen, liegt nahe. Daraus kann sich im Lauf der Zeit das Erscheinungsbild einer Person entwickeln, das als außergewöhnlich, nicht für jedermann zugänglich und vorbildlich gesehen wird und so Menschen zu Gefolgschaft veranlasst. Das ist ein Machtmittel, welches heute wieder eine Renaissance erlebt, das »Charisma«.

Expertenwissen besitzt, wer über ein dichtes, hochgradig organisiertes Detailwissen verfügt, das durch Erfahrung abgesichert ist. Es ist als Machtmittel umso wirksamer, je rarer und je schwieriger es zu ersetzen ist. Versuche, Spezialwissen innerhalb einer Organisation so zu verteilen, dass es nicht mehr als Machtmittel eingesetzt werden kann, scheiterten meist. Heute wird der Wert des Expertenwissens in Organisationen viel mehr gewürdigt als früher. Der Trend, die Experten- oder Fachlaufbahn der klassischen Führungslaufbahn (und der ebenfalls neuen Projektlaufbahn) sowohl in der materiellen Ausstattung als auch im Status gleichzustellen, ist ein Beleg dafür.

Soziale Kontakte sind deshalb ein wichtiges Machtmittel, weil man in schwierigen Situationen Verbündete mobilisieren und auf die Unterstützung von anderen direkt oder indirekt Beteiligten zählen kann. Je mehr Leute mit entsprechenden Machtmitteln einen dabei folgen, umso größer ist diese eigene »Hausmacht«. Ein besonderer Wert dieses Machtmittels liegt in der Fähigkeit, Koalitionen zu schmieden und Mehrheiten zusammenzuführen. Dazu braucht es die richtigen Strukturen, die sich nach unseren Erfahrungen in Organisationen ab etwa (!) dreihundert Beschäftigten zu entwickeln beginnen. Die Ergiebigkeit des Machtmittels »soziale Kontakte« hängt auch davon ab, wie viel eine Führungskraft in den Aufbau von internen und externen sozialen Netzen investiert und wie sehr sich die Netzwerkpartner ihr verpflichtet fühlen. Als Beispiel sei das »Don-Corleone-Prinzip« genannt. Dabei werden den passenden Leuten Gefälligkeiten erwiesen oder sogar aufgedrängt, um dann im geeigneten Moment die Gegenleistung einzufordern.

Eng mit der Persönlichkeit verbunden ist die Fähigkeit zur *Inszenierung*. Menschen in Organisationen handeln, sprechen und interagieren nicht bloß, sie inszenieren sich auch. Führungskräfte brauchen eine Bühne, geben anderen Regieanweisungen, benutzen manchmal Statisten, arbeiten mit Kulissen und so fort. Je mehr sich die strukturellen Machtmittel, z. B. durch flache Hierarchien, innerhalb von Organisationen verteilen, desto mehr rückt die Fähigkeit zur Selbstdarstellung in den Vordergrund. Durch überzeugende Inszenierung wird versucht, bei anderen einen Eindruck zu erzeugen, der nicht auf Zufall beruht, sondern quasi gesteuert werden kann. Eine solche Inszenierung ist allerdings immer eine Gratwanderung. Ein falscher Schritt und sie kippt ins Blendwerk. Ein bekanntes Beispiel dafür ist der ehemalige CEO von Microsoft, Steve Balmer. Seine bizarren Auftritte zogen einerseits viele Anhänger in den Bann, brachten ihm andererseits auch den Namen »monkey boy« ein.

6.5.7 Der Machtprozess

Noch nie waren die Machtmittel in Organisationen so sehr verteilt wie heute. Die Arbeitsteilung unseres Wirtschaftens ist ein maßgeblicher Grund hierfür. Und noch nie hatten die Menschen, nicht nur in Organisationen, auch den Mut, sich ihrer eigenen Machtmittel zu bedienen. Durch die bereits in den 1970er-Jahren einsetzende Wertedynamik wurden etwa Disziplin, Demut oder gar Ehrerbietung durch Spontaneität, Emanzipation, Mut zu zivilem Ungehorsam und andere Selbstentfaltungswerte ersetzt. Diese Veränderungen machen es notwendig, Macht anders zu denken, als dies mit der Max Weberschen »Durchsetzung des eigenen Willens gegen einen zu überwindenden Widerstand« zum Ausdruck kommt.

Wer Macht ausüben oder verhindern will, dass Macht auf ihn ausgeübt wird, muss dem Gegenüber glaubhaft signalisieren, dass er über bestimmte Machtmittel verfügt, die dem Anderen Vorteile verschaffen oder Nachteile zufügen können. Die Expertin besitzt mit ihrem raren Spezialwissen ein Machtmittel, das heute unter Umständen gleichwertig ist mit der Legitimationsmacht des Abteilungsleiters. Die Assistentin, die den Zugang zu ihrem Chef steuert, der Kontaktfreudige, der über eine Vielfalt an Kontakten verfügt, der Meister, der eine kritische Maschine beherrscht, die Pflegekraft, welche genau die Bedürfnisse ihrer Pfleglinge, sie alle verfügen über Machtmittel, welche die traditionelle Vorstellung der einseitigen Durchsetzung infrage stellen. Macht ist unter diesen veränderten Bedingungen das Ergebnis eines sozialen Aushandlungsprozesses.

In diesen Prozess bringen (scheinbar) Machtüberlegene und (scheinbar) Machtunterlegene ihre entsprechenden Machtmittel ein (vgl. Abb. 34). Macht ist also nicht mehr etwas Statisches wie Besitz, sondern ein dynamisches Phänomen mit ungewissem Ausgang.

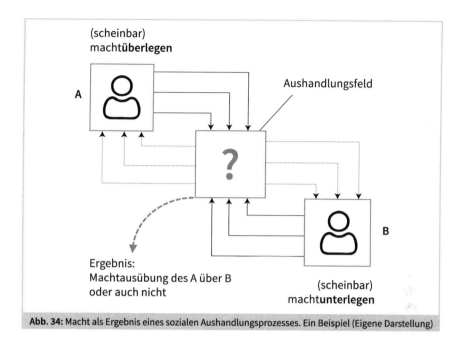

Abb. 34: Macht als Ergebnis eines sozialen Aushandlungsprozesses. Ein Beispiel (Eigene Darstellung)

»Aushandeln« hat immer auch etwas mit Schein und Wirklichkeit zu tun, man denke z. B. an das Bluffen. In dem Aushandlungsfeld der Abbildung 34 werden daher die jeweiligen Machmittel wechselseitig auf ihre mögliche Wirkung geprüft (ausgedrückt durch die gestrichelten Linien). So wird z. B. der Sachbearbeiter B versuchen, die von der Abteilungsleiterin A in die Aushandlung eingebrachten Machtmittel auf ihre »Echtheit« einzuschätzen: Vielleicht blufft A nur? Vielleicht sind das nur die üblichen leeren Drohungen oder Versprechungen? Was geschieht, wenn ich A Widerstand leiste? Welche Machtmittel kann ich als scheinbar Machtunterlegene am zweckmäßigsten einsetzen? Auch A wird interpretieren, abwägen, eventuell vorpreschen, ein besonderes Machtmittel im Moment noch zurückhalten und so fort. Dieser Aushandlungsprozess kann auch in einer Pattsituation enden. Für den als machtunterlegen in den Aushandlungsprozess gestarteten B bedeutet dies zumindest einen Zeitgewinn, die scheinbar machtüberlegene A muss hingegen entscheiden, ob, wann und wie sie Aushandlungsprozess fortsetzen soll. Fazit: Macht entsteht in einem Prozess mit offenem Ausgang, wobei die *vor* dem Aushandlungsprozess getroffenen Einschätzungen in »machtüberlegen« und »machtunterlegen« erst nach dem Prozess bestätigt oder widerlegt werden

6.5.8 Vertrauen – alltäglich und doch rar

Vertrauen ist an sich etwas Alltägliches. Es durchzieht alle Lebensbereiche und kaum jemand käme auf die Idee, darüber allzu angestrengt nachzudenken. Vertrauen ist einfach da, oder auch nicht. Allerdings kommt in jüngerer Zeit die Sorge über einen allgemeinen Vertrauensschwund auf. Das Wort von der Vertrauenskrise macht die Runde. Das alltägliche Gut *Vertrauen* scheint doch eher selten geworden zu sein. Früher konnte man die Menschen noch aufgrund ihrer Aufrichtigkeit, Zuverlässigkeit, Bescheidenheit, Demut, Selbstlosigkeit oder Tapferkeit einordnen. Zu diesen Wegweisern »guten« Denkens und Handelns, die nun aus der sozialen Landschaft zu verschwinden scheinen, wird auch das Vertrauen gerechnet. Wurde in der Vergangenheit ein Geschäft mit Handschlag besiegelt, so brüten jetzt Anwälte über Vertragsklauseln. Bürgte früher ein guter Name auch für gute Qualität, so muss man heute damit rechnen, dass man seit langem getäuscht wurde. Waren Ärzte früher der Inbegriff der Vertrauenswürdigkeit, so findet man sie jetzt immer häufiger auf den Anklagebänken bei Gericht.

6.5.9 Die vielen Facetten des Vertrauens

Mit dem Begriff Vertrauen wird auch leichtfertig umgegangen. In diversen Rankings werden z. B. Politiker nach dem »Vertrauen« taxiert, das ihnen die Bevölkerung angeblich entgegenbringt. Tatsächlich gemeint ist immer das »Zutrauen«. Warum? Während das *Zutrauen* – »Ich traue dir zu, dass du das kannst« – risikolos ist, beinhaltet das *Vertrauen* – »Ich vertraue dir, dass du mich nicht belügst« – das volle Risiko. Wer jemand vertraut, muss sich auf Konsequenzen einlassen, die er nicht kalkulieren kann. Wer hingegen dem anderen etwas zutraut, bleibt immer unbeschadet, egal was dieser tut. Ähnliche Verwirrung herrscht bei den verschiedenen Arten von Vertrauen.

- Das *Urvertrauen* erwirbt der Mensch im ersten Lebensjahr als ein Gefühl des »Sich-Verlassen-Dürfens«. Dieses Gefühl ist entscheidend für das Gelingen späterer Entwicklungsschritte.
- Das *Selbstvertrauen* entwickelt sich etwa im Vorschulalter als Vertrauen in die eigenen Fähigkeiten. Daraus entsteht das Selbstkonzept, also die Einschätzung der eigenen Person.
- Das sich im Jugendalter entfaltende *Zukunftsvertrauen* ist das Vertrauen in die eigene Zukunft oder gar der Menschheit im Allgemeinen. Es verleiht dem jungen Menschen den Mut, sich persönliche Ziele setzen und an Werten festzuhalten.
- Das *persönliche Vertrauen* ist die Erwartung, sich auf die Versprechen und Aussagen von Personen einlassen zu können. Sind dafür »gute Gründe« maßgebend, so kann man von einem *gesunden* Vertrauen ausgehen. Wenn nicht, so liegt *blindes* Vertrauen vor.
- Schließlich ist das *Systemvertrauen* das Vertrauen in das Funktionieren der gesellschaftlichen Institutionen. Es schützt gegen die Überforderung, hyperkomplexe Systeme wie »die Wirtschaft« oder »die Politik« verstehen zu müssen.

6.5.10 Vertrauen und Kooperation

Gesellschaftlich gesehen, schwindet das Zukunftsvertrauen, weil es durch die laufenden Erfahrungen der Menschen, dass »morgen schon alles ganz anders sein kann«, erdrückt wird. Es schwindet auch das Systemvertrauen, weil die Hyperkomplexität selbst von denen nicht beherrscht werden kann, die es sich hauptberuflich anmaßen. Und damit bröckelt auch das persönliche Vertrauen, weil oft nur ein »Rette sich wer kann« als sinnvollste Handlungsmaxime bleibt. Was bleibt für die Führung in Organisationen, um unter diesen Bedingungen zumindest dem persönlichen Vertrauen auf die Beine zu helfen? Wenn immer wieder die Kooperation innerhalb und zwischen Organisationen als Grundlage zeitgemäßen Wirtschaftens angemahnt wird, dann ist das persönliche Vertrauen zweifellos der tragende Pfeiler.

Die Erfahrung zeigt, dass wir viel eher bereit sind, zu kooperieren, wenn uns vertraut wird. Vertrauen und Kooperation funktionieren immer dann, wenn der »Schatten der Zukunft« (Robert Axelrod) möglichst lang ist. Damit ist Folgendes gemeint: Normalerweise scheint uns die Gegenwart wichtiger als die Zukunft (Wer hier z. B. an die Klimadebatte denkt, liegt richtig). Vertrauensbereitschaft verschiebt jedoch die Skala in Richtung Zukunft. Dadurch sind wir bereit, nicht für jede Leistung sofort eine gleichwertige Gegenleistung zu fordern. Wir lassen uns vielmehr auf ein »Irgendwann« ein, weil wir aus Erfahrung wissen, dass wir nicht enttäuscht werden. Gruppen können sich so zu Teams entwickeln und etwa im Sport, in der Wissenschaft und der Wirtschaft Höchstleistungen vollbringen. Und wer möchte leugnen, dass es gesünder ist, in einem Klima des persönlichen Vertrauens zu arbeiten als im Haifischbecken des Fressens und Gefressenwerdens.

6.5.11 Misstrauen

Wenn wir jemandem Vertrauen schenken, erbringen wir eine riskante Vorleistung. (Luhmann 1989) Riskant heißt, dass wir, im Unterschied zur Leichtgläubigkeit, die Möglichkeit der Enttäuschung in Betracht ziehen. Mit Vertrauen verringern wir die Komplexität »der Welt«, egal ob sich diese als Blick in ein uns fremdes Gesicht, als Gang zum Arzt oder als Entscheidung über eine Geldanlage darstellt. Wir erhalten dafür, quasi als Gegenleistung für unsere Risikobereitschaft, die Chance, Zeit, Energie und Mühe zu ersparen. Die Entscheidung, Vertrauen zu schenken oder nicht, ist ein schönes Beispiel dafür, wie sehr unser Handeln immer zugleich *rational* (durch das »Kopfhirn«) als auch *emotional* (nicht zuletzt durch das »Bauchhirn«) gesteuert wird. Es gibt natürlich auch einen Gegenpol zum Vertrauen: das Nichtvertrauen, ein Zustand der Indifferenz oder Gleichgültigkeit. Bei Nichtvertrauen scheint ein Abwägen von Risiken, zumindest im Moment, nicht nötig. Oder es gilt, Enttäuschungen, so sie nicht gravierend sind, erst einmal zu »verdauen«.

Die andere Möglichkeit, soziale Komplexität zu verringern, ist *Misstrauen*. Es ist in seiner Wirkung dem Vertrauen gleichwertig, allerdings mit einem Pferdefuß: Während sich Vertrauen langsam in Trippelschritten aufbaut, kann sich Misstrauen durch positive Rückkopplung rasch aufschaukeln (vgl. Abb. 35). Die Erwartungen werden grundsätzlich ins Negative zugespitzt und jede Bestätigung dieser Erwartungen ist Anlass für weiteres Misstrauen. Einmal in Gang gesetzt, schießt das Misstrauen über sein eigentliches Ziel hinaus und setzt sich in der Psyche fest. Damit rückt sein Gegenpol, das Nicht-Misstrauen, außer Reichweite.

Immerhin gibt es auch ein *gesundes* Misstrauen. Es ist die bewusste Selbstbeschränkung der persönlichen Freiheit, um sich gegen Enttäuschungen zu wappnen: »Bis hierher und nicht weiter.« Zum Glück haben die meisten Menschen gelernt, dass sich wohlbegründetes Vertrauen und gesundes Misstrauen nicht gegenseitig ausschließen. Beide können selektiv, d. h. je nach den Umständen, angewendet werden können. So ist es möglich und sinnvoll, in Organisationen generell Vertrauen zu praktizieren und dennoch kritische Teilbereiche und Prozesse durch konsequentes Misstrauen kontrollieren. Dies ist zugleich einer der kritischen Balanceakte des Führens

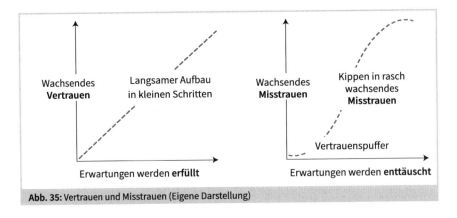

Abb. 35: Vertrauen und Misstrauen (Eigene Darstellung)

6.5.12   Faktoren für den Aufbau und Erhalt von Vertrauen

In unserer Arbeit mit Organisationen haben wir, inspiriert durch Loose/Sydow (1994), fünf Faktoren identifiziert, die für den Aufbau und Erhalt persönlichen Vertrauens entscheidend sind: Selbstöffnung, Akzeptanz, Wechselseitigkeit, Aufrichtigkeit und Fairness. Alle fünf sind weit davon entfernt, selbstverständlich zu sein. Dies erklärt zum Teil, warum wir uns mit dem Vertrauen so schwer tun.

Selbstöffnung ist die Fähigkeit und Bereitschaft, dem Gegenüber einen Einblick in das »Selbst« (besser: in das »dominierende« Selbst, besteht doch jeder von uns aus mehreren »Selbsten«) zu gewähren. Der Erfolg dieser Öffnung hängt wesentlich vom Zeitpunkt, der Art und Weise und der »Dosierung« ab. Selbstöffnung ist immer eine Einladung an den anderen, doch das Gleiche zu versuchen. Führungskräfte, die ausschließlich auf Distanz führen, vergeben sich diese Chance zur Vertrauensbildung. Immerhin kann Selbstöffnung »erlernt« werden.

Akzeptanz des Andersseins kommt im Zusammenhang mit persönlichem Vertrauen vor allem dadurch zum Ausdruck, dass man dem Partner, Mitarbeiter, Kollegen usw. die Möglichkeit gibt, seine eigene(n) Ich-Identität(en) zu entfalten. Akzeptanz ist mehr als die passive Toleranz. Deswegen ist eine offene Organisationskultur immer vertrauensfördernder als eine geschlossene. In letzterer setzt man von vornherein auf Misstrauen in Form von Kontrollen.

Wechselseitigkeit (oder Reziprozität) beruht auf einer der Grundregeln zwischenmenschlichen Verhaltens: *Do ut des* = Ich gebe, damit Du gibst. Wer jemandem eine Leistung erweist, darf davon ausgehen, dass sich dieser zu einer späteren, aber nicht zu späten Gegenleistung verpflichtet fühlt. Wechselseitigkeit ist auch die Grundlage des psychologischen Vertrages (siehe das Kapitel über Ziele), den Mitarbeiter im Idealfall mit ihrem Arbeitgeber abschließen. Dieser Vertrag entscheidet über den Grad der Bindung an die Organisation.

Aufrichtigkeit bedeutet insbesondere, dass Nachrichten nicht verfälscht werden, um eigene Vorteile und Ziele zu erreichen, wie dies z. B. bei den Micropolitischen Praktiken in großen Organisationen oft der Fall ist. Wie anspruchsvoll Aufrichtigkeit gerade im Zusammenhang mit Führung sein kann, zeigt sich an folgenden Beispielen: Wer sich aufrichtig verhält, weiß immer auch die eigenen Fähigkeiten ehrlich einzuschätzen; hat es nicht nötig zu prahlen; würde anderen nicht zu etwas raten, was er nicht auch selbst täte; spricht auch unangenehme Tatsachen an, ohne dabei etwas zu beschönigen; und so fort.

Fairness als Spielart der Gerechtigkeit ist in mehrfacher Hinsicht für den Aufbau und Erhalt von Vertrauen wichtig. Fairness ist in Organisationen dann gewährleistet, wenn ihre Mitglieder sanktionsfrei ihre Meinungen und Ansichten äußern und eigene Vorschläge bringen können; wenn es möglich ist, Informationen offen auszutauschen; wenn eine respektvolle Atmosphäre angestrebt wird; wenn – und hier zeigt sich die Nähe zur Wechselseitigkeit – Geben und Nehmen ausgewogen sind.

Die Einstellungen zu diesen Werthaltungen werden durch frühe Sozialisation erworben, sind aber nicht unverrückbar fixiert. Sie können, zumindest in einem gewissen Maße, in Organisationen »(v)erlernt«, eingeübt und weiterentwickelt werden. Eine wichtige Rolle spielen dabei die Führungskräfte, weil sie genauer beobachtet werden, als sie sich dessen bewusst sind. (Kramer 1996) Ihre Worte und Taten sowie die Menschen und Dinge, mit denen sie sich umgeben, liefern den Mitarbeitern Fingerzeige, welchen Stellenwert Aufrichtigkeit, Wechselseitigkeit, Fairness usw. in der Organisation besitzen. Es entsteht eine Art von Grundmoral, an die sich die Mitarbeiter anpassen.

6.5.13   Die Vertrauenskrise und ihre Folgen

In Organisationen wird mehr denn je gestrafft, konzentriert, homogenisiert. Nicht nur in wirtschaftlich schwierigen Zeiten steht die *Effizienz* im Vordergrund. Oder genauer gesagt, das »Nenner-Management«, bei dem in erster Linie die Schraube des Mitteleinsatzes angezogen wird, weil das »Zähler-Management«, das z. B. auf Innovation, Qualität und Wachstum setzt, sich als mühsamer und riskanter erweist. Wer die Effizienz steigern will, eliminiert vor allem den strukturellen »Speck« oder den Spielraum, den eine überlebensfähige Organisation letztlich braucht. Dies erinnert einerseits an die japanische »Lean«-Philosophie mit ihrem Kampf gegen jede Form der Verschwendung (»*muda*«). Und andererseits an den Taylorismus, der unter anderem die vollkommene Kontrolle über den Produktionsprozess zum Ziel hatte. Dass bei alldem auch die durch Vertrauen gewachsenen Strukturen beseitigt werden, ist kaum zu vermeiden.

Auf diese Weise reduzieren ausgeklügelte und allgegenwärtige Regeln und Prozeduren die Mitarbeiter zu nichtdenkenden Funktionsteilen. Durch den Kontrollgrundsatz, dass die Regelungsdichte umso höher sein muss, je niedriger die Hierarchiestufe ist, wird die Misere noch verschärft: Alles was nicht als Routine festgelegt ist landet weiter »oben«, was die Hierarchiespitze überfordert und einen Problemstau unvermeidlich macht. Die Organisation wird mit sicherheitsstiftenden Strukturen überfrachtet, sodass sie schließlich auch ihre Handlungsfähigkeit verliert: Es fehlt einfach an Zeit, Energie und Köpfen, um selbst einfache Problemlösungen zu einer Entscheidung zu bringen.

Ein typisches Beispiel dieser Wiederentdeckung des Taylorismus, auch »Neotaylorismus« oder »*Retaylorisierung*« genannt, sind die Call-Center. Sie zwingen den Beschäftigten nicht nur fließbandähnliche Arbeitsweisen auf. Software-Programme analysieren z. B. auch die Qualität der Telefonate zwischen den Call-Center-Mitarbeitern und den Kunden in Echtzeit. Verläuft ein Gespräch nicht optimal, erhält der Mitarbeiter sofort Anweisungen über den Bildschirm – oder er wird bei wiederholten Abweichungen vom Soll gefeuert.

Gottseidank gibt es auch eine helle Kehrseite dieses düsteren Bildes, die Entwicklung in Richtung »*Enttaylorisierung*«. Neben der Wiederentdeckung des Taylorismus gibt es auch eine Wiederentdeckung des persönlichen Vertrauens. Noch nie hatte das Management bei der Wahl der Arbeitsorganisation so große Handlungsspielräume wie heute. (Müller 2000) Das ist eine gute Nachricht für die betriebliche Gesundheit. Die tayloristische Trennung von Kopf- und Handarbeit samt Denkverbot für Arbeiter weicht heute dem gemeinsamen Arbeiten an Projekten. Organisationen erkennen, dass ein hoher Managementaufwand für kontrollierende Tätigkeiten bloße Ressourcenverschwendung ist. Es geht hier nicht darum, stattdessen die *reine* Vertrauensorganisation einzuführen (»Wir sind alle mündige Menschen und sitzen im gleichen Boot«), sondern eine Balance zwischen gesundem Vertrauen und begründetem Misstrauen zu praktizieren.

Nach einer jahrzehntelangen Phase des Experimentierens sind auch flexible Teamstrukturen endgültig in den Organisationen angekommen. Teilautonome Arbeitsgruppen übernehmen ganzheitliche Aufgaben und steuern sich innerhalb vereinbarter Rahmenbedingungen selbst. Die Mitarbeiter beherrschen mehrere Arbeitstätigkeiten, was die Anzahl der Schnittstellen reduziert. Aus Projektgruppen werden »Communities«, die in einem informalen Raum gemeinsames Wissen entwickeln, Erfahrungen teilen und dabei sogar eine eigene Identität aufbauen. Es bilden sich »Lernstätten«, das sind regelmäßige Zusammenkünfte mit dem Ziel, organisatorische und zwischenmenschliche Konflikte zu bewältigen. All diese flexiblen Strukturen können nur mit persönlichem Vertrauen, nicht aber mit vorgegebenen Regeln funktionieren.

6.6 Leistungsmotivation

Motivation ist längst zu einem Allerweltsbegriff geworden. In der Jugendsprache ersetzt »Motiviert sein« das alte Wollen, Streben oder Lust haben. »Null Bock« bedeutet, dass einfach die »Motivation« fehlt. Umgekehrt ist »übermotiviert«, wer im Sport mit seinen Versuchen, alles absolut richtig zu machen, genau das Gegenteil davon erreicht. Über allem schwebt die Frage, wie man es als Führungskraft denn schafft, andere Menschen zu »motivieren«. Zu diesen »anderen Menschen« gehört sicher nicht nur der Fabrikarbeiter, der früher mit kruden Mitteln dazu gebracht werden musste, schmutzige, stupide und genau getaktete Arbeit zu verrichten. Heute ist er vielleicht schon in der »Wissensgesellschaft« angekommen oder kann sich zumindest darauf berufen, von seinem Vorgesetzten »motiviert« zu werden. Nein, es sind vor allem diejenigen, die im Dienstleistungssektor nahe am Menschen tagtäglich »leistungsmotiviert« sein sollen.

Grundbegriff: Leistungsmotivation

Leistungsmotivation ist das aus dem Inneren kommende Streben eines Menschen, in einer zweckbestimmten Tätigkeit aufzugehen oder das Ergebnis dieser Tätigkeit zu genießen.

Im deutschsprachigen Raum arbeiten mehr als zwei Drittel aller Beschäftigten im tertiären Bereich. Dieser umfasst jedoch nicht nur Kellner, Ärzte und Friseure, Lehrer, Makler und Unternehmensberater. Es gibt auch ein »Serviceproletariat« (Bahl/Staab 2010) mit überwiegend weiblichen, gering qualifizierten Beschäftigten, oft aus dem Migrationsmilieu. Dieses Segment ist mit etwa 12 Prozent der Beschäftigten so groß wie das der Industriearbeiterschaft. Zu seinen Merkmalen gehören fehlende Abwechslung in der Arbeit, wenig Kontakt zu den Kunden, eine schicksalsergebene Einstellung zur eigenen Lage. Die Arbeitsbeziehungen ähneln nicht selten einem Haifischbecken. Wie sollen denn diese Menschen »motiviert« werden? Mit Druck, mehr Geld oder vielleicht mit einem Motivationsmodell?

Solche Fragen rufen Skeptiker auf den Plan. Wir zählen uns dazu, weil wir uns an dem dahinterliegenden Menschenbild stoßen: Der Mensch als Reiz-Reaktions-Apparat, als hierarchisch gestaffeltes Bedürfnisbündel, (man denke an Abraham Maslow und sein unsägliches Pyramidenmodell), nicht aber als erwachsener gleichberechtigter Partner der Führungskraft. Wir bezweifeln die Möglichkeit, dass Menschen durch andere »fremdmotiviert« werden können. *Motivierung* bedeutet für uns das Eingeständnis, dass Arbeit als solche nicht belohnend wirkt, sondern durch Stimuli *von außen* annehmbar gemacht werden muss. Eine solche Motivierung ist jedoch gar nicht möglich, weil jeder Motivierungsversuch *von außen* immer zuerst vom Menschen auf seine Attraktivität überprüft und im positiven Fall in eine Motivation *von innen* umgewandelt wird. Jemanden, und noch dazu auf Dauer, gegen seine inneren Einstellungen motivieren zu wollen, ist unmöglich. (Stahl 2013a)

6.6.1 Das Leistungsmotiv

Henry Murray, der sich als erster mit dem Leistungsmotiv beschäftigte, definierte es als das Bestreben, mit »physikalischen Objekten, Menschen oder Ideen etwas *Schwieriges* zustande zu bringen«, und zwar immer mit einem hohen Leistungsstandard vor Augen. (Murray 1938) In jüngeren Schriften wird versucht, das Leistungsmotiv von der beobachtbaren *Leistungshandlung* her zu sehen. So sind für Heinz Heckhausen folgende Kriterien maßgebend, um aus der Handlung einer Person Rückschlüsse auf ihr Leistungsmotiv zu ziehen. (Heckhausen 1974) Erstens, die Handlung muss an ihrem Ende ein erkennbares *Ergebnis* liefern, das anhand von *Maßstäben* der *Güte* oder *Menge* bewertet werden kann. Zweitens, die Anforderungen an die zu bewertende Handlung dürfen weder zu *leicht* noch zu *schwer* sein, d. h. die Handlung muss *misslingen* oder *gelingen* können und einen gewissen Aufwand an *Kraft* und *Zeit* erfordern. Drittens, um das Handlungsergebnis bewerten zu können, muss a) ein *Vergleichsmaßstab* vorliegen und b) – innerhalb des Vergleichsmaßstabs – ein bestimmter *Normwert* für verbindlich gehalten werden. Und viertens, die Handlung muss vom Handelnden selbst *gewollt* und das Ergebnis von ihm selbst *zustande* gebracht worden sein.

6.6.2   Implizites und explizites Leistungsmotiv

Das Leistungsmotiv taucht in zweierlei Form auf. Das *implizite* Leistungsmotiv entspricht den Anreizen, die aus einer bestimmten Aufgabe oder Tätigkeit stammen, d. h., es sind Schwierigkeiten und Herausforderungen, die hier energetisierend wirken. Personen mit hoher Leistungs*motivation* werden ihre Anstrengungen steigern, wenn sie die Rückmeldung erhalten, dass ihre Leistung *unter* dem Niveau früherer Leistungen liegt. Wer schon früh daran gewöhnt wurde, die Leistung nach seinen *persönlichen* Bezugsnormen auszurichten, ist im Allgemeinen erfolgszuversichtlicher und weniger misserfolgsängstlich als jemand, der sich in der Kindheit immer wieder sozialen Vergleichen unterwerfen musste.

Das *explizite* Leistungsmotiv richtet sich nach einer Norm, die vom sozialen Umfeld vorgegeben wird. Diese Norm besitzt eine lenkende Funktion, wenn jemand z. B. entscheiden soll, ob er eine bestimmte Leistungshandlung überhaupt ausführen soll oder nicht. Damit werden vor allem solche Bewertungen und Entscheidungen angesprochen, die eine Person *bewusst* kontrollieren und mit ihrem *Selbstbild* in Übereinstimmung bringen kann. Vor allem Vergleiche mit anderen und der Wettbewerb um soziale Anerkennung leiten hier das Handeln. Wenn Personen mit hoher Leistungs*orientierung* erfahren, dass ihre Leistung *nicht* an die anderen Personen heranreicht, so werden sie sich dafür entscheiden, weiterzumachen. Wer hingegen in seiner Kindheit ständig unter dem Druck von sozialen Vergleichen stand, wird später die so erworbene Angst vor Überforderung und Misserfolgen nur schwer los. (Brunstein/Heckhausen 2010)

6.6.3   Einflüsse auf das Leistungsstreben

Mit dem Empfang einer Rückmeldung auf eine Leistung setzt in uns ein Verarbeitungsprozess ein. Dabei beurteilen wir, ob die Rückmeldung unsere Leistung »richtig« wiedergibt und inwieweit wir die erhaltenen Informationen überhaupt akzeptieren sollen. Unsere Erfolgserwartungen beruhen ebne meist auf der Einschätzung unsrer eigenen Leistungsfähigkeit. Kommt es zu einem Auseinanderklaffen zwischen Rückmeldung und eigener Leistungseinschätzung, so neigen wir dazu, die erwartungswidrig negative Leistungsrückmeldung anzuzweifeln oder sie einfach zu ignorieren. Es gibt somit keine Garantie dafür, dass eine handelnde Person Rückmeldungen für ihr weiteres Leistungsstreben auch wirklich nutzt. Es ist leichtfertig zu glauben, dass aus gemachten Fehlern immer gelernt wird oder dass die positiven Gefühle nach einem zurückgemeldeten Erfolg immer zur Ausrichtung auf ein neues Ziel führen. Wenn eine Rückmeldung auf das Leistungsverhalten stimulierend wirken soll, so muss diese a) eindeutig und damit widerspruchsfrei sein sowie b) sich nur auf jene Teile der Leistung beziehen, die der Empfänger der Rückmeldung durch seinen persönlichen Einsatz auch beeinflussen kann. Hinzu kommt, dass eine positive Rückmeldung viel genauer wahrgenommen und erinnert wird als ein negatives Feedback. (Kleinbeck 2010)

> **! Wichtig: Erfolgserwartung und Leistungsmotivation**
>
> Der Zusammenhang zwischen Erfolgserwartung und Leistungsmotivation entspricht einem umgekehrtem U. Ist eine Aufgabe so einfach, dass sie »mit links« erledigt werden kann, so befindet sich die Leistungsmotivation auf Sparflamme. Ist die Aufgabe übermäßig schwierig, so dämpft Resignation die Leistungsmotivation. Bei Aufgaben mittleren Schwierigkeitsgrades verdrängt die Hoffnung auf Erfolg die Furcht vor Misserfolg und die Leistungsmotivation ist entsprechend hoch.

Die Ausformung des Leistungsmotivs erfolgt ganz wesentlich in den Phasen der frühkindlichen Entwicklung. In ihrem Verlauf können sich drei typische Leistungshaltungen entwickeln. (Geissler 1977) Erstens, eine *selbstbewusste* Leistungshaltung, die mit der eigenen Persönlichkeit im Einklang steht (»Ich weiß, was ich kann«); hohe Leistungsforderungen werden angenommen, ohne zu verunsichern. Zweitens, eine *defensive* Leistungshaltung, die hohen Leistungsansprüchen aus dem Weg geht; damit soll verhindert werden, dass das mühsam erreichte Autonomiegefüge (»Ich brauche meine Ruhe«) aus dem Gleichgewicht gerät. Schließlich eine *kompensatorische* Leistungshaltung, die im Leistungserfolg die Möglichkeit sieht, die eigene Umwelt mitzugestalten, Lebensenergie auf ein Ziel zu bündeln und das Selbstwertgefühl zu stärken.

Dies unterstreicht, wie wichtig Elternhaus, soziale Einbettung und erste Schulerfahrungen für Berufswahl und Berufserfolg sind. Frühe Prägungen der Leistungsmotivation sind allerdings nicht unveränderbar. Wie der Psychologe David McClelland (1961) gezeigt hat, kann Leistungsmotivation durch gelenkte Lernprozesse verstärkt werden. Für den Werdegang als Unternehmer oder Manager ist anzunehmen, dass bei beiden eine selbstbewusste oder kompensatorische Leistungshaltung von Haus aus vorhanden ist. Personen, die ein hohes Leistungsmotiv aufweisen, suchen Situationen, in denen sie ihre Fähigkeiten voll nutzen können. Sie werden sogar von Situationen angezogen, die es ihnen ermöglichen, sich mit einem selbst gesetzten Gütemaßstab auseinander zu setzen. Das Erreichen oder gar Übertreffen des eigenen Gütemaßstabes löst dann das Gefühl von Zufriedenheit oder sogar Stolz aus. (Vollmeyer 2005)

6.6.4   Das Phantom der intrinsischen Motivation

Fragt man Führungskräfte, etwa auf einem Weiterbildungsseminar, nach dem Begriff der »*intrinsischen*« Motivation ist, dann kommt rasch eine ziemlich übereinstimmende Antwort: Das sei eben die Motivation, die aus dem *Inneren* herrührt, also ohne Anstoß von außen, wie dies bei der extrinsischen Motivation der Fall ist. Dieses »Innere« bleibt zwar meist unbestimmt, hat aber immerhin den Vorteil, dass etwas Positives,

Wünschenswertes mitschwingt. Hat doch schon der Philosoph Jean-Jacques Rousseau (1712–1778) davon geschwärmt, dass sich der Mensch dann am besten entfalten könne, wenn jeglicher Einfluss von außen unterbliebe. Dieser Gedanke steht uns eben entschieden näher, als etwa die Gegenthese eines Thomas Hobbes (1588–1679), der des Menschen Streben nach Selbsterhaltung und Lustgewinn geißelte und den Menschen deshalb einer von außen aufgezwungenen Ordnung unterwerfen wollte.

6.6.5 Tätigkeitszentrierte und zweckzentrierte Leistungsmotivation

Kann aber der simple Unterschied zwischen »innen« und »außen« genügen, um den Begriff der intrinsischen Motivation gegen Mehrdeutigkeit abzusichern? Die Antwort des Psychologen Falko Rheinberg ist ein klares Nein. Rheinberg (2010) konstatiert Verwirrung, Ratlosigkeit und Ärger rund um die Bestimmung der intrinsischen Motivation. Einmal liege sie in der Tätigkeit selbst, dann wieder werde sie mit dem Bedürfnis nach Selbstbestimmung und Kompetenz erklärt. Manche Wissenschaftler setzten sie mit Interesse gleich, andere wieder sähen sie als Übereinstimmung von Mittel und Zweck einer Tätigkeit. Kurz, die Bestimmung der intrinsischen Motivation gleiche der Jagd nach einem Phantom. Rheinberg schlägt daher vor, den Begriff »intrinsisch« als »semantisch überfrachtet« fallen zu lassen und ihn durch »*tätigkeitszentriert*« zu ersetzen.

Den Hintergrund dafür liefert die Antike. Schon Aristoteles hatte in seiner *Nikomachischen Ethik* unterschieden zwischen der Lust, die einer *Tätigkeit* zugehört, und einer Lust, die *von außen* hinzutritt. (Aristoteles 1909) Nach Rheinberg hat sich diese Unterscheidung bis zum Beginn des 20. Jahrhunderts gehalten und wurde erst dann durch die zunehmende Anzahl an Publikationen mit variierenden Begriffsbestimmungen praktisch außer Kraft gesetzt. Mit dem Begriff »*tätigkeitszentrierte* Motivation« könne man, so Rheinberg, wieder an den ursprünglichen Inhalt der intrinsischen Motivation anknüpfen: Dieser bezieht sich auf *Anreize*, die aus dem Vollzug einer Tätigkeit stammen und nicht aus den Ergebnisfolgen dieses Vollzugs. Auf diese Weise grenzt sie sich von der »*zweckzentrierten*« (extrinsischen) Motivation ab, bei welcher der Anreizschwerpunkt in den erwarteten Ergebnisfolgen liegt.

Wir folgen diesen Gedankengängen und treffen die folgende für ein gesundheitsbewusstes Management wichtige Unterscheidung: Leistungsmotivation soll als *tätigkeitszentriert* bezeichnet werden, wenn sie ihre Anreize aus dem *Vollzug* einer Tätigkeit bezieht. Diese Anreize werden von *impliziten* (weitgehend unbewussten) Motiven geliefert und speisen sich aus dem Erleben des eigenen bestmöglichen Funktionierens auf dem Weg zu einem Ziel. Leistungsmotivation soll als *zweckzentriert* bezeichnet werden, wenn sie ihre Anreize aus den erwarteten *Folgen* bezieht, die aus dem *Ergebnis* einer Tätigkeit entstehen. Diese Anreize werden sowohl von den *impliziten*

Leistungsmotiven (z. B. dem eigenen Tüchtigkeitsmaßstab, dem Wetteifern mit sich selbst) als auch den *expliziten* Leistungsmotiven (z. B. dem Vergleich mit anderen) geliefert.

6.6.6   Übersetzungsarbeit

Eine tätigkeitszentrierte Leistungsmotivation kann sich nur entfalten, wenn der Mitarbeiter über den für ihn optimalen Gestaltungsspielraum verfügt. Damit schließt sich der Kreis zur individualisierenden Führung. Eine zweckzentrierte Leistungsmotivation kann sehr wohl durch äußere Anreize angeregt werden. Aber, diese Anreize werden immer erst im »Inneren« des adressierten Mitarbeiters »übersetzt« (vgl. Abb. 36). Das Ergebnis dieser Übersetzung bleibt unbestimmt, da der Mensch ja nicht wie eine triviale Maschine funktioniert, sondern sich als nichttriviales System (siehe den Abschnitt über »Performanz«) verhält. Das »Innere« ist vollgepfropft mit Werthaltungen, Wünschen, Präferenzen, Stimmungen, Erfahrungen, Erwartungen und vieles mehr. Dies macht den Menschen so unberechenbar und Führung – wenn man sie als Passion und nicht als Mittel zu persönlichen Zwecken praktiziert – so faszinierend. Je besser eine Führungskraft ihre Mitarbeiter kennt und versteht, desto wahrscheinlicher ist es, dass die von ihr angebotenen Anreize und Rahmenbedingungen zu einer entsprechenden Leistungsmotivation führen.

> **!   Wichtig: Individualisierendes Führen und Leistungsmotivation**
>
> Undifferenziertes Führen ignoriert die unterschiedlichen Wertvorstellungen, Motive und Ressourcen der einzelnen Mitarbeiter. Auf Dauer gesehen ist es für den Mitarbeiter daher naheliegend, hohen Leistungsansprüchen aus dem Weg zu gehen: Entweder weil ihm die Antwort auf das Warum seiner Arbeit verwehrt bleibt, weil die Leistungsanreize zu gering sind oder weil ihm einfach die Ressourcen fehlen. Individualisierendes Führen bietet hingegen die Chance, diese Differenzen aufzudecken und die Leistungsmotivation zu stimulieren.

Damit entfällt die durch ihre Unschärfe obsolet gewordene Unterscheidung zwischen intrinsischer und extrinsischer Motivation ebenso wie der darin enthaltene Gegensatz zwischen »von innen« und »von außen« (womit auch Aristoteles im Nachhinein korrigiert würde, der ja von einer Lust spricht, die *von außen* hinzutritt). Leistungsmotivation wäre dann grundsätzlich ein aus dem »*Inneren*« kommender Antrieb. Es gäbe somit keine »von außen« geleitete Motivation. Eine in Aussicht gestellte Belohnung, eine Anweisung, ja selbst ein Befehl wirken ja nicht automatisch handlungsleitend, sonst wären wir Menschen tatsächlich einfache Reiz-Reaktions-Apparate, wie sie von der *behavioristischen* Lerntheorie gedacht worden waren. Diese Außenreize werden vielmehr vom Empfänger immer gegen die möglichen Folgen und auf die Übereinstimmung mit dem eigenen Wertesystem überprüft. Alles was »von außen« kommt muss in ein entsprechendes »inneres Programm« übersetzt werden.

Tätigkeitszentrierte und *zweckzentrierte* Leistungsmotivation verbinden sich in mancher Weise miteinander. So wird z. B. jemand am Ende einer genussvoll erlebten *Tätigkeit* auch noch Stolz auf das Erreichte sein, was ihn dann dazu motivieren könnte, bei der nächsten Tätigkeit zuerst ihren *Zweck* zu denken, um wieder die Freude am *Ergebnis* zu genießen.

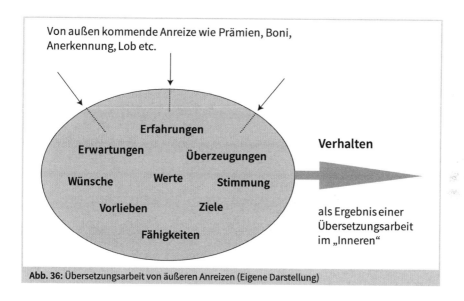

Abb. 36: Übersetzungsarbeit von äußeren Anreizen (Eigene Darstellung)

Oder jemand könnte einen bestimmten Zweck anpeilen, um dann im Zuge der Tätigkeit festzustellen, dass der *Vollzug* der Tätigkeit das eigentlich Erstrebenswerte war. Gerade im Sport stellt man immer wieder fest, dass die Freude über den Erfolg nach kurzer Zeit verflogen ist und den Sportler unruhig nach neuen Herausforderungen suchen lässt. Beim sogenannten »*Sensation Seeking*« wird dieser Drang sogar pathologisch, weil die Lust nach Stimuli die positive Wirkung des Ergebnisses einer Handlung einfach auslöscht.

6.6.7 Der Verdrängungs- oder Korrumpierungseffekt

Mit der vorgeschlagenen Unterscheidung in *tätigkeitszentrierte* und *zweckzentrierte* Motivation wird auch die notorisch gestellte Frage hinfällig, ob denn intrinsische und extrinsische Motivation *addiert* werden können oder ob nicht die (oft manipulativ eingesetzte) extrinsische die (gute) intrinsische Motivation gesetzmäßig verdränge. Die Diskussion über diesen *Verdrängungs-* oder *Korrumpierungseffekt* hat längst zu einer Spaltung in zwei Lager geführt. Die Anhänger des Korrumpierungseffekts argumentieren, dass jemand, der für eine Tätigkeit, die er ohnehin schon gerne ausübt, zusätzlich belohnt wird, anschließend weniger motiviert sei, dieser Tätigkeit *ohne* Belohnung nachzugehen. Diese Person schriebe ihr ursprünglich *intrinsisch* motiviertes Verhalten nun der Beeinflussung durch die Gabe eines externen Verstärkers zu. Damit werde das dem Menschen innewohnende Streben verletzt, sein Handeln selbst kontrollieren zu wollen. Manche fordern deshalb, auf den Einsatz von Belohnungen einschließlich Lob überhaupt zu verzichten. (Börderlein 2006)

Die Gegner des Korrumpierungseffekts kontern mit Metaanalysen, die bei kritischer Betrachtung keinen eindeutigen Beleg für den behaupteten Effekt erbrächten. Ein Großteil der Forschung krankte zudem an methodischen Schwächen (Cameron et al. 2001). Eine von dem Psychologen Gerhard Etzel durchgeführte Studie (2010) bestätigt die Position, dass es den vielfach behaupteten Korrumpierungseffekt so nicht gibt. Die Erwartung »Leistung lohnt sich« hat nämlich insofern positive Auswirkungen, als die Selbstbestimmung bei der Arbeit stärker erlebt wird, die Menschen sich durch ihre Führungskraft mehr wertgeschätzt fühlen und das Interesse an der Aufgabe zunimmt. Wenn Führungskräfte ihren Mitarbeitern signalisieren, dass deren Leistung so wertvoll ist, dass sie bereit sind, dies besonders zu honorieren, dann ist dies ein Zeichen von Respekt und Vertrauen. Andererseits steigt mit der Belohnungserwartung der empfundene Leistungsdruck. Dieser wirkt nur in einem als *positiv* empfundenen Umfeld förderlich auf das Interesse an der Arbeit.

6.6.8   Die Wirkung von Belohnungen

Hinzu kommt, dass *Belohnungen* unterschiedlich interpretiert werden können. Wird eine Belohnung als *informierend* aufgefasst (»Das haben Sie gut gemacht«), so kann sie die *interne* Kontrollüberzeugung des Empfängers stärken (»Diese Aufgabe ist zu schaffen«) und – gleichsam als Steigerungsstufe – auch seine Selbstwirksamkeitserwartung erhöhen (»Diese Aufgabe werde ich schaffen«). Wird eine Belohnung als *kontrollierend* interpretiert (»Wenn Sie das schneller hinkriegen, bekommen Sie eine Prämie«), so kann sie die *interne* Kontrollüberzeugung schwächen (»Diese Aufgabe ist offenbar verdammt schwierig zu schaffen«) oder die Selbstwirksamkeitserwartung senken (»Ich weiß nicht, ob ich das schaffe«) oder aber die externale Kontrollüberzeugung dominant werden lassen (»Ich will unbedingt diese Prämie«).

Es scheint plausibel, dass eine Belohnung, die als *informierend* aufgefasst wird, stärker als Anreiz für die *tätigkeitszentrierte* Leistungsmotivation wirkt. Solche Belohnungen drücken ja ein echtes Interesse an der Arbeit der Mitarbeiter oder die Freude an deren Erfolgen aus. Da Organisationen jedoch *zweck*orientierte soziale Systeme sind, kann ein zu starkes Aufgehen in der Tätigkeit dann nicht erwünscht sein, wenn die Tätigkeit zum Selbstzweck wird. Deshalb ist es nicht verkehrt, hier mit Belohnungen zu intervenieren, die sehr wohl als *kontrollierend* verstanden werden, um wieder den *Zweck* der Tätigkeit in den Vordergrund stellen. Es wäre also falsch, den informierenden Aspekt als gut und den kontrollierenden als schlecht zu werten. Beide Aspekte haben ihren Platz in der Leistungsmotivation. (Stahl, 2013a)

> **Wichtig: Wirkung von Belohnungen**
>
> Eine Belohnung, die sich auf eine erbrachte Leistung bezieht, spornt an, weil möglicherweise eine nächste Belohnung winkt. Das ist die sogenannte operante Konditionierung, durch die eine neue Verhaltensweise erlernt werden kann. Eine Belohnung mit einem Aufforderungscharakter im Sinne von »Wenn, dann« kann anspornend, aber auch abschreckend wirken.

Führungskräfte sollten sich von der Vorstellung lösen, externe Belohnungen, egal ob materieller Natur oder Lob, korrumpierten quasi gesetzmäßig die Leistungsmotivation. Persönliche Erfahrungen und momentane Stimmungen können zu unterschiedlichen Interpretationen solcher Belohnungen führen. So kann z. B. eine uninteressante Tätigkeit aufgewertet werden, wenn durch eine in Aussicht gestellte Belohnung ihr Zweck attraktiver wird. Misserfolgsängstliche können die Belohnung als Vertrauen in ihre Fähigkeit werten. Und schließlich kann eine Belohnung bei einer herausfordernden Tätigkeit als Anerkennung des Expertenstatus interpretiert werden und so zusätzlich beflügeln. Eine der vielen »Künste« der Führung besteht eben darin, diese Einflüsse abzuschätzen, um für eine optimale Leistungsmotivation der Mitarbeiter einmal den Vollzug einer Tätigkeit, dann wieder ihren Zweck, einmal die impliziten Leistungsmotive, dann wieder die expliziten anzusprechen.

6.6.9   Die Krux des Lobens

Was noch fehlt bei den Belohnungen ist das Lob. »Wann wurden Sie das letzte Mal von Ihrer Chefin gelobt?« Wenn Sie lange nachdenken müssen, um diese Frage zu beantworten, geht es Ihnen wie vielen Mitarbeitern in Organisationen des deutschsprachigen Raums. »Lob ist für die meisten Führungskräfte ein Fremdwort und kommt nur selten über deren Lippen …« So oder so ähnlich wird gerne die deutsche Lobkultur charakterisiert. Vielleicht ist auch nur die Fragestellung unpassend, denn wer hungrig nach Lob ist, wird davon nie genug kriegen können.

Das Lobverhalten wird meist in Studien über die Bereitschaft von Führungskräften, Feedback zu geben und anzunehmen, untersucht. Der Tenor dieser Beobachtungen ist, dass zwar fremde Defizite sehr offen angesprochen werden, dass aber das Loben im Sinne eines Hervorhebens des Positiven eine geringere Rolle spielt. Das ist durchaus plausibel, da es Führungskräften mit ausgeprägtem Selbstwertgefühl meist schwerfällt, über ihren Schatten zu springen und den Mitarbeiter durch Lob, zumindest für den Moment, auf die eigene Stufe zu heben. (Stahl 2013b)

6.6.10   Das Lob und seine Facetten

Dabei gehört das Loben keinesfalls zu den »anthropologischen Universalien«, die als Teil unseres Erbes in allen Kulturen gleichbleibend vorhanden sind. Vielen Gesellschaften ist das Loben, wie wir es kennen, bis heute fremd. Die Entwicklungspsychologin Heidi Keller (2011) berichtet von Familien in Asien und Afrika, bei denen sie vergebens nach Aufmunterungen oder gar Lob suchte, die Kinder von ihren Eltern erfuhren. Wo Kinder innerhalb fester Clan- und Dorfstrukturen leben, ist die Erziehung offenbar von der Zurechtweisung in zugedachte Rollen geleitet. Schülerinnen in Indien reagieren verunsichert, wenn sie gelobt und damit herausgestellt werden. Die meisten Mütter unseres Kulturkreises dürften sich hingegen anders verhalten. Sie loben vermutlich eher zu viel und erzeugen so eine Abhängigkeit vom Lob oder sogar eine Selbstüberschätzung der Kinder.

Loben galt in der griechischen Antike als eine Kunst. Die Lobrede, das *Enkomion*, wurde als Hohe Schule der Rhetorik geschätzt. Ihre Adressaten waren vor allem Helden und mythische Gestalten. Im Judentum galt der Lobpreis dem einen Gott, im aufkommenden Christentum Gottvater und dem Sohn. Lobet den Herren, lautet auch heute noch die Devise. Im alten Rom wurden nicht nur prominenten Toten ausführliche »Laudationes« gewidmet. Das Hochloben der lebenden Herrscher war geradezu Pflicht. Alte germanische Riten deuten darauf hin, dass sich das Wort »Lob« von »Laub« ableiten dürfte. Vermutlich wurden im Dorf immer dann reichlich Zweige aufgehängt, wenn die erfolgreichen Helden von ihren Taten wieder heimkehrten. Im Mittelalter wurde das Lob dann »entsubjektiviert«. Wenn ein Sänger einem großmächtigen Fürsten sein Loblied darbrachte, so galt dies eher dessen Einfluss als der Person.

In der Gesellschaft der Zünfte und Stände schließlich, in der jeder seinen angestammten Platz hatte, war öffentliches Lob ein Zeichen der Ein- und Unterordnung. Das Grundprinzip blieb immer dasselbe: Lob folgte dem hierarchischen Prinzip, und zwar in der Richtung von unten nach oben. Parallel dazu begann sich allerdings in der Renaissance das gegenseitige Loben zu entwickeln. Mit der Entdeckung der Individualität wollten auch Künstler wie etwa Leonardo da Vinci nicht mehr anonym vor sich hinschaffen, sondern auch öffentlichen Zuspruch erfahren. In der Pädagogik wurde das Lob mit dem Tadel zum Instrument der Erziehung gepaart. Tadel ist heute längst durch die »Kritik« ersetzt worden. Dieser Begriff ist weniger radikal (er leitet sich aus dem griechischen *krinein* = trennen, unterscheiden ab) und erlaubt es daher, eine Rüge in der Kritik quasi »mitzuschmuggeln«. Kritik kann eben sprachlich leicht ambiguiert, also bewusst vage gehalten werden, während Lob Klarheit verlangt. Vermutlich erwächst aus dem Vorrang der Kritik die heutige Sehnsucht nach »mehr Lob«. (Stahl 2013b)

Erkenntnisse aus der Neurobiologie untermauern diese Sehnsucht. Lob fällt in dieselbe Kategorie wie etwa Tagträume, Vorfreude und Neugierde, menschliche Zuwendung, Gedanken an etwas Schönes und dergleichen. Solche Ereignisse bewirken, dass im *mesolimbischen* System des Gehirns der Neurotransmitter *Dopamin* ausgeschüttet wird. Dopamin weckt auf, es regt uns zu Taten an und erhöht die Aufmerksamkeit. Dieser Botenstoff sorgt dafür, dass wir uns gute Erfahrungen einprägen und nicht auf die unangenehmen fixiert sind. Da Dopamin auch bestimmte Feinbewegungen steuert, kann man die von ihm ausgelöste »Beglückung« durch Lob an unserem Gesichtsausdruck ablesen. Es ist nur zu verständlich, dass das Belohnungssystem nach mehr solcher Stimuli verlangt. Dies gelingt am besten dadurch, dass wir das zuvor belohnte Verhalten wiederholen. Es findet ein Belohnungslernen oder »*operantes Konditionieren*« statt – womit sich unter anderem auch die Dressur von Tieren oder die menschliche Spielsucht erklären lässt.

Genau hier setzt häufig die Kritik an. Lob werde im Kontext von Führung überwiegend *manipulativ* gehandhabt, meint der Managementberater Reinhard Sprenger (2015). Es werde vielfach zuerst gelobt, weil man dadurch den darauf folgenden Tadel voll zur Geltung bringen könne. Lob wird als Ersatz-Instrument gebraucht, so die Klage, weil die alten Waffen der Drohung und des Zwangs in einer Welt gewandelter Wertevorstellungen stumpf geworden sind. Allerdings müsse Lob rationiert werden – Knappheit erhöht den Wert eines Gutes –, was üblicherweise mit »Lobkonten« oder »Lobintervalle« geschehe. Das manipulative Loben könne jedoch leicht zu einem Bumerang für die Führungskraft werden. Es erziehe die Mitarbeiter zur »Schlitzohrigkeit«, indem diese etwa künstlichen Erfolgsmeldungen produzierten oder die Organisation für lobheischende Selbstdarstellungen benutzten. Für den Soziologen Dirk Baecker ist Lob sogar »obszön«, weil es in seiner Zudringlichkeit zu infantilisieren versucht und noch dazu beleidigend wirkt, wenn es von der »falschen Person« kommt.

Zu guter Letzt sei Lob heute eine *hierarchische* Kategorie, so die Kritik. Loben findet nicht mehr wie in den alten Zeiten von unten nach oben statt, sondern genau umgekehrt. Die Asymmetrien zwischen Eltern und Kindern, Lehrer und Schülern, Führenden und Geführten sind Beispiele dafür. »Höhergestellte« verzichten auf die Lobpreisungen von unten (narzisstisch gestörte Führungskräfte und Politiker ausgenommen) und genießen dafür ihre Monopolstellung der Lobverteilung. Wer manipulierend führen will, wird versuchen, seine Belohnungsmacht als wichtige Ressource in die Waagschale zu werfen. Dazu gehört eben das Vorrecht zu bestimmen, ob, wer, warum, wann, wie gelobt wird. (Stahl 2013b)

6.6.11   Lob und Wertschätzung

Das Problem mit dem Loben besteht auch in seiner praktischen Anwendung als *Instrument*. Der Appell nach »mehr Loben« klingt wie die Forderungen nach »mehr Bewegung«, »mehr Obst essen« oder »auf das Fliegen verzichten«. Lob ist bloß Teil eines wesentlich größeren Ganzen, der *Wertschätzung*. Diese drückt eine bestimmte *Haltung* aus, hinter der sich ein relativ beständiges Verhalten den Mitmenschen und der materiellen Umwelt gegenüber verbirgt. Dieses Verhalten richtet sich wiederum an jenen Bereitschaften und Neigungen aus, die man *Einstellungen* nennt. Wertschätzung erkennt man an einer ungekünstelten Zugewandtheit, die dem Gegenüber signalisiert »Du bist mir wichtig«. Sie lässt sich auch anhand ihres Gegenteils, der *Geringschätzung*, festmachen. In dieser steckt ein Schutzmechanismus, den der Philosoph Bertrand Russell (1872–1970) sinngemäß so ausdrückte: »Ein Hund bellt weniger laut und beißt weniger schnell zu, wenn man ihm Verachtung zeigt, als wenn man sich vor ihm fürchtet ...«

> **Grundbegriff: Lob und Wertschätzung**
>
> Lob ist ein kleiner, wenn auch wichtiger Teil der Wertschätzung. Der Versuch, mit Lob auch bei Abwesenheit von Wertschätzung zu hantieren, wird allerdings rasch als Instrumentalisierung entlarvt

Wertschätzung gehört zu den Grundhaltungen der Humanistischen Psychologie. Sie spielt in allen Arten zwischenmenschlicher Beziehungen eine tragende Rolle. In Führungsbeziehungen wird Wertschätzung in Form von drei Teilhaltungen sichtbar: Achtsamkeit, Gesprächstoleranz und Ressourcenorientierung.

- *Achtsamkeit* bedeutet in diesem Zusammenhang, andere Menschen bewusst wahrzunehmen, ohne sie sofort mit Gedanken und Gefühlen gefangen zu nehmen und sie dann in vorgefasste Kategorien einzuordnen.
- Die *Gesprächstoleranz* gibt dem Gegenüber die Möglichkeit, seine Ich-Identität in seiner ureigenen Sprache und mithilfe seiner nichtsprachlichen Ausdrucksmittel in das Gespräch mit der Führungskraft einzubringen.
- Die *Ressourcenorientierung* ist eine optimistische Einstellung, die menschliche Schwächen oder Defizite nicht leugnet, aber den Menschen dort einzusetzen versucht, wo seine Stärken liegen und wo seine Schwächen keine Gefahr für das Gelingen einer zu bewältigenden Aufgabe bedeuten.

Die Haltung der Wertschätzung bezieht das Loben als natürliches Ausdrucksmittel des Hervorhebens immer schon mit ein. Es braucht nicht extra »gelernt«, um dann etwa in Form von »Streicheleinheiten« wohlkalkuliert verteilt zu werden. Lob wird dann nicht plump durch Schulterklopfen oder eine phantasielose Lobformel erteilt, sondern in subtiler Form, sozusagen »um die Ecke«, angeboten. In einer Maschinenfabrik wird

z. B. eine gelungene Neuerung in der Fertigung mit dem Namen des »Erfinders« belegt (»Die Bernd-Müller-Methode«). Oder ein Kaufhauskunde, dem ein Mitarbeiter aus der Patsche geholfen hat, erzählt darüber anerkennend im Intranet. Wertschätzung in der Führung beruht auf gutem *Zuhören*, was zugleich Hinweise auf die individuellen Bedürfnisse der Mitarbeiter liefert.

6.6.12   Das Phänomen des »Flow-Erlebens«

»*Flow*«, ein Begriff, der von Mihaly Csikszentmihalyi (1975) geprägt wurde, ist das ohne Selbstreflexion stattfindende, gänzliche Aufgehen in einer Tätigkeit, von der man das Gefühl hat, sie verlaufe vollkommen glatt, wie aus einer inneren Logik heraus. Ein Schritt geht flüssig in den nächsten über. Die eigenen Kapazitäten sind voll ausgelastet und dennoch ist man sich sicher, den Ablauf des Geschehens gut im Griff zu haben. Eine willentliche Konzentration ist dafür nicht vonnöten. Absorbiert von diesem Tätigsein, vergisst man schließlich Raum und Zeit. Man befindet sich gleichsam in einem »Flow-Kanal« (vgl. Abb. 37).

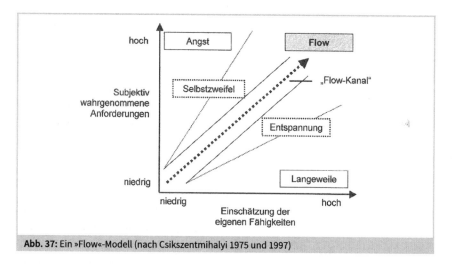

Abb. 37: Ein »Flow«-Modell (nach Csikszentmihalyi 1975 und 1997)

Damit ein Flow entstehen kann, muss eine Balance bestehen zwischen subjektiv als hoch wahrgenommenen Anforderungen einer Tätigkeit und entsprechend hohen eigenen Fähigkeiten, um diesen Anforderungen gerecht zu werden. Bei einer Kombination von relativ niedrigen Anforderungen und überdurchschnittlichen eigenen Fähigkeiten befindet man sich in der »Komfort-Zone« und damit in einem Zustand der Entspannung. Sie wird von Langeweile (»boredom«) abgelöst, wenn die Anforderungen der Tätigkeit als noch geringer wahrgenommen werden. Umgekehrt treten Selbstzweifel auf, wenn die eigenen Fähigkeiten immer weniger mit den offensichtlich hohen Anforderungen Schritt halten können. Dieser Zustand kann sich durch Überforderung und Stress in permanente Angst verwandeln.

Dass Schachspieler, Ausdauersportler und Felskletterer, Internetsurfer, Tänzer und Musiker von einem »Flow« berichten, geschieht häufig. Glücklich ist, wer auch bei seiner beruflichen Arbeit bisweilen einen solchen Zustand erleben darf. Angeblich erleben rund etwa zwei Drittel der in Deutschland Beschäftigten manchmal oder sogar öfter ein solches Aufgehen in ihrer Tätigkeit (Noelle-Neumann/Petersen 2005). Nimmt man die zahlreichen Flow-Berichte genauer unter die Lupe, so scheint es kaum Aktivitäten zu geben, die einen solchen Zustand *nicht* zuließen. (Stahl 2013b) Es ist nachvollziehbar, dass das Arbeiten an komplexen und außergewöhnlichen Aufgaben (z. B. das Erstellen einer aufwändigen Präsentation) sowie das Erlernen neuer Fertigkeiten einem Flow förderlich sind. In unseren Managementseminaren wird jedoch immer wieder auch von Routinetätigkeiten im Büro, im Tiefbau oder in der automatisierten Produktion berichtet, die auf flowähnliche Erlebnisse schließen lassen.

Offensichtlich verstehen es manche Menschen besonders gut, eine gewöhnliche Situation so für sich zu gestalten, dass ein Flow-Erlebnis wahrscheinlicher wird. (Rheinberg 2010) Sie versuchen Störungen zu vermeiden, einem Zeitdruck aus dem Weg zu gehen (was bei manchen betrieblichen Abläufen schwierig ist) und ein zwischenmenschliches Klima zu schaffen, das einen möglichen Flow nicht durch dauernde Quälereien von vornherein unmöglich macht. »Flow-Kandidaten« lassen sich auch durch fremdkontrollierte Anreize nicht beeinflussen. Nach dem so hartnäckig behaupteten *Korrumpierungseffekt* (siehe weiter oben) dürfte sich ein Flow bei Belohnungen »von außen« gar nicht einstellen. Das Gegenteil ist jedoch oft zu beobachten. Die freiberufliche Graphikerin z. B., die einen gut dotierten Auftrag ergattert hat, kann sehr wohl in ihrer Tätigkeit aufgehen, ohne vom materiellen Anreiz gebremst zu werden.

6.7   Ziel und Vision

Vision, Idee, Vorstellung, Wunsch, Absicht, Ziel – sowohl die Alltagssprache als auch der Managementjargon nehmen es mit Unterscheidungen nicht so genau. Es ist zurzeit wieder die *Vision* (immer häufiger im Plural), die sich viral ausbreitet. Bevor es um das eigentliche Thema dieses Abschnitts geht, soll, ja muss dieser Erreger näher untersucht werden. Es geht in diesem Buch schließlich um betriebliche Gesundheit.

6.7.1   Die Inflation der Visionen

Das Wort »Vision« müsste man mit einem Warnhinweis versehen. Durch seinen unreflektierten Gebrauch hat es schon viel Schaden angerichtet. Seine Unschärfe – was ist eigentlich »eine Vision«? – und sein attraktiver Klang – drei Vokale in nur sechs Buchstaben – bieten Blendern die ideale Deckung, um ungestraft Nichtssagendes von sich zu geben. Dass »Vision« auch die Bedeutung von »Sinnestäuschung«, »optischer Halluzination« oder »übernatürlicher Erscheinung« besitzt, wird dabei gerne übersehen. Man kann den Unternehmensberater Fredmund Malik für vieles schelten, nicht aber für seine Aussage, die Vision sei bloß ein Mittel, um sogar grobem Unfug einen Anstrich von Wichtigkeit zu verleihen. Wozu dann überhaupt eine »Vision«? Churchill und Napoleon, Mahatma Ghandi und Friedrich der Große, auch Alfred Krupp und August Thyssen oder Werner von Siemens und Carl Benz kamen anscheinend auch ohne ausdrücklich formulierte »Vision« ganz gut zurecht. Apropos Siemens. Mit seiner »Vision 2020+« will der Konzern rund 10.000 Stellen streichen und in anderen Bereichen 20.000 neue schaffen. Es ist diese hinter dem Visionsbegriff verborgene Schachbrett-Mentalität, die Menschen abwertet und letztlich krank macht.

Grundbegriff: Vision

Die Vision ist im Deutschen ein Wachtraum, im Englischen ist »vision« ein begeisterndes Zukunftsbild. Der inzwischen inflationäre Gebrauch des Wortes »Vision« führt dazu, dass damit auch Begriffe wie Idee, Vorstellung, Absicht, Wunsch, Aussicht, Plan und so fort abgedeckt werden.

Zwei Behauptungen lassen sich aus all dem widersprüchlichen Material rund um die »Vision« aufstellen: Eine Vision ist ein sehr seltenes Ereignis und sie ist das Produkt eines Einzelnen. Sie hat oft ihren Ursprung in einem Wachtraum, in einer Idee, die hartnäckig verfolgt wird und sich mit der Zeit bis zur Besessenheit verfestigen kann. Immer schwingt die Sehnsucht nach Verbesserung mit: dem Zustand der Menschheit, einer ausgewählten Gruppe oder ganz profan des eigenen Geschäfts. John F. Kennedy versprach mit Leidenschaft, »noch vor Ende dieses Jahrzehnts einen Menschen auf dem Mond zu landen und sicher zur Erde zurückzubringen«. Gottlieb Duttweilers treibender Gedanke war es, eine Verkaufsorganisation ohne Zwischenhandel zu schaffen (die spätere Migros), um so Produkte des täglichen Bedarfs (Alkohol und Tabakwaren ausgenommen) zu niedrigen Preisen direkt zum Konsumenten zu bringen. Der Automechaniker Sōichirō Honda hatte angeblich den luziden Traum einer »Mobilität für jedermann« und Anita Roddick (The Body Shop) war beseelt von der Idee, Kosmetikprodukte nur aus natürlichen Bestandteilen und ohne Tierversuche herzustellen sowie umweltfreundlich zu verpacken.

6.7.2   Voraussetzungen für die Vision

Wie rar und individuell eine Vision tatsächlich ist, geht schon aus ihren Voraussetzungen hervor. Ein Visionär, der diese Bezeichnung verdient, muss zunächst einmal besonders offen sein für Neues. Solche Menschen besitzen eine rege Phantasie, sind wissbegierig und experimentierfreudig. Sie lieben die Abwechslung und verhalten sich auch sonst sehr unkonventionell. Eine Führungskraft, die eher traditionsbewusst, bewahrend und skeptisch agiert, scheidet schon bei diesem Kriterium aus. Eine Vision bedarf zweitens eines ausgeprägten Realitätssinns. Das ist nur scheinbar ein Widerspruch zur Anforderung der freischwebenden Offenheit für Neues. Wie etwa eine Paarbeziehung bessere Zukunftsaussichten hat, wenn sich beide klarmachen, dass ihre Liebe auch auf die Probe gestellt werden kann und sich mit einem »Was wäre, wenn« gedanklich auf Krisen einstellen, so darf sich eine außergewöhnliche Idee nicht selbst genügen. Sie muss sich immer wieder an ihrer Realisierbarkeit messen lassen.

So hatte es John F. Kennedy nicht bei einer bloßen Ankündigung belassen, sondern seine Vision der bemannten Mondlandung mit einer massiven Aufrüstung des NASA-Programms verbunden, zu der auch die katastrophale Apollo-1-Misson (Januar 1967) gehörte. Auch Duttweiler, der mühevoll mit fünf Verkaufswagen anfing, Roddick, deren Vision schon in den ersten Body Shops auf eine harte Probe gestellt wurde und Honda, der seine Idee der unbegrenzten Mobilität zunächst einmal mit Motorrädern in Bewegung brachte, bewiesen einen lebendigen Realitätssinn. Man könnte diese Kombination von Offenheit und Realitätssinn auch als Synthese aus künstlerischer Neigung und handwerklicher Begabung beschreiben.

Damit noch nicht genug. Als dritte Voraussetzung für eine Vision kommt die soziale Fähigkeit hinzu, andere Menschen für diese Idee zu begeistern. Die Nähe zum *Charisma* ist dabei nicht zu übersehen. Wer die emotionalen Bedürfnisse anderer erkennen und erfüllen kann und mit einem außergewöhnlichen »Auftritt« Aufmerksamkeit auf sich zu ziehen, hat gute Chancen, andere mit ins Boot zu holen. Nimmt man die drei Voraussetzungen für eine Vision zusammen – Offenheit für Neues, Realitätssinn und die Fähigkeit, andere zu begeistern – dann wird deutlich, dass eine Vision tatsächlich ein individuelles und sehr seltenes Ereignis ist. (Stahl 2013b)

6.7.3   Der Wert von Zielen

Ein Ziel ist ein positiv besetztes inneres Bild, das – im Unterschied etwa zur Erinnerung – auf ein zukünftiges Ergebnis gerichtet ist. Dieses Ergebnis wird durch bewusstes Handeln angestrebt, das mit persönlicher Anstrengung verbunden ist. Ein Ziel muss immer wieder aktiviert werden, und das kostet Energie. Wer sich hingegen in seinem Handeln auf den energiesparenden »Autopiloten« verlässt, braucht kein Ziel. Stattdessen lösen bestimmte Signale oder »implizite Codes« erlerntes Verhalten aus. Ein Ziel kann seinen Ursprung in der handelnden Person selbst haben, etwa durch die bloße Vorstellung eines angenehmen Ergebnisses oder die Vorbildwirkung anderer. Ein Ziel kann mit anderen Personen ausgehandelt werden, wobei der Prozess, der zu der Vereinbarung führt, von den Beteiligten als fair und angemessen empfunden werden muss. Ein Ziel kann schließlich von einer anderen Person vorgegeben werden, wenn die Machtressourcen (z. B. die Möglichkeit zu belohnen oder zu bestrafen, besonderes Wissen, eine starke Persönlichkeit usw.) zwischen ihr und dem Adressaten ungleich (»asymmetrisch«) verteilt sind.

Selbstgesetzte und vereinbarte Ziele wirken durch den Vorsatz »Ich will«. Bei vorgegeben Zielen geht es darum, ein fremdbestimmtes »Du musst« in ein selbstbestimmtes »Ich will« umzuwandeln. Dies gelingt am ehesten, wenn um die innere Zustimmung des Adressaten gerungen wird. In manchen sozialen Situationen – etwa beim Befehl – unterbleibt dieses Ringen, weil sich der Aufgabensteller seiner Machtüberlegenheit sicher ist. Die resultierende Angst verhindert dann, dass der Adressat ein inneres Ziel aktiviert. Vielmehr wird er versuchen, dem auferlegten Zwang zu entkommen, um seine persönliche Freiheit wiederzuerlangen. Scheint dies unmöglich, bleibt ihm nur noch, sich wie der Fuchs zu verhalten, dem die Trauben ohnedies zu sauer sind: Er redet sich die Situation durch Dissonanzreduktion schön. (Stahl 2018)

Ziele haben eine starke Zugkraft. Sobald wir uns konkret etwas vorgenommen haben, scheinen alle unsere Sinne darauf ausgerichtet zu sein. Wir sehen, hören und fühlen Dinge, die mit unserem Ziel zu tun haben und die wir vorher gar nicht wahrgenommen haben. Wenn ich mich z. B. dafür entschieden habe, regelmäßig zu joggen, dann sind die Wege plötzlich voller Jogger. Vorher ist mir wahrscheinlich kein Jogger so richtig aufgefallen. Die *Bindung* an ein Ziel wird umso stärker sein, je attraktiver ich den Zustand der Zielerreichung einschätze. Der Begriff »Zielimagination« ist im Abschnitt über Leistungsmotivation schon gefallen. Eine positive Zielimagination hellt meine Stimmung auf, wenn ich z. B. an die Geldprämie denke, die mir im Erfolgsfall winkt, an die soziale Anerkennung, die mit als »Verkäufer des »Monats« zu Teil wird oder an das Gefühl »Ich habe es geschafft!«.

Die Bindung an ein Ziel wird auch umso stärker sein, je weniger attraktiv die Alternativen sind, also z. B. sich einfach nicht anzustrengen oder in der Arbeitsgruppe einfach »mitzuschwimmen«. Und noch etwas ist wichtig. Das Aufschreiben erhöht die Kraft von Zielen. Erst dadurch wird aus meiner Idee oder meinem Wunsch – die ja bis dahin nur in meinem Kopf existierten – etwas Fassbares, durch das Aufschreiben etwas Materielles. Es wirkt wie eine Art feierlicher Akt, mit dem ich mich zu meinem Ziel bekenne. Eine Idee kann verblassen, ein Wunsch kann durch einen konkurrierenden ersetzt werden. Ein Ziel ist mehr, im idealen Fall eben ein Vertrag mit mir selbst.

6.7.4 Die Merkmale von Zielen

Offensichtlich ist also nicht nur die Vision, sondern auch das Ziel an bestimmte Voraussetzungen gebunden. Abweichend von der populären, weil mit einem griffigen Akronym versehenen SMART-Formel möchten wir anhand des von uns in der Praxis angewandten KAPU-Schemas (Stahl 2020) beschreiben, was unter den heutigen Arbeitsbedingungen im Zielbildungsprozess zu beachten ist (vgl. Abb. 38). Diese Bedingungen sind für uns die hohe *Komplexität* (»Alles scheint mit jedem verbunden zu sein«), die hohe *Kontingenz* (»Morgen kann alles schon wieder ganz anders« sein) und die hohe Volatilität (»Pendelausschläge werden immer häufiger und heftiger«)

Abb. 38: Merkmale von Zielen mit besonderer Berücksichtigung der heutigen Arbeitsbedingungen (nach Stahl 2020)

6.7.4.1 Konkret

Ein Ziel muss *konkret* lat. (lat. *concretus* = gegenständlich) sein. Dies gelingt am besten, wenn es positiv formuliert ist, gemessen werden kann und mit einem Zeitpunkt oder Zeitrahmen versehen ist. Vorsätze als Verneinungen, wie z. B. »Ich will mich in Zukunft nicht mehr so verzetteln«, werden beim gedanklichen Kreisen im Gehirn oft so verdreht, dass dann das unerwünschte »Ich will mich in Zukunft mehr verzetteln« stehen bleibt. Daher sollte ein Ziel immer positiv formuliert sein: »Ich will mich in Zukunft auf das Wesentliche konzentrieren.« Um eine abstrakte Größe, z. B. Arbeitszufriedenheit, für eine Zielsetzung zu verwenden, muss sie messbar gemacht, das heißt, in beobachtbare Teile zerlegt werden, etwa in die Höhe der Fehlzeiten, die Fluktuationsrate, die Anzahl der Beschwerden oder freiwillig geleistete Überstunden etc. Auf den Zeitbezug wird bei der Zielbildung oft vergessen. Die Anzahl der spontanen Arbeitsunterbrechungen von 60 auf 40 pro Monat zu reduzieren, oder »die Anzahl weiblicher Führungskräfte um 20 Prozent zu erhöhen«, sind wohlgemeinte *Absichten* aber keine Ziele. Eine Absicht entfaltet nur eine geringe Bindung, weil sie einfach in die Zukunft verschoben werden kann.

6.7.4.2   Ambitioniert

Ein Ziel muss *ambitioniert* (lat. *ambitio* = mit Ehrgeiz nach etwas streben) sein. Willensstarke Menschen werden von solchen Zielen besonders angetrieben, weil sie sich mit deren Erreichen selbst belohnen wollen. Es ist die Aussicht auf diesen Kick, die Menschen zu Höchstleistungen anregt. Elternhaus, frühe Kindheit und die soziale Umgebung haben die entsprechenden Belohnungsmuster fixiert. Ausdauer, Beharrungsvermögen und die Konzentration auf das Wesentliche spielen dabei eine wichtige Rolle. Ambitioniert bedeutet auch, dass sowohl eine Über- als auch eine Unterforderung zu vermeiden sind (vgl. Abb. 39). Beide verursachen Stress: Erstere durch das Auseinanderklaffen von Anforderungen und Ressourcen, zweitere durch ein ständiges Zweifeln am Selbstwert. Was für den Könner ambitioniert ist, kann für den Novizen überfordernd sein. Ambitionierte Gruppenziele leiden oft darunter, dass sie die Gruppe spalten in die Macher, die sich von dem ambitionierten Ziel angespornt fühlen, und die Resignierenden, die hoffen, von der Gruppe mitgetragen zu werden.

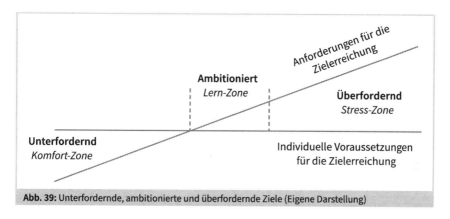

Abb. 39: Unterfordernde, ambitionierte und überfordernde Ziele (Eigene Darstellung)

Zwischen »ambitioniert« und »utopisch« liegen jene Ziele, die im englischen Sprachraum »*Stretch Goals*« genannt werden. Diese Bezeichnung wird Jack Welch zugeschrieben, dem ehemaligen und wegen seiner Härte (»Neutronen-Jack«) berüchtigten CEO (1981 bis 2001) von General Electric. Seine Ziele waren oft so hochgespannt, dass sich niemand vorstellen konnte, wie sie zu erreichen wären. Stretch Goals sind zwiespältig. Sie können sowohl die Lernfähigkeit steigern, zugleich aber die Menschen in eine resignative Erschöpfung treiben. Sitkin et al. (2011) beobachten, dass Stretch Goals in der Praxis meist dann eingesetzt werden, wenn die Bedingungen dafür ungünstig sind und dass sie vergessen werden, wenn sie etwas Positives bewirken könnten.

- Ist das Leistungsniveau einer Organisation oder Einheit bereits hoch, die Ressourcen aber ausgeschöpft (Feld 1 in Abb. 40), so könnten Stretch Goals die Frage provozieren »Was denn noch alles?«. Der Realitätssinn des Managements würde von den Mitarbeitern bezweifelt werden.

- Sind noch unausgeschöpfte Ressourcen vorhanden (Feld 2), so könnten Stretch Goals durchaus als Impuls wirken, um weiter auf der Welle des Erfolgs zu surfen oder neue Wege zu gehen.
- In Feld 3 sticht ein Effizienzproblem ins Auge. Die Ressourcen der Organisation oder Einheit sind ausgereizt, trotzdem ist das Leistungsniveau niedrig. Hier dürfte entweder die Ressourcenausstattung von Haus aus unzureichend sein, oder das Personal schlecht geführt, ungenügend geschult oder alles zusammen. Stretch Goals blieben in dieser Kombination ohne Wirkung.
- Sind noch freie Ressourcen verfügbar und das Leistungsniveau liegt unter den Erwartungen (Feld 4), so könnten die Ursachen dafür z. B. in einer hohen Wettbewerbsintensität, einer Überregulierung des Marktes oder anderen äußeren Faktoren liegen. Die Mitarbeiter haben darauf keinen Einfluss. Stretch Goals würden hier gar nichts bewirken.

Alles in allem ist die ganze Situation rund um die Stretch Goals »paradox« (Sitkin et al. 2011): Sie sind theoretisch in einem einzigen Fall angebracht, wenn nämlich bei einem hohen Niveau der Leistung noch frei Ressourcen vorhanden sind. Wenn aber alles ohnehin bestens zu laufen scheint, fehlt der Handlungsdruck, um mit Stretch Goals arbeiten.

	Ressourcen weitgehend ausgeschöpft	Ressourcen ausreichend vorhanden
Hohes aktuelles Leistungsniveau	**1** *Stretch Goals* sind kontraproduktiv	**2** *Stretch Goals* wirken anspornend
Niedriges aktuelles Leistungsniveau	**3** *Stretch Goals* sind destruktiv	**4** *Stretch Goals* sind voreilig

Abb. 40: Grenzen der Anwendung von Stretch Goals (Eigene Darstellung)

6.7.4.3   Prominent

Ein Ziel muss *prominent* (lat. *prominere* = herausragen) sein. Nur wenn es über die Alltagsroutine hinausragt, kann es im Mitarbeiter seine Zugkraft entfalten und im Wettbewerb um die eigene Aufmerksamkeit bestehen. In der Praxis wird dagegen oft in
dreifacher Hinsicht verstoßen:

a) Ziele werden als selbstredend, sich aus dem betrieblichen Alltag logisch erge-
bend erachtet (»Über dieses Thema haben wir ja schon oft gesprochen …«);

b) Ziele werden quasi im Vorübergehen erteilt (»Und übrigens, für das zweite
Quartal erwarten wir …«);

c) Organisationen oder Einheiten werden mit zu vielen Zielen zugedeckt, was
z. B. gerne im Zusammenhang mit einer ausgeklügelten Balanced Scorecard
(einem mehrdimensionales Zieltableau) geschieht.

Das Aufschreiben eines persönlichen Zieles wurde weiter oben als feierlicher Akt
bezeichnet. Auch organisationale Ziele brauchen eine solche Inszenierung. Sie steht
mit dem psychologischen Vertrag in Verbindung, der zwischen Arbeitnehmer und
Arbeitgeber geschlossen wird. Nicht alle Aspekte eines Arbeitsverhältnisses können
im gewöhnlichen Arbeitsvertrag formal fixiert sein werden. Der psychologische Vertrag bewirkt, dass der Arbeitnehmer seine Verpflichtungen gegenüber dem Unternehmen und die Verpflichtungen des Unternehmens ihm gegenüber abwägt und sein Verhalten danach ausrichtet. (Rigotti et al. 2007) Eine herausgehobene Zielsetzung, die
also nicht in der betrieblichen Alltagsroutine untergeht, erinnert den Mitarbeiter an
seinen psychologischen Vertrag. Fällt die Bewertung positiv aus, so kann daraus eine
Zielbindung entstehen, die ansonsten schwächer wäre oder unterbliebe.

6.7.4.4   Unterstützt

Wenn sich morgen die Welt schon wieder ganz anders darstellt, muss dem Mitarbeiter Hilfestellung auf dem Weg zur Zielerreichung angeboten, allerdings weder aufgedrängt noch verweigert werden. Wenn große Ziele in Etappenziele aufgeteilt werden,
so ergeben sich daraus Möglichkeiten eines Feedbacks und der Unterstützung. Eine
Zielbegleitung, bei der abschnittsweise mit dem Mitarbeiter Zwischenergebnisse,
geänderte Umstände und notwendige Unterstützung erörtert werden, führt nach
unserer Erfahrung zu einer höheren und vor allem robusteren Leistungsbereitschaft.
Unterstützung kommt in der gängigen SMART-Formel nicht vor. Sie folgt dem Prinzip
des »Management by Exception«. An sich gut gemeint, – die Führung wird entlastet

(die Frage ist nur wovon?), der Kontrollaufwand ist niedriger (allerdings nur bei einem reibungslosen Ablauf) und die Mitarbeiter können innerhalb ihres Kompetenzbereichs selbständig arbeiten (sie rufen den »Chef« nur dann, wenn etwas aus dem Ruder läuft) – verleitet diese Methode in der Praxis oft zu einer abgehobenen Führung und die Mitarbeiter dazu, Fehlentwicklungen zu kaschieren. Der Mitarbeiter bleibt letztlich sich selbst überlassen.

Eine Dienende Führung bietet dem Mitarbeiter hingegen grundsätzlich *Begleitung* an. Dieses Angebot richtet sich nach den Ressourcen des Mitarbeiters und dem jeweiligen Arbeitsumfeld. Hier geht es nicht um das Gefühl, umsorgt zu werden, sondern um drei konkrete Erfahrungen im Arbeitsalltag. Zunächst um die Erfahrung, in bestimmten Situationen *emotional* unterstützt zu werden, etwa durch Ermutigung, einen Rat oder akzeptierendes Zuhören. Dann um die *praktische* Unterstützung, wenn der Mitarbeiter z. B. Hilfe bei neuartigen Aufgaben hält oder von übermäßigen Belastungen befreit wird. Und schließlich vermag eine Unterstützung der Zielerreichung die Erwartung der Selbstwirksamkeit des Mitarbeiters stärken. Mitarbeiter, die überzeugt sind, dass sie Dinge kraft ihrer Fähigkeiten bewegen können und nicht den Launen der Führungskraft oder dem Zufall ausgeliefert sind, setzen sich auch höhere Ziele. Sie reagieren auf negatives Feedback, indem sie ihre Anstrengungen zur Zielerreichung erhöhen.

Die Erfahrung der *Zugehörigkeit* zu einer Gruppe oder Organisation vermittelt das Zutrauen in die Stabilität zwischenmenschlicher Beziehungen. In Studien (z. B. Ditzen/Heinrichs, 2007) konnte belegt werden, dass die kardiovaskuläre Reaktivität auf Stress bei Menschen geringer war, wenn sie sich sozial unterstützt fühlten. Für die Zielerreichung ist die Unterstützung noch aus einem anderen Grund empfehlenswert. Mit zunehmendem Schwierigkeitsgrad der Zielerreichung steigt die Leistungsbereitschaft zunächst an, bevor sie in ein Plateau mündet, weil die persönlichen Leistungsgrenzen erreicht sind. Dies entspricht den Beobachtungen in der Praxis, dass ein geringer Schwierigkeitsgrad der Zielerreichung Menschen dazu veranlasst, ihre Anstrengungen zu reduzieren. Umgekehrt erleben Menschen bei einem als andauernd zu hoch empfundenen Schwierigkeitsgrad einen Kontrollverlust und werden dadurch immer wieder mit der eigenen Hilflosigkeit konfrontiert (vgl. Abb. 41).

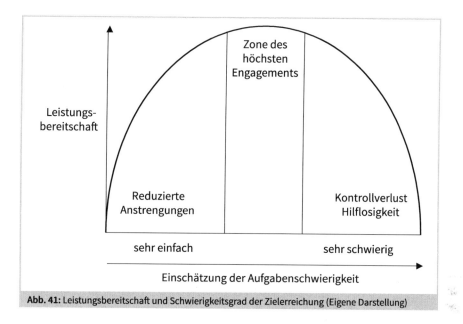

Abb. 41: Leistungsbereitschaft und Schwierigkeitsgrad der Zielerreichung (Eigene Darstellung)

6.7.5   Der Zielbildungs-Mix

Nach dem von Peter Drucker (1909–2005) in den 1950er-Jahren entwickelten Konzept des »Management by Objectives« (MbO) sollen die Mitarbeiter ihre tägliche Arbeit an *vereinbarten* Zielen ausrichten und so im Sinne der Unternehmensstrategie agieren. Die Leistung wird danach beurteilt, inwieweit die Mitarbeiter die vereinbarten Ziele tatsächlich erreicht haben. Die Umsetzung dieser Idee scheitert jedoch vielfach in der Praxis aus mehreren Gründen. Aus einem an sich einfachen und plausiblen Prinzip entwickelt sich oft ein bürokratisches System mit hohem Zeit- und Verwaltungsaufwand. Die grundsätzlichen Absichten hinter den Zielen werden den Mitarbeitern vorenthalten. Auch werden häufig zu viele Ziele benannt, wodurch die wirklich wichtigen aus dem Blick geraten. Die Frage nach den Ressourcen, die für die Erreichbarkeit der Ziele erforderlich sind, bleibt unbeantwortet. Und vor allem: Die Ziele werden nicht den individuellen Fähigkeiten, Motiven oder Wertvorstellungen angepasst. (Stahl 2018) Für einen realistischeren Umgang mit Zielen, bieten sich drei Möglichkeiten an (vgl. Abb. 42): Ziele *vorgeben*, Ziele *aushandeln* oder Ziele *freigeben*.

	Vorteile	Nachteile	Voraussetzungen
Ziele **vorgeben**	Kurzer Prozess, geringer Aufwand	Geringe Zielbindung	Stabiles, berechenbares Umfeld
Ziele **aushandeln**	Beide Seiten des Prozesses kommen zu Wort	Verfälschung durch „Basar-Methode"	Ehrlichkeit auf beiden Seiten
Ziele **freigeben**	Hohe Zielbindung	Management gibt Einfluss aus der Hand	Hoher Reifegrad der Mitarbeiter, offene Kultur

Abb. 42: Der Zielbildungs-Mix (nach Stahl 2018)

6.7.5.1   Ziele vorgeben

Das Vorgeben von Zielen aufgrund der Machtüberlegenheit der Führungskraft ist die klassische Form der Zielbildung. Eine Vereinbarung, wie beim »Management by Objectives« unterbleibt am Ende dieses meist kurzen Prozesses. Einer Partizipation des Mitarbeiters steht oft ein Handlungsdruck von außen entgegen, z. B. durch unverhandelbare Ziele von der Konzernspitze, einen dominanten Kunden oder Lieferanten, eine unerbittliche Bank etc. Oder auch eine geschlossene Organisationskultur, in der Homogenität wichtiger ist als Vielfalt und Entscheidungen an der Spitze gefällt und nicht gemeinsam mit der Basis gesucht werden. Damit wird die freiwillige Zielbindung des Mitarbeiters als Voraussetzung für eine hohe Leistungsbereitschaft ersetzt durch Gehorsam. Oder anders ausgedrückt, der Erwartung einer Belohnung durch Erfolgserlebnisse steht die Furcht vor Misserfolgen entgegen. Natürlich kann es in bestimmten Situationen durchaus zweckmäßig sein, Ziele vorzugeben. Etwa bei mit einem niedrigen »Reifegrad« der Mitarbeiter (z. B. »Anfänger«, Neuankömmlinge, Einzelkämpfer), wenn ein kurzfristiges Ziel rasch realisiert werden muss oder wenn die zukünftigen Bedingungen so eindeutig sind, dass es keine Alternativen gibt.

6.7.5.2   Ziele aushandeln

Die zweite Möglichkeit im Zielbildungs-Mix besteht im *Aushandeln* von Zielen. Sie fördert die Mitsprache des Mitarbeiters, kann eine starke Zielbindung bewirken und bevorzugt Mitarbeiter mit einer hohen Selbstwirksamkeitserwartung. Menschen mit einem starken Glauben an die eigenen Fähigkeiten sind ausdauernder, weniger anfällig für Angst und gehen selbstbewusster ans Werk. Der Haken dieser Methode liegt im Übergang vom Aushandeln zum Feilschen. Der orientalische Basar (keineswegs abwertend gemeint) wird dann zum Vorbild und das Aushandeln von Zielen letztlich zu einem Ritual, in dem das arithmetische Mittel zwischen den Extrempositionen, die jeweils mit Überzeugung und Ernsthaftigkeit vertreten werden, als Richtschnur dient. Ein Ausweg aus dieser Malaise besteht darin, dass die Beteiligten lernen, für sich eine Aushandlungskultur zu entwickeln. Tricksen und Täuschen sind dabei Tabus und die Bereitschaft, immer auch die Perspektive der Gegenseite einzunehmen, ein Muss. Eine solche Aushandlungskultur bringt auch einen Zugewinn an Lernfähigkeit mit sich.

6.7.5.3   Ziele freigeben

Ziele *freizugeben* ist weit von der Maxime des klassischen Managements – Planen, Organisieren, Kontrollieren – entfernt. Die Idee, die Zielsetzung auf jene Personen oder organisatorische Einheiten zu verlagern, die näher am betrieblichen Geschehen sind und damit auch rascher auf Veränderung im Umfeld reagieren können, ist verwandt mit der Managementphilosophie des »Beyond Budgeting«. Deren Devise lautet: »Weg mit den Budgets!« Sie beruht unter anderem darauf, keine fixierten Ziele auszuhandeln, sondern relative Ziele (z. B. durch einen Vergleich mit anderen Einheiten) und flexible Ziele (z. B. um kontinuierliche Verbesserungen anzustoßen) zu setzen. Damit sollen die Mitarbeiter angeregt werden, selbst Verantwortung zu übernehmen und nicht im Modus eines Befolgens von starren Plänen zu verharren. So wagen sich z. B. Pionierunternehmen daran, die Verantwortung für die Zielsetzung im Verkauf vollständig an den einzelnen Verkäufer oder die Verkaufsteams zu übertragen. »Verkäufer arbeiten naturgemäß nah am Kunden und können daher am besten beurteilen, welche Verkaufsziele realistisch sind«, lautet die Begründung. Das Management muss allerdings so diszipliniert sein, dass es auch dann nicht eingreift, wenn die Leistung augenscheinlich nicht seinen Vorstellungen entspricht. Der »Reifegrad« der Mitarbeiter muss hoch sein, damit die Autonomie nicht für eigene Zwecke missbraucht wird. Schließlich ist das Freigeben von Zielen nur mit einer offenen Organisationskultur vereinbar. Ihre Vorzüge der Vielfalt, Wandelbarkeit und Innovationsfähigkeit müssen jedoch durch Abstriche bei Stabilität, Ordnung und Orientierung erkauft werden.

6.7.6   Die Kunst des Überzeugens

Bei allen drei Möglichkeiten des Zielbildungs-Mix spielt immer auch die Fähigkeit des Überzeugens mit. Selbst beim Freigeben, wenn etwa dem Mitarbeiter der Mut zum selbstbestimmten Handeln fehlt. Eine Person von etwas zu überzeugen, verlangt, dass diese ihre bislang gehegten Anschauungen ändert oder über Bord wirft. Das ist umso schwieriger, je mehr sie in ihre Positionen investiert hat – Zeit, Geld, Energie –

und je mehr durch eine Änderung ihr Selbstwert beeinträchtigt wird. Zum Überzeugen braucht es eine Mischung aus Menschenkenntnis und erlernbaren Techniken.

- Das *rationale* Überzeugen arbeitet mit Logik, nachprüfbaren Fakten, Zahlen und so fort. Diese Form des Überzeugens wirkt dann am besten, wenn der, den es zu überzeugen gilt, seinen Gefühlen misstraut. Er sucht dann nach verstandesmäßigen Gründen, einem bestimmten Ansinnen zu folgen. Der Neocortex im Gehirn meldet sich, um die Gefühlsimpulse aus dem tiefer gelegenen limbischen System nicht dominant werden zu lassen.

- Das *plausible* Überzeugen benutzt Verallgemeinerungen (»Sind wir denn nicht alle in der gleichen Lage?«), Glaubenssätze (»Auf lange Sicht setzt sich das Gute immer durch«) oder Gewissheiten (»Der goldene Mittelweg ist doch der beste«). Um diese Methode anzuwenden, muss man sein Gegenüber zunächst besser kennen lernen. Nur so entsteht die notwendige persönliche Nähe, die dann den Funken des Einklangs überspringen lässt.

- Beim *moralischen* Überzeugen wird gewertet, beurteilt und manchmal auch gemogelt. Es werden Maßstäbe angelegt und Vorbilder herangezogen, oder man beruft sich gleich auf höhere Werte wie etwa die Gerechtigkeit. Das Gute im Menschen dient dieser Methode als Ankerpunkt, der allerdings leicht verrücken kann. Auf einem Kongress wird einem Redner, der den Verzehr von Fleisch befürwortet, aus dem Publikum zugerufen: »Wir sind hier überzeugte Veganer, weil wir keine Mörder sein wollen!« Der Redner kontert: »Mein Herr, ich esse nur das Fleisch des Kalbes, von dem Sie Ihre Schuhe haben herstellen lassen.«

- Bei der *taktischen* Überzeugung kommen vor allem die Einwandumkehr (»Sie sagen, sie haben keine Zeit; gerade deshalb sollten sie sich um die wirklich wichtigen Dinge kümmern«) und die Taktik des Umdeutens zum Zug (»Sie meinen, Ihr Chef mischt sich ständig in ihre Arbeit ein; sie sind halt neu im Job, vielleicht will er sie bloß unterstützen!«).

- Die Bandbreite des *emotionalen* Überzeugens schließlich reicht von der wohlwollenden Äußerung bis zur Schmeichelei. Komplimente wirken so gut, weil man sich in der Regel dafür bedankt. In einer solchen angenehmen Atmosphäre der emotionalen Nähe fällt die Zustimmung leichter. Angstmache hingegen lähmt. Sie nimmt dem in die Enge Getriebenen die Argumente aus der Hand, der darauf mit Rückzug oder Aggression reagiert.

Von den hier skizzierten Methoden des Überzeugens ist die emotionale die wirksamste. Selbst die Sprache in Form der alten Kunst der Rhetorik wirkt hier nur flankierend. Es genügt nicht, sein Gegenüber durch überlegene Diskussionstechnik zu besiegen. Den anderen verbal zu überreden, ist bloß ein Scheinsieg. Überzeugen heißt vielmehr, auf die vor- und unbewussten emotionalen Zonen des Gesprächspartners einzuwirken, um in ihnen eine Veränderung hervorzurufen. Sprache und Rede fruchten erst dann, wenn es gelungen ist, den anderen auf ein Thema »einzustimmen«, also emotionale Sperren zu beseitigen.

6.8 Die wichtigen Fragen und Antworten zu Kapitel 6

Die Leistungsmotivation gehört zur Grundausstattung des Menschen, auch wenn Erziehung und Kultur ganz wesentlich an ihrer Ausformung beteiligt sind. Sie ist quasi im Schlummerzustand, aus dem sie durch passende Anreize geweckt und aktiviert werden kann. Das Wort *kann* ist wichtig, denn die Aufforderung, die ein Anreiz beinhaltet, konkurriert ja mit vielen anderen Impulsen. Wenn in Betrieben Leistungsmotivation erwartet wird, die passenden Anreize jedoch fehlen, verpuffen oder sogar leistungshemmend wirken, so entsteht ein Spannungszustand, der auf Dauer der Gesundheit abträglich ist. Die folgenden Anmerkungen sind als Anregungen zu verstehen, diesem Zustand vorzubeugen.

Warum ist es so wichtig, die Menschen näher zu kennen?
Für Führungskräfte ist es unabdingbar, die Motivstruktur ihrer Mitarbeiter einschätzen zu können. Menschen mit einem hoch ausgeprägten inneren Leistungsmotiv werden dann zu Anstrengung und Ausdauer angeregt, wenn sie Aufgaben selbstbestimmt und in einer aufgabenorientierten Atmosphäre ausführen können. Stolz auf die eigene Leistung entsteht nur durch Anstrengung, Ausdauer und Einfallsreichtum. Chronische Unterforderung dämpft hingegen das implizite Leistungsmotiv, weil hier die positiven Erwartungsemotionen fehlen. Das »*Bore-out-Syndrom*« hat einen ähnlichen krankmachenden Effekt wie die Burn-out-Variante. Menschen mit hoch ausgeprägtem expliziten Leistungsmotiv werden wiederum dann besondere Leistungen erbringen, wenn sie aufgabenfremde Anreize, wie z. B. herausfordernde Ziele, erhalten. Für sie sind die sozialen und selbstwertbezogenen Folgen des Gelingens oder Misslingens einer Tätigkeit besonders wichtig.

Was sollte bei der Personalauswahl beachtet werden?
Die Ausformung des Leistungsmotivs zeigt, wie wichtig das Instrument der Personalauswahl ist. Die Grenze zur Diskriminierung ist zugegebenermaßen fragil (»Wir sondern bloß die Faulen von den Fleißigen aus«). Gleichwohl kann es ratsam sein, für bestimmte Positionen (z. B. solche mit einem hohen Grad an Selbständigkeit oder Projektleitungen in Pionierländern) bei der Rekrutierung frühe Prägungen der Leistungsmotivation in Betracht zu ziehen. Der biografische Fragebogen erlaubt es, nicht so sehr aus sogenannten »harten« Bio-Daten (Gehalt, Familienstand, Beschäftigung) sondern vielmehr aus »weichen« Informationen (»In meiner Kindheit und Jugend habe ich mich oft zurückgezogen«, »In meiner Freizeit bin ich sozial engagiert«, etc,) auf zukünftiges Leistungsverhalten zu schließen. Der biografische Fragebogen ist eine Selbstbeschreibung, die auf die jeweilige Anwendungssituationen zugeschnitten sein muss. Er liegt entweder im Multiple-Choice-Format vor oder erfragt die Zustimmung zu den Fragen mit einer Rating-Skala. Meta-Analysen (»Analysen der Analysen«) zeichnen ein überwiegend positives Bild der Validität biografischer Daten für die Prognose beruflichen Erfolgs und damit der Lebenszufriedenheit und Gesundheit. (John/Maier 2007)

Arbeitshilfe online: Biografischer Fragebogen
Eine Übersicht sowie wie eine Anleitung zur Anwendung des biografischen Fragebogens können Sie den Arbeitshilfen im Downloadbereich entnehmen.

Was zählt bei den Anreizen?
Leistungsmotivierte brauchen Anreize, die auf sie zugeschnitten sind. Pauschale abteilungs- oder gar organisationsübergreifende Aktionen verfehlen bei Ihnen das Ziel. Das individuelle Eingehen auf die einzelnen Mitarbeiter ist auch Thema des Kapitels über die Dienende Führung. Die Erwartung, dass die eigene Leistung zum Erfolg führt, wird zum »Motor« des Handelns. Furcht vor Misserfolg, etwa begünstigt durch eine »Nullfehler-Kultur«, bewirkt eine Vermeidungshaltung. Gefühle und Stimmungen beeinflussen eben nicht nur die Qualität des Denkens, sondern auch den Antrieb des Handelns. Ein bewährter Trick lautet: Man arbeite mit einer positiven Zielimagination. Sie hellt die Stimmung auf und erlaubt es, alternative Erlebniswelten zu konstruieren. Eine Zielimagination kann man sich als »Tagtraum« vorstellen, in dem der Zielanreiz gleichsam revitalisiert wird. Besonders auf Geringmotivierte können sich solche positiven Zielimaginationen förderlich auswirken, weil sie einen Anreiz spüren, den Erfolg durch Anstrengung auch tatsächlich zu suchen.

Wozu braucht man »Slack« in Organisationen?
Die heute in vielen Bereichen hohe Arbeitsteiligkeit der Wertschöpfung, die unter anderem in der Vielzahl inner- und außerbetrieblicher Schnittstellen und der Forderung, alles müsse »just in time« geschehen, abzulesen ist, verlangt eine *Rehumanisierung* der Arbeit. Dazu gehört, selbst wenn wir uns damit den Vorwurf der Naivität einhandeln, immer einen organisationalen »*Slack*« (engl. *slack* = Schlupf, Puffer, Überschuss) vorzuhalten. Dieser besteht etwa aus materiellen (z. B. Ersatzteile) und zeitlichen Puffern (z. B. für Unvorhergesehenes), einer Ausbildung und Rekrutierung, die für eine Bandbreite an persönlichen Fähigkeiten sorgt (»Weg von der Überspezialisierung«) und, nicht zu vergessen, einer Reservekapazität. Junge Mitarbeiter verfügen in der Regel noch über einen solchen Puffer. Im Alter zwischen 40 und 60 vermindert sich jedoch die Die Leistungsfähigkeit um ca. 20 Prozent – individuelle Unterschiede ausgeklammert. Steigt das Durchschnittsalter der Belegschaft an, so nimmt deren Reservekapazität entsprechend ab. Krankheiten und der Druck, Ausfälle zu kompensieren, verschlimmern die Situation.

Wie kann der Haltung einer Misserfolgsvermeidung vorgebeugt werden?
Ein Arbeitsklima, in dem auch *kleine Erfolge* dazu anspornen, sich die eigene Messlatte etwas höher zu legen, wirkt gleich zweifach positiv: Das Anspruchsniveau steigt und es werden Aufgaben angegangen, die zuvor durch die Furcht vor Misserfolg unterblieben sind. In einem solchen Umfeld, in dem eben *nicht* die Fehler, Schwächen und Defizite ständig angeprangert werden, kann der Schwierigkeitsgrad der Aufgaben schrittweise erhöht werden und der *Stolz* über das Erreichte macht Mut für die nächsten

Schritte. Dies hat nichts mit Manipulation zu tun, sondern schafft ein Klima, in dem die Menschen Leistungsfreude erleben können, die sie ansonsten außerhalb des Betriebes im Sport, in Vereinen oder in Hobbys gesucht hätten. Gelingt es auf diese Weise, Misserfolgsvermeidung durch Erfolgserlebnisse zu ersetzen, so lassen die Beteiligten Aufgaben nicht gleich beim ersten Anflug der Unmöglichkeit fallen. Umgekehrt werden nicht Zeit und Energie vergeudet, wenn Aufgaben unter den gegebenen Umständen gar nicht zu schaffen sind.

Warum muss in Organisationen auch »Bore-out« aufgespürt und unterbunden werden?

Die Szene ist bekannt: Der Mitarbeiter wendet alle Energie auf, um beschäftigter zu wirken, als er tatsächlich ist. Er surft im Internet und schaltet rasch um, wenn ein Kollege den Raum betritt. Er zieht Aufgaben in die Länge, um die Zeit zu füllen. Anfängliche Schuldgefühle weichen langsam Frust und Gereiztheit. Wer lange Zeit mit überdurchschnittlichen Fähigkeiten an unterfordernde Tätigkeiten gebunden ist, büßt zunächst an Selbstwertgefühl ein. Erschöpfung und Antriebsschwäche sind die Folge, Angststörungen und Zwangszustände nicht mehr auszuschließen. Es ist jedoch nicht einzusehen, wieso nicht schon die Anfänge einer Unterforderung durch regelmäßige und systematische Mitarbeitergespräche entdeckt werden können. Außerdem sind in vielen Organisationen Stellenbeschreibungen oder Aufgabenpläne noch immer ein Tabu oder »Schnee von gestern«. Oder die tatsächlichen Arbeitsinhalte stimmen mit den Beschreibungen nicht überein. Gegen »Bore-out« ist gefeit, wer in einer Organisation arbeiten darf, das nicht die Stellen mit Menschen besetzt, sondern umgekehrt durch »*Job Sculpting*« die Stellen auf die Menschen zuschneidet.

6.9   Zusammenfassung

- Führungskräfte hantieren laufend mit Zielen und damit mit Gesundheit – ihrer eigenen und der ihrer Mitarbeiter.
- Sowohl überfordernde als auch unterfordernde Ziele können krank machen, weil sie den Menschen entweder in die Hilflosigkeit manövrieren oder an dessen Selbstwert nagen.
- Ziele können sich jedoch auch als Gesundbrunnen erweisen, wenn das »Ich habe es geschafft!« zu einer aus dem Inneren kommenden Selbstbestätigung führt.
- Wer die Ziele nicht aus dem Handgelenk oder einem Gefühl der Hybris bestimmt, sondern sich bei der Zielfindung an den vier Merkmalen »konkret«, »ambitioniert«, »prominent« und »unterstützt« ausrichtet, hat »Betriebe Gesund Managen« verstanden.
- Besonders dann, wenn je nach Situation und Reifegrad der Mitarbeiter Ziele nicht nur vorgegeben, sondern auch ausgehandelt oder freigegeben werden.

7 Personal Gesund Entwickeln

»Ich weiß was, wie und warum ich etwas mache.«

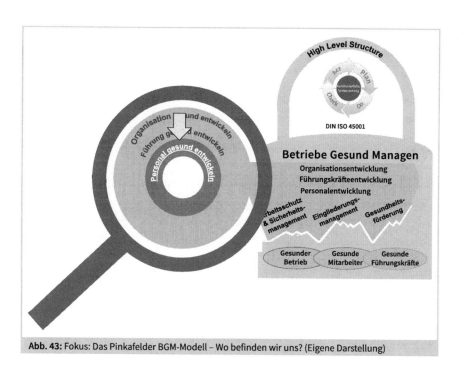

Abb. 43: Fokus: Das Pinkafelder BGM-Modell – Wo befinden wir uns? (Eigene Darstellung)

> **! Leitfragen**
>
> - Ist »Personal« ein notwendiges Übel, da Wirtschaften oder Organisieren ohne Personal eben nicht möglich ist? Kann Personal zudem auch ein Vermögenswert sein, der einer Organisation das langfristige Überleben sichert und ihre Wettbewerbsfähigkeit stärkt?
> - Was sind die kritischen Punkte einer gesundheitsförderlichen Personalentwicklung?
> - Welche Handlungsfelder stehen einer gesundheitsförderlichen Personalentwicklung offen?

Ein kleines Zahlenspiel zu Beginn. Im Jahr 2016 investierte die deutsche Wirtschaft 33,5 Milliarden Euro in die Personalentwicklung. (Seyda/Placke 2017) Auf die DACH-Region hochgerechnet – unter der Annahme einer jährlichen Steigerung von 3 Prozent – ergibt das für das Jahr 2020 runde 46 Milliarden Euro, was wiederum – um die abstrakte Ziffer mittels eines Vergleichs etwas konkreter werden zu lassen –, etwa dem Bruttoinlandsprodukt von Slowenien entspricht. Damit gehört die Personalentwicklung, neben der Entgelt- und Anreizgestaltung, zu jenen Funktionen des Human-Resource-Managements, in denen viel Geld bewegt wird.

Die Motive für die Investitionen sind vielfältig. Seyda/Tacke (2017) nennen neben der Anpassung an neue Technologien und veränderte Arbeitsprozesse auch die Sicherung von Fachkräften sowie – das klingt verdächtig nach einem Placebo für die Mitarbeiter – die Erhöhung der Motivation und Arbeitszufriedenheit. Ob all dies durch die Ausgaben für Personalentwicklung tatsächlich erreicht wird, bleibt Spekulation. Die Erfolgsrechnung ist einer der wunden Punkte der Personalentwicklung.

7.1   Personalentwicklung und Humankapital

Eigentlich ist es ganz einfach. Menschen stellen einem Betrieb ihre Ressourcen in Form des Könnens und Wollens zur Verfügung und handeln dafür materielle und sonstige Gegenleistungen aus. Tarif- oder Kollektivverträge nehmen ihnen oft das Aushandeln ab. Allerdings spielen bei diesem Tauschgeschäft die höchst unterschiedlichen persönlichen Werte und Motive eine wichtige Rolle. Betriebe bekommen immer den ganzen Menschen und nicht nur den unmittelbar »verwertbaren« Kern, den man früher als Produktionsfaktor »Arbeit« bezeichnete. Dieser umfassende »Input« ist das personengebundene Humankapital.

Betriebe bedienen sich dieses individuellen Humankapitals, indem sie es in ihre vielfältigen Strukturen und Abläufe integrieren. So entsteht aus dem personengebundenen ein betriebliches Humankapital und damit ein Mehrwert. Für Karl Marx (1818–1883) ist dieser auf die Ausbeutung der Arbeiter zurückzuführen. Unter heutigen marktwirtschaftlichen Bedingungen liegt dem Mehrwert ein Tauschprozess zugrunde, der mithilfe von Verträgen und Bestimmungen so fair wie möglich ablaufen soll.

Betriebe sind daher gut beraten auf zweierlei zu achten: Erstens, das Humankapital nicht brachliegen zu lassen, sondern zu entwickeln, um den sich laufend und rasch ändernden Bedingungen gerecht zu werden; zweitens, die Strukturen und Abläufe so zu gestalten, dass durch die Integration der personengebundenen Humankapitalien tatsächlich ein Mehrwert entstehen kann. Aus dieser zweiten Voraussetzung ist es notwendig, Personalentwicklung (PE), Teamentwicklung (TE) und Organisationentwicklung (OE) aufeinander abzustimmen (vgl. Abb. 44).

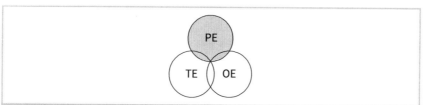

Abb. 44: Die Verzahnung zwischen Personal, Team- und Organisationsentwicklung (Eigene Darstellung)

Zur Ehrenrettung des »Kapitals«
Die bei der Frankfurter Goethe-Universität angesiedelte Jury, die alljährlich das Unwort des Jahres bekannt gibt, nahm sich 2004 das »Humankapital« vor: Die Bezeichnung, so die Begründung, mache den Menschen zu einer nur noch ökonomisch interessanten Größe. Tatsächlich soll der Begriff Humankapital aber den Menschen eben nicht herabwürdigen, sondern vielmehr die Werthaltigkeit seines Wissens, seiner Fähigkeiten und Fertigkeiten herausstellen. Eigentlich wäre »Humanvermögen« der passendere Begriff. Im Rechnungswesen wird ja unterschieden zwischen dem Kapital als Mittelherkunft auf der Passivseite und der Mittelverwendung, die zu Vermögen führt, auf der Aktivseite. Andererseits könnte man sich an eine betriebswirtschaftliche Definition anlehnen, die dem Humankapital doch zu seinem Recht verhilft: »Kapital« ist eine Sache, die zur Vergrößerung ihres eigenen Wertes eingesetzt wird.

Grundbegriff: Das betriebliche Humankapital

Das betriebliche Humankapital entsteht aus den individuellen Humankapitalen der Menschen im Betrieb durch Einbettung in dessen Strukturen und Kultur. Das heißt, das betriebliche Humankapital ist immer ein Produkt der betrieblichen Lebenswelt. An ihm bemessen sich die Überlebens- und Wettbewerbsfähigkeit einer Organisation.

Das betriebliche Humankapital steht in Wechselwirkung mit zwei anderen Kapitalformen (vgl. Abb. 44). Auf der einen Seite lagert sich all das Wissen, das nicht direkt an den einzelnen Mitarbeiter gebunden ist und somit auch bestehen bleibt, wenn der Betrieb z. B. menschenleer ist, gleichsam in den betrieblichen Strukturen ab. Zu diesem Wissen gehören die Regeln und Prozesse, die gesammelten Daten mit den IT-Systemen, Patente, Urheberrechte, Lizenzen, Veröffentlichungen etc., aber auch die kulturellen Selbstverständlichkeiten, welche die betriebliche Lebenswelt prägen.

Dieses Strukturkapital wirkt auf das Humankapital zurück, weil es immer an den Menschen liegt, das abgelagerte Wissen zu beleben, zu erweitern oder durch neues zu ersetzen. Die Wechselwirkung zwischen Struktur- und Humankapital muss einen Mehrwert für den Betrieb generieren. Ist dies nicht der Fall, so verliert der Betrieb seine Überlebensfähigkeit, es sei denn, er wird künstlich am Leben erhalten.

Das aus Struktur- und Humankapital geformte betriebliche Innenleben einer Organisation ist nicht Selbstzweck, sondern Mittel, um die Beziehungen zu den externen Interessens- und Anspruchsgruppen (Stakeholder) zu gestalten. Der immaterielle Vermögenswert, der daraus entsteht, ist das Beziehungskapital. Es besteht aus dem Wert der Außenbeziehungen einer Organisation. Ohne Einsatz des Humankapitals bleiben diese abstrakt und leblos, denn selbst im Extremfall rein digitaler Außenbeziehungen, sind es Menschen, welche die Programme dafür schreiben und auch die Verantwortung für die Folgen der Beziehungen übernehmen müssen.

So ist z. B. die Reputation einer Organisation immer ein Produkt der Zuverlässigkeit ihrer Außenbeziehungen. Und diese Reputation wirkt wieder auf das Humankapital zurück Eine negative Reputation schmälert das betriebliche Humankapital, weil gerade die fähigsten Mitarbeiter abwandern und weil die Position am Arbeitsmarkt geschwächt wird. Im positiven Fall erhöht die Reputation die Attraktivität der Organisation als Arbeitgeber und stärkt damit auch die Mitarbeiterbindung. Struktur-, Human- und Beziehungskapital bilden zusammen das intellektuelle Kapital (vgl. Abb. 45), das häufig mithilfe von Indikatoren bewertet und dann in einer Wissensbilanz publik gemacht wird. Dem Aufwand für die Erstellung einer solchen Wissensbilanz steht ein Nutzen gegenüber, der nicht zu unterschätzen ist: Alle Maßnahmen der Personalentwicklung müssen sich an ihrem Investitionscharakter messen lassen.

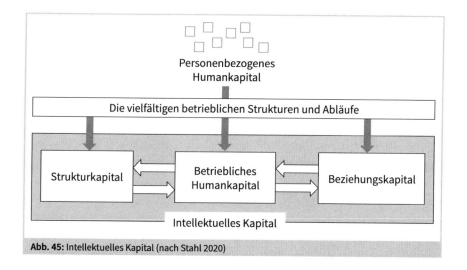

Abb. 45: Intellektuelles Kapital (nach Stahl 2020)

7.2   Kritische Punkte der Personalentwicklung

Abb. 46 zeigt lehrbuchhaft die Phasen der Personalentwicklung. Obwohl theoretisch nachvollziehbar ist ein solcher Ablauf in der Praxis eher selten zu finden. Dies ist schon deshalb erstaunlich, weil hier Jahr für Jahr beträchtliche Summen bewegt werden. Legt man die Messlatte des Betrieblichen Gesundheitsmanagements an die praktizierte Personalentwicklung an, so werden anhand des Ablaufschemas der Abb. 46 einige kritische Punkte deutlich.

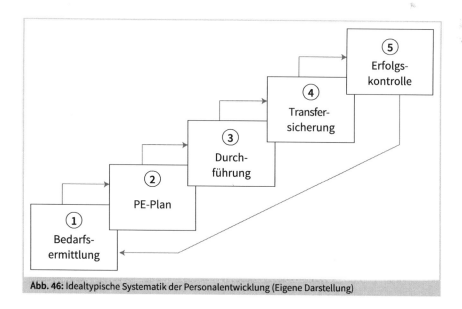

Abb. 46: Idealtypische Systematik der Personalentwicklung (Eigene Darstellung)

7.2.1 Bedarfsermittlung

Schon die Bedarfsermittlung ist in der Praxis weit davon entfernt, ein rationaler und abwägender Vorgang zu sein. Personalentwicklung (PE) wird oft als »Bauchladen« gehandhabt. Die Personalabteilung erstellt einen Katalog an Maßnahmen zur Weiterbildung, aus dem die Mitarbeiter dann in Absprache mit dem Vorgesetzten eine Auswahl treffen. Was nicht im Katalog steht, scheidet als Entwicklungsmaßnahme aus. Eine andere Variante ist die PE als »Wunschliste«. Mitarbeiter, Führungskräfte oder beide zusammen sind ständig auf der Suche nach aktuellen Themen, in dem Bestreben, nicht den Anschluss an vermeintliche Pionierunternehmen oder den Zeitgeist zu verlieren. Die Personalabteilung als Service-Center versucht, die Wünsche, so gut es geht zu erfüllen. Diese Themen haben oft nur eine kurze Lebenszeit, wie etwa »Emotionale Intelligenz«, »Zero-Base Budgeting« oder »Business Reengineering« in der Vergangenheit, und »Agilität« im Moment. Vor allem in kleineren Organisationen wird PE als »Lückenfüller« praktiziert. Ein betriebliches Problem erweist sich als so gravierend, dass es nicht mehr einfach ignoriert werden kann. »Wir haben niemand, der über Arbeitsschutz Bescheid weiß«, also wird ein Arbeitsschutzkurs gebucht. PE ist der Retter in der Not.

Dabei stehen jeder Organisation, je nach Größe, vielfältige Quellen der Bedarfsermittlung zur Verfügung. Schon aus der Strategie und der daraus abgeleiteten Personalplanung (leider nach wie vor das Stiefkind des Personalmanagements) ergibt sich logisch ein bestimmter PE-Bedarf, wenn z. B. künstliche Intelligenz in Produktion und Logistik Einzug halten, autonome Strukturen akzeptiert oder Sicherheitsstandards erhöht werden sollen. Die (meist jährlich stattfindenden) systematischen Mitarbeitergespräche, in denen Anforderungen mit vorhandenen Kompetenzen abgeglichen werden, zählen ebenso zu den Quellen wie die Auswertung von kritischen Ereignissen, z. B. Produktionsausfälle, Qualitätsmängel, Kundenbeschwerden, innerbetriebliche Konflikte etc., und die Sichtung von Berichten, z. B. der Revision, von Messen und Kongressen, über vergangene Weiterbildungsmaßnahmen etc.

> **!** **Wichtig: BGM und die Bedarfsermittlung für PE**
>
> Die Bedarfsermittlung für PE soll einen Ausgleich zwischen drei Perspektiven schaffen: der Perspektive des Mitarbeiters, der zu wissen meint, was er jetzt und in der Zukunft braucht oder gerne hätte; der Einschätzung der Führungskraft, die den Bedarf für PE in einem weiteren Zusammenhang sehen muss; und den finanziellen Möglichkeiten, die dem HR-Management zur Verfügung stehen. Dieser Ausgleich, in einer offenen Art und Weise durchgeführt, ist ein wichtiger Mosaikstein des *»Betriebe Gesund Managen«*. Er stellt Fairness sicher, und empfundene Fairness trägt zu psychischer Gesundheit bei.

Wird Betriebliches Gesundheitsmanagement tatsächlich ernst genommen, dann sollten schon bei der Bedarfsermittlung für die PE die typischen betriebsbedingten Stressoren und personale Ressourcen berücksichtigt werden. Auf Dauer krankmachend sind etwa eine hohe Arbeitsintensität ohne individuellen Handlungsspielraum; eine Rollenüberlastung, wie sie in den »Sandwich-Positionen« des mittleren Managements häufig anzutreffen ist; mangelnde Unterstützung durch Kollegen und Konflikte auf Gruppenebene durch fehlende Teamentwicklung; vertikale Konflikte zwischen Führungskräften und Mitarbeiter durch amateurhafte Führung.

7.2.2 Personalentwicklungsplan und Durchführung

Den PE-Bedarf zu bestimmen, ist das eine; daraus auch wirkungsvolle PE-Maßnahmen abzuleiten ist etwas Anderes. Der Bedarf »Wir brauchen mehr Führungskompetenz« führt auch dann nicht automatisch zu sinnvollen Aktivitäten, wenn die Konsequenzen dieses Mangels »Uns laufen die Leute davon« bekannt sind. Die Übersetzung von Bedarf in Maßnahmen erfolgt am zweckmäßigsten anhand der folgenden Punkte.

- *Einbindung*: An erster Stelle steht die Einbindung des Mitarbeiters in den gesamten Prozess der Personalentwicklung. Der Erfolg einer PE-Maßnahme entscheidet sich bereits an diesem Punkt.
- *Lernziel*: Bei manchen PE-Maßnahmen ist dieses Ziel klar definierbar (z. B. Fremdsprachen- oder Fach-Kenntnisse), bei anderen wird man sich mit qualitativen Aussagen behelfen müssen, etwa wenn von den Teilnehmern Verhaltensänderungen erwartet werden (z. B. Selbstbehauptung oder Verhandlungsführung).
- *Individualisierung*: Das Einzeltraining verzichtet auf eine Interaktion mit anderen und damit auf ein mögliches Gruppenerlebnis (»Toll, was wir gemeinsam geschafft haben«), dafür können Lernstoff und Lerntempo individuell angepasst werden.
- *Gruppentraining*: Homogene Gruppen starten rascher, weil soziale Ähnlichkeit die Teilnehmer miteinander verbindet. Heterogene Gruppen sind andererseits kreativer, wobei sich dieser Vorteil mit steigender Gruppengröße verringert.
- *Ort*: Personalentwicklung nahe beim Arbeitsplatz schafft Vertrautheit und erleichtert den Transfer des Gelernten. Distanz zum Betrieb wiederum zwingt die Teilnehmer, gewohnte Rollen zu überdenken oder gar abzulegen und regt dazu an, sich neuen Ideen zu öffnen.
- *Träger*: Es muss nicht immer ein externer Träger sein, gerade größere Organisationen verfügen oft über eine (verborgene) Expertise, um die PE selbst in die Hand zu nehmen.
- *Dauer*: Kurze Trainingsabschnitte erlauben einen Wechsel zwischen Reflexion und praktischer Anwendung. Längere Module sind bei schwierigen Trainingsinhalten von Vorteil, da Wiederholungen eingebaut und dadurch Überforderungen verhindert werden können.
- *Zeitpunkt*: Eine fixe Planung ermöglicht es, sich organisatorisch und didaktisch auf die Personalentwicklung vorzubereiten. Ein offener Zeitpunkt empfiehlt sich nur

dann, wenn ungewiss ist, bis wann der Teilnehmer über die nötigen Grundkennt-
nisse für die Weiterbildung besitzt.

- *Methoden*: Eine Vielfalt an Methoden – siehe »hybrides Lernen« weiter unten –
bewirkt meist größeren Lernerfolg, kann aber unvorbereitete Teilnehmer und
unzureichend geschulte Ausbilder überfordern.
- *Lernfortschritt*: Beim Imitationslernen, etwa in der Meister-Lehrlings-Beziehung,
zeigt sich der Lernfortschritt rasch, bei anderen Methoden erschließt er sich den
Beteiligten nur langsam, etwa im Mentoring oder wenn ein Verhaltenstraining
durchgeführt wird. Ungeduld ist hier ein schlechter Ratgeber.

Erst wenn die Übersetzung vom Bedarf in die Aktivitäten erfolgt ist, kann der PE-Plan
erstellt werden. Der PE-Plan ist der Schritt von der Überfülle an Wünschenswertem
hin zu finanziell Leistbarem. Die Ökonomie setzt auch der Personalentwicklung enge
Grenzen. Durch eine Rangordnung nach Wichtigkeit wird so manche Maßnahme
zwangsläufig in die nächste Periode verschoben werden müssen.

7.2.3   Transfersicherung

Transfer bedeutet, dass der Mitarbeiter das mit der PE-Maßnahme Erlernte genera-
lisiert, es also im eigenen Arbeitsumfeld dauerhaft anwendet. Dies kann bewusst,
durch Nachdenken, oder unbewusst als Routine geschehen. Damit erhöht sich die
Wahrscheinlichkeit, dass das Erworbene auch an andere Mitarbeiter im Betrieb weitergegeben wird. Sicherung heißt für Maßnahmen zu sorgen, um vom Lernmodus in
den Modus der betrieblichen Anwendung zu gelangen. Ein solcher positiver Transfer
erfährt noch eine Steigerung, wenn der Mitarbeiter von selbst Mängel seiner Arbeitsweise erkennt und diese durch Eigeninitiative behebt. Oder wenn der Mitarbeiter
Gelerntes bei bisher unbekannten Aufgaben anwendet. Maßnahmen zur Transfersicherung müssen bereits bei der Vorbereitung der PE überlegt, während des Trainings
oder der Fortbildung laufend berücksichtigt und dann bei der Anwendung des Gelernten auch durchgeführt werden (vgl. Abb. 47).

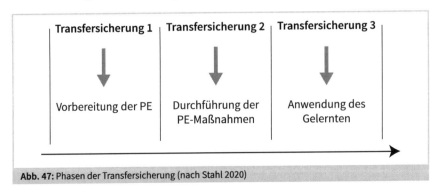

Abb. 47: Phasen der Transfersicherung (nach Stahl 2020)

Transfersicherung 1: Vorbereitung der PE. Durch Mitwirken bei der Bedarfsermittlung wird der Mitarbeiter vom passiven Konsumenten zum aktiven Mitgestalter bewegt. Dies stärkt seine Überzeugung, dass er sehr wohl selbst Einfluss auf sein Umfeld ausüben kann. Erfolg und Misserfolg sind dann nicht nur auf äußere Umstände, andere Personen, das Schicksal, Zufall, Glück oder Pech zurückzuführen. Wer einen starken Glauben an die eigenen Fähigkeiten besitzt, ist ausdauernder, weniger anfällig für Angst und geht nach dem Training selbstbewusster zu Werke.

Transfersicherung 2: Durchführung der PE-Maßnahmen. Werden vielschichtige Trainingsinhalte in kleine Lerneinheiten aufgegliedert, mit Übungen verknüpft und von einem Feedback des Trainers begleitet, so macht dies Mut, das Gelernte unter realen Bedingungen auch auszuprobieren. Wiederholungen, Zusammenfassungen und Anwendungsbeispiele – für den Trainer möglicherweise redundant und langweilig – sind für eine gelingende Transfersicherung entscheidend. Ebenso die Möglichkeit, mit ausreichend Zeit in einer sanktionsfreien Umgebung üben zu können, ohne dass ständig die Fehlerkeule geschwungen wird.

Transfersicherung 3: Anwendung des Gelernten. Diese kann nur gelingen, wenn dafür zeitliche Freiräume gewährt und entsprechende Arbeitsaufträge vergeben werden, wenn die nötigen Sachmittel vorhanden sind und der »weitergebildete« Mitarbeiter mit der Unterstützung von HR, dem Vorgesetzten und den Kollegen rechnen kann. Alles scheinbar selbstverständliche Punkte, die in der realen betrieblichen Welt oft dem Zeitdruck und Konkurrenzdenken zum Opfer fallen. Hat der Teilnehmer in den ersten Monaten nach der Weiterbildung keine Gelegenheit, das neu erworbene Wissens zu erproben, so war die PE-Maßnahme umsonst.

7.2.4 Erfolgskontrolle

Dass die Erfolgskontrolle von PE-Maßnahmen weitgehend vernachlässigt wird, ist bekannt. Es fehlt vielfach das Kontroll- und Investitionsbewusstsein. Trainer halten sich bei Bewertungen aus Angst vor negativen Rückmeldungen zurück und der finanzielle Aufwand wird im Verhältnis zum Nutzen gerne unterschätzt. (Thierau-Brunner et al. 2006)

Ebene 1: Feedbackbögen zur Zufriedenheit mit der PE-Maßnahme, dem Lernklima, Lerntempo und Trainingsdesign liefern eine subjektive Einschätzung der Nützlichkeit und Verwertbarkeit der Maßnahme im Arbeitsalltag. Solche Bewertungen sind allerdings nur eine Momentaufnahme, die unmittelbar nach dem Ende einer PE-Maßnahme in der Regel positiver ausfallen als später. Standardisierte Fragebögen sind mit geringem Aufwand auswertbar, enthalten aber keine weiterführenden Kommentare. Ausgeklügelte offene Fragebögen sind zwar reichhaltiger, verursachen jedoch genau den Aufwand, an dem viele Evaluierungen letztlich scheitern. Kompromisse sind hier unausweichlich.

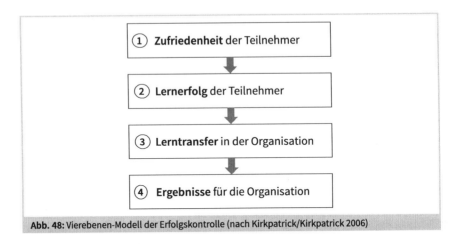

① **Zufriedenheit** der Teilnehmer

② **Lernerfolg** der Teilnehmer

③ **Lerntransfer** in der Organisation

④ **Ergebnisse** für die Organisation

Abb. 48: Vierebenen-Modell der Erfolgskontrolle (nach Kirkpatrick/Kirkpatrick 2006)

Ebene 2: Inwieweit ein bestimmtes »Wissen-dass« erworben wurde, kann z. B. mithilfe von Sprach-, Multiple-Choice- und anderen Tests überprüft werden. Um den Zuwachs an »Wissen-wie« einzuschätzen, wird man sich mit Probearbeiten, Vorführungen, Rollenspielen und Ähnlichem behelfen müssen. Die Furcht vor einer Bloßstellung kann jedoch den Wert solcher Tests in ihr Gegenteil verkehren. Wir empfehlen für solche Fälle, bei der Zusammensetzung der Paare oder Gruppen mit Fingerspitzengefühl vorzugehen und diese »Ebene 2« nicht zu einem Härtetest umzufunktionieren.

Ebene 3: Eine teilnehmende oder gar stumme Beobachtung der Teilnehmer durch Vorgesetzte oder Kollegen bei der Anwendung des Gelernten im betrieblichen Alltag kann genau dieses Gefühl der Bloßstellung hervorrufen. Eine Beobachtung durch den Trainer, zu dem bereits ein Vertrauensverhältnis besteht, wirkt hingegen ermutigend, wird aber schon aus organisatorischen und Kostengründen nur eine Einzellösung sein können. Es bleibt also die Selbsteinschätzung des Teilnehmers verbunden mit einem regelmäßigen Austausch ohne Zeitdruck mit dem Vorgesetzten.

Ebene 4: Die Wirkungen einer PE-Maßnahme lassen sich nie eins zu eins in den Ergebnissen der Organisation oder des Unternehmens wiederfinden. Zu viele externe Faktoren – z. B. Wirtschaftslage, Politik, Wetter – und zu viele interne Faktoren – Managemententscheidungen, Stimmungen, Kündigungen etc. – wirken am Gesamtergebnis mit. Aus der Entwicklung bestimmter Kennzahlen lässt sich zumindest abschätzen, was der Beitrag einer bestimmten PE-Maßnahme sein könnte. Kennzahlen für Zeitersparnisse, Mengenausstoß in Produktion und Logistik oder Produktqualität sind dabei aussagekräftiger als etwa der Grad der Kunden- und Arbeitszufriedenheit oder gar der Umsatz, der einfach das Ergebnis zu vieler Einflüsse ist.

7.3 Sieben Handlungsfelder der Personalentwicklung

Personalentwicklung verlangt eine Systematik. Zwei Gründe dafür wurden bereits genannt. Zum einen verschluckt PE beträchtliche Budgets, zum anderen wird PE allzu oft auf eine Wunschliste, einen Bauchladen oder einen Lückenfüller reduziert. Der dritte Grund lautet: PE sollte als Investition in das betriebliche Humankapital praktiziert werden und sinnvoll Investieren bedeutet, die langfristige Wertsteigerung zum Maßstab für die Verteilung knapper Ressourcen zu nehmen.

Handlungsfelder der Personalentwicklung	Zweck	Theoretische Grundlagen
Enkulturation	Hineinwachsen in eine neue Organisationskultur	Die Internalisierung von Werten, Normen und sozialen Rollen
Handlungslernen	Erwerb von praktischer Intelligenz am Arbeitsort	Die Philosophie des Pragmatismus
Externer Wissenserwerb	Erwerb von Wissen, das in der eigenen Organisation nicht verfügbar ist	Explizites Lernen außerhalb des eigenen Betriebes
Interner Wissenstransfer	Nutzung von Wissen, das in der eigenen Organisation gebunden ist	Implizites Lernen innerhalb des eigenen Betriebes
Persönlichkeitsentwicklung	Unterstützung bei der Entfaltung persönlicher Ressourcen	Die Plastizität und damit Veränderbarkeit der menschlichen Persönlichkeit
Gemeinschaftliches Lernen	Förderung des kooperativen Verhaltens in arbeitsteiligen Organisationen	Das Erlernen von Kooperation in Gruppen
Laufbahnentwicklung	Planbarkeit durch langfristige Ausrichtung der PE	Nachhaltiges Human Resource Management

Abb.49: Die sieben Handlungsfelder der Personalentwicklung (Eigene Darstellung)

In dem Modell sind sieben Handlungsfelder aufgeführt, die sich für Investitionen in eine Personalentwicklung anbieten: die Enkulturation, die oft gar nicht unter die PE fällt, sondern wenn überhaupt im Personalmanagement ein Eigenleben führt; das Handlungslernen, das durch eine Geringschätzung praktischer Fähigkeiten oft in den Hintergrund rückt; der externe Wissenserwerb, auf den sich die PE unter dem Titel »Weiterbildung« oft beschränkt; der interne Wissenstransfer, der vor allem in größeren Organisationen häufig einem Silodenken zum Opfer fällt; die Persönlichkeitsentwicklung, die bei uns Menschen nie »fertig« ist und daher manchmal einer Hilfestellung bedarf; gemeinschaftliches Lernen, das in Organisationen mit hoher Diversität und Arbeitsteiligkeit unverzichtbar ist; und schließlich die Laufbahnplanung als PE-Investition mit dem weitesten Zeithorizont.

> **❗ Wichtig: Handlungsfelder der Personalentwicklung**
>
> Die sieben Handlungsfelder: Enkulturation, Handlungslernen, externer Wissenserwerb, interner Wissenstransfer, Persönlichkeitsentwicklung, gemeinschaftliches Lernen und Laufbahnplanung, bieten jeder Organisation die Möglichkeit, ihre Personalentwicklung maßgeschneidert an die operativen und strategischen Erfordernisse anzupassen.

7.4   Personalentwicklung durch Enkulturation

Unter Enkulturation verstehen wir das schrittweise Hineinwachsen eines neuen Mitarbeiters in eine für ihn fremde Organisationskultur. Die kulturelle Prägung des Mitarbeiters und die Merkmale der Organisationskultur können weit auseinanderklaffen. Zwar hat sich der neue Mitarbeiter während der Personalsuche und der Personalauswahl ein ungefähres Bild der kulturellen Eigenheiten seines künftigen Arbeitgebers gemacht, die Momente der Wahrheit erlebt er jedoch erst nach dem Eintritt. Stößt ihn die fremde Kultur nicht so sehr ab, dass er Hals über Kopf ausscheidet, so wird er sich schrittweise an die vielen offenen und verborgenen Selbstverständlichkeiten gewöhnen müssen. Manche dieser Selbstverständlichkeiten wird der Organisation so wichtig sein, dass eine Nichtbeachtung mit Sanktionen verbunden ist – vom scheelen Blick bis zum sozialen Ausschluss.

Dieser Prozess des Zur-Gewohnheit-machens ist die Habitualisierung. Das Verhalten des Mitarbeiters wird auf diese Weise robust genug, dass er nicht ständig irgendwo aneckt. Aber erst mit der Internalisierung (Verinnerlichung) einzelner Selbstverständlichkeiten setzt die Enkulturation des Mitarbeiters ein. Es entstehen gemeinsame Wirklichkeiten zwischen ihm und seinem Arbeitsumfeld und er beginnt das, was er von der Organisation wahrnimmt, auch zu verstehen. Ein Mitarbeiter wird jedoch – mit einer Ausnahme – immer nur einen Teil der Selbstverständlichkeiten verinnerlichen. Teilinklusion ist der soziologische Fachbegriff dafür. Die Ausnahme ist der »Firmenmensch« (organization man), der sich in bedingungsloser Zugehörigkeit an »seine« Organisation bindet, weil ihm diese Orientierung, Status und Sicherheit bietet.

7.4.1   Phasen der Personaleinführung

Enkulturation ist der theoretische Überbau der Personaleinführung, »Inplacement« oder das amerikanische »Onboarding« die praktische Seite. Wer sie professionell betreiben will, sollte in vier Phasen denken.

Vor-Eintritts-Phase: Je offener beide Seiten ihre Erwartungen vor Eintritt kundtun, umso eher können spätere Enttäuschungen und Konfrontationen vermieden werden. Auch empfiehlt es sich, die oft lange Zeit zwischen Vertragsabschluss und Arbeitsantritt sinnvoll zu überbrücken. Etwa in dem man den neuen Mitarbeiter über aktuelle Entwicklungen in der Organisation informiert, den zukünftigen Arbeitsplatz organisiert und einen Einarbeitungsplan erstellt. Die Phase vor dem Eintritt ist also so zu gestalten, dass der erste Tag möglichst frei von störenden Überraschungen bleibt.

Eintrittsphase: Wer sich beim Arbeitsantritt nicht willkommen fühlt (»Na, sie sind also die Neue?«) oder tatenlos herumsitzt (»Mal sehen, wo wir sie hier unterbringen«) wird seine Entscheidung bereits am ersten Tag bereuen und – die Psychologie spricht von der »Nachentscheidungs-Dissonanz« – die von ihm abgelehnten Job-Alternativen aufwerten (»Hätte ich doch nur bei A zugesagt!«). Eine freundliche Begrüßung, vielleicht sogar (abhängig von Job) mit einem kleinen Geschenk, sollte ebenso selbstredend sein wie etwa Checklisten mit wichtigen Merkpunkten, Erläuterungen der IT-Grundsätze, des Zeiterfassungssystems, der Sicherheitsbestimmungen für den Notfall, von Pausenregelungen, der Nutzung der Kantine und vieles mehr. All dies hilft über den spannungsvollen ersten Tag hinweg.

Integrationsphase: In kleinen Einheiten hilft die persönliche Nähe bei der Integration. In größeren Organisationen lohnt es sich z. B. über individuell angefertigtes Einführungsmaterial nachzudenken, über eine Willkommensveranstaltung, ein spezielles »Onboarding«-Seminar oder vielleicht sogar ein »Bootcamp«. Ursprünglich aus der Grundausbildung im US-amerikanischen Militär stammend, taucht der Begriff heute im Zusammenhang mit einem gruppenweisen, intensiven Eintauchen in ein neues, sehr spezifisches kulturelles Umfeld auf. Der aufwendigste und erfolgversprechendste Schritt, um die Integrationsphase erfolgreich zu gestalten ist das Patensystem. Aufgabe des Paten oder der Patin ist, sich dem neuen Mitarbeiter zuwenden, ihn persönlich zu betreuen und ihn vertraut zu machen mit der neuen Arbeitsumgebung, den anderen Mitarbeitern sowie den geschriebenen und ungeschriebenen Regeln der Organisation. Der »richtige« Pate besitzt ein hohes Maß an Vertrauenswürdigkeit. Er soll ja auch Fragen beantworten, die man sich als »Neuling« sonst verkneifen würde.

Phase der ersten Krise: Das Vertrauensverhältnis zwischen dem Paten und dem neuen Mitarbeiter bleibt oft auch nach der Phase der Begleitung (in der Praxis meist sechs Monate) bestehen. In der Bewältigung der ersten Krise, die heute besonders durch die Erwartungen einer schnellen Integration ausgelöst wird, zeigt sich nochmals der Wert des Patensystems. Der Pate wirkt hier als Vertrauensanker, Stressbefreier und Mentor.

> **!** **Wichtig: Vier Phasen der Personaleinführung**
> 1. Vor-Eintritts-Phase
> 2. Eintrittsphase
> 3. Integrationsphase
> 4. Phase der ersten Krise

7.4.2   Erfolg der Enkulturation

Enkulturation ist zumindest vorläufig gelungen, wenn der Mitarbeiter wesentliche Selbstverständlichkeiten mit der Organisation teilt. Da die Kultur einer Organisation immer mit den Strukturen und Abläufen verknüpft ist, kann man aus bestimmten Kenngrößen grob auf den Erfolg der Enkulturation schließen. Zum Beispiel deutet eine im Branchenvergleich hohe Frühfluktuationsquote (berechnet als Verhältnis der freiwilligen Abgänge, die innerhalb von zwölf Monaten nach Eintritt erfolgten, zum durchschnittlichen Personalstand in dieser Periode) auf Mängel in den Phasen vor dem Eintritt, des Eintritts selbst oder der Integration hin. Die Verbleiberate neu ein-gestellter Mitarbeiter hängt wesentlich von der erlebten Arbeitszufriedenheit ab, in die auch der Grad der Übereinstimmung mit der als neu erlebten Kultur einfließt. Und überall dort, wo Leistung als Arbeitsmenge, Genauigkeit oder Schnelligkeit gemessen werden kann (und muss), gibt die Zeitspanne, innerhalb derer der neue Mitarbeiter die erwartete Leistung erbringt, einen Hinweis auf den Erfolg der Enkulturation.

7.5   Personalentwicklung durch Handlungslernen

Das Prinzip des Handlungslernens (»Learning by Doing«) geht auf den Philosophen und Pädagogen Jean-Jacques Rousseau (1712–1778) zurück. An die jungen Lehrer gerichtet meinte er, »dass die praktische Anwendung (...) besser ist als bloße The-orie, denn Kinder vergessen leicht Theorien und Lehren, aber nicht das, was sie selbst getan haben oder was man ihnen getan hat« (Rousseau 1963). Dieser Vorzug des Tuns kommt auch in der gegen Ende des 19. Jahrhunderts in Amerika entstan-denen Philosophie des Pragmatismus zum Ausdruck. Danach erlangt der Mensch neue Einsichten durch Reflexion seiner persönlichen Erfahrungen, die er laufend in größere Zusammenhänge einordnet. Voraussetzungen dafür sind Mut zum Ent-decken neuer Fähigkeiten, Übung in Ausdauer, Überwindung von Misserfolg und Zivilcourage. Die Idee des Learning by doing prägt bis heute die von Robert Baden-Powell (1857–1941) gegründete Pfadfinderbewegung. Für die Personalentwicklung lässt sich das Handlungslernen anhand von vier Vorgehensweisen beispielhaft beschreiben (vgl. Abb. 50).

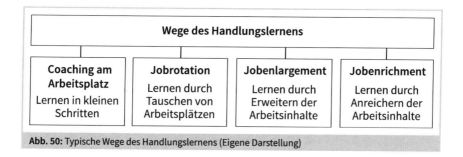

Abb. 50: Typische Wege des Handlungslernens (Eigene Darstellung)

7.5.1   Coaching am Arbeitsplatz

Der Mitarbeiter bleibt in seiner Arbeitsumgebung und erhält unmittelbare Rück-mel-dungen über seine Tätigkeit. Es gibt keine gestellten Übungsszenen und keine frem-den Übungsorte, sondern es wird »in vivo«, also wie im normalen betrieblichen Alltag gearbeitet. Coach und Coachee analysieren gemeinsam das Arbeits-verhalten und erarbeiten neue Wege. Coaching am Arbeitsplatz ist auch eine einmalige Gelegenheit, nicht nur das Lernen, sondern auch das »Entlernen« zu üben. »Man entdeckt keine neuen Weltteile, ohne den Mut zu haben, alte Küsten aus den Augen zu verlieren« meinte der Schriftsteller André Gide (1869–1951) einmal. Der lange Weg des Abwer-fens von Ballast und der Überwindung von Trägheit wird in kleine Schritte unterteilt. Jeder Schritt des Entlernens verleiht ein Gefühl des »Leichterwerdens« und regt so zu nächsten Schritten an. Im Verkauf ist diese begleitende Form des Handlungslernens als »Bordsteinkonferenz« (engl. »Kerbside-Coaching« von *kerbside* = Bordsteinkante) bekannt.

7.5.2   Jobrotation

Mitarbeiter tauschen nach einer bestimmten Ordnung den Arbeitsplatz mit ihren Kol-legen und übernehmen deren Aufgaben. Ziel ist die Erweiterung und Vertiefung von Fachkenntnissen. Jobrotation ist typisch für Traineeprogramme und dient auch als Vorbereitung auf den nächsten Laufbahnschritt. So folgt z. B. in einem Betrieb auf eine Woche Fahrwerks-Montage jeweils eine Woche Motor- und Getriebemontage, dann Innenausstattung und schließlich Elektrik & Funktionsprüfung; danach beginnt die Rotation wieder von vorne. Oder eine Mitarbeiterin übernimmt nach einem hal-ben Jahr im Verkaufsinnendienst für zwölf Monate ein Verkaufsgebiet im Außen-dienst, arbeitet danach ein halbes Jahr als Assistentin in der Logistik und bereitet sich anschließend auf die Nachfolge des ebenfalls rotierenden Innendienstleiters vor.

7.5.3   Jobenlargement

Hier wird der Umfang der Arbeit erweitert, die Arbeitsteilung hingegen verringert. Gleichartige Aufgaben oder im Arbeitsablauf vor- oder nachgeordnete Aufgaben werden zum ursprünglichen Arbeitsgang hinzugefügt. Damit können die Nachteile einer tayloristischen Spezialisierung eliminiert werden. Etwa wenn sich der Mitarbeiter durch einen Belastungswechsel von einer Tätigkeit erholen kann, ohne die Arbeit einstellen zu müssen. War der Mitarbeiter z. B. nur für das Zuschneiden zuständig und erweitert seine Aufgaben um Entgraten, Glätten und Transportieren der Werkstücke, so kann zumindest die mentale und körperliche Eintönigkeit vermieden werden. Oder eine Mitarbeiterin, bislang für die reine Auftragsannahme zuständig; arbeitet nun eng mit dem Einkauf zusammen, überprüft auch, ob die Ware in der richtigen Qualität verfügbar ist und sorgt dafür, dass saisonale Lieferengpässe durch intensiven Kundenkontakt ausgeglichen werden können. Hier deutet sich bereits die Grenze zum Jobenrichment ab.

7.5.4   Jobenrichment

Der bisherige Aufgabenbereich wird angereichert, indem der Mitarbeiter anspruchsvollere Aufgaben mit größerer Verantwortung übernimmt, die zuvor einer höheren hierarchischen Ebene zugeordnet waren. Einfachen Routineaufgaben in der Produktion werden z. B. auch Wartung, Reparatur und Qualitätskontrolle hinzugefügt; eine Sachbearbeiterin im Verkauf übernimmt auch die Verantwortung für Planungs- und Kontrollaufgaben; einem Autor, der bislang für das Verfassen von Fachartikeln zuständig war, wird nun auch die Ausgabengestaltung übertragen. Die Krux des Jobenrichment besteht darin, dass der Mitarbeiter auch über die dafür nötigen persönlichen (z. B. Fähigkeiten und Fertigkeiten) und externen Ressourcen (z. B. Arbeitsmittel und Handlungsspielräume) verfügen muss, sonst wird aus der wohlgemeinten Herausforderung eine krankmachende Überforderung. Der Mitarbeiter merkt zu spät, dass er sich überhoben hat. »Delegieren« wurde missverstanden. Die höherwertigen Aufgaben wurden abgeschoben und nicht übertragen oder übergeben (wie aus dem lateinischen legare hervorgeht). Abb. 51 zeigt als Beispiel, welche Lehren ein Dienstleistungsunternehmen aus etlichen Fehlschlägen von Enrichment-Maßnahmen zog und daraufhin einen »Kurzen Leitfaden für das Delegieren von Aufgabenbereichen« entwickelte.

- Definiere den Aufgabenbereich zunächst für Dich selbst: Was genau will ich an die Mitarbeiterin übertragen ?

- Überlege, welches Ziel damit verfolgt wird, und zwar a) für unser Unternehmen und b) für die Mitarbeiterin.

- Nimm Dir ausreichend Zeit für das erste Gespräch mit der Mitarbeiterin: Delegieren darf nie »zwischen Tür und Angel« oder »digital« erfolgen!

- Erkläre die Aufgabe und begründe das Delegieren des Aufgabenbereichs: Die Mitarbeiterin muss den Sinn der zu erfüllenden Aufgaben erkennen.

- Überprüfe gemeinsam mit der Mitarbeiterin, ob diese über die nötigen Ressourcen zur Erfüllung der Aufgaben verfügt, z. B. die Fähigkeiten und Fertigkeiten, Zeit, finanzielle Mittel, Arbeitsmittel.

- Vereinbare mit der Mitarbeiterin einen ersten Teilschritt, an dessen Ende Du mit ihr Fortschritte und Hindernisse besprichst sowie den nächsten Teilschritt vereinbarst.

- Biete der Mitarbeiterin grundsätzlich Hilfestellung an, überlasse es jedoch ihr, ob und wann sie davon Gebrauch macht.

Abb. 51: »Kurzer Leitfaden für das Delegieren von Aufgabenbereichen«. Beispiel aus einem Dienstleistungsunternehmen (nach Stahl 2020)

7.6   Personalentwicklung durch externen Wissenserwerb

Ihr Zweck ist der Erwerb von Wissen, verknüpft mit den jeweiligen Fähigkeiten und Fertigkeiten, das in der eigenen Organisation nicht verfügbar ist. Die theoretische Grundlage ist das explizite Lernen außerhalb der eigenen Organisation. Beim expliziten Lernen wird versucht, nichts der Spontaneität oder Selbstorganisation zu überlassen: Die Lernziele werden festgelegt, die Lernschritte geplant und die Lerninhalte bewusst eingeprägt. Beim impliziten Lernen ist zwar das übergeordnete Lernziel bekannt, nicht jedoch der Lernablauf. Implizit Gelerntes kann selbst dann abgerufen werden, wenn die Aufmerksamkeit während des Lernvorgangs nicht bewusst darauf gerichtet war. Beispiele dafür sind psychomotorische Fertigkeiten wie Fahrradfahren oder kognitive Fähigkeiten wie das Ausführen einer einfachen Rechenaufgabe. Das Wissen, das durch implizites Lernen erworben wurde, kann nicht vollständig verbalisiert werden. Es können nur Details mithilfe von Äußerungen (z. B. »Ich mache es so und dann so …«) beschrieben werden. Und noch etwas: Explizites Lernen schließt implizites nicht aus; dieses läuft oft sozusagen nebenher mit.

7.6.1   Wissenserwerb durch Storytelling

Speicherort des expliziten Wissens ist das deklarative Gedächtnis. Frontal- und Temporallappen des Kortex (Großhirnrinde) sowie der Hippocampus spielen hier eine wichtige Rolle. Im episodischen Teil sind persönliche Erlebnisse entlang einer Zeitleiste abgespeichert, im semantischen Teil das Faktenwissen ohne Zeitbezug. Da beide Teile eng miteinander verbunden sind, können wir uns Fakten besser einprägen, wenn sie mit einer bestimmten Episode hinterlegt sind. Dies erklärt auch den Erfolg des »Storytelling«. Die Expertin, die in einem Weiterbildungsseminar ihre Erklärungen in eine Geschichte verpackt, wird didaktisch erfolgreicher sein, als ihr Kollege, der sich mit bunten Powerpointfolien voller Daten abmüht. Warum? Storytelling regt das narrative Denken an:

- Dieses geht von Ereignissen aus und ist damit *konkret*.
- Es sucht nach Zusammenhängen und ist damit *holistisch*, statt Teilaspekte zu betonen.
- Narratives Denken fragt nach dem »Wie« und damit der *praktischen* Anwendung.
- Das heißt, es prüft kritisch und »*erdet*« so Ideen und Visionen.
- Es erlaubt eine gewisse *Naivität* und ist damit offen für Neues.
- Narratives Denken gibt *Anfängern* eine Chance und ist auf diese Weise emanzipatorisch.

Eine Geschichte braucht keine Legitimation, wie dies bei der Weitergabe von Faktenwissen der Fall ist (»Das müssen sie unbedingt wissen!«). Sie legitimiert sich durch die Praxis ihrer Erzählung selbst (»Ich erzähle euch nun eine Geschichte über …«). Argumente erreichen bestenfalls den Verstand. Geschichten wirken hingegen tiefer; sie sind gleichsam »bewohntes Gedächtnis«. (Assmann 1999)

7.6.2   Hybrides Lernen

Eindimensionales Lernen, wie etwa durch einen ereignisarmen Frontalunterricht, wirkt einengend: Alles dreht sich um die kognitive Dimension des Lernens: zuhören, erfassen, abspeichern. Anders das »hybride Lernen« oder »Blended Learning« (englisch: *to blend* = mischen). Dieses Konzept kombiniert Lernmethoden, bei denen z. B. auch die emotionalen, sozialen und psychomotorischen Dimensionen des Lernens zum Tragen kommen. Deshalb werden Lerninhalte nicht nur durch »klassische« analoge Kommunikation vermittelt, sondern auch, oder sogar vor allem, über digitale Medien.

So können etwa beim interaktiven Computer Based Training (CBT) computerunterstützte multimediale Lernprogramme von den Lernenden unabhängig von Ort und Zeit und ohne direkten Kontakt mit dem Lehrenden absolviert werden, wobei das

Programm auf die Eingaben des Lernenden reagiert und unterstützend eingreift. Web Based Training (WBT) ist eine Weiterentwicklung des CBT. Zugriff und Bearbeitung des Lernprogramms erfolgen hier über das Internet. In der mobilen Form nutzt der Mitarbeiter Leerzeiten, z. B. während einer Bahnreise, um Lerninhalte über Smartphone, Tablet oder Laptop abzurufen. Zum WBT gehört auch das Webinar (ein Kunstwort aus Web + Seminar), einer Konferenz über das Internet mit paralleler Telefonschaltung. Die Teilnehmer treffen einander auf einer Webinar-Plattform und verfolgen den Vortrag des Lehrenden auf ihrem Rechner mit. Das Webinar eignet sich besonders für die Vermittlung sehr spezifischer Lerninhalte in einer Gruppe mit überschaubarer Größe.

Teleteaching verbindet den Vorteil des synchronen Lernens, bei dem Lehrende und Lernende praktisch ohne Zeitverzögerung interagieren, mit dem Vorteil des Distanzlernens, das beiden Seiten ein hohes Maß an Ungebundenheit beschert. Ein typisches Beispiel sind interaktive Liveübertragungen von Weiterbildungsseminaren aus einem realen oder virtuellen Vortragssaal mithilfe von Videokonferenz-Systemen. Diese Veranstaltungen können aufgezeichnet und über Streaming-Video, DVD oder CD-ROM weiterverbreitet werden. Die technischen und organisatorischen Voraussetzungen sind allerdings hoch. Digitale Lernspiele verknüpfen vorgegebene Lernziele mit der fantasieanregenden Atmosphäre eines virtuellen Spiels. Sie sollen, wie die unterhaltungsorientierten Computerspiele, »Spaß machen« und so Lernbarrieren wie Langeweile, Zwang und Druck beseitigen und den Lernerfolg beflügeln. Voraussetzung dafür ist, dass der Lernende während des Spiels Erfolge erzielt und so die Kontrolle über das Spiel behält. Bleiben die Erfolge aus, lassen auch Spannung und Aufmerksamkeit rasch nach.

Die durch Kombination von analoger und digitaler Kommunikation entstandene, noch weitgehend unreflektierte Wissensbasis wird beim hybriden Lernen durch Üben und Experimentieren, durch personalisierte Rückmeldung, Onlineaufgaben, Gruppenarbeiten und Rollenspiele gefestigt. Hybrides Lernen bewirkt eine größere Bildervielfalt im Gehirn, was die Wahrscheinlichkeit eines Lernerfolgs erhöht. Der Lernende wird nicht allein gelassen, sondern kann mit dem Lehrenden und der Lerngruppe interagieren. Abstrakte Lerninhalte werden mithilfe von Simulationen lebendiger. Aufgaben und Lernkontrollen lassen sich dem individuellen Lernfortschritt anpassen. Schließlich kommt hybrides Lernen dem mobilen Verhalten der jungen Generationen entgegen, weil es zumindest zum Teil nicht an eine bestimmte Zeit und an einen bestimmten Ort gebunden ist. Hybrides Lernen verlangt allerdings, dass Präsenz- und Onlinephasen aufeinander abgestimmt sind und dass nicht vor lauter Begeisterung über die neuen Möglichkeiten die Technik die Didaktik bestimmt. Dazu das Bekenntnis einer Seminarteilnehmerin: »Wir waren so hin- und hergerissen von der Technik, dass uns am Ende die Puste zum Lernen ausging.«

7.7 Personalentwicklung durch internen Wissenstransfer

Ihr Zweck besteht darin, die Verbreitung vorhandenen Wissens samt der damit verknüpften Fähigkeiten und Fertigkeiten innerhalb der Organisation zu fördern. Theoretische Grundlage ist die Umwandlung von implizitem in explizites Wissen. Dabei ist allerdings Vorsicht angebracht. Reines Faktenwissen (z. B. wie ein Getriebe funktioniert, die Daten eines Produkts oder die Schrittfolge eines Prozesses) kann problemlos weitergeleitet werden. Je mehr allerdings dieses Wissen an bestimmte Fähigkeiten und Fertigkeiten gebunden ist (z. B. wie ein schadhaftes Getriebe wieder instand gesetzt wird, wie ein Produkt kundengerecht zu gestalten ist oder was bei Störungen eines Prozesses am zweckdienlichsten ist), desto mehr widersetzt es sich seiner Übertragung.

Dieses gebündelte Wissen ist wie immer an erfolgreiche Handlungen gebunden und damit etwas rein Persönliches. Es verkörpert die »Könnerschaft«. Diese lässt sich jedoch nicht einfach »explizieren«, also äußern, erläutern oder begreiflich machen. Noch schlimmer, der Versuch, das nicht Verbalisierbare dennoch ausdrücklich zu machen, zerstört in der Regel die Könnerschaft. Die Pianistin, die erklären soll, wie sie ihrer Aufführung eine persönliche Note verleiht, wird daran ebenso scheitern, wie der Bäcker, der sich gar nicht bewusst ist, wie er aus einem Batzen Teig so rasch und kunstvoll seine Brezeln formt. Wir haben es also bei der PE durch internen Wissenstransfer mit einem Spektrum zu tun, das vom reinen Faktenwissen bis zur personalisierten Könnerschaft reicht, wie die folgenden Beispiele zeigen (vgl. Abb. 52).

Abb. 52: Möglichkeiten einer Personalentwicklung durch internen Wissenstransfer (nach Stahl 2018)

7.7.1 Austauschforen

Wir Menschen sind durch unsere Herkunft Kleingruppenwesen. In der vertrauten Einheit der überschaubaren Gruppe sind wir bereit, Gefühle zu zeigen, Fehler zuzugeben und uns auf Kooperation einzulassen. »Austausch« bedeutet ja nichts anderes, als dem Prinzip der Wechselseitigkeit zu folgen. »Ich gebe mein Wissen preis, weil ich erwarten kann, dass die anderen es genauso tun.« Oder allgemein ausgedrückt, »Ich gebe, damit du gibst.« Wechselseitigkeit funktioniert am besten in einer offenen Organisationskultur. Hier wird z. B. das Prinzip einer starren Über- und Unterordnung durch ein kooperatives Nebeneinander ersetzt. Innerhalb dieses Rahmens kann Wechselseitigkeit geübt und so ein Wissenstransfer »erlernt« werden. Damit wird ein wesentliches Merkmal von Austauschforen deutlich: Sie sind keine angeordneten, regelgeleitete Meetings, sondern auf Selbstorganisation und mentaler Barrierefreiheit beruhende Treffen, die den Teilnehmern das Gefühl verleihen, an etwas »Großem« zu arbeiten.

Austauschforen funktionieren auf dem Prinzip des wechselseitigen Mentoring, ohne dass die Rollen Mentor und Mentee fixiert sind. Sie machen sich eine bekannte, aber nur selten offen ausgesprochene Erfahrung mit traditioneller Weiterbildung zu Nutze: »Der Vortrag war Mist, aber in der Kaffeepause habe ich eine Menge gelernt.« Bei aller Selbstorganisation, auch Austauschforen brauchen Grundsätze. Es gibt einen Moderator, der sich jedoch nicht als »Lenker«, sondern als gleichgestellter »Förderer« sieht. Es gilt, immer wieder die Rollen zu wechseln, also vom Nehmenden zum Gebenden und umgekehrt. Öfter nachgeben und nicht nur auf dem eigenen Standpunkt beharren versteht sich ebenso von selbst wie den anderen unterstützen, um so eine Brücke für eine Gegenleistung zu bauen. Besonders wichtig ist, gemeinsam über den wechselseitigen Nutzen des Austauschs zu reflektieren.

7.7.2   Meister-Lehrling-Beziehung

Wie bereits erwähnt, kann Könnerschaft nicht einfach von einer Person auf eine andere oder gar auf eine ganze Organisation übertragen werden. Der Typus »Meister-Lehrling-Beziehung« bietet immerhin die Möglichkeit, im Rahmen der Personalentwicklung einem Anfänger schrittweise Könnerschaft zu vermitteln. Der Erfolg dieser besonderen Art der Beziehung hängt von einigen Voraussetzungen ab. Erstens, aufmerksames Beobachten. Dies klingt einfacher als es ist, denn Ablenkung durch ständige digitale Erreichbarkeit und zwanghaftes (ohnehin illusionäres) Multitasking gehören heute zur Normalität. Zweitens, Imitieren ist eine besonders wirksame Form des Lernens. Dabei werden die Spiegelnervenzellen im Gehirn aktiv. Sie »feuern« unabhängig davon, ob die Lernende jemanden bei einer bestimmten Tätigkeit beobachtet oder ob sie diese Handlung selbst ausführt. Drittens, um Könnerschaft zu vermitteln, braucht es Zeit und Raum zum gemeinsamen Üben. Die unmittelbare Rückmeldung über den Erfolg des Übens ist hier der springende Punkt.

7.7.3   Mentor-Mentee-Beziehung

Sie ist vergleichbar mit der Meister-Lehrling-Beziehung. Allerdings wird der Mentor dem Mentee weniger Könnerschaft als vielmehr Erfahrungswissen vermitteln. Der Mentee wird auf diese Weise Zusammenhänge erkennen, die er sich sonst über »Versuch und Irrtum« erarbeiten müsste. Wie die Könnerschaft kann auch das Erfahrungswissen nicht einfach auf eine andere Person übertragen werden. Drei Hilfsmittel bieten sich hier an.

- Wie in Abschnitt 7.6.1 ausgeführt, können schwierige Zusammenhänge und verborgenes Wissen in Form von Geschichten mit den passenden Metaphern und Bildern aufbereitet werden. Wir lieben und merken uns Geschichten. Sie vermitteln uns Wissen in einer unaufdringlichen Weise. Die Erzählkunst ist einer der ältesten Kompetenzen des Menschen. Bevor es die Schrift gab, wurde alles Wissen mündlich weitergegeben.
- Mithilfe der »Wissenslandkarte« vermag der Mentor seine Wissensbestände nicht nur erzählend, sondern auch zeichnerisch offenzulegen. Möchte z. B. ein Logistikunternehmen den Prozess »Warenlieferung« abbilden, so werden alle Schritte – Lieferpapiere besorgen, LKW vom Parkplatz abholen, LKW auftanken, Gabelstapler organisieren usw. – in der richtigen Reihenfolge auf einer Wissenslandkarte grafisch dargestellt. Der Mentee kann nun ganz konkrete Fragen stellen und der Mentor seine Erfahrungen an die einzelnen Stationen heften.
- Der »Wissensbaum« verwendet den Baum als lebendigen Organismus zur Visualisierung von Wissen. Der Mentor beginnt z. B. mit den Wurzeln seiner beruflichen Erfahrung. Der Stamm verkörpert dann die wesentlichen Stränge seines Wissens, also etwa die Pflege alter Menschen, die Finanzierung von Entwicklungsprojekten oder die Organisation von Großveranstaltungen. Äste und Blätterwerk bieten Mentor und Mentee dann die Möglichkeit, sich in Teilbereiche zu vertiefen, ohne das ganze Bild aus den Augen zu verlieren.

7.7.4   Altersgemischte Gruppen

Die Vielfalt an Werteprofilen und Lebensmodellen führt unweigerlich zu Problemen in der Verständigung zwischen den »Generationen«. Ältere wünschen sich z. B. Respekt vor ihrer Lebensleistung und schätzen den persönlichen Kontakt. Jüngere Arbeitnehmer setzen hingegen auf digitale Kommunikation und offenes Feedback seitens des Vorgesetzten. Der interne Wissenstransfer scheitert oft an diesen Unterschieden. Mit einem vorbereitenden Training kann er tatsächlich in beiden Richtungen funktionieren: Von Alt zu Jung, wenn nicht belehrend, sondern unterstützend vorgegangen wird. Und von Jung zu Alt, wenn die Älteren erkannt haben, dass Wissen heute keine Domäne des Alters ist. Wie etwa beim »Reverse Mentoring«, bei dem junge Mitarbeiter z. B. ihr Wissen über Internet, Social Media und Web 2.0 an ältere (durchaus auch Führungskräfte!) Mitarbeiter weitergeben. Der Nutzen dieses umgekehrten Mentoring ist ebenso hoch wie die Hürde, denn hierarchische Unterschiede lassen sich nicht einfach wegzaubern.

7.7.5   Stafetten-Modell

Die gesetzliche Regelung der Altersteilzeit ist eine wichtige Voraussetzung, um vom traditionellen abrupten Wechsel des »heute noch voll dabei« zum »ab morgen auf null im Ruhestand« wegzukommen. Die Möglichkeiten reichen von der aufgabenorientierten variablen Arbeitszeit (AVAZ) bis zu Zeitautonomie und Zeitkonten. Für den internen Wissenstransfer bietet sich das Stafetten-Modell an. Es kombiniert den gleitenden Ausstieg aus dem Erwerbsleben mit einem gleitenden Einstieg von ausgelernten Personen. Beide teilen ihre Stelle in der Phase des Übergangs. Sie arbeiten als innerbetriebliches Tandem. Anders als beim Mentoring, bei dem die Interessen des Jüngeren den Vorrang haben, verfolgen hier beide Tandempartner das gleiche Ziel, nämlich die unterschiedlichen Ausbildungen und Erfahrungen wechselseitig miteinander zu verbinden. Auf diese Weise entsteht etwas, das zwar abgedroschen klingt, aber dennoch punktgenau zutrifft: Synergie.

7.8   Personalentwicklung durch Persönlichkeitsentwicklung

Die Persönlichkeit (von griechisch *persona* = Theatermaske) beschreibt die individuelle Ausprägung relativ stabiler Eigenarten im Denken, Fühlen und Handeln eines Menschen. Relativ stabil bedeutet, dass diese Eigenheiten zwar zum Teil genetisch bedingt und stark von Einflüssen in der frühen Kindheit geprägt sind, aber dennoch über die ganze Lebensspanne veränderbar bleiben. Diese Merkmale beschreiben die Wahrscheinlichkeit, dass sich eine Person in ähnlichen Situationen erneut so verhalten oder befinden wird. Die Persönlichkeit als Ganzes wird dadurch »plastisch«. Dies ist schon deshalb plausibel, weil sich unser Denken, Fühlen und Handeln aus dem Zusammenspiel vieler gleichzeitig oder aufeinander folgender Aktivitäten in den unterschiedlichsten Gehirnarealen ergibt. Diese »funktionelle Multi-Zentralität« des Gehirns hat zur Folge, dass auch an der Ausformung und Weiterentwicklung der Persönlichkeit eine Vielzahl von Gehirnarealen beteiligt ist.

Die Persönlichkeitsentwicklung bleibt natürlich nie nur der biologischen Reifung überlassen. Typische Arenen der sozialen Intervention sind Elternhaus, Schule und Beruf. Junge Erwachsene etwa verhalten sich im Schnitt noch eher planlos und unstrukturiert. Mit dem Berufseintritt ändert sich dies jedoch merklich. Untersuchungen zeigen, dass die Gewissenhaftigkeit bis zum Alter von ungefähr 40 Jahren deutlich zunimmt. Umgekehrt bewirkt der »Dolce-Vita-Effekt«, dass sich dieses Persönlichkeitsmerkmal mit dem Renteneintritt deutlich abschwächt, weil Anforderungen wie planvolles Vorgehen und Einsatzbereitschaft plötzlich wegfallen (Specht 2018). PE durch Persönlichkeitsentwicklung verstehen wir nicht als Mittel, um die Persönlichkeit so zu formen, wie man sie braucht. Das wäre nicht nur anmaßend, sondern auch moralisch bedenklich. Mithilfe der PE durch Persönlichkeitsentwicklung sollen vielmehr Potenziale entdeckt, geweckt und Blockaden, die einer Entfaltung der Potenziale im Wege stehen, beseitigt werden.

Die vier Ebenen der Persönlichkeit

In Anlehnung an das Vier-Ebenen-Modell (vgl. Abb. 53) des Neurobiologen Gerhard Roth (2008) lässt sich untersuchen, inwieweit die Persönlichkeit nach der Pubertät aus neurobiologischer Sicht überhaupt beeinflusst werden kann.

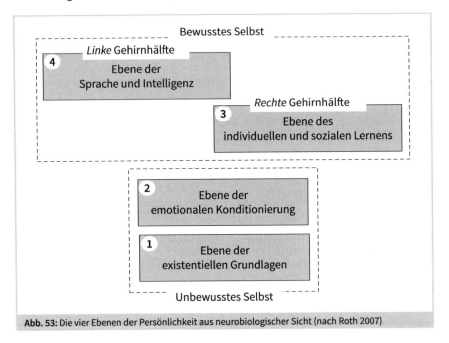

Abb. 53: Die vier Ebenen der Persönlichkeit aus neurobiologischer Sicht (nach Roth 2007)

Ebene 1: Die unterste Ebene ist der stammesgeschichtlich älteste Teil des Gehirns. Sie reguliert über elementare Körperfunktionen und angeborene Antriebe solche Verhaltensweisen wie Flucht und Angriff, Wut und Aggressivität oder Dominanz- und Paarverhalten. Diese Ebene hat den stärksten Einfluss auf unser Verhalten, ist aber weitgehend genetisch festgelegt und damit kaum veränderbar. Dies zeigt sich etwa beim Temperament, das sich im Laufe des Lebens nicht wesentlich verändert. Die Personalentwicklung hat keine Möglichkeit, hier einzugreifen.

Ebene 2: Auf der Ebene der emotionalen Konditionierung schlagen sich jene nachgeburtlichen Lernvorgänge nieder, deren Ergebnis wir als elementare Gefühle kennen, etwa Furcht, Freude, Verachtung, Ekel, Neugierde, Hoffnung und Enttäuschung. Schon das Kleinkind lernt, das anzustreben, was ihm Lust und Freude bereitet. So entwickelt sich das Belohnungs- und Motivationssystem im Gehirn, dass unser Verhalten maßgeblich beeinflusst. Dieses System ist durch Erfahrung veränderbar, etwa indem man beharrlich übt, die eigenen Gefühle angemessen zu regulieren. PE könnte hier einhaken und z. B. ein Training für Resilienz anzubieten. Unsere Erfahrungen zeigen, dass Menschen auf diese Weise weniger aggressiv und belastbarer werden, dass sie ihre Impulse besser kontrollieren können und auch eher bereit sind, über ihre Gefühle zu sprechen und Hilfe anzunehmen.

Ebene 3: Die Ebene des individuellen und sozialen Lernens spiegelt den Erziehungserfolg wieder. Soziales Verhalten, moralisches Abwägen, das Abschätzen von Risiken und Chancen, die Steuerung der Aufmerksamkeit, die Orientierung im Raum, das Erkennen von Gesichtern und die Empathie gehören dazu. Sie ist nicht in Stein gemeißelt, sondern innerhalb bestimmter Grenzen veränderbar. Dies lässt sich am Beispiel der Extraversion zeigen. Introvertierte Menschen, die also gerne alleine arbeiten, können in einem anregenden Umfeld sehr wohl geselliger werden. Sie gehen dann mehr aus sich heraus und Teamarbeit fällt ihnen leichter. Maß und Mitte sind hier verlangt. Änderungsversuche mit der Brechstange führen rasch zu einer psychischen Überforderung. Ein Mentor hingegen, der einen introvertierten Mitarbeiter immer wieder begleitet und ihn dabei gezielt, aber schonend einer Vielfalt von Persönlichkeitstypen und Situationen aussetzt, kann einiges bewegen.

Ebene 4: Die Ebene der Sprache und Intelligenz wird von der linken Hirnhemisphäre beherrscht. Zu ihr gehören der präfrontale Kortex, in dem das Arbeitsgedächtnis sowie die beiden Sprachzentren ihren Sitz haben: das Wernicke-Areal (nach dem Neurologen Carl Wernicke, 1848–1905) für das Sprachverständnis und das Broca-Zentrum (nach dem Mediziner Paul Broca, 1824–1880) für die Sprachmotorik. Wir möchten mit dieser Ebene auf die Macht der Sprache aufmerksam machen. »Sprache schafft Kopfkino«, heißt es so schön. Besonders in Dienstleistungsberufen, wo pausenlos Schallwellen bewegt werden, kommt es auf vermeintliche Nebensächlichkeiten wie Wortwahl, Stimmlage, Sprechtempo, Betonung und Sprechpausen an. Die Arzt-Patient-Kommunikation ist ein Beispiel dafür. Das im Patienten erzeugte »Kopfkino« kann seine Selbstheilungskräfte stärken oder aber seine Krankheit noch verschlimmern. Es bleibt unverständlich, warum diese Ebene der Sprache in der Praxis der Personalentwicklung so wenig Beachtung erfährt. Gerade hier lohnen sich Investitionen, weil sie auf viele organisatorische Bereiche positiv zurückwirken, etwa die Vorbeugung von Konflikten oder die Erhöhung der Führungsqualität.

7.9   Personalentwicklung durch gemeinschaftliches Lernen

Zweck der PE durch gemeinschaftliches Lernen ist die Förderung des kooperativen Verhaltens in arbeitsteiligen Organisationen. Als theoretische Grundlagen seien die Mechanismen der Gruppendynamik und das Vermeiden sozialer Dilemmata genannt.

Gruppen pendeln in der Regel zwischen den beiden Polen Integration und Differenzierung. Integration sorgt über Gemeinsamkeiten, Ähnlichkeiten, gleiche Erlebnisse und ähnliche Sichtweisen für den nötigen Zusammenhalt. Differenzierung wiederum liefert Irritationen, Spannungen, gegensätzliche Meinungen und damit Unterschiede. Ein gelingender Gruppenprozess braucht beides. So entstehen sich ergänzende Rollen, so wird die rasche Angleichung von Meinungen vermieden und auf diese Weise können vermeintliche Vorteile als widersinnig erfahren werden.

Soziale Dilemmata beruhen darauf, dass Personen, die in einer Gemeinschaft für sich allein vernünftig handeln, für die Gemeinschaft als Ganzes ein unvernünftiges Ergebnis hervorrufen. Ein aktuelles Beispiel auf globaler Ebene ist die Überfischung der Meere. Der einzelne Fischer verhält sich vernünftig, wenn er versucht, möglichst viele Fische zu fangen. Verhalten sich aber alle Fischer so, dann sind für die Gemeinschaft letztlich kaum mehr Fische verfügbar. Vom Ergebnis her gesehen sind die vermeintlich »Klugen« dumm und die »Narren«, also die für sich unvernünftig Handelnden, klug. In einer »perfekten« Organisation voller Kooperation und ohne Eigennutz, würden sich die scheinbar »Cleveren«, also jene, die nur auf ihren eigenen Vorteil bedacht sind, früher oder später selbst als »Narren« entlarven und den anscheinend unvernünftig für das Wohl der Organisation Engagierten nacheifern. Die perfekte Organisation ist Illusion, aber an der Klugheit kooperativen Verhaltens zu arbeiten, lohnt sich allemal.

7.9.1   Kooperation erlernen

Strukturen in Organisationen basieren längst nicht mehr rein auf Über- und Unterordnung. Wechselseitige Abhängigkeiten spielen eine immer größere Rolle. Damit ist die Kooperation, welche gegenseitiges Vertrauen voraussetzt, der Grundpfeiler zeitgemäßer Organisationsformen. Um Kooperation als motivationale Orientierung in Organisationen zu verankern, helfen Spielregeln. Schon Kinder schaffen sich einfache Regeln, wenn sie gemeinsam spielen. So lernen sie früh, verschiedene Rollen zu übernehmen und den Wert der Zusammenarbeit zu erkennen.

Fünf Prinzipien der Kooperation
Eine Spielregel, die wir in der Praxis häufig zum »Erlernen« kooperativen Verhaltens einsetzen, heißt »Tit for Tat«. Sie wurde zu Beginn der 1980er-Jahre vom Mathematiker Anatol Rapaport (1911–2007) auf der Basis der Spieltheorie entwickelt. Grob übersetzt als »Wie du mir, so ich dir« besteht diese Spielregel aus fünf Prinzipien:
- *Prinzip 1*: Sei grundsätzlich kooperationsbereit und beende die Kooperation niemals als erster.
- *Prinzip 2*: Sollte der Partner aufhören zu kooperieren, so setze auf Vergeltung und beantworte das nichtkooperative Verhalten mit ebensolchem.

- *Prinzip 3*: Sei jedoch im nächsten Spielzug nachsichtig und bereit, nach der Vergeltung wieder zu kooperieren, verfalle also nicht in ein »Niemals-wieder«.
- *Prinzip 4*: Achte darauf, dass dein Verhalten für den Partner berechenbar ist, spiele also »mit offenen Karten«.
- *Prinzip 5*: Trachte danach, dass der »Schatten der Zukunft« so groß wie möglich ist, das heißt, die Beteiligten müssen wissen, dass sie sich wiedersehen werden.

Diese letzte Voraussetzung für Kooperation ist dann am ehesten erfüllt, wenn die Akteure immer wieder und in relativ kurzen Abständen aufeinandertreffen. Die Vergeltung von Nicht-Kooperation muss schmerzhaft genug sein, um eine Wiederholung so unattraktiv wie möglich zu machen. In der Praxis wird die Strategie des »Tit for Tat« kaum auf Anhieb funktionieren. Unsere Erfahrung zeigt jedoch, dass ihre Prinzipien sehr wohl Lernprozesse auslösen und begleiten können. Dazu zwei Methoden, die sich gut für die PE durch gemeinschaftliches Lernen eignen: die Lernstatt und der Qualitätszirkel.

7.9.2   Lernstatt

Die Idee der Lernstatt geht auf ein Problem der 1970er-Jahre zurück, nämlich »die massenhafte Beschäftigung von ausländischen Arbeitern, für die es an geeigneten Hilfen zur fachlichen und sozialen Integration fehlte«. (Riegger 1983) Dafür wurde die Lernstatt als Form der Kleingruppenarbeit entwickelt und im Laufe der Zeit um Themen wie Arbeitsplatzsicherheit, Arbeitsbelastung und Umweltschutz erweitert. Die Lernstatt vermag gemeinschaftliches Lernen in der Tat befördern, insoweit bestimmte Voraussetzungen erfüllt sind. Die Lerngruppe sollte mit 4 bis 10 Teilnehmern in Bezug auf Alter, Nationalität, Qualifikation und Betriebszugehörigkeit bunt zusammengesetzt sein. Es gilt der Grundsatz, »Wer zusammen arbeitet, soll auch zusammen lernen«. (Riegger 1983) Gelernt wird mithilfe von Themen, die überwiegend aus der Gruppe selbst kommen.

Je nach Größe braucht die Lerngruppe ein oder zwei Moderatoren, die sich freiwillig und mit Interesse für diese Rolle melden, die von den Kollegen anerkannt werden, im Betrieb abkömmlich sind und kein dominantes Verhalten an den Tag legen. Die Moderatoren werden in sogenannten Intensivübungen in Didaktik und Methode geschult. Die Gruppe trifft sich mit den Moderatoren regelmäßig, z. B. einmal die Woche, für ein bis zwei Stunden über einen Zeitraum von einigen Monaten, in einem lärmfreien Raum im Betrieb. Während dieser Zeit muss garantiert sein, dass der Betriebsablauf gesichert ist und sich die Gruppe ungestört dem Lernen widmen kann. Bei Wissenslücken oder Unklarheiten über das betriebliche Geschehen lädt die Gruppe sporadisch Situationsberater ein. Das können z. B. Vorarbeiter, Meister und auch Führungskräfte sein. Entscheidend ist, dass sie etwas Weiterführendes zum Thema zu bieten haben. (Riegger 1983)

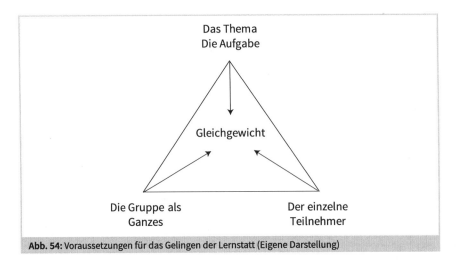

Abb. 54: Voraussetzungen für das Gelingen der Lernstatt (Eigene Darstellung)

Das Gelingen einer Lernstatt hängt auch davon ab, wie sehr sich drei Aspekte einer Kleingruppe im Gleichgewicht befinden (vgl. Abb. 54): Das Thema oder die Aufgabe, die alle gemeinsam beschäftigt; der einzelne Teilnehmer, der mit seinen Gefühlen, Gedanken, Schwierigkeiten und Bedürfnissen nicht allein gelassen wird; und die Gruppe als WIR, in dem auch die Gefühle, Gedanken, Schwierigkeiten und Bedürfnisse der anderen Teilnehmer ihren Platz haben. (Riegger 1983)

7.9.3   Qualitätszirkel

Der Qualitätszirkel (QZ) ist ebenfalls eine Kleingruppe, deren Mitglieder (in der Regel fünf bis zehn) in etwa gleichrangig sind und gemeinsame Erfahrung im Betrieb oder in den Außenbeziehungen besitzen. Die Gruppe trifft sich in gleichbleibender Zusammensetzung und in regelmäßigen Abständen unter Anleitung eines geschulten Moderators. Ihr Ziel ist es, systematisch nach Verbesserungsmöglichkeiten in den Arbeitsprozessen und deren Schnittstellen zu suchen, um die Qualität der erstellten Produkte oder Dienstleistungen kontinuierlich zu verbessern. Die Tätigkeit im QZ bedeutet also nicht Qualitätskontrolle von außen oder oben, sondern Qualitätsförderung von innen. In der Reinform (Japan) werden Qualitätszirkel außerhalb der regulären Arbeitszeit und ohne Vergütung durchgeführt.

Der QZ ist zielgerichteter und thematisch stärker eingeschränkt als die Lernstatt. Die Erfolge sind in der Regel messbar und manchmal sogar spektakulär, was den Zusammenhalt der Gruppe stärkt. Teilnehmer, die einander zuvor nicht grün waren oder die bloß ihre eigenen Interessen verfolgten, erkennen plötzlich den Wert kooperativen Verhaltens. Bleiben die Erfolge jedoch aus, weil der QZ im Lauf der Zeit immer mehr Vorschläge mit abnehmendem Grenznutzen liefert, macht sich rasch der Spaltpilz in der Gruppe breit. Deshalb ist die Lernstatt unsere erste Wahl, wenn es um das Erlernen von Kooperation geht.

7.10   Personalentwicklung durch Laufbahnplanung

Laufbahnplanung ist die langfristige Ausrichtung der PE. Sie ähnelt einer Reiser-oute durch das Unternehmen, die vom Human Resource Management gemeinsam mit dem Mitarbeiter geplant wird. Den Ausgangspunkt der Reise bildet der Abgleich zwischen der Selbsteinschätzung des Mitarbeiters und den Einschätzungen all jener, die den Mitarbeiter bislang führten, begleiteten, beobachteten oder mit ihm zusammenarbeiteten. Der Endpunkt ist eine bestimmte Position als mögliches Ziel. Der Weg dorthin wird in Etappen mit Zwischenzielen aufgeteilt, wobei für die bevorstehende Etappe schon die nötige Ausrüstung zu prüfen ist. Ob das Endziel auch erreicht wird, hängt von den erfolgreich absolvierten Etappen ab. In der Tradition des deutschsprachigen Kulturraums war der Reiseweg bislang ein geradliniger. Man spricht auch heute noch von der »Kaminkarriere«. Anders als in der angelsächsischen Kultur gibt es in der Kaminkarriere keine Serpentinen, die etwa einen Marketing-Mitarbeiter auch in die Produktion, die Logistik oder sogar in das Controlling führen können.

Das Dreilaufbahnen-Modell
Durch die zunehmende Internationalisierung verlaufen die Karrierewege nicht mehr so geradlinig wie früher. Auch bei uns hat z. B. eine über Schnupperzeiten hinausgehende Jobrotation Eingang in die Laufbahnplanung gefunden. Und noch etwas hat sich geändert. Es muss nicht immer die Führungslaufbahn sein, mit der man oft reflexhaft den wahren beruflichen Erfolg verknüpft. In jüngster Zeit hat das Dreilaufbahnen-Modell rasch Fuß gefasst (vgl. Abb. 55). Es beruht auf dem Grundsatz, Führungs-, Projekt- und Fachlaufbahn sowohl in der finanziellen Ausstattung als auch im Hinblick auf das soziale Ansehen gleichwertig zu gestalten. Wer es in den Zeiten steiler Hierarchien nicht auf die Führungsleiter geschafft hatte, musste oft mit dem Makel des »Klebers« leben. Heute sind die Strukturen flacher und die Führungspositionen rarer geworden. Parallel dazu nehmen die Anzahl und die Komplexität von Projekten immer mehr zu und die Investitionen in spezifisches Wissen werden riskanter. Es ist also nur logisch, Laufbahnen auch für die Steuerung von Projekten und die Handhabung von Spezialwissen einzurichten.

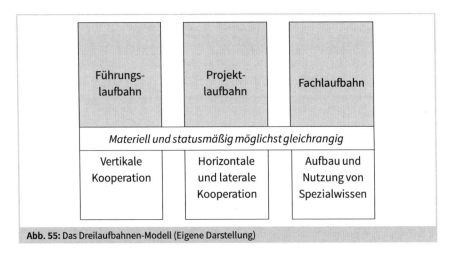

Abb. 55: Das Dreilaufbahnen-Modell (Eigene Darstellung)

Der Schwerpunkt der Führungslaufbahn liegt heute im Erkennen, Nutzen und Entwickeln der Human-Ressourcen, mit denen der organisatorische Auftrag verwirklicht werden kann. Das Prinzip der vertikalen Kooperation ersetzt dabei das Credo von Anweisung und Kontrolle. Die Fachlaufbahn hat eine beachtliche Aufwertung erfahren. Wer über knappes Spezialwissen verfügt, darf dieses Wissen nicht bei sich einschließen oder als Monstranz vor sich hertragen, sondern soll durch eine Mehrung dieses Wissens und seine praktische Anwendung den Wert der Organisation steigern. Auch die Projektlaufbahn ist heute kaum mehr aus größeren Organisationen wegzudenken. Wer die Verantwortung für Projekte übernimmt, sollte vor allem die Fähigkeit zur horizontalen Kooperation (innerhalb der Organisation) und der lateralen Kooperation (über die Organisationsgrenzen hinaus) besitzen sowie die Methoden des Projektmanagements beherrschen.

Führungs-, Projekt- und Fachlaufbahnen sollen gleichwertig nebeneinander stehen. Auf den ersten Stufen sind die Laufbahnen in der Regel noch durchlässig, was ein frühes Umsteuern ermöglicht. Dann wird es schwierig, denn eine »Führungsposition« wird in unserer Kultur noch immer als höherwertig eingeschätzt. Attraktive Job-Titel (z. B. »Senior Project Director«, »Master Expert«), diverse Privilegien und gut vergleichbare Grading-Strukturen vermögen nur wenig daran zu ändern. Zumindest zwei Entwicklungen sprechen dennoch für das Dreilaufbahnen-Modell. Die jüngeren Altersgruppen sind viel weniger von dem Dogma »Führung ist alles« geprägt und alle Veränderungen, die uns mit der Digitalisierung und Automatisierung ins Haus stehen, werden das zugehörige Spezialwissen und die Fähigkeiten zur Projektsteuerung noch weiter aufwerten.

7.11   Die wichtigen Fragen und Antworten zu Kapitel 7

Alles was unternommen wird, um Betriebe »zu managen«, wirkt sich direkt – man denke etwa an Hitze, Staub oder Lärm – oder indirekt – z. B. durch Vorgaben, Zeitdruck oder Konflikte – auf die Gesundheit der Beschäftigten aus. Diese Zusammenhänge aufzudecken, ist ein Anliegen dieses Buches. Auch, oder gerade die Funktion der Personalentwicklung vermag einen wichtigen Beitrag zum **BGM** zu leisten. Denn was hier tatsächlich »entwickelt« werden soll, ist das Humanvermögen der Mitarbeiter, welches wiederum in das Humanvermögen des Betriebes einfließt. Im Humanvermögen stecken die beiden Ressourcen des Könnens und des Wollens, und beide Ressourcen sind mit der physischen und psychischen Gesundheit der Beschäftigten eng verknüpft. Als Fazit dieses Kapitels soll daher der Zusammenhang zwischen den Handlungsfeldern der Personalentwicklung und ihren positiven Wirkungen auf die Gesundheit verdeutlicht werden (vgl. Abb. 56).

Handlungsfelder der Personalentwicklung	Zweck	Positive Wirkungen auf die Gesundheit
Enkulturation	Hineinwachsen in eine neue Organisationskultur	Schützt vor Stresssituationen als Folge betrieblicher Reibungsverluste
Handlungslernen	Erwerb von praktischer Intelligenz am Arbeitsort	Verleiht Zuversicht, Selbstwertgefühl und Leistungsmotivation
Externer Wissenserwerb	Erwerb von Wissen, das in der eigenen Organisation nicht verfügbar ist	Erzeugt Wertschätzung und wirkt so als positiver Verstärker der Leistungsfähigkeit
Interner Wissenstransfer	Nutzung von Wissen, das in der eigenen Organisation gebunden ist	Schafft Souveränität auf dem Weg zur Könnerschaft und fördert die Offenheit für Neues
Persönlichkeitsentwicklung	Unterstützung bei der Entfaltung persönlicher Ressourcen	Befreit von psychischen Blockaden und deren körperlichen Folgen
Gemeinschaftliches Lernen	Förderung des kooperativen Verhaltens in arbeitsteiligen Organisationen	Stiftet Sicherheit durch die Entwicklung gegenseitigen persönlichen Vertrauens
Laufbahnentwicklung	Planbarkeit durch langfristige Ausrichtung der Personalentwicklung	Beugt Zukunftsängsten vor und erhöht damit die Lebenszufriedenheit

Abb. 56: Die Handlungsfelder der gesundheitsförderlichen Personalentwicklung (Eigene Darstellung)

Inwieweit hilft Enkulturation der betrieblichen Gesundheit?

Die geordnete (z. B. mithilfe eines Einarbeitungsplans) und begleitete (am besten mit einem Patensystem) Einführung eines neuen Mitarbeiters in die für ihn fremde Organisationskultur hat eine vorbeugende Wirkung. Sie schützt vor der unkontrollierbaren Ansteckung einer Abteilung oder des ganzen Betriebes mit einem Virus, das in vielfältiger Form auftritt, z. B. als »Mensch, bei uns funktioniert aber rein gar nichts«. Der neue Mitarbeiter stolpert dann irgendwie in die neue Umgebung, er ist verunsichert und bringt dadurch seine Leistung nicht. Diese Defizite müssen von anderen ausgeglichen werden, die daraus resultierende Überlastung macht fehleranfällig. Die Sanktionen führen schließlich zu einer resignativen bis zynischen Grundhaltung. Es ist sinnlos, in dieser Situation an die Resilienz der Mitarbeiter zu appellieren (oder gar ein Resilienz-Training anzubieten, obwohl dieses in einem anderen Zusammenhang natürlich durchaus sinnvoll sein kann). Enkulturation schont diese Ressource für unvorhersehbare Krisen. Sie ist eine Art Gesundheitspolster, der nur den guten Willen kostet, sich sinngemäß an die goldene Regel der Moral zu erinnern: »Behandle jeden Neuankommenden so, wie du als Neuankommender behandelt werden willst.«

Was bewirkt Handlungslernen im arbeitenden Menschen?

In den meisten Menschen steckt ein Stück vom Homo faber, dem schaffenden Menschen. Dieser möchte Arbeit nicht als Mittel zur Existenzsicherung reduziert wissen, sondern erfährt eine besondere Befriedigung aus dem, was er selbst geschaffen hat. Anders wäre ja auch der Erfolg z. B. von Baumärkten oder Geschäftsmodellen à la IKEA nicht zu erklären. Handlungslernen oder »Lernen durch Tun« schärft die praktische Intelligenz und erzeugt im arbeitenden Menschen die Gewissheit, neue oder schwierige Aufgaben kraft seiner eigenen Ressourcen bewältigen zu können. Diese Überzeugung korreliert positiv mit Zuversicht, Selbstwertgefühl und Leistungsmotivation und negativ mit Ängstlichkeit, Depressivität und emotionaler Überreaktion. Damit werden auch Situationen, die praktische Intelligenz erfordern, in ihrem Schwierigkeitsgrad nicht überschätzt und gemieden, sondern vielmehr als Quelle der Selbstbestätigung angegangen. Es gilt inzwischen als empirisch gesichert, dass Menschen mit ausgeprägter Selbstwirksamkeitserwartung über eine bessere psychische und körperliche Gesundheit verfügen. (z. B. Fuchs/Schwarzer 1994)

Wie kann externer Wissenserwerb anspornend gestaltet werden?

Hinter diesem so technischen Begriff verbirgt sich eine psychologische Größe: die Wertschätzung. Sie blüht auf, wenn sich der Mitarbeiter in die Maßnahmen des externen Wissenserwerbs eingebunden fühlt, wenn die Maßnahmen begründet und vorbereitet werden und wenn er dabei unterstützt wird, seinen Wissenszuwachs in der betrieblichen Praxis auch anwenden zu können. Wie sehr Wertschätzung die Gesundheit zu fördern vermag, wird immer dann deutlich, wenn sie fehlt. Wer etwa von einer externen Weiterbildungsmaßnahme mit dem Gefühl zurückkehrt, dass seine Bereitschaft zur Verausgabung ohne Nutzen und Anerkennung bleibt, erlebt dies als Kränkung. Er wird in Zukunft auf Verletzungen des Gerechtigkeitsprinzips empfindlich reagieren. Es ist unbestritten, dass sich solche »Gratifikationskrisen« auch auf die körperliche Verfasstheit – muskuläre Anspannung, hoher Blutdruck, gestörter Hormonhaushalt auswirken. Dass Wissenserwerb auch anspornend gestaltet werden kann, zeigt das Beispiel eines erfolgreichen Hightech-Unternehmens. Es »rahmt« seine externen PE-Maßnahmen als »Expeditionen«. Die Teilnehmer werden als »Erkunder« sorgfältig vorbereitet, bestens ausgerüstet und bei der Rückkehr voller Neugier empfangen. So kann Wissenserwerb mit Wertschätzung verknüpft werden.

Wie kann interner Wissenstransfer zu einer Quelle psychischer Gesundheit werden?
Der Gipfelpunkt des internen Wissenstransfers ist die Könnerschaft. Sie ist das an eine Person gebundene und anhand erfolgreicher Handlungen beobachtbare Wissen. Wer über Könnerschaft verfügt – in der arbeitsteiligen Wirtschaft von heute gibt es vielfältige Spielarten davon – empfängt wohltuende Signale von zwei Seiten: Von seiner sozialen Umgebung in Form von Anerkennung und Status; und aus seinem Inneren in Form des Gefühls der Souveränität. Beides ist Honig für einen stabilen Selbstwert. Dieser sorgt dafür, dass wir uns der eigenen Handlungen, Absichten und Gefühle bewusst sind und nichts verdrängen müssen, dass wir uns selbst annehmen und nicht in einem feindseligen Verhältnis zu uns selbst leben, dass uns Kränkungen und Misserfolge nicht aus dem Gleichgewicht bringen, dass wir selbstsicher auftreten, ohne uns ständig als großartig präsentieren zu müssen und dass wir dabei die eigenen Fähigkeiten nicht überschätzen. Zugegeben, Könnerschaft ist der Gipfelpunkt. Aber schon der Weg dorthin über den internen Wissenstransfer – Austauschforen, Meister-Lehrling-Beziehung, Mentor-Mentee-Beziehung, Altersgemischte Gruppen, Stafetten-Modelle – bietet viele Stationen, an denen der Mitarbeiter psychische Gesundheit tanken kann.

Warum gehört auch die Persönlichkeitsentwicklung zu einer gesundheitsförderlichen PE?
Körperliche Blockaden, von Verspannungen, Rückenschmerzen bis zu nervösen Magenbeschwerden, und psychische Blockaden bedingen sich gegenseitig. PE-Maßnahmen zur Persönlichkeitsentwicklung setzen an den psychischen Blockaden an. Diese hindern Menschen daran, ihr Potenzial auszuschöpfen. Im besten Fall verharren sie dann im Mittelmaß, im schlimmsten leiden sie unter permanentem Selbstzweifel. Dabei ist es egal, worin die Ursachen für die Blockaden liegen, z. B. in unangenehmen Erlebnissen, die nicht verarbeitet wurden (»Die Präsentation war ein totaler Flop«); in tief verwurzelten Grundsätzen (z. B. »Ich muss ständig perfekt sein«); oder in falschen Überzeugungen (z. B. »Frauen taugen nichts für technische Berufe«). Meist werden

diese Ursachen von Ängsten verdeckt. Um dieses Geflecht zu entwirren, bietet sich Coaching als Hilfe zur Selbsthilfe an. Typische Themen eines gesundheitsfördernden Coachings sind die Fähigkeit zur Regulierung von Emotionen und zur Selbstreflexion sowie die Selbstöffnung als Grundlage gelingender Kommunikation. Personalverantwortliche sind gut beraten, sich eine »Shortlist« von Coaches zu erarbeiten, um im Falle des Falles die geeignete Person mit einem Coaching zu betrauen.

Wie wirkt sich soziales Lernen auf die Gesundheit aus?
Kooperation, das Ziel der Personalentwicklung des sozialen Lernens, ist zugleich der Schlüssel zu wirksamer Teamarbeit. Die gemeinsame Übernahme von Verantwortung, die Fähigkeit, im Team über Aufgaben zu reflektieren, das Gefühl, gemeinsam mehr zu erreichen als im Modus des Einzelkämpfers, die Möglichkeiten an Entscheidungen mitzuwirken, ja sogar Humor im Umgang miteinander, als dies kann wesentlich dabei helfen, Stresssituationen besser zu bewältigen und psychosomatischen Beschwerden vorzubeugen. (Busch et al. 2013) Nach eigenen Beobachtungen wirkt sich in der Gruppe erlerntes kooperatives Verhalten besonders positiv auf die Gesundheit aus, wenn einfache Tätigkeiten von um- oder angelernten Arbeitskräften mit einer hohen ethnischen Vielfalt auszuführen sind. Und noch etwas: Kooperation verlangt persönliches Vertrauen. Auch wenn die Datenlage im deutschsprachigen Raum dünn ist (Kroll/Lampert 2007), so zeigt sich, dass gegenseitiges Vertrauen, indem es Sicherheit stiftet, überaus positiv auf die Gesundheit wirkt.

Was kann Laufbahnentwicklung bewirken?
»Der Job macht den Menschen«, heißt es in der neueren Entwicklungspsychologie. Viele Menschen haben keine Wahl, sich eine bestimmte Erwerbsarbeit auszusuchen. Überall dort jedoch, wo es sehr wohl möglich ist, die persönlichen mentalen und körperlichen Ressourcen und die Wege, sie bestmöglich zu nutzen, miteinander in Einklang zu bringen – wie eben in der Laufbahnplanung – sollte davon Gebrauch gemacht werden; im Sinne einer gesundheitsförderlichen Personalentwicklung. Der Zusammenhang ist einfach: Die Planungssicherheit der Organisation überträgt sich auf den Mitarbeiter, was wiederum Zukunftsängsten vorbeugt und ein Gefühl der Zuversicht schafft. Damit entsteht auch eine Brücke zu Aaron Antonovskys (1997) Konzept der Salutogenese. Zu den Bedingungen für den Erhalt von Gesundheit gehört für ihn das überdauernde und doch dynamische Gefühl der Zuversicht des Menschen, dass sich seine Angelegenheiten so gut entwickeln, wie man vernünftigerweise erwarten kann.

7.12   Zusammenfassung

- Personalentwicklung ist heute immer im Zusammenhang mit Team- und Organisationsentwicklung zu betreiben.
- Personalentwicklung ist weder Wunschkonzert noch mitzuschleppender Kostenblock, sondern eine Investition in das betriebliche Humankapital.
- Eine transparente Bedarfsermittlung ist die Voraussetzung für eine gelingende und damit gesundheitsförderliche Personalentwicklung.
- Transfersicherung und Erfolgskontrolle sind zwar weitere wunde Punkte der Personalentwicklung, dennoch lohnt es sich, an auf die eigene Organisation zugeschnittene Lösungen zu arbeiten.
- Die Palette an Handlungsfeldern für die Personalentwicklung ist so reichhaltig, dass sich jede Organisation, unabhängig von Größe und Branche, daraus ihr gesundheitsförderliches PE-Programm entwickeln kann.

Teil 3: Umsetzung

8 Gesundheitsförderliche Personal-, Führungskräfte- und Organisationsentwicklung messbar machen

Abb. 57: Das Pinkafelder BGM-Modell – Wo befinden wir uns? (Eigene Darstellung)

!   **Leitfragen**

- Wie kann gesundheitsförderliche Personal- und Organisationsentwicklung gemessen werden?
- Wie kann die psychische Gefährdungsanalyse mit der **BGM-Toolbox** gemessen werden?
- Wie kann die Wertekultur erfasst werden?

Personal-, Führungskräfte- und Organisationsentwicklung, als integrativer Bestandteil von Human Resource-Management, sind heutzutage ein wichtiger Teil der betrieblichen Entwicklung geworden. Es gibt kaum ein Unternehmen mittlerer Größe, welches ohne einschlägige Abteilungen auskommt. In regelmäßigen Abständen finden Tagungen und Konferenzen für Personalmanager statt wo »neue innovative Methoden« der Personalentwicklung (PE) vorgestellt werden um die Kernaufgabe von PE, nämlich die Förderung der beruflichen Handlungsfähigkeit, zu erfüllen. »Die Förderung beruflicher Handlungskompetenz kann Überforderungssituationen beim Umgang mit Anforderungen vermeiden bzw. reduzieren, indem personelle Ressourcen optimiert werden« (Sonntag, 2004 zitiert nach Busch et al. 2009). Ressourcen können sowohl beim Mitarbeiter selbst als auch in den Arbeitsaufgaben, in der Organisation sowie im sozialen Umfeld liegen. Daraus leitet Busch folgenden Leitsatz ab, der den Zusammenhang zwischen personenzentrierter Gesundheitsförderung und Personalentwicklung verdeutlicht:

>*»Damit wird zum einen deutlich, dass Personalentwicklung (PE) von Arbeitsgestaltung und Organisationsentwicklung (OE) nicht zu trennen ist, zum anderen, dass ein wesentlicher Gegenstand von PE/OE die Stressprävention und Gesundheitsförderung ist.« (Busch et al. 2009)*

Vor diesem Hintergrund wird deutlich wie eng Mitarbeitergesundheit mit Personalentwicklung verbunden ist. Wir schlagen daher vor, die Handlungskompetenzbereiche der Personalentwicklung: Fachkompetenz, Individualkompetenz und Methodenkompetenz, in Anlehnung an Pätzhold 1999 (zitiert nach Keller, 2018) um das Handlungsfeld Gesundheitskompetenz zu erweitern.

Das umfassende Verständnis von Gesundheitskompetenz spiegelt sich in der Definition wider, die das European Health Literacy Consortium auf der Basis einer umfassenden Literaturanalyse entwickelt hat. (Sorensen et al. 2015)

Grundbegriff: Gesundheitskompetenz

Gesundheitskompetenz umfasst das Wissen, die Motivation und die Fähigkeiten von Menschen, relevante Gesundheitsinformationen in unterschiedlicher Form zu finden, zu verstehen, zu beurteilen und anzuwenden, um im Alltag in den

Bereichen der Krankheitsbewältigung, Krankheitsprävention und Gesundheitsförderung Urteile fällen und Entscheidungen treffen zu können, die ihre Lebensqualität während des gesamten Lebensverlaufs erhalten oder verbessern.

Die Integration der Gesundheitskompetenz in die PE führt zu einer längst überfälligen
thematischen Verankerung von Gesundheit auf Personenebene in der Personal-bzw.
Führungskräfteentwicklung. Thematisch geht es hier nicht nur um die Vermittlung von
Wissen über die gesundheitlichen Auswirkungen von arbeitsplatzbezogenen Stressoren sowie entsprechende Verhaltensmuster, sondern auch um die Fähigkeit Gesundheit als organisationale Querschnittsthematik zu verstehen, zu implementieren und
zu steuern. Anders ausgedrückt im Sinne des übergreifenden »Health in all business
policies«-Ansatzes: Gesundheit in allen Geschäftsprozessen. Vor diesem Hintergrund
lässt sich die gesundheitsförderliche Personalentwicklung als eine systematische,
ressourcenorientierte Förderung und Weiterentwicklung der Mitarbeiter und Führungskräfte verstehen. Darunter fallen alle Maßnahmen die sowohl zur Steigerung
des individuellen und organisationalen Gesundheitsbewusstseins als auch zur Vermittlung von Wissen über gesundheitliche Auswirkungen von Verhaltensweisen oder
gesundheitsrelevanten Geschäftsprozesse beitragen.

Folglich ist eine gesundheitsförderliche Personalentwicklung ein Bestandteil eines
integrativen, auf die Herausforderungen der modernen Arbeitswelt ausgerichte-
ten Personalmanagements, der als ein wesentlicher Baustein der Integration des
Managementansatzes »Betriebe Gesund Managen« anzusehen ist. Sowohl gesundheitsförderliche Personal- als auch Führungskräfteentwicklung darf nicht losgelöst
von Organisationsentwicklung betrachtet werden. Was bedeutet nun der Fokus auf
gesundheitsförderliche Personalentwicklung?

1. Ziel der gesundheitsförderlichen Personal- und Führungskräfteentwicklung ist die
    Arbeitsfähigkeit (Workability) – d. h. die gesundheitliche Dimension der Beschäfti-
    gungsfähigkeit (Employability) über das gesamte Erwerbsleben zu erhalten bzw.
    zu fördern.
2. Das Gesundheitskompetenz in Verbindung mit der PE bildet die inhaltliche Brücke
    zum Employability Management.

Das »magische Dreieck der Employabilty« (Kompetenzen– Identifikation– Wohlbefinden) hat eine hohe Anschlussfähigkeit zum **BGM**. Die Konsequenz daraus gezogen
bedeutet, dass Employabilitymanagement integrativer Teil des **BGM** ist und umgekehrt.

Im Zusammenhang mit den sich dynamisch veränderten Rahmenbedingungen der
modernen Arbeitswelt und der damit verbundenen Notwendigkeit für den Einzelnen
sich immer wieder neu zu definieren und sich den beruflichen Anforderungen zu stellen, ist die integrative Betrachtung von **BGM** und Employability besonders wichtig.
Diese Dynamik erfordert von jedem Mitarbeiter als auch Führungskraft die erhöhte

Bereitschaft im Sinne des lebenslangen Lernens sich sowohl fachlich, das wird schon lange vorausgesetzt, als auch im Bereich der inter- und intrapersonalen Kompetenzen in Verbindung mit Gesundheit weiterzubilden um bestmöglich mit ungewohnten Arbeitssituationen, aber auch Prozessen und organisational-strukturellen Veränderungen, umgehen zu können. Darüber hinaus ist jede Veränderung mit Unsicherheiten und auch Ängsten verbunden die auch gesundheitliche Auswirkungen haben können, weshalb eine integrative Betrachtung des **BGM** und des Employabilitymanagements nicht nur ein »add on« im Employer Branding sondern auch eine Notwendigkeit im Sinne der Fürsorgepflicht einer Organisation für ihre Beschäftigte ist.

Nicht nur die Förderung von Handlungskompetenzen zur Bewältigung von herausfordernden Arbeitssituationen wirken sich positiv auf psychische Gesundheit aus, sondern auch organisationskulturelle Rahmenbedingungen, die in einer gelebten Organisationskultur sichtbar werden. Dabei wird unter Organisationskultur häufig die Gesamtheit aller im Miteinander von Führungskräften und Mitarbeitern gelebten Normen und Werte verstanden die maßgeblich das Verhalten und Denken von Mitarbeitern beeinflusst. Wenn man sich die Definition von Organisationskultur genau ansieht, dann wird klar warum die gelebte Kultur gesundheitsrelevant ist:
1.   Im zwischenmenschlichen Miteinander entsteht Gesundheit
2.   Gemeinsame Werte haben eher nur formalen als einen gelegten Charakter
3.   Kulturelle Rahmenbedingungen beeinflussen das Verhalten.

Im folgenden Abschnitt werden Fragebögen vorgestellt, die zur Einschätzung einer gesundheitsförderlichen Organisationskultur im Rahmen des Pinkafelder **BGM-Modells** entwickelt wurden und sich bewährt haben. Grundsätzlich werden in der Umsetzung des Ansatzes und damit zur unternehmensinternen Datengenerierung nicht nur quantitative Tools wie Fragebögen zur Einschätzung der Organisationskultur, sondern zeitversetzt zur Erhebung von Maßnahmenableitungen und Stimmungsbildern auch qualitative Tools wie Fokusgruppen eingesetzt. Mit diesem mehrstufigen methodischen Verfahren gelingt es zum einen die »Landkarte der gesundheitsförderlichen Organisationskultur« zu zeichnen (Fragebogen) und zum anderen die »Landschaft der gelebten Organisationskultur« (Fokusgruppen) zu erfassen. Die quantitative und qualitative Datenerhebung selbst ist ausdrücklich kein Selbstzweck, sondern dient dazu bedarfsorientierte, kollektiv wirksame Maßnahmen zur Stärkung der gesundheitsförderlichen Organisationskultur für die Personal-, Führungskräfte- und Organisationsentwicklung abzuleiten und umzusetzen. Ergebnisse bei allen nachstehenden Fragebögen werden unterteilt in:
*   Prozentuelle Verteilungen auf Fragenebene (Items inkl. Balkendiagramm)
*   Mittelvergleiche auf Dimensionsebene (inkl. Spinnennetzdiagramm)
*   Vergleiche von Organisationseinheiten untereinander und/oder dem Gesamtunternehmen
*   Branchenindex im Vergleich zum Gesamtunternehmen.

8.1   Fragebogen zur gesundheitsförderlichen Organisationskultur (BGM-Basis)

Grundthese des **BGM-Basis** Fragebogens: Es gibt organisationskulturelle Rahmenbedingungen, die sich je nach Ausgestaltung mehr oder weniger gesundheitsförderlich auf das Wohlbefinden der Mitarbeiter auswirken. Die Ergebnisse zeigen also ob und wenn ja in welcher Form eine gesundheitsförderliche Organisationskultur im Unternehmen oder nach Organisationeinheiten gelebt wird. Achtung: Da es sich um eine Befragung von Mitarbeitern und Führungskräften handelt, geht es immer um eine Bewertung der subjektiv wahrgenommenen Kultur- zusammengefasst auf das Gesamtunternehmen oder einzelne Abteilungen.

Das wissenschaftliche Fundament dieses Fragebogens, besteht aus fünf Themenbereichen (Dimensionen), die ihrerseits über insgesamt 73 Fragen (Items) die Gesamtheit der gesundheitsförderlichen Kultur in einem Betrieb mit seinen Abteilungen valide abbilden. Diese Dimensionen setzen sich folgendermaßen zusammen- in der Klammer stehen jeweils die Anzahl der dazugehörigen Items:

1. **Arbeitsbedingungen und Arbeitsorganisation (15 Items)**
   Inhaltlich geht es in diesem Themenblock zum einen um die Bewertung der Arbeitstätigkeit in Kombination mit Anforderungen (z.B. meine Aufgaben sind abwechslungsreich, die Arbeit erlaubt mir eine Menge eigener Entscheidungen zu treffen ...) zum anderen um das Thema tätigkeitsbezogene Fort- und Weiterbildung (z.B. das Unternehmen bietet gute Weiterbildungen). Jeder dieser Aussagen hat für sich schon eine indirekte gesundheitliche Relevanz – in Summe deckt dieser Themenblock also die tätigkeitsbezogenen Arbeitsbedingungen ab, die statistisch abgesichert somit einen Teilbereich der gesundheitsförderlichen Organisationskultur ausmachen.

2. **Führungsverständnis (16 Items)**
   Der Themenblock Führungsverständnis im Sinne des organisationalen Selbstverständnisses von Führung bildet einen Kernbereich der gesundheitsförderlichen Organisationskultur. Inhaltlich reicht die Themenpalette von wertschätzender Feedbackkultur (z.B. meine unmittelbar vorgesetzte Führungskraft fördert ein gutes Arbeitsklima, meine unmittelbare Führungskraft lobt wesentlich öfter als dass sie kritisiert ...) über haltgebende Führung (Orientierung, Zielvereinbarungen, Umgang mit kritischen Ereignissen, Planungssicherheit) bis hin zur Bewertung von partizipativen Elementen im direkten Führungsverhalten (z.B. meine unmittelbare Führungskraft fragt mich nach meiner Meinung, meinen Ideen und Vorschlägen). Anders als beim Themenblock Menschenbild (siehe Themenbereich Menschenbild) steht hier die Bewertung der vertikalen Beziehungskultur (Mitarbeiter zu unmittelbarer Führungskraft) im Fokus der Betrachtung.

3. Menschenbild (13 Items)

Unter dem Begriff »Menschenbild« wird das Selbstverständnis einer gesundheitsförderlichen Organisationskultur in Form des individuellen Beitrags zum Gesamten (z. B. im Unternehmen werden Mitarbeiter als wertvoll betrachtet) sowie über
kollegiales Miteinander und Vertrauen (z. B. ich und meine Kollegen vertrauen
einander und halten zusammen) abgebildet. Dieser Themenblock ist gerade aus
gesundheitlicher Perspektive besonders wertvoll, da über diesen Bereich die horizontale Beziehung (Mitarbeiter zu Mitarbeiter), sozusagen der soziale Klebstoff,
einer gelebten gesundheitsförderlichen Organisationskultur abgebildet wird.

4. Stellenwert von Gesundheit (11 Items)

Der Themenblock »Stellenwert von Gesundheit« stellt das organisationale Selbstverständnis von Gesundheit aus Mitarbeiter- und Führungskräfteperspektive (z. B.
das Unternehmen unterstützt Mitarbeiter in schwierigen Lebenslagen, gesundheitliche Aspekte am Arbeitsplatz haben im Betrieb einen hohen Stellenwert) dar.
Hierbei geht es im Sinne einer gesundheitsförderlichen Organisationskultur ausdrücklich nicht um individuelle Verhaltensweisen oder Lebensstilfragen, sondern
um die Bewertung der nachhaltigen strukturellen Verankerung des salutogenetischen Gesundheitsverständnisses und den damit verbundenen organisationalen
Prozessen und Aktivitäten.

5. Sicherheitsmanagement (18 Items)

Dieser Themenblock bildet die thematische Brücke zum Arbeits- und Gesundheitsschutz. Um die gesundheitsförderliche Organisationskultur in ihrer Gesamtheit
abbilden zu können wurde dieser Themenblock als Schnittstelle zu Spezialisten
wie Arbeitsmediziner oder Sicherheitsfachkraft bewusst integriert. Dieser Themenblock erhebt nicht den Anspruch der gesetzlich vorgeschriebenen Arbeitsplatzbe-
gehung, losgelöst von den anderen gesundheitsförderlichen Themenbereichen dieses Fragebogens, eingesetzt zu werden, sondern bildet eine wertvolle Ergänzung
einer ganzheitlichen, gesundheitsförderlichen Organisationskultur im Verständnis
des **BGM**-Modells. Beispiele für Aussagen, die unter diesem Themenblock behandelt werden, sind: es werden regelmäßig Maßnahmen zur Verbesserung der Arbeitsbedingungen durchgeführt, ich bin über Unfallverhütungsmaßnahmen informiert.

! **Praxistipp: Der Einsatz des BGM-Basis Fragebogens**

- Wenn ein Bekenntnis zur gesundheitsförderlichen Organisationsentwicklung im dyna-
  mischen Umfeld sich ständig verändernder Arbeitsbedingungen von allen Beteiligten
  und ganz besonders von der Unternehmensleitung vorhanden ist, dann geben die
  Ergebnisse einen wissensbasierten Handlungsrahmen für Strategien in der Personal-
  Führungs- und – Organisationsentwicklung.
- Die befragungsbasierten Kennzahlen (z. B. Gesamtindex, durchschnittliche Dimensi-
  onsbewertungen – Mittelwerte) können substanziell in jede Balanced Score Card-Sys-

tematik überführt werden. Eine gesundheitsförderliche Organisationskultur wirkt sich zudem als Treiber für intrinsische Motivation, Qualität der Arbeitsleistung, Zufriedenheit, Abwesenheit und Fluktuation aus.

- Der **BGM-Basis** Fragebogen eignet sich nicht nur zur Organisationskulturdiagnostik, sondern auch im Managementzyklus zur Steuerung und Monitoring von Maßnahmen.

In Abhängigkeit der unternehmensinternen Bedürfnisse kann entweder nur der Fragebogen (**BGM-Basis**) zur Interpretation der gesundheitsförderlichen Organisationskultur oder eine kombinierte Version mit der gesetzlich verpflichtenden psychischen Gefährdungsbeurteilung (**BGM-Kombi**) eingesetzt werden. Der im folgenden Unterkapitel beschriebene Fragebogen zur gesundheitsförderlichen Organisationkultur, unterscheidet sich inhaltlich vom **BGM-Basis** Fragebogen in der Form, dass inhaltliche Überschneidungen zur psychischen Gefährdungsbeurteilung bereinigt wurden und die Themen tätigkeitsbezogener Sinnerfüllung sowie organisationaler Stellenwert von Gesundheit integriert sind.

Arbeitshilfe online: BGM-Basis Tool
Eine Übersicht zum Fragebogen **BGM-Basis** *sowie einen Selfcheck finden Sie unter den Arbeitshilfen im Downloadbereich.*

8.2 Fragebogen zur gesundheitsförderlichen Organisationskultur in Kombination mit der psychischen Gefährdungsanalyse (BGM-Kombi)

Grundthese des **BGM-Kombi** Fragebogens ist: Gesundheitsförderliche organisationskulturelle Rahmenbedingungen wirken sich auf die psychosoziale Gesundheit der Mitarbeiter und Führungskräfte aus.

Dieser Fragebogen mit insgesamt 111 Items (38 Fragen zur psychischen Gefährdungsbeurteilung, 73 Fragen zur gesundheitsförderlichen Organisationskultur) entspricht den gesetzlichen Vorgaben der psychischen Gefährdungsbeurteilung und ist arbeitswissenschaftlich entwickelt sowie testtheoretisch abgesichert. Seit der Novellierung des Arbeitsschutzgesetzes ist jeder Arbeitgeber verpflichtet im Rahmen der Beurteilung der Arbeitsbedingungen auch auf die psychischen Belastungen am Arbeitsplatz einzugehen.

Grundsätzlich haben alle bekannten Fragebögen im Kontext psychischer Gefährdungsbeurteilung (z. B. COPSOQ, SALSA, BISI, WAI) eines gemein, dass sie individuelle Zufriedenheiten abfragen, jeder für sich setzt jedoch auf unterschiedliche Schwerpunkte, Komplexität und Umfang. Zum Unterschied zum **BGM-Kombi**, der explizit ab dem Jahr 2013, für die gesetzlich vorgeschriebene Gefährdungsbeurteilung psychischer Belastungen in Kombination mit der Einschätzung gesundheitsförderlicher Organisationskultur entwickelt wurde, sind alle genannten Fragebögen von der Bundesanstalt für Arbeitsschutz und Arbeitsmedizin nachträglich als geeignete Fragebögen zur psychischen Gefährdungsbeurteilung anerkannt worden. Zusätzlich eignet sich der **BGM-Kombi** Fragebogen besonders dafür, im Rahmen des Modells »*Betriebe Gesund Managen*« die Säulen Arbeitsschutz und Gesundheitsförderung messdiagnostisch mit der Organisationskultur zu kombinieren. Hintergrund dafür ist die starke Verzahnung von Arbeitsschutz und Gesundheitsförderung im Bereich psychischer Gefährdungsbeurteilung gerade auf personen- und strukturorientierter Maßnahmenebene. Der Teil der psychischen Gefährdungsanalyse des **BGM-Kombi** Fragebogens besteht aus den folgenden vier Bereichen, welche gemeinsam alle arbeitsplatzbezogenen Einflüsse, die von außen auf die psychische Gesundheit wirken, abbilden:

1. Arbeitsaufgaben und -tätigkeiten (9 Items)
Im Themenblock »Arbeitsaufgaben und -tätigkeiten« werden alle tätigkeitsbezogenen Eigenschaften erfasst, welche ein Gesundheitsrisiko darstellen oder anders formuliert organisationale Bedingungen messen, die ursächlich mit Gesundheitsrisiken assoziiert werden. Beispielhaft in diesem Themenblock sind auf einer vier stufigen Skala folgende Aussagen zu bewerten: Die Anforderungen an eigenständiges Denken, Planen und Entscheiden sind zu hoch; meine Arbeit ist einseitig; ich muss viele Aufgaben gleichzeitig erledigen.

2. Arbeitsumgebung (6 Items)
Anders als beim Themenblock »Arbeitsaufgaben und -tätigkeiten, wo es um die Bewertung von tätigkeitsbezogen Einflüssen auf die psychische Gesundheit geht, wird hier die Arbeitsumgebung und die organisationale Verfügbarkeit von Arbeitsmittel zur Ausübung der Tätigkeit beurteilt und damit der Grad der psychischen Gesundheitsgefährdung, die von der Arbeitsplatzumgebung ausgeht. Beispiele: An meinem Arbeitsplatz gibt es ungünstige Umgebungsbedingungen wie Lärm, Klima, Staub; mir stehen alle nötigen Mittel zur Verfügung um meine Aufgaben zu bewältigen; an meinem Arbeitsplatz gibt es Risiken, die meine Gesundheit und Sicherheit gefährden.

3. Arbeitsabläufe und Arbeitsorganisation (9 Items)
Mit der Perspektive auf »Arbeitsabläufe und Arbeitsorganisation« wird die Messung der psychischen Belastung um einen entscheidenden Aspekt erweitert. Der bisherige Fokus des Fragebogens lag auf den tätigkeitsbezogenen Einflüssen auf die psychische Gesundheit – nun wird der Fokus auf die gelebte »Prozesskultur« im zwischenmenschlichen Miteinander gelegt. Die Gestaltung von Arbeitsprozessen kann gesundheitsgefährdend sein. Beispiele aus der Praxis zeigen, dass im Betrieb oft viele Tätigkeiten doppelt oder mehrfach erledigt werden. Beispiele: Meine planmäßige Arbeit wird häu-

fig von unvorhersehbaren Aufgaben, die schnell erledigt werden müssen, unterbrochen; meine unmittelbare Führungskraft kann gut planen und organisieren.

4. Sozial- und Organisationsklima (14 Items)

In dem letzten Themenblock des »Psyche-Teiles« des Fragebogens wird vor allem das kollegiale Miteinander, der sogenannte soziale Klebstoff (Keller 2018) je nach Ausprägung in einer Organisation oder Organisationseinheit als protektiver oder als Risikofaktor der psychischen Gesundheit bewertet. Beispiel: Meine unmittelbar vorgesetzte Führungskraft fördert ein gutes Arbeitsklima; schwierige Situationen wie z. B. Konflikte, Veränderungen werden im Betrieb angesprochen und bearbeitet; meine Arbeitskollegen unterstützen mich bei der Arbeit.

Zusammenfassend wird also die psychische Gefährdungsanalyse über die vier Bereiche aus Sicht des Arbeitsschutzes ganzheitlich abgebildet. Eigene Erhebungen in über 120 Unternehmen zeigen branchenübergreifend ein deutliches Bild bei der Belastungsdiagnostik. Die vergleichende Analyse der Themenbereiche zeigt, dass der Großteil der gesundheitsgefährdenden psychischen Belastungen vom Sozial- und Organisationsklima sowie von den Arbeitsabläufen und der Arbeitsorganisation ausgeht. Gerade um für diese Bereiche bedarfsorientierte Maßnahmen ableiten zu können, braucht es aus der Perspektive des Arbeitsschutzes die Handlungskompetenzfelder der Personal-, Führungskräfte- und Organisationsentwicklung in Kombination mit **BGM**. Um aber zielgerichtet interdisziplinäre Prozesse gestalten zu können, benötigt man kombinierte Fragebögen (**BGM-Kombi**) mit einem Schwerpunkt in Richtung gesundheitsförderlicher Organisationskultur. Erst diese Systemperspektive auf organisationskulturelle Rahmenbedingungen in Verbindung mit psychischen Belastungen, gibt einen Orientierungsrahmen für zielgerichtete Strategieentwicklungen zur Förderung einer gesunden Organisation.

> **Praxistipp: Einsatz des BGM-Kombi Fragebogens:**
>
> Der Fragebogen kommt dann zum Einsatz, wenn mindestens einer der zwei folgenden Punkte auf ein Unternehmen zutrifft:
>
> - Die psychische Gefährdungsanalyse soll im Betrieb durchgeführt werden und Ansätze für möglich kollektiv wirksame Maßnahmen abgeleitet werden.
> - »Betriebe Gesund Managen« ist ein integrativer Bestandteil von Human Resource Management: Ziel ist es eine Ist- Analyse der gelebten Organisationskultur und ihre gesundheitlichen Auswirkungen als Datengrundlage für Maßnahmen der Personal- Führungskräfte und Organisationsentwicklung durchzuführen.

Wie bereits erwähnt, ist der Teil der gesundheitsförderlichen Organisationskultur des **BGM-Kombi** nicht identisch mit jenem Teil aus dem **BGM-Basis**. Der für **BGM-Kombi** verwendete Abschnitt für gesundheitsförderliche Organisationskultur besteht aus 73 Fragen, die über vier organisationale und eine persönliche Dimension abgebildet werden.

Die Themenbereiche sind zusammengefasst: Arbeitsbedingungen und Arbeitsorganisation (15 Items), Führungsverständnis (16 Items), Sinnerfüllung (13 Items), Stellenwert von Gesundheit für das Unternehmen (18 Items) und Persönlicher Stellenwert von Gesundheit (11 Items).

Arbeitshilfe online: BGM-Kombi Tool
Eine Übersicht zum Fragebogen BGM-Kombi sowie einen Selfcheck finden Sie unter den Arbeitshilfen im Downloadbereich.

8.3 Fragebogen zur organisationalen Wirksamkeit von gesundheitsförderlichen Maßnahmen (BGM-Wirkung)

Grundthese des **BGM-Wirkung** Fragebogens ist: Die organisationalen Rahmenbedingungen und die individuelle Beteiligung wirken sich positiv auf die Akzeptanz von Maßnahmen und auf die psychische Gesundheit aus.

Die Wirksamkeit (Effektivität) von Maßnahmen ist abhängig von den gesundheitsförderlichen Rahmenbedingen einer Organisation und von der Art und Weise der Implementierung. Folgt man dieser Grundthese weiter so ist der Fragebogen **BGM-Wirkung** ein Instrument zur Bestimmung der organisationalen und individuellen Voraussetzungen für kollektiv, wirksame Maßnahmen aus dem Bereich Gesundheits- und Sicherheitsschutz sowie Betrieblichem Gesundheitsmanagement. In Kombination mit dem »Psyche Teil« von **BGM-Kombi** ist er darüber hinaus ein Instrument zur Längsschnittanalyse der psychischen Gefährdungsbeurteilung. Die Frage der Messung der psychischen Belastung im Längsschnitt macht nur dann einen Sinn, wenn ursächlich die Erhebung der gesundheitsförderlichen Organisationskultur und die Beurteilung des Implementierungsprozesses von Maßnahmen berücksichtigt wird. Anders ausgedrückt ist die wiederholte Messung der psychischen Belastungen am Arbeitsplatz alleine als Wirksamkeitsnachweis von Maßnahmen unzureichend geeignet da der ursächliche Zusammenhang zwischen organisationaler Wirkung von Maßnahmen und Reduktion von psychischen Belastungen nicht erfasst wird. Unsere Empfehlung lautet daher am Beispiel der psychischen Gefährdungsanalyse im Zeitfenster von ein bis zwei Jahren nach Implementierung von kollektiven Maßnahmen die Wirksamkeitsanalyse (**BGM-Wirkung**) einzusetzen. Der Tradition einer gesundheitsförderlichen Organisationskultur folgend wurde auch der Fragebogen **BGM-Wirkung** wissenschaftlich entwickelt und im Anschluss testtheoretisch validiert.

Der **BGM-Wirkung** Fragebogen besteht aus insgesamt 55 Items, die in vier Themenblöcken zusammengefasst mithilfe einer vierstufigen Skala abgefragt werden. Diese Themenblöcke sind:

- Wertesystem einer Organisation (Vorgesetztenverhalten, Feedback- Kultur, Weiterbildungsangebote, Management)
- Umsetzungskompetenz – Implementierung (Informationskultur, Passung Umsetzung/Organisationskultur, Mitarbeiterbedürfnisse, Betriebliche Strukturen)
- Individuelle Ressourcen (Erholungsfähigkeit, Veränderungsbereitschaft, Schlafverhalten)
- Partizipation (Bedarfserkennung, Persönliche Mitwirkung).

Diese vier organisationskulturellen Themenbereiche sind auf der Ebene von strukturellen Rahmenbedingungen (Wertesystem, Umsetzungskompetenz) und im Rahmen des Implementierungsprozesses (individuelle Ressourcen, Partizipation) wesentliche Bedingungsfaktoren für organisationale Wirksamkeit von Maßnahmen. Verbunden mit der Messung von Akzeptanz je eingeführter Maßnahme (acht Aussagen pro Maßnahme) entsteht ein Gesamtbild des organisationalen Wirkumfeldes. Ist das betriebliche Umfeld gesundheitsförderlich, ist ein gesundheitsförderliches Wertesystem mit guter Umsetzungskompetenz vorhanden und besteht eine hohe Akzeptanz der Maßnahmen, dann kann von einer ursächlichen Wirkung einer Maßnahme auf psychische Belastungen ausgegangen werden.

Praxistipp: Der Einsatz des BGM-Wirkung Fragebogens   !

Der Fragebogen kommt dann zum Einsatz, wenn mindestens einer der zwei folgenden Punkte auf ein Unternehmen zutrifft:

- Die psychische Gefährdungsanalyse wurde im Betrieb durchgeführt, kollektiv wirksame Maßnahmen abgeleitet und umgesetzt. Zeitversetzt stellt sich die Frage der organisationalen Verankerung und der individuellen Wirksamkeit der Maßnahmen im Betrieb.
- Werden unabhängig von der psychischen Gefährdungsanalyse im Betrieb Maßnahmen im Bereich des Betrieblichem Gesundheitsmanagements, des Arbeitsschutzes und/oder des Eingliederungsmanagements umgesetzt, so stellt sich zeitversetzt die Frage der organisationalen Verankerung und der individuellen Wirksamkeit der Maßnahmen.

Auf dem Kontinuum von gesundheitsförderlich bis gesundheitsgefährdend gilt aber nachweislich auch der Umkehrschluss: ein niedriges gesundheitsorientiertes Wertesystem, niedrige Umsetzungskompetenz und niedrige Akzeptanz einer Maßnahme wirkt sich somit auch negativ auf das organisationale Umfeld einer Maßnahme aus.

Arbeitshilfe online: BGM-Wirkung Tool
*Eine Übersicht zum Fragebogen **BGM-Wirkung** sowie einen Selfcheck finden Sie unter den Arbeitshilfen im Downloadbereich.*

8.4   Fragebogen zur Wertekultur und Altersdemografie (BGM-Werte)

Grundthese des **BGM-Werte** Fragebogens ist: Wertevorstellungen sind alters- und lebensphasenabhängig und damit eine Bedingung für die psychosoziale Gesundheit.

Die vorherrschende Altersstruktur und Generationenvielfalt der Belegschaft steht in Abhängigkeit zu den vorhandenen Wertevorstellungen im Betrieb und beeinflusst in weiterer Folge die psychosoziale Gesundheit am Arbeitsplatz. Das ist unsere Grundannahme für diesen Fragebogen.

Der Fragebogen hat insgesamt 120 Items, die sich auf die Kategorien »Alter & Lebensphase« (6 Items), »Werte & Leitmotive« (28 Items) und »Psychosoziale Gesundheit im Betrieb« (86 Items) verteilen. Er bildet die vorherrschende Altersstruktur der Belegschaft sowie deren Werteprofil ab. Der Fragebogen wurde wissenschaftlich entwickelt und orientiert sich in der Messung des organisationalen Werteprofils an dem validen Tool nach Schwartz (2001), dem »Portraits Value Questionnaire«. Die Besonderheit besteht darin, dass die Ergebnisse in Zusammenhang mit dem Abbild der psychosozialen Gesundheit im Betrieb, gemessen auf den Ebenen des Fragebogens **BGM-Basis**, betrachtet werden.

Ziel des Fragebogens ist es, die vorherrschende Altersstruktur, die Generationenvielfalt und die damit einhergehende Wertediversität der Belegschaft abzubilden. Bei der Erhebung der Altersstruktur orientiert sich der Fragebogen, gemäß den Ausführungen nach Bruch et al. (2010), an einem mehrdimensionalen Verständnis des Begriffs »Alter«. Vor diesem Hintergrund wird mithilfe des Fragebogens nicht nur die chronologische Altersstruktur der Belegschaft, sondern auch das »biologische«, »individuelle« sowie auch das »lebensphasenbezogene« Alter abgebildet und mit dem erhobenen Werteprofil der Belegschaft in kombinierter Form betrachtet. In der Zusammenarbeit der Mitarbeiter am Arbeitsplatz treffen unterschiedliche individuelle Wertesysteme mit den expliziten und impliziten Werten des Betriebs aufeinander und beeinflussen dadurch das Verhalten jedes Einzelnen und jeder Einzelnen. In der wissenschaftlichen Wertediskussion wird deutlich, dass die Werte von Arbeitnehmer, Führungskräften und dem Unternehmen in Einklang sein müssen, um einen positiven Einfluss auf die Gesundheit und Leistungsfähigkeit aller drei Ebenen erzielen zu können.

Der Fragebogen ermöglicht, die vorherrschende Altersstruktur im Betrieb abzubilden und generationale Unterschiede im Wertesystem sowie in den Leitmotiven der Mitarbeiter aufzuzeigen.

Praxistipp: Der Einsatz des BGM-Werte Fragebogens   **!**

Der Fragebogen kommt dann zum Einsatz wenn:

- eine Grundlage für ein erfolgreiches Werte- und Talentemanagement aufgebaut werden soll
- eine gesundheitsförderliche Personalentwicklung anhand von lebensphasenorientierten Arbeitsbedingungen geschaffen werden soll.

Arbeitshilfe online: BGM-Werte Tool
Eine Übersicht zum Fragebogen BGM-Werte sowie einen Selfcheck finden Sie unter den Arbeitshilfen im Downloadbereich.

8.5   Praktische Anwendungsbereiche der BGM-Toolbox

Die Anwendungsbereiche der **BGM-Toolbox,** bestehend aus den vier Fragebögen **BGM-Basis, -Kombi, -Wirkung und -Werte,** sind vielseitig und bedarfsorientiert für jeden Betrieb für unterschiedliche Bedürfnisse anwendbar:

- Psychische Gefährdungsanalyse
- Mitarbeiterzufriedenheitsanalyse
- Organisationskulturanalyse
- Wirksamkeitsanalyse
- Werte- und Altersdiversität

Darüber hinaus sind alle Fragebögen der **BGM-Toolbox** sowohl miteinander als auch mit systemfremden Fragebögen z. B. betriebsspezifische Mitarbeiterzufriedenheitsanalysen über eine Befragungs-Plattform kombinierbar.

Um das **BGM-Modell** in Organisation, Führung und Personal zu integrieren, ist im ersten Schritt eine valide, befragungsbasierte Datengrundlage zur bedarfsorientierten Ableitung von Maßnahmen erforderlich. Aus unserer Sicht eignet sich hierfür der Fragebogen **BGM-Kombi** am besten, da dieser gesundheitsförderliche und organisationale Rahmenbedingungen (z. B. Arbeitsbedingungen und Organisation, Führungsverständnis, Sinnerfüllung, Persönlicher Stellenwert von Gesundheit, Stellenwert von Gesundheit für das Unternehmen) mit der gesetzlich vorgeschrieben psychischen Gefährdungsbeurteilung in der Messdiagnostik verknüpft. Mit diesem kombinierten Messverfahren wird gemäß dem **BGM -Modell** sowohl das Handlungsfeld des Arbeitsschutzes über die psychische Gefährdungsbeurteilung als auch die betriebliche Gesundheitsförderung abgedeckt. An dieser Stelle wird deutlich, dass eine Reduktion der psychischen Belastungen nur über die Veränderung organisationskultureller Rahmenbedingungen möglich ist, diese also unmittelbar die Beschäftigungsfähigkeit (Employability) bzw. die gesundheitliche Dimension davon, die Arbeitsfähigkeit, beeinflussen.

!   **Wichtig: BGM-Kombi und valide Datengrundlage**

Aus Sicht der Arbeits- und Organisationspsychologie, der Arbeitsmedizin bis hin zum Betrieblichen Gesundheitsmanagement bietet der Fragebogen **BGM-Kombi** eine valide Datengrundlage zur weiteren Ableitung von Maßnahmen im Sinne des Modells »Betriebe Gesund Managen«.

Alle Fragebögen der BGM-Toolbox (BGM-Basis, – Kombi, – Wirkung, – Werte) ermöglichen in der dimensionsanalytischen Auswertung ein Bündel an unternehmensspezifischen BGM-Kennzahlen für das Monitoring zu entwickeln.

Um die Anschlussfähigkeit des Themas betrieblicher Gesundheit an bestehende Unternehmenszertifizierungen zu ermöglichen, wurden die zehn Punkte der High Level Structure-Systematik (Anwendungsbereich, normative Verweisung, Begriffe, Kontext der Organisation, Führung, Planung, Unterstützung, Betrieb, Leistungsbewertung, Verbesserung) als Bestandteile des **BGM-Modells** integriert.

8.6   Die wichtigen Fragen und Antworten zu Kapitel 8

Wie wirken sich organisationale Rahmenbedingungen auf die psychische Gesundheit aus?

Der Ansatz »*Betriebe Gesund Managen*« basiert auf der Grundidee, valide unternehmensinterne Daten zu generieren, um darauf aufbauend kollektiv-wirksame Maßnahmen abzuleiten, umzusetzen und zeitversetzt eine organisationale Wirkung dieser Maßnahmen zu bestimmen. Das Ziel ist, die organisationalen Rahmenbedingungen und deren Einfluss auf die psychische Gesundheit valide zu messen.

Die Fragebögen **BGM-Basis und -Kombi** erfüllen diese Kriterien in praktischer und wissenschaftlicher Hinsicht. Die damit durchgeführte Organisationskulturanalyse gibt eine Datengrundlage für Personal-, Führungskräfte- und Organisationsentwicklung. Das modulare System der **BGM-Fragebögen** kann mit diversen Mitarbeiterzufriedenheitsbefragungen kombiniert werden.

In welchem organisationskulturellen Umfeld werden abgeleitete Maßnahmen implementiert?

Die Frage der Wirkung (Performanz) von Maßnahmen lässt sich aus gesundheitswissenschaftlicher Sicht auf der Basis eines grundlegenden organisationalen Systemverständnisses beantworten. Dabei ist es wichtig, die Wechselwirkungen von organisationalen Rahmenbedingungen und individuellem Beteiligungsgrad bei der Umsetzung von Maßnahmen zu messen, um die Wirkung von Maßnahmen bestimmen zu können. Genau das ist mit der **BGM-Toolbox** machbar. Kritische Einwände, die meinen, dass

jede Maßnahme Wirkung zeigt wenn das organisationale Umfeld gesundheitsförder-
lich ist, übersehen, dass eine kollektiv wirksame abgeleitete Maßnahme nur dann im
Sinne der Reduktion psychischer Belastung wirkt, wenn das organisationale Umfeld
(Strukturen) nachhaltig gesundheitsförderlich gestaltet und gelebt wird.

**Wie wirken sich individuelle Werteprofile und Lebensphasen auf die wahrgenomme-
nen psychischen Belastungen aus.**
Wenn man den Ansatz »*Betriebe Gesund Managen*« auch als Handlungsauftrag für
Führungskräfte versteht, dann ist es wichtig kumulierte Werteprofile von Organisationseinheiten zu kennen, um Bedürfnisse verstehen und den Ansatz der »Dienenden
Führung« mitarbeiterorientiert umsetzen zu können. Interessant für weitere Ansätze
in der Personal- Führungskräfte – Organisationsentwicklung ist der Zusammenhang
zwischen Wertemuster und psychischen Belastungen. Der Fragebogen **BGM-Werte**
aus der **BGM-Toolbox** liefert hier eine sehr handlungsorientierte Datengrundlage.

8.7 Zusammenfassung

* Die **BGM-Toolbox** ist im modularen System konzipiert und besteht aus vier wissenschaftlichen fundierten und praxiserprobten Fragebögen.
* Die **BGM-Toolbox** liefert valide Daten für gesundheitsrelevante Entscheidungs-
  prozesse im Managementansatz »*Betriebe Gesund Managen*« und somit für das
  Unternehmen.
* Der operative Ablauf der Befragungen im Rahmen der **BGM-Toolbox** ist onlinege-
  stützt und anpassungsfähig an die Bedürfnisse jedes Unternehmen.
* Um die psychische Gesundheit von Mitarbeitern und Führungskräfte zu stärken,
  ist ein messbares organisationales Verständnis über den Zusammenhang von
  organisationalen Strukturen und Gesundheit notwendig.

9 »Betriebe Gesund Managen« nachhaltig in der Organisation verankern

Arbeitsschutzindex
Organisationskulturindex
Synergieeffekte ISO 45001 BGM-Budget

Nachhaltigkeit

Monitoring PDCA-Zyklus Beteiligungsraten
Zertifizierung
High Level Structure Gesundheitsquote
Key-Performanz Indikatoren
Fluktuationsrate

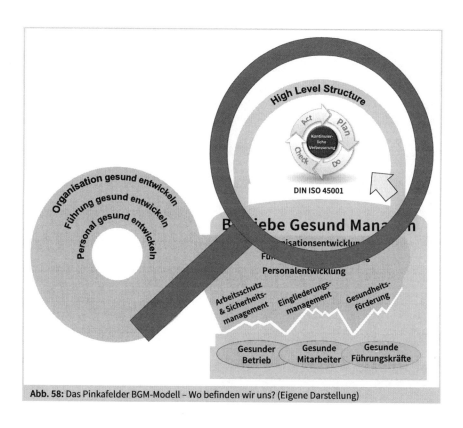

Abb. 58: Das Pinkafelder BGM-Modell – Wo befinden wir uns? (Eigene Darstellung)

! **Leitfragen**

- Wie kann **BGM** messbar gemacht werden?
- An welchen **BGM-Indikatoren** soll man sich orientieren?
- Welchen Nutzen bringt die ISO 45001 mit **BGM** kombiniert?

BGM-Kennzahlen dienen der Beurteilung eines Unternehmens oder einzelner Unternehmensteile in Hinblick auf das Betriebliche Gesundheitsmanagement. Sie können bei der Bedarfserkennung, bei der Ermittlung betrieblicher Stärken und Schwächen, beim Monitoring und bei der Informationsgewinnung helfen. Mit **BGM-Kennzahlen** können wichtige Prozesse dokumentiert oder koordiniert werden. Wenn mehrere BGM-Kennzahlen in einer Beziehung zu einander stehen, können sie zu einem Kennzahlensystem zusammengefasst werden. Das Ziel von solchen Kennzahlensystemen ist es, vollständig über die Gesamtheit und Wirksamkeit des **BGM** zu informieren.

9.1   »Betriebe Gesund Managen« – Key Performanz Indikatoren

Wenn Unternehmen nachhaltiges Betriebliches Gesundheitsmanagement im Sinne des **BGM-Modells** implementieren wollen, brauchen sie valide Kennzahlen für ein zielgerichtetes Monitoring und Benchmarking. Dabei sind Kennzahlen zumeist mit dem negativ konnotierten Begriff Controlling verknüpft – als Ausdruck der einseitigen Kostenorientierung oder eines Rechtfertigungsdrucks und nicht mit dem eigentlichen Ziel des Controllings dem Unternehmen Steuerungsinstrumente zur Verfügung zu stellen. **BGM-Kennzahlen** dienen ebenso der Wirksamkeitsüberprüfung um aufzuzeigen, welcher betriebliche Nutzen erzielbar ist.

Um **BGM-Monitoring** betreiben und systematisch mit Key Performanz Indikatoren (KPI) arbeiten zu können, bedarf es einer schnell und systematisch transparenten Verfügbarkeit von Informationen.

! **Wichtig: Key Performanz Indikatoren**

Key Performanz Indikatoren sind aussagekräftige, auf ihre Wirkung ausgerichtete Kennzahlen.

Treier & Uhle (2019), zeigen in ihren Analysen auf, dass Kennzahlen gewisse Attribute aufweisen, die zum besseren Verständnis sehr hilfreich erscheinen. Sie unterscheiden vier Attribute, die eine Kennzahl ausmachen:

Modalität einer Kennzahl: Zentral ist hierbei die Art der Datengenerierung –befragungsbasierte Kennzahlen z. B. Mitarbeiterzufriedenheiten, Gesundheitsverhalten,

Gesundheitskompetenz im Unterschied zu nicht befragungsbasierten Kennzahlen z. B. Arbeitsunfähigkeitstage, Fluktuationsrate, Krankenstände.

Beschaffenheit einer Kennzahl: Hier kann man zwischen harten und weichen Daten in Abhängigkeit der Methodik der Datengenerierung unterscheiden. Harte Daten sind Routinedaten, die im zeitlichen Intervall vom Qualitätsmanagement routinemäßig erfasst werden – im Gegenzug zu qualitativen Daten, welche mithilfe sozialwissenschaftlicher Methoden (qualitativ – Stimmungsbilder im Unternehmen und/oder quantitative Befragungen – Mitarbeiterzufriedenheiten/Psychische Gefährdungsanalyse) erhoben werden.

Zahlenart der Kennzahl: Hier gibt es die Möglichkeiten von absoluten Maßen, Mittelwerten, Streuungsmaßen, Verhältnis und Indexzahlen aber auch Quotenzahlen (z. B. Gesundheitsquote) – Gemeinsam mit Mittelwertvergleichen zählen wohl die Indexzahlen (z. B. Zufriedenheitsindex, Klimaindex, Kulturindex) zu den meist verbreiteten befragungsbasierten Kennzahlen.

Zeitliche Betrachtung: Alle befragungsbasierten Kennzahlen sind aus methodischer Sicht nur retrospektiv (rückblickend) – gerade im Bereich Gesundheit brauchen wir aber auch prospektive Kennzahlen, um den Return-on-Investment gesundheitsbezogener Maßnahmen als potenziellen Gewinn für das Unternehmen berechnen zu können.

Die Funktionen der **BGM-Key Performanz Indikatoren** sind sehr weitläufig und reichen von verbesserter Orientierung bis zur Aktivierungs- und Wahrnehmungsfunktion. Gewissermaßen verzeichnen **BGM-Key Performanz Indikatoren** auch eine gewisse Kommunikationsfunktion, wiewohl die bekannteste die Controlling- und Benchmarkfunktion ist um die Zielerreichung aufzuzeigen und Erfolge sichtbar zu machen.

Gesundheitsquote anstatt Fehlzeiten

Mit der Blickweise »*Betriebe Gesund Managen*« sollten Betriebe die pathogenetische Sichtweise verlassen und sich hin zur salutogenetischen Perspektive wenden mit Fokus auf die Arbeits- und Organisationsbedingungen. Nicht Abwesenheit vom Arbeitsplatz (Krankenstandstage) steht im Fokus der ursächlichen Betrachtung, sondern die Anwesenheit (Gesundheitspräsenz). Die Kernfrage dabei ist: Was hält Mitarbeiter am Arbeitsplatz gesund? Die aus diesen Folgerungen abgeleitete Gesundheitsquote ergibt sich, wenn man den Quotienten aus den anwesenden und den gesamt gemeldeten Mitarbeitern zu einem festgelegten Zeitpunkt berechnet. Gegensätzlich zur Krankenquote berechnet die Gesundheitsquote den Anteil an Mitarbeitern, die innerhalb eines Kalenderjahres kein einziges Mal krankgeschrieben wurden. Die daraus resultierende Gesundheitsquote ist aber nur dann eine Innovation, wenn in Verbindung mit dieser Kennzahl auch tatsächlich Gesundheitspotenziale der Mitarbeiter erkannt und gestärkt werden. In diesem Zusammenhang müssen Arbeitsbedingungen ernsthaft dahingehend analysiert werden bzw. Mitarbeiter mit wenig oder keinen Fehlzeiten nach ihren Bewältigungsstrategien in Verbindung mit ihren persönlichen protektiven Gesundheitsmaßnahmen analysiert werden. Ziel ist es, zu erfahren wie die Gesundheitsquote stabilisiert oder erhöht werden kann und welchen Beitrag dazu die Organisation liefern kann. Den Mehrwert für **BGM** liefert diese Kennzahl dann, wenn diese als Grundlage für weitere befragungsbasierte Verfahren (z. B. Fokusgruppe) organisational weitverwendet wird und die Mitarbeiter mit guter Gesundheitsquote entsprechende Anerkennung erfahren.

Fluktuationsrate

Laut einer durchgeführten Studie (Deloitte Österreich 2018) unter 110 Führungskräften liegt die ungewollte Mitarbeiterfluktuation in österreichischen Klein- und Mittelbetrieben bei 11 Prozent. Wie die Ergebnisse der Studie zeigen, ist die Gesamtfluktuation gegenüber 2016 von 7,3 Prozent auf 15,7 Prozent gestiegen – mit einem Wert von 25 Prozent sind vor allem Schlüsselpositionen davon betroffen. Als häufigster ungewollter Austrittsgrund wird »Unzufriedenheit mit der Führungskraft« (19 Prozent) genannt. Um die ungewollte Fluktuation zu reduzieren werden laut der Studie vor allem Weiterbildungsmaßnahmen (18 Prozent), Maßnahmen zur verstärkten Mitarbeiterorientierung (17 Prozent) und Führungskräfteentwicklungsmaßnahmen (17 Prozent) empfohlen. Die gesundheitliche Relevanz der Fluktuationsrate ist offenkundig. In Abhängigkeit zur Fluktuationsrate stehen u. a. Mitarbeiterzufriedenheit, Motivation sowie innere Kündigung und psychische Belastungen. Die Fluktuationsrate ist gleich wie die Gesundheitsquote keine befragungsbasierte Kennzahl jedoch braucht diese zur Ursachenidentifikation und bedarfsorientieren Maßnahmenplanung empirische Methoden, auf Ebene der Organisationskultur, wie zum Beispiel den **BGM-Basis** oder **BGM-Kombi** Fragebogen.

Organisationskulturindex

Der Organisationskulturindex, als befragungsbasierte Gesundheitskennzahl eines Unternehmens ist als Indikator für die gelebte Kultur im **BGM** Kontext sehr aussagekräftig und kann als Grundlage für weitere qualitative Verdichtungen zur Maßnahmenableitung verwendet werden. Die Analyse des Organisationskulturindex im Zeitverlauf stratifiziert nach Berufsgruppen und/oder nach der Form des Beschäftigungsverhältnisses gibt zusätzlich Einblicke über den salutogenetischen Durchdringungsgrad in einer Organisation. Hinweis: **BGM-Kombi**.

BGM-Budget

Effektives Betriebliches Gesundheitsmanagement wird nur dann möglich sein, wenn es entsprechende finanzielle Unterstützung auf Ebene der Maßnahmen erfährt. So wie es in anderen Managementsystemen üblich ist, muss das Betriebliche Gesundheitsmanagement sich in der Finanzplanung widerspiegeln. Möglichkeiten der Budgeterstellung sind ein am Umsatz orientierter Prozentwert, oder eine Pauschalsumme je Mitarbeiter. Das **BGM-Budget** sollte die Summe der finanziellen Mittel darstellen, die für Maßnahmen in Zusammenhang mit Gesundheit und Sicherheit am Arbeitsplatz jährlich aufgewendet werden.

Beteiligungsraten an BGM-Aktivitäten

Bei dieser Kennzahl geht es um die Partizipation beziehungsweise die Durchdringung der **BGM-Aktivitäten** im Unternehmen. Die Ergebnisse können unterschiedlich ausgewertet werden, z. B.: Beteiligungsraten gegliedert nach Mitarbeitern, Führungskräften, spezielle Berufs- oder Zielgruppen. Ebenso können die Maßnahmen, Seminare und Workshops zum Thema Gesundheit in Summe oder je Mitarbeiter oder auch der Anteil der Beteiligungsraten in Prozent gemessen werden.

Arbeitsschutzindex

Dazu können die Anzahl der Mitarbeiterbefragungen zum Thema Gesundheit, psychische Gefährdungsanalysen oder Arbeitsplatzbegehungen gezählt werden. Erhoben werden kann die Anzahl an durchgeführten Befragungen, Evaluierungen und Unterweisungen, aber auch die Höhe des Durchdringungs- oder Umsetzungsgrades.

Der Aufbau eines **BGM-Kennzahlensystems** sollte immer individuell auf die Voraussetzungen und Bedürfnisse des Unternehmens im Hinblick auf **BGM** aufgebaut werden. Tabelle 11 stellt eine mögliche Auswahl von **BGM-Key Performanz Indikatoren** nach den Zielbereichen Arbeit und Gesundheit dar.

Zielbereich: Arbeit	Zielbereich: Gesundheit
BGF-Maßnahmen nach Art	Gesundheitsquote
Beteiligungsrate an BGF Aktivitäten	Arbeitsunfähigkeitstage
Fluktuationsrate	Arbeitsunfähigkeitsfälle
Qualifizierungstage	Arbeitsunfähigkeitstage je Fall
Arbeitszufriedenheit	Arbeitsunfähigkeitsquote
Organisationskulturindex	Langzeitkrankenstände
BGM-Budget	Kurzzeitkrankenstände
Arbeitsschutzindex	Gesundheitskompetenz
Arbeitsfähigkeit	Gesundheitsverhalten
Mehrjahresarbeitsfähigkeit	Subjektiver Gesundheitszustand

Tabelle 11: Operationalisierung von Kennzahlen für die BGF (Eigene Darstellung in Erweiterung nach IfGP 2014)

Wirtschaftlicher Nutzen von Betrieblichem Gesundheitsmanagement

Die Wirksamkeit von personen- und strukturbezogenen betrieblichen Interventionen wird in erster Linie aus der Perspektive für Mitarbeiter beurteilt. Als erfolgreich werden entsprechende betriebliche Maßnahmen dann angesehen, wenn sich das gesundheitliche Befinden oder die Arbeitsfähigkeit der einbezogenen Belegschaft verbessert sowie arbeitsbedingte Gesundheitsgefahren reduziert wurden. Aus wirtschaftlicher Sicht kann dies in Folge zu einer höheren Produktivität im Betrieb und/oder zu geringeren krankheitsbedingten Fehlzeiten führen. Es liegt daher die Frage nahe, ob die sichtlich wirksamen gesundheitsförderlichen Maßnahmen auch mit einem ökonomischen Nutzen verbunden sind. Ein solcher Nutzen könnte sogar zu einer Ersparnis führen, wenn der Nutzen größer ist als der finanzielle Aufwand, der für die betrieblichen Maßnahmen anfällt. (IGA 2019)

Zusätzlich gibt es auch ökonomisch nicht fassbare sogenannte »carry-over-Effekte«, worunter die Effekte der gesundheitsförderlichen Interventionen verstanden werden, welche noch nachfolgende Ergebnisse beeinflussen. So führt die Umsetzung von Betrieblichem Gesundheitsmanagement in weiterer Folge zur Kompetenzerweiterung, Stressreduktion, Steigerung der Motivation, Zufriedenheit und erhöhter Arbeitsmoral der Beschäftigten. (Spicker/Schopf 2007)

Im Bereich des Arbeitsschutzes und Sicherheitsmanagements wurde die Kennzahl »Return on Prevention« (ROP) definiert, die das Verhältnis des monetären Präventionsnutzens zu den Präventionskosten beschreibt. Der ROP bringt das ökonomische Erfolgspotenzial betrieblicher Präventionsarbeit im Arbeitsschutz zum Ausdruck. Der Return on Prevention drückt aus, mit welcher Richtung und Stärke die Wirkung des Arbeitsschutzes und Sicherheitsmanagements zur Erreichung der wirtschaftlichen Ziele des Betriebs beitragen. Er ist somit ein wichtiger Indikator dafür, ob und in welchem Ausmaß sich die Investitionen des Betriebs lohnen. Eine internationale Studie der Deutschen Gesetzlichen Unfallversicherung (DGUV) kam zur Erkenntnis, dass der Nutzen für Betriebe sich in einem Wertzuwachs durch höheres Image und gestiegene Motivation und Zufriedenheit der Mitarbeiter sowie in Kosteneinsparungen durch vermiedene Betriebsstörungen darstellen lässt. Der errechnete Return on Prevention beträgt danach 2,2. (Bräunig/Kohstall 2013)

Der wissenschaftliche Nachweis über den wirtschaftlichen Nutzen von Betrieblichem Gesundheitsmanagement erweist sich aufgrund der schwierigen Standardisierbar- und Vergleichbarkeit von Unternehmen und umgesetzten Maßnahmen als sehr herausfordernd. Ungefähr zwei Drittel der Studien für einen ökonomischen Nutzen der arbeitsweltbezogenen gesundheitsförderlichen Maßnahmen kommen zu einer wirtschaftlich positiven Aussage. Anhand von insgesamt 47 Return-on-Investments (ROI)-Studien zu Betrieblichem Gesundheitsmanagement, ergab sich ein mittlerer ROI von 2,7. Das heißt, jedem in betriebliche Programme zur Gesundheitsförderung investiertem Euro steht eine Einsparung von 2,70 Euro gegenüber. Es zeigte sich auch, dass Betriebliches Gesundheitsmanagement besonders wirksam und nützlich ist, wenn nicht nur Einzelmaßnahmen durchgeführt werden, sondern Mehrkomponentenprogramme (personen- und strukturorientierte Maßnahmen) eingesetzt wurden.

> **Wichtig: Return on Investment und BGM**
>
> Rein monetär als Return on Investment betrachtet, bringt jeder Euro, der in Betriebliches Gesundheitsmanagement investiert wird, eine wirtschaftliche Refundierung von ungefähr drei Euro.

9.2 Vorgaben zur Sicherheit und Gesundheit am Arbeitsplatz

Regulatorische Vorgaben

Die Leitintention des Pinkafelder Modells »*Betriebe Gesund Managen*« ist »Gesundheit in allen Unternehmensbereichen« einzuführen. Das Ziel ist, dass diese Leitlinie von jedem Manager in der Führungsaufgabe aktiv wahrgenommen und zudem in betrieblichen Managementprozessen systematisch verankert wird. Da dies aber in der Praxis noch nicht so selbstverständlich zu sein scheint, gibt es betreffend Sicherheit und Gesundheit am Arbeitsplatz einerseits regulatorische Vorgaben und andererseits wurden normative Regelwerke geschaffen, um einen entsprechenden Rahmen für die Umsetzung in den Unternehmen zu gewährleisten.

Bereits im Jahr 1989 wurde auf europäischer Ebene eine Rahmenrichtlinie über Sicherheit und Gesundheitsschutz bei der Arbeit (Richtlinie 89/391/EWG) verabschiedet, die von allen Mitgliedsstaaten als Mindestanforderung in nationales Recht umzusetzen ist. Jedem Mitgliedsstaat steht es jedoch frei, im Rahmen der nationalen Gesetzgebung strengere Bestimmungen zu treffen.

Die Richtlinie hat einige Verbesserungen geschaffen, die wir später in der High Level Structure der Managementsystemnormen wiederfinden werden, dies sind u. a.:

- Arbeitgeber werden in die Pflicht genommen, geeignete Präventivmaßnahmen zu ergreifen, um die Arbeit sicherer und gesünder zu machen.
- Der Grundsatz der Gefährdungsbeurteilung stellt eines der Schlüsselelemente der Richtlinie dar: Die Richtlinie führt diesen Grundsatz ein und beschreibt seine wichtigsten Bestandteile z. B. die Ermittlung schädlicher Wirkungen, die Beteiligung der Arbeitnehmer, die Einführung geeigneter Maßnahmen zur Bekämpfung potenzieller Risiken direkt an der Quelle, die Dokumentation und die regelmäßige Evaluierung von Gefahren am Arbeitsplatz.
- Die Verpflichtung zu Präventivmaßnahmen unterstreicht implizit die Bedeutung neuer Formen des Sicherheits- und Gesundheitsmanagements als Teil der allgemeinen Managementprozesse. (www.osha.europa.eu)

Die Maßnahmen der EU für Sicherheit und Gesundheitsschutz am Arbeitsplatz erfolgten jahrelang innerhalb eines strategischen Rahmens (www.eur-lex.europa.eu), der zwei Hauptbestandteile umfasst:

1. einen umfassenden Korpus an EU-Rechtsvorschriften zu den größten Berufsrisiken, einschließlich allgemeiner Definitionen, Strukturen und Regeln, sowie
2. eine Reihe mehrjähriger Aktionsprogramme zwischen 1978 und 2002, die von europäischen Strategien abgelöst wurden (für die Zeiträume 2002–2006 bzw. 2007–2012) und die dazu dienten, Prioritäten und gemeinsame Ziele festzulegen, einen Rahmen zur Koordinierung der einzelstaatlichen politischen Maßnahmen zu schaffen und eine ganzheitliche Präventionskultur voranzutreiben.

Die einzelnen Sicherheitsdirektiven betreffen vor allem folgende Themenbereiche:
• Arbeitsplätze, Ausrüstung, Kennzeichnung, persönliche Schutzausrüstung
• Gefährdung durch chemische Arbeitsstoffe und Stoffsicherheit
• Gefährdung durch physikalische Risiken
• Gefährdung durch biologische Arbeitsstoffe
• Vorschriften zur Arbeitsbelastung, ergonomischen und psychosozialen Risiken
• Sektorspezifische und arbeitnehmerbezogene Vorschriften.

Managementsysteme für Arbeitsschutz und Sicherheitsmanagement
Parallel dazu gab es am normativen Sektor Initiativen, um teils branchenunabhängige, teils branchenspezifische Regelwerke betreffend Sicherheit, Arbeits- und Gesundheitsschutz zu etablieren. Zu erwähnen sind hier vor allem die OHSAS 18001 (»Occupational Health and Safety Assessment Series 18001«). Sie wurde als Managementsystem entwickelt, um Institutionen dabei zu unterstützen, Gesundheits- und Sicherheitsbedrohungen am Arbeitsplatz zu minimieren und, um eine bessere Leistung durch Reduktion von Unfällen, Ausfallzeiten und Produktionsstörungen zu erzielen. Die ersten Ansätze wurden vom British Standard Institute 1996 unter Beteiligung mehrerer nationaler Normungsinstitutionen und Zertifizierungsstellen erarbeitet und 1999 als Standard OHSAS 18001:1999 herausgegeben. Inzwischen wurde die OHSAS 18001 durch die ISO 45001:2018 (www.iso.org) abgelöst, wobei aber viele Kerninhalte übernommen und weiterentwickelt wurden.

Das Safety Certificate Contractors (SCC) ist ein internationaler Standard für Sicherheits-, Gesundheits- und Umweltschutz-Management. Hintergrund: Die in der Industrie, insbesondere im Bereich der Petrochemie, Kraftwerke und Stahlwerke, eingesetzten Kontraktoren für technische Dienstleistungen sowie Personaldienstleister, nehmen mit ihrem Firmenmanagement und dem Verhalten ihrer Mitarbeiter Einfluss auf die Qualitätsstandards der Auftraggeber. Um ein einheitliches Prüfverfahren für die Zulassung von Auftragnehmern zu etablieren, wurden bereits 1994 in den Niederlanden entsprechende Checklisten entwickelt und im deutschsprachigem Raum wird das Zertifikat aktuell von akkreditierten Zertifizierungsstellen für verschiedene

Scopes vergeben (SCC für Kontraktoren/produzierendes Gewerbe, SCP für Personaldienstleister, SCCP für Kontraktoren im speziellen Umfeld der Petrochemie).

In Österreich wurde von der AUVA das Regelwerk AUVA-SGM, »Sicherheits- und Gesundheitsmanagement«, publiziert, dem u. a. der im Jahr 2004 vom damaligen Bundesministerium für Arbeit und Wirtschaft entwickelte »Österreichische Leitfaden für SGMS zur Auswahl und zum Einsatz von Sicherheits- und Gesundheitsmanagementsystemen in Betrieben«, zugrunde liegt. (www.auva.at)

9.3 High Level Structure und »Betriebe Gesund Managen«

Die High Level Structure (HLS) wurde durch die ISO – International Organization for Standardisation eingeführt, um Managementsystemnormen eine einheitliche Struktur und gleichartige Kerninhalte vorzugeben. Das Ziel dahinter ist mit einem normübergreifenden Strukturaufbau die Angleichung unterschiedlicher ISO-Normen zu verbessern, um die Implementierung von integrierten Managementsystemen (mehrere Normen in einem System) zu erleichtern. Die HLS dient zudem als Leitfaden zur Entwicklung künftiger Normen, so dass langfristig alle Managementsystemnormen die gleiche übergeordnete Gliederung und gemeinsame Kernanforderungen enthalten.

Allen modernen ISO-Managementsystemnormen liegt die High Level Structure zugrunde. Dazu gehören u. a. die Normen für Qualitätsmanagement ISO 9001, Umweltschutz ISO 14001, Sicherheit und Gesundheit bei der Arbeit ISO 45001 und Energiemanagement ISO 50001.

In der Tabelle 12 wird die Umsetzung des **BGM-Modells** im Vorgehen an der High Level Structure dargestellt.

High Level Structure	
Abschnittsnummer der Norm	**Leitfragen**
1. Anwendungsbereich	• Hat die *BGM-Norm* für die ganze Organisation Gültigkeit?
2. Normative Verweisungen	• Sind weitere Normen bei Implementierung des BGM zu berücksichtigen?
3. Begriffe	• Welches Begriffsverständnis liegt bei den Zielgruppen vor? • Welches Verständnis von Gesundheit ist bei den Zielgruppen vorhanden? • Welches Verständnis ist bei welchen Zielgruppen zu schärfen?

4. Kontext der Organisation	• Gibt es bestehende Strukturen, Vorhaben und Themen, die in das **BGM-System** münden? • Welche gesetzlichen Bestimmungen bzw. rechtliche Anforderungen sind im Zusammenhang mit dem **BGM-System** zu berücksichtigen? • Welche Stakeholder, ausgenommen der Beschäftigten, sind für das **BGM-System** von Relevanz? • Welche Anforderungen haben interne und externe Interessensgruppen an das **BGM-System**? • Wurde ein **BGM-Managementsystem** aufgebaut sowie dessen Prozesse abgebildet?
5. Führung	• Zeigt die oberste Führungsebene Verantwortung für das **BGM-System**? • Sind die Akzeptanz und das Verständnis von **BGM** auf Führungsebene vorhanden? • Ist eine Gesundheitskultur im Unternehmen vorhanden und wird diese auch von den Führungskräften mitgetragen? • Welche Verantwortlichkeiten wurden durch die oberste Leitung für **BGM** verteilt? • Stehen den verantwortlichen Personen genügend Ressourcen zur Umsetzung von **BGM** zur Verfügung?
6. Planung	• Wurden von Beginn an Ziele für das **BGM-System** formuliert? • Wurden bei der Planung von Maßnahmen die Bedürfnisse der Beschäftigten berücksichtigt? • Wurden die Beschäftigten bei der Ableitung und Planung von Maßnahmen beteiligt? • Wird ein kontinuierliches Weiterentwickeln und Adaptieren von Maßnahmen gewährleistet? • Gibt es einen proaktiven Prozess, um das **BGM-System** fortlaufend weiterzuentwickeln? • Gibt es einen Prozess, der die Überprüfung der Wirksamkeit von **BGM-Maßnahmen** gewährleistet? • Wurden Maßnahmen geplant, die das **BGM-System** fortlaufend verbessern? • Ist Gesundheit direkt oder indirekt als Querschnittsthematik in allen Geschäftsbereichen bzw. Managementprozessen verankert? • Gibt es einen Prozess, der die Verankerung von Gesundheit (indirekt oder direkt) in allen Geschäftsbereichen bzw. Managementprozessen dokumentiert?
7. Unterstützung	• Welche Unterstützungen sind für das **BGM-System** notwendig? • Haben die verantwortlichen Personen die notwendigen Kompetenzen, um im Rahmen des **BGM-Systems** zu agieren? • Gibt es ein innerbetriebliches Bewusstsein für die Notwendigkeit eines **BGM-Systems**? • Wissen die Beschäftigten über das **BGM-System** Bescheid und sind sie sich dessen Nutzen bewusst? • Werden Aktivitäten des **BGM-Systems** an die Belegschaft kommuniziert? • Gibt es im Betrieb Aktivitäten, die einen Impuls zur Lebensstilveränderung geben? • Werden alle notwendigen Informationen im Rahmen des **BGM-Systems** dokumentiert und diese auch ggf. gelenkt und geschützt?

8. Betrieb	• Gibt es einen definierten und festgelegten Prozess zur Umsetzung Maßnahmen im Rahmen des **BGM-Systems**? • Gibt es eine definierte Maßnahmenhierarchie, die eine priorisierte Umsetzung von Maßnahmen ermöglicht? • Gibt es einen Prozess, der unbeabsichtigte Änderungen von Maßnahmen aufgreift und steuert?
9. Leistungsbewertung	• Gibt es einen Prozess, der die Überwachung, Messung und Bewertung des **BGM-Systems** gewährleistet? • Gibt es definierte Kriterien, die zur Überwachung, Messung und Bewertung herangezogen werden? • Wird sichergestellt, dass die Messung und Bewertung des **BGM-Systems** mittels valider Instrumente erfolgt? • Werden interne Audits geplant, durchgeführt und ausgewertet? • Wird das **BGM-System** in geplanten Abständen durch die oberste Leitung bewertet?
10. Verbesserung	• Werden anhand der Leistungsbewertung Verbesserungspotentiale abgeleitet und Möglichkeiten zur Verbesserung bestimmt?

Tabelle 12: Umsetzung des **BGM-Modells** im Vorgehen der High Level Structure (Eigene Darstellung)

Eine ähnliche Vorgehensweise in der Umsetzung der HLS ist auch bei gesundheitlichen Krisen wie z.B. Covid-19 im Rahmen der ISO 45001 möglich (siehe Arbeitshilfe online).

9.4   Managementsystem für Sicherheit und Gesundheit – ISO 45001

Managementsysteme für Sicherheit und Gesundheit bei der Arbeit (SGA), wie sie die ISO 45001 definiert, kamen lange Zeit nur in jenen Unternehmen zum Einsatz, wo Kunden dies ausdrücklich forderten, oder die Unternehmensleitung den Weitblick hatte, dass die Umsetzung der darin enthaltenen Anforderungen tatsächlich wertschöpfend für das Unternehmen ist. Ein typisches Beispiel von kundenseitig geforderten Sicherheitsstandards ist die bereits erwähnte SCCP-Zertifizierung, die die petrochemische Industrie von ihren Dienstleistern im technischen Bereich grundsätzlich fordert.

Die International Standards Organisation (ISO) führt jährlich eine weltweite Erhebung zur Anzahl der gültigen Zertifikate zu ISO-Management-Standards durch. Die Zahlen basieren auf den Meldungen akkreditierter Zertifizierungsstellen in den jeweiligen Ländern. Aus dem aktuell vorliegenden ISO Survey 2018 geht grob die Verbreitung von ISO 45001-Zertifikaten im Verhältnis zu anderen Managementsystem-Zertifikaten hervor. Die Anzahl der ISO 45001 Zertifizierungen ist allerdings nur bedingt repräsentativ, da sich viele Systeme noch in der Umstellungsphase von OHSAS 18001 befinden dürften. Abb. 59 zeigt den zahlenmäßigen Vergleich zwischen den typischen, in einem Integrierten Managementsystem (IMS) vertretenen Normen ISO 9001, ISO 14001 und ISO 45001 für den deutschsprachigen Raum.

Verhältnis Zertifikate/Standorte	ISO 9001		ISO 14001		ISO 45001	
	Gesamt	Standorte	Gesamt	Standorte	Gesamt	Standorte
Deutschland	47 482	73 559	8 028	14 525	147	483
Österreich	3 282	4 896	1 079	2 219	89	175
Schweiz	7 833	14 055	2 192	5 048	136	423

Abb. 59: Daten-Quelle: ISO Survey 2018 (nach www.iso.org)

Aus den unterschiedlichen Anzahlen der Zertifikate und Standorte ist auch erkennbar, nach welchen Standards sich eher die großen Organisationen zertifizieren lassen.

Motivation zur Umsetzung im Unternehmen

Die ISO 45001, die ursprünglich aus dem British Standard OHSAS 18001 hervorging, wurde bei ihrer Neuausgabe 2018 gründlich überarbeitet und dabei an die High Level Structure (HLS) der neueren Managementsystemstandards angepasst.

Damit wird die Integration in bestehende Managementsysteme (z. B. ISO 9001 im Bereich Qualitätsmanagement, ISO 14001 im Bereich Umweltmanagement) erheblich erleichtert, da diese Managementsystemnormen nun inhaltlich die gleiche Grundstruktur aufweisen. Damit ergeben sich Synergieeffekte, u. a. für den Systemaufbau, die Systemdokumentation, die Durchführung von Audits und Managementbewertungen, den Zertifizierungsaufwand uvm., sodass damit Befürchtungen in Bezug auf zusätzlichen, bürokratischen Aufwand durch Implementierung einer weiteren Zertifizierungsnorm entkräftet werden können.

ISO 45001 und »Betriebe Gesund Managen« rechnet sich

Nicht nur die wirtschaftlichen Kosten von Arbeitsunfällen und arbeitsbedingten Erkrankungen sprechen für die Einführung einer systematischen Norm für Sicherheit und Gesundheit bei der Arbeit (SGA), sondern auch im Eigeninteresse von Unternehmen sollte ein SGA-Managementsystem implementiert werden. Für die Sicherheit und Gesundheit der Mitarbeiter ist der Betrieb, das bedeutet in der Praxis alle Führungskräfte oder Manager mit Personalverantwortung, auch rechtlich verantwortlich. Die Einführung eines SGA-Managementsystems kann damit auch im Falle der Gesundheitsgefährdung von Mitarbeitern (z. B. durch Covid-19) vor dem Vorwurf eines Organisationsverschuldens schützen. Nicht zuletzt ist ein zertifiziertes SGA-Managementsystem in der heutigen Zeit ein sehr gutes Argument für den Aufbau neuer oder die Festigung bestehender Geschäftsbeziehungen und kann somit ein Wettbewerbsvorteil sein.

Durch Implementierung der ISO 45001 in Kombination mit dem Pinkafelder **BGM-Modell** lässt sich der Nutzen der Einführung eines Managementsystems für Arbeitsschutz und Sicherheitsmanagement nicht nur qualitativ bewerten, sondern auch schlüssig darstellen.

Damit ergeben sich durch die Kombination der ISO 45001 mit **BGM** für Unternehmen, attraktive Aspekte bei der Umsetzung und vor allem für die Nachhaltigkeit eines solchen Systems.

Da sich aktuell noch viele Unternehmen in der Übergangsfrist von OHSAS 18001 auf ISO 45001 befinden, könnte die Umstellung in Kombination mit dem **BGM-Modell** zusätzliche Motivation für eine nutzbringende Weiterentwicklung des bestehenden Systems schaffen:

- Für Unternehmen, die erstmals die Einführung eines Managementsystems für Arbeitsschutz und Sicherheitsmanagement gemäß ISO 45001 in Erwägung ziehen, fällt ein Großteil der oftmals erforderlichen Überzeugungskraft weg, weil sich der Nutzen von Vornherein quantitativ darstellen lässt.
- Für jene Unternehmen, die bereits Betriebliches Gesundheitsmanagement eingeführt und umgesetzt haben und auch eine externe Anerkennung anstreben, ergeben sich durch viele Synergien mit den Anforderungen der ISO 45001 wesentliche Vorteile in der Vorbereitung auf eine Zertifizierung des Managementsystems.

Vor allem der im **BGM-Modell** geprägte Begriff »Performanz« als Kombination aus »Leistung + Wirkung« unterstreicht den Nachhaltigkeitsaspekt und unterstützt dadurch die in Managementsystemen typischer Weise geforderte Nachweisführung zu den Normforderungen.

Abgesehen davon hat die Erfahrung bei der Umsetzung von Managementsystemen immer wieder gezeigt, dass in der Regel vor allem jene Elemente des Systems aktiv gelebt werden, die im Rahmen von Bewertungssystematiken oder Controlling-Systemen vollständig integriert sind und nicht extra für ein Zertifizierungsmodell oder zur Beantwortung von Fragen der Auditoren aufrechterhalten werden müssen.

9.5   Anwendung ISO 45001 mit dem BGM-Modell

In diesem Abschnitt gehen wir exemplarisch – entlang der Struktur der ISO 45001 – sowohl auf ausgewählte, praktische Umsetzungsbeispiele ein, als auch auf mögliche Anknüpfungspunkte und Synergieeffekte bei der kombinierten Einführung der beiden Modelle – oder beim nachträglichen »Upgrade« in die eine oder andere Richtung.

Wenn im Weiteren von »der Norm« gesprochen wird, so ist – wenn nicht ausdrücklich anders beschrieben – immer die Norm ISO 45001:2018 gemeint. Die nachfolgenden Überschriften stimmen mit den Abschnittsüberschriften der Norm überein, die in Klammern stehenden Zahlen entsprechen den Abschnittsnummern der Norm.

Kontext der Organisation (4)

Die Anforderung der ISO 45001 nach »Bestimmung der internen und externen Themen« lässt sich sehr gut mit den mit den Strukturelementen und Konzepten des **BGM-Modells** darlegen. Auch das ebenfalls im **BGM-Modell** enthaltene Kennzahlen-System leistet einen umfassenden Beitrag zur Ableitung kurz-, mittel- und langfristiger Ziele und Strategien zum **BGM**.

Besondere Bedeutung kommt hier sicherlich der Stakeholder-Analyse zu. Stakeholder (Anspruchsgruppen) sind alle internen und externen Personengruppen, die von den unternehmerischen Tätigkeiten gegenwärtig oder in Zukunft direkt oder indirekt betroffen sind. Dabei haben je nach Unternehmen u. a. Kunden, Mitarbeiter, Eigentümer, Lieferanten, Öffentlichkeit und Gesellschaft, Kooperationspartner, Behörden, Banken, Medien, etc. unterschiedliche Bedeutung und dementsprechend ist es wichtig, die gegenseitigen Beziehungen zielorientiert zu gestalten. Zusätzlich zu den in der Norm geforderten Anforderungen und Erwartungen, hat es sich bewährt auch den Risikoaspekt in die Analyse einzubeziehen. (Kerth et al. 2011)

Speziell bei der Bearbeitung der Managementprozesse betreffend Personalentwicklung, Führungskräfteentwicklung und Organisationsentwicklung können hier durch **BGM** fundierte Inputs zu verschiedenen Interessengruppen eingebracht werden. Nach ersten Vorerhebungen werden die betrieblichen Strukturen zur Umsetzung von **BGM** in einer unternehmensspezifischen *BGM-Map* abgebildet.

Weiter fordert die Norm in diesem Abschnitt die Definition des Anwendungsbereiches für das SGA-Managementsystem. Weniger als bei anderen Managementsystemnormen ist es wohl kaum sinnvoll, bei der ISO 45001 den Anwendungsbereich einzuschränken und nicht auf das gesamte Unternehmen zu erstrecken. Welche Gründe könnte es geben, Mitarbeiter oder ganze Gruppen von Mitarbeitern aus der im nächsten Normabschnitt geforderten Beteiligung von Beschäftigten auszuschließen? Gleiches gilt für die Gefährdungsanalysen, die eventuell gewisse Schwerpunktsetzung in Produktionsbereichen annehmen lässt, aber wohl genauso relevant ist für Bildschirmarbeitsplätze in administrativen Bereichen oder für Mitarbeiter im Außendienst, die tagtäglich den Gefahren des Straßenverkehrs ausgesetzt sind.

Führung und Beteiligung der Beschäftigten (5)

Die wesentlichen Normforderungen betreffend »Führung und Verpflichtung« sowie »SGA-Politik« zielen stark darauf ab, im Unternehmen eine Kultur zur Prävention arbeitsbezogener Verletzungen und Erkrankungen sowie zur Bereitstellung sicherer und gesundheitsgerechter Arbeitsplätze und Tätigkeiten zu schaffen. Weitere Anforderungen dieses Normabschnittes betreffen die Klarheit von »Rollen, Verantwortlichkeiten und Befugnissen in der Organisation« sowie die »Konsultation und Beteiligung der Beschäftigten«.

Die im **BGM-Modell** geprägte Metapher »Der Schlüssel muss in das Schloss passen« drückt sehr gut aus, dass es eben genau darauf ankommt, Kultur und Rahmenbedingungen für ein nachhaltiges, **BGM** zu entwickeln. Das **BGM-Modell** liefert dazu wesentliche Beiträge im Rahmen der *Managementprozesse,* vor allem durch:

- Förderung von Schlüsselkompetenzen mit Fokus auf Ressourcen und Potenziale der Mitarbeiter im Bereich Personalentwicklung.
- Führungskräfteentwicklung: Gezielte und systematische Förderung von Führungskräften durch (Weiter-)Entwicklung von Kompetenzen, Fähigkeiten und Grundhaltungen.
- Verbesserung der Arbeitsbedingungen und der Rahmenbedingungen für das Gesundheitsverhalten der Mitarbeiter und Führungskräfte im Rahmen der Organisationsentwicklung.

Planung (6)
Die »Maßnahmen zum Umgang mit Risiken und Chancen« haben zwar aufgrund der bereits erwähnten High Level Structure in allen neueren Managementsystemen Eingang gefunden. In der ISO 45001 bilden sie jedoch speziell bei der Ermittlung von Gefährdungen und Bewertung von Risiken und Chancen ein wesentliches Kernelement. In Ergänzung zu den Anleitungen im Anhang der Norm ist es in diesem Punkt sehr empfehlenswert, über den Tellerrand zu schauen und einschlägige Risikomanagementnormen wie ISO 31001 oder ONR 49000ff heranzuziehen, um weitere methodische Inputs in Bezug auf Risikobeurteilungen zu erhalten.

Weitere wichtige Aspekte der Norm beinhalten das Compliance-Management und die Planung von konkreten SGA-Zielen. Auch zu diesen beiden Themen bietet das **BGM-Modell** sehr gute Anknüpfungspunkte. Eine wichtige Basis für Compliance ist immer wieder die Vorbildwirkung von Führungskräften und gerade dafür bietet das **BGM-Modell** einen sehr systematischen Ansatz zur Förderung und Entwicklung des Verhaltens von Mitarbeitern und Führungskräften. (Metaaussage: »Verhältnisse schaffen Verhalten«). Das **BGM-Modell** stellt dazu **BGM-Performanz** Konzepte in Bezug auf Organisationen, Führung und Personal gesund zu entwickeln zur Verfügung.

Die von der Norm geforderte Planung von SGA-Zielen und Maßnahmen zu deren Erreichung stellt ebenfalls ein wesentliches Element dar, indem Gesundheit als Querschnittsfunktion in allen Geschäftsbereichen und Managementprozessen verankert wird. Die bereits angesprochene Kennzahlen-Systematik des **BGM-Modells** ermöglicht ein Controlling der Maßnahmen-Umsetzung und Erreichung der Ziele.

Unterstützung (7)

In diesem Normabschnitt geht es vornehmlich darum, dass ausreichende Ressourcen für die Verwirklichung und Weiterentwicklung des SGA-Managementsystems bereitgestellt werden. Dazu zählen einerseits finanzielle und materielle Ressourcen, andererseits spielen aber vor allem bei den personellen Ressourcen folgende Faktoren eine entscheidende Rolle.

Mitarbeiter brauchen entsprechende Kompetenz zur Umsetzung der Politik und der Maßnahmen. Ihr Bewusstsein für die SGA-Ziele, aber auch für die möglichen Auswirkungen der Nichteinhaltung beispielsweise von Schutzmaßnahmen ist zu sensibilisieren. Im Rahmen der Kommunikation muss sichergestellt werden, dass u. a. offen über Gefährdungen und Risiken gesprochen werden darf, und die Mitarbeiter ausreichend über bestehende Sicherheits- und Gesundheitsrisiken sowie Maßnahmen zu deren Bewältigung informiert werden.

In diesem Zusammenhang wird im **BGM-Modell** besonders großes Augenmerk auf den Aufbau und die Weiterentwicklung von Kompetenz von Führungskräften und Mitarbeiter in Bezug auf Gesundheitsmanagement gelegt. Unterstützend für die Kompetenzentwicklung und deren Dokumentation kann eine Skill-Matrix wirken, aus der einerseits hervorgeht, welche Mitarbeiter bereits über besondere SGA-Schlüsselkompetenzen verfügen, und andererseits Themengebiete ersichtlich werden, zu denen es (noch) zu wenig Wissen oder Wissensträger im Unternehmen gibt.

Für die Förderung des Bewusstseins ist sicherlich die Vermittlung von sicherheits- und gesundheitsrelevanten Themen im persönlichen Gespräch sehr wichtig, jedoch gewinnen auch E-Learning Tools zunehmend an Bedeutung. In kompakten Videosequenzen können so z. B. gefährliche Handlungen und die dabei erforderlichen Schutzmaßnahmen und persönliche Schutzausrüstung dargestellt werden und sind jederzeit für die Mitarbeiter verfügbar.

Zum Überblick über die betriebliche Kommunikation haben sich sogenannte Kommunikationspläne bewährt. Darin werden in übersichtlicher Form Kommunikationskanäle und -medien, wie z. B. institutionalisierte Besprechungen, mit regelmäßigen Teilnehmern und Themen sowie deren Frequenz und Dokumentation dargelegt. Somit wird für alle Beteiligten transparent, wie und in welcher Form über SGA-Themen kommuniziert wird und sich Mitarbeiter dazu einbringen können.

Betrieb (8)

Die Norm geht in diesem Abschnitt auf die betriebliche Planung und Steuerung und dabei vor allem auf die möglichen Maßnahmen zur Beseitigung von Gefahren und SGA-Risiken sowie auf den Einfluss, den Änderungen (bei Prozessen, Produkten, gesetzlichen Verpflichtungen, etc.) auf das SGA-System haben können, ein.

Weiters sind hier die Anforderungen an die Notfallplanung sowie die Vorbereitung und Reaktion auf mögliche Notfallsituationen definiert. Dabei sollten sowohl rasche Reaktionen wie die Versorgung durch Erste Hilfe bei Unfällen oder Verletzungen von Mitarbeitern bedacht werden, als auch Notfallpläne für länger andauernde Notfallsituationen, die durch Ausfall wichtiger Betriebsfunktionen, oder externe Krisen ausgelöst werden können. Der Fall der »Covid-19 Krise« zeigte, wie wichtig das *Vorbereitetsein* und das *Vorhandensein* von situativ anzupassenden Reaktionsplänen sind. Viele Unternehmen sehen sich nun veranlasst, ihre Notfall- und Krisenpläne zu überarbeiten und Standards zum Umgang mit derartigen Krisen in ihren Managementsystemen zu verankern. Pläne alleine reichen jedoch nicht – die wiederkehrende Übung und anschließende Evaluierung von Notfallplänen ist unbedingt erforderlich, um sicherzustellen, dass die Pläne an geänderte Rahmenbedingungen angepasst werden und in der Notfallsituation auch wirklich funktionieren.

Bewertung der Leistung (9)
»Die Organisation muss Prozesse zur Überwachung, Messung, Analyse und Leistungsbewertung festlegen, umsetzen und aufrechterhalten« – so fordert es die Norm. Damit soll sichergestellt werden, dass u. a.
* rechtliche Verpflichtungen erfüllt werden (Compliance)
* Gefährdungen und Risiken nachweislich reduziert werden
* SGA-Ziele verfolgt und erreicht werden
* gesetzte Maßnahmen wirksam werden und nachhaltig sind.

Dazu bedarf es einerseits entsprechender Methoden und andererseits klar definierter Bewertungskriterien – beides wird im **BGM-Modell** unterstützt, indem Kennzahlen in die *BGM-Map* integriert werden. Dabei werden die Erhebungsmethoden für die Daten und Fakten, die Überprüfungsmethoden für die Wirksamkeit von Maßnahmen und das Monitoring von Gesundheitsaktivitäten festgelegt. Sowohl Befragungsbasierte Kennzahlen, beispielsweise zur Gesundheitskultur oder aus der Evaluierung psychischer Belastungen, als auch Nicht-Befragungsbasierte Kennzahlen, wie z. B. Auswertungen von Arbeitsunfällen, Fehlzeiten, etc., fließen in das Kennzahlensystem ein.

Damit werden quantitativ bewertbare Grundlagen für die von der Norm geforderte *Managementbewertung* geschaffen. Das Management erhält ein klares Feedback über die Effektivität der eingesetzten Ressourcen und wird in die Lage versetzt, die *Performanz* des SGA-Managementsystems zu beurteilen.

Das Interne Audit gemäß ISO 45001 ist ein weiteres Instrument zur Überwachung und Weiterentwicklung des SGA-Managementsystems, da es gleichzeitig gelebte Vorgehensweisen in Bezug auf festgelegte Standards überprüft und Abweichungen feststellt, aber auch Verbesserungs- und Entwicklungspotenziale für das SGA-Managementsystem aufzeigt.

Verbesserung (10)

Sowohl das SGA-Managementsystem der ISO 45001, als auch das Pinkafelder **BGM-Modell** stützen sich auf das bewährte Konzept »Planen-Durchführen-Prüfen-Handeln (en: Plan-Do-Check-Act, PDCA). Das PDCA-Konzept fördert besonders das Denken und Handeln in Regelkreisen, wodurch auch hier wieder die Nachhaltigkeit und fortlaufende Weiterentwicklung des SGA-Systems unterstützt wird.

- Planen: SGA-Ziele werden definiert, Gefährdungspotenziale und Risiken werden ermittelt und beurteilt, Maßnahmen zur Reduktion von Gefährdungen und Risiken sowie zur Verbesserung der Gesundheit und Sicherheit werden festgelegt
- Durchführen: Prozesse und Maßnahmen werden praktisch umgesetzt, im **BGM-Modell** vor allem die Managementprozesse *Personal-, Führungskräfte-* und *Organisationsentwicklung* und die daraus abgeleiteten Maßnahmen
- Prüfen: Die Erreichung der definierten SGA-Ziele wird durch das Monitoring überwacht und u. a. anhand der Kennzahlen bewertet und berichtet
- Handeln: Aufgrund der Ergebnisse werden neue Ziele für die Verbesserung der Leistung und Weiterentwicklung des Systems gesteckt

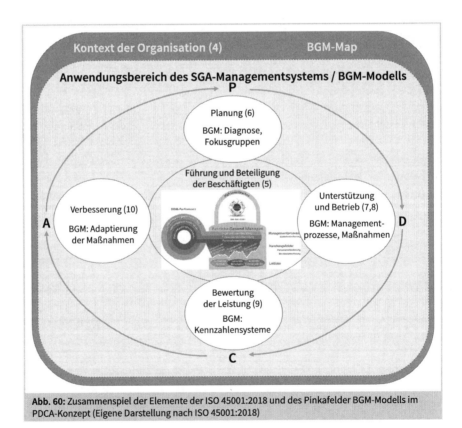

Abb. 60: Zusammenspiel der Elemente der ISO 45001:2018 und des Pinkafelder BGM-Modells im PDCA-Konzept (Eigene Darstellung nach ISO 45001:2018)

9.6 Synergieeffekte BGM und ISO 45001

ISO 45001 und das **BGM-Modell** ergänzen sich in idealer Weise. Die Stärke von ISO 45001 liegt vor allem darin, dass ein klarer Rahmen, ein Framework, für Arbeitssicherheit und Gesundheitsschutz bereitgestellt wird. Die Vorzüge des **BGM-Modells** liegen insbesondere in der Zielsetzung und Nachweisführung, dass dessen Umsetzung messbare Ergebnisse und rechenbare Vorteile für ein Unternehmen mit sich bringt.

Dadurch, dass der Nutzen und der Erfolg eines solchen Systems quantitativ bewertbar werden, muss die Sinnhaftigkeit einer Implementierung nicht gegen betriebswirtschaftliche Vorbehalte betreffend den Aufwand zu dessen Aufbau und Aufrechterhaltung argumentiert werden. Damit wird eine wertvolle Basis für die nachhaltige Implementierung von Systemen, Tools und Maßnahmen zum **BGM** gelegt. Die Effektivität des SGA-Managementsystems kann im Zusammenspiel mit dem **BGM-Modell** wesentlich deutlicher und nachvollziehbar dargelegt werden, womit auch die Nachweisführung für eine Zertifizierung nach ISO 45001 erheblich unterstützt wird.

Arbeitshilfen online: Arbeitsschutzmanagement
Vertiefende Inhalte zum Nachlesen für das Thema »Arbeitsschutzmanagement« finden Sie in den Arbeitshilfen im Downloadbereich.

9.7 Die wichtigen Fragen und Antworten zu Kapitel 9

Was ist bei einem Zertifizierungs-Konzept zu beachten?
Bei der Zertifizierung wird immer wieder festgestellt, dass Unternehmen und deren Verantwortliche auf der Suche nach Strukturen und organisatorischen Richtlinien und Leitfäden sind, die sie im Unternehmen umsetzen können. Da beginnt sehr oft die Suche nach geeigneten Ansätzen, die Literaturrecherchen beginnen, Tagungen werden besucht und die Suchmaschinen beansprucht. Um sich zukünftig diese Aufwendungen zu ersparen, orientieren Sie sich einfach am *»Betriebe Gesund Managen«* Modell.

Die Diskussionen mit den Entscheidungsträgern und Verantwortlichen von Betrieblichem Gesundheitsmanagement in den Unternehmen drehen sich sehr oft um Erwartungshaltungen an mögliche Strukturen, die folgende Eigenschaften erfüllen sollten:

* einfach
* verständlich
* kompatibel mit vorhandenen Normen
* leicht adaptierbar
* können gesetzliche Forderungen abgedeckt werden?

- leichte Wartbarkeit
- zeitgemäß – »state of the art«.

Genau diese Erwartungshaltungen werden durch den **BGM-Modellansatz** abdeckt.

Welche Chancen können sich im Zuge der Zertifizierung der Managementsysteme ergeben?

Die Umsetzung des Pinkafelder **BGM-Modell** ist nicht nur auf Sicherheits- und Gesundheitsmanagementsysteme eingeschränkt, denn durch die HLS (High Level Structure), die im Zuge der Revision der ISO 9001:2015 eine umfassende Struktur für alle Managementsystem-Normen geschaffen hat und weiterhin schafft, ist gerade der Anforderungspunkt »Kontext der Organisation« neu definiert worden, um interne Themen für die Ausrichtung der Organisation festzulegen. Genau hier kann das **BGM-Modell** einen kompletten Lösungsansatz anbieten.

Speziell durch die Kombination eines Umweltmanagementsystems mit dem Gesundheits- und Sicherheitsmanagementsystem ISO 45001 ergeben sich in der Praxis sehr große Synergieeffekte.

Das **BGM-Modell** kann in jedem Managementsystem als kompletter Lösungsansatz eingebettet werden und damit nutzbringend das **BGM** etablieren. Den besonders bei den internen Themen haben die Unternehmen in ihrer strategischen Ausrichtung sehr viele Möglichkeiten sich einzubringen, um die systematische Umsetzung innerhalb der Organisation zu garantieren.

Welche Ansätze sprechen für das BGM-Modell?

Ausgangsbasis bestimmen: Durch eine bereite Feststellung der Ausgangslage und der Bearbeitung in Fokusgruppen können mit den wissenschaftlichen fundierten Ableitungen die Schwerpunkte für die Organisation festgelegt werden und Unschärfen, die durch Befragungen auftreten können, vermieden werden.

Rolle der Führungskräfte: Der Ansatz nach dem **BGM-Modell** schafft nicht nur Strukturen, sondern auch eine breite Einbindung der Führungskräfte. Vor allem die Führungskräfte in den zweiten und dritten Management-Ebenen sind die wesentlichen »Taktgeber« im Tagesgeschäft und können derartige Ausrichtungen im Unternehmen mittragen. Sie sind aufgrund ihrer Funktionen auch wesentliche Vorbilder, die im Unternehmen wahrgenommen werden. Durch diese Vorbildrolle sind sie auch entsprechende Multiplikatoren und können durch ihr persönliches Verhalten auch Verhalten in der Organisation schaffen!

Gesundes Führen: Auch diese Thematik, die einen wesentlichen Aspekt in einer funktionierenden Organisation darstellt, wird durchleuchtet und soll mit der Systematik und dem entsprechenden Modellansatz das Unternehmen im Rahmen der »gesunden Organisation« in eine Weiterentwicklung versetzen. Denn nur die laufende Auseinandersetzung und Verfolgung der Themenfelder kann einerseits die Fokussierung sicherstellen und anderseits bei der Erreichung der Ziele entsprechende Motivation erzeugen.

Kennzahlen: Um Entwicklung und Veränderungen im Unternehmen messbar bzw. »spürbar« zu machen, benötigen wir entsprechende Indikatoren somit Kennzahlen. Hier bietet das **BGM-Modell** entsprechende Messbereiche und Dimensionen, um Kennzahlen abzuleiten und damit auch ein geeignetes Cockpit (**BGM-Map**) im Unternehmen zu installieren. Bei der Festlegung und der Entwicklung von entsprechenden Kennzahlen stehen mittlere Unternehmen oft vor großen Herausforderungen und es werden sehr hohe Ressourcen vergeudet auf der Suche nach aussagekräftigen und validen Kennzahlen. Bei zu »kreativen« unternehmensspezifischen Ansätzen ist auch oft die nationale bzw. internationale Vergleichbarkeit nicht gegeben.

Verbesserung: Der ebenfalls gewählte Ansatz des PDCA-Zyklus stellt ein wesentliches Grundprinzip des Handelns aus dem **BGM-Modell** dar. Damit wird einerseits die Systematik bei der Festlegung von Zielen eingefordert, aber auch das »laufende« Lernen aus den operativen Handlungen im Unternehmen gefördert.

Wissenschaftlicher Background: Die wissenschaftliche Entwicklung des Modellansatzes stellt eine hohe Aktualität des Ansatzes sicher. Wichtig ist, dass die bereitgestellten Kennzahlen und Indikatoren einer laufenden Validierung unterliegen, damit immer ein aktuelles und valides Tool im Unternehmen vorhanden ist.

Wie können bestehende externe Berater eingebunden werden?
Der Modellansatz stellt eine gute Ausgangsbasis und Struktur zum Aufbau und der Umsetzung des Betrieblichen Gesundheitsmanagements fest. Aufgrund der Analyse und der Ermittlung der Ausgangsbasis ergeben sich eine Vielzahl von Themen, die in Fokusgruppen bearbeitet werden können. Damit ergeben sich für bestehende Kooperationen mit Beratern und externen Experten neue Dimensionen und Themengebiete für eine weitere bzw. synergetische Zusammenarbeit.

Die Ausrichtung auf den Modellansatz als auch das Basiswissen der verantwortlichen internen Personen ist ein wesentlicher Schlüssel zum Erfolg der Umsetzung, da die externen Experten zumeist auch nur temporär verfügbar sind. Gerade die Schnittstellenfunktionen sind hier für eine klare und eindeutige Kommunikation verantwortlich. Eine einheitliche und professionelle Wissensbasis und Qualifikation schaffen hier ebenfalls eine wesentliche Grundlage für den nachhaltigen Erfolg der implementierten Systeme.

Wie ist der Stellenwert für den Zertifizierer?

Aus Sicht von Auditoren wird in allen methodischen Ansätzen, die der Weiterentwicklung eines Unternehmens dienen, eine wesentliche Bereicherung gesehen. Vor allem wissenschaftlich fundierte und in der Praxis mehrfach erprobte Methoden, die auch auf ein Umfeld und bestehende Strukturen Rücksicht nehmen, die vorhandene Ansätze weiterentwickeln und eine gesamthafte, nachhaltige Vorgehensweisen bewirken, sind sehr gut geeignet, eine effektive und effiziente Systematik im Sinne der wichtigsten betrieblichen Ressource – die Mitarbeiter und Führungskräfte eines Unternehmens – zu unterstützen.

9.8   Zusammenfassung

- Der Managementansatz »*Betriebe Gesund Managen*« braucht »Key Performanz Indikatoren« zur Steuerung und Überwachung von Gesundheitsprozessen im Unternehmen.
- Auch bei den Kennzahlen richtet sich der Blick auf die Anwesenden nicht auf die Abwesenden: »Was hält gesund?« anstelle von »Warum krank?« und »Gesundheitsquote statt Fehlzeiten«.
- »*Betriebe gesund Managen*« ist nach der High Level Structure (HLS) konzipiert und entspricht im Aufbau den Anforderungen aller modernen ISO – Managementsystemnormen (ISO 9001, ISO 14001, ISO 45001, ISO 50001).
- Bei Umstellung von OHSAS 18001 auf ISO 45001 in Kombination mit dem Ansatz »Betriebe Gesund Managen« lässt sich der Themenbereich Arbeitsschutz und Sicherheitsmanagement nicht nur quantitativ abbilden, sondern auch qualitativ bewerten.

10 »On-off-Balance« am Arbeitsplatz

Leitfragen **!**

- Warum ist die Pausengestaltung zur Erhaltung der Arbeits- und Leistungsfähigkeit so wichtig?
- Wie kann eine Pausenkultur im Rahmen der **BGM-Aktivitäten** aufgebaut werden?
- Wie kann die Herzratenvariabiltätsmessung für **BGM** eingesetzt werden?

In den beiden folgenden Kapiteln beschäftigen wir uns mit zwei wichtigen Ansätzen wie ergänzend zum Pinkafelder Modell »Betriebe Gesund Managen« die Arbeits- und Leistungsfähigkeit von Mitarbeitern erhalten und dargestellt werden kann.

10.1 Die Pause-Taste am Arbeitsplatz

Pausen im Sinne einer zeitlichen Unterbrechung der jeweiligen Tätigkeit sind eine wichtige Regenerationsquelle im Arbeitsalltag. Um Arbeitsbelastungen auszuglei-chen, müssen in den Arbeitsverlauf Erholungszeiten in Form von Pausen eingeplant werden. Auf diese Weise kann eine durch eine Arbeitsbelastung hervorgerufene Ermüdung und ein eintretender Verlust an Leistungsfähigkeit ausgeglichen werden. Die Einhaltung von regelmäßigen Erholungspausen zur Aufrechterhaltung der Arbeits-leistung, Minimierung des Unfallrisikos und zur Vorbeugung vor Ermüdung, dient somit auch der Sicherheit und Gesundheit am Arbeitsplatz. Neben der Steigerung der Leistungsfähigkeit üben Arbeitspausen auch positive Effekte auf die Stimmungslage besonders in anspruchsvoller Arbeitsumgebung aus. Nichtsdestotrotz ist in vielen Betrieben nach wie vor wenig über eine wirkungsvolle Pausengestaltung im Hinblick auf die Aufrechterhaltung der Arbeitsleistung bekannt.

Weniger arbeiten und mehr leisten – das Rezept von Top-Performern
Erholungsforscher erheben die berechtigte Kritik, dass die meisten Menschen bei der Arbeit zu lange und damit zu ineffektiv arbeiten. Denn wir richten uns nicht nach

unserer »inneren biologischen Uhr«. Unsere genetisch vorgegebene Leistungskurve im Tagesablauf ist der von Forschern entdeckte Basic Rest Activity Cycle (BRAC). Dieser basale Ruhe-Aktivitätszyklus beschreibt wie Leistungs- und Erholungsbereitschaft sich in einem natürlichen Rhythmus abwechseln. Der Begriff kommt aus der Schlafforschung und beschreibt den Schlafzyklus, der zwischen 90 und 120 Minuten dauert (REM-Phasen, Tiefschlafphasen).

Am Tag bewirkt dieser Zyklus eine subjektiv wahrgenommene erhöhte und verminderte Leistungsfähigkeit. Einer der Forscher hinter dem BRAC-Modell, Professor Nathaniel Kleitmann, fand in seinen Studien heraus, dass der menschliche Körper innerhalb eines Zeitraumes von 90 Minuten verschiedene Intervalle durchläuft, die sich aus erhöhter und weniger erhöhter Konzentrationsfähigkeit zusammensetzen. Das signalisiert unser Körper auch, jedoch sind wir inzwischen gut darin geübt, diese Signale mit Energydrinks, Koffein oder Süßigkeiten zu übergehen, um uns künstlich mit Stresshormonen wachzuhalten. (Kleitmann 1982)

Das menschliche Gehirn kann in Analogie des BRAC-Zyklus immer nur über Zeiträume von eineinhalb Stunden seine volle Leistung erbringen. Jede Arbeitsleistung die länger dauert, ist ineffektiv oder deutlich fehlerbehafteter. Wenn wir eine Pause von etwa ungefähr 15 Minuten befolgen beginnt ein neuer Leistungszyklus.

In der Zeit zwischen 13 und 15 Uhr fällt unsere mentale Leistung deutlich ab, womit diese Zeitspanne nicht für hoch konzentrative Tätigkeiten genutzt werden sollte, sondern die beste Phase für Routinetätigkeiten am Arbeitsplatz ist. Danach steigt die Leistungsfähigkeit wieder an. Mitarbeiter und Führungskräfte die dieses Zeitmanagement beachten optimierten ihre Leistungsfähigkeit. Inwieweit das Arbeiten unter Einhaltung des 90-minütigen BRAC-Zyklus tatsächlich produktiver macht, hat der Psychologieprofessor Anders Ericsson, erforscht. Er gilt als der Experte auf dem Feld der Gedächtnisleistungsfähigkeit. Er untersuchte im Rahmen seiner Studien »Elite Performer« z. B. Musiker, Athleten, Schauspieler und Schachspieler wie diese trainieren und fand heraus, dass die besten unter ihnen tatsächlich in 90-Minuten-Zyklen arbeiten. Sie beginnen am Morgen, nehmen zwischen den Trainingssessions die besagten Pausen und arbeiten sogar selten mehr als 4 ½ Stunden am Tag durch. Diese Methode führte dazu, dass sie eine erhöhte Leistungsfähigkeit über mehrere Wochen am Stück aufrechterhalten konnten. Eine wichtige Schlussfolgerung aus diesen Studien war, um langfristig maximal leistungsfähig zu bleiben, müssen Menschen größere Erschöpfungsphasen während des Tages vermeiden. (Ericsson 2007)

10.1.1   Arbeiten nach der inneren biologischen Uhr

Jeder Mensch tickt nach seiner inneren biologischen Uhr. Sobald er diese missachtet, empfindet der Körper Stress und Belastung. Gestaltet man seinen Arbeitsalltag jedoch nach seinem Biorhythmus, also »chronobiologisch«, besteht die Möglichkeit ein Arbeitsleben zu führen, dass der inneren Uhr entspricht um eine bessere »Life Domain-Balance« zu erreichen.

Die chronobiologische Arbeitsforschung beschäftigt sich mit der Gestaltung des Arbeitstages unter Berücksichtigung des menschlichen Biorhythmus. Wie wir selbst aus eigener Erfahrung wissen, unterliegt unsere Arbeitsleistung mehr oder weniger regelmäßigen tageszeitlichen Schwankungen die wir sinnvoller berücksichtigen sollten. Martin Braun, ein chronobiologischer Arbeitsforscher des Fraunhofer Institutes für Arbeitswirtschaft und Organisation, fordert arbeitende Menschen zu mehr Zeitsensibilität auf sowie sich nicht mehr zu verausgaben, als dauerhaft verkraftet werden kann. Ein wesentliches Kriterium der angemessenen arbeitsbedingten Belastung ist die Vielseitigkeit und die Abwechslung der Arbeitstätigkeiten. Zeitsensibilität – im Arbeitsalltag umgesetzt – kann bedeuten, dass in regelmäßigen Abständen zwischen geistigen und körperlichen, zwischen sitzenden und stehenden, zwischen kommunikativen und nichtkommunikativen Tätigkeiten gewechselt wird. Das ständige Wechseln der Arbeitsform verhindert die Gefahr einseitiger Beanspruchung und frühzeitiger Erschöpfung. So eine Mischarbeit ermöglicht, Arbeiten angemessen über den Arbeitstag zu verteilen. (Braun 2018)

Mittels einer chronobiologisch optimierten Arbeitsgestaltung im zeitlichen Tagesverlauf können die menschlichen Leistungsressourcen wirksam genutzt sowie Fehler verringert werden.

> **Praxistipp: Überblick eines chronobiologisch idealen Tagesablaufs**   **!**
>
> - Zu Beginn des Arbeitstages verschaffen Sie sich einen Überblick über die Dinge, die anstehen.
> - Die Konzentrationsfähigkeit ist vormittags gegen 11 Uhr am größten. Es ist sinnvoll, geistig anspruchsvolle Aufgaben auf diesen Zeitpunkt zu legen.
> - Innerhalb eines geschlossenen Arbeitszyklus sollen Arbeitsunterbrechungen weitgehend verhindert werden, um konzentriert arbeiten zu können.
> - In einem Zeitraum von 90 Minuten sollen rund 75 Minuten konzentrierten Arbeitens, aber auch 15 Minuten des Entspannens vorgesehen werden.
> - Ab zwölf Uhr Mittag lässt die Leistungsfähigkeit nach, das Mittagstief beginnt. Diese Zeit kann bevorzugt für Telefonate und kurze Besprechungen genutzt werden.
> - Die Mittagspause sollte regelmäßig eingehalten werden. Nach dem Mittagessen, das nicht zu üppig ausfallen soll, empfiehlt sich eine 20-minütige Ruhepause.
> - Während des Tages sollen Phasen der Müdigkeit zur Entspannung genutzt werden und nicht durch Koffeinkonsum kompensiert werden.

- Der frühe Nachmittag ist ideal für Besprechungen und Konferenzen.
- Ab 15 Uhr beginnt das zweite Aktivitätshoch des Tages. Das Langzeitgedächtnis funktioniert besonders gut, die manuelle Geschicklichkeit ist hoch. Reizüberflutung, zum Beispiel durch überlange oder pausenlose Computerarbeit, soll vermieden werden.
- Das Wochenende soll der Entspannung dienen, und nicht dem Freizeitstress. Gerade in Zeit des Homeworkings ist die Abgrenzung zwischen Beruf und Freizeit schwieriger zu treffen aber noch wichtiger. (www.wiki.iao.fraunhofer.de).

10.1.2   Work-Life-Blending

Ein Virus hat es möglich gemacht – die neue Arbeitsweise Homeoffice. Aus diesem unfreiwilligen Feldversuch entwickelt sich für viele Arbeitnehmer eine neue Arbeitswirklichkeit. Statt Businessanzug in Großraumbüros wechseln viele zu Jogginganzug in ihr privates Arbeitszimmer zu Hause. Arbeiten wird dadurch zeitlich und räumlich flexibler? Homeoffice hilft scheinbar auch dabei, Familie und Beruf besser zu vereinbaren. Allerdings birgt die gewonnene Flexibilität der Arbeitswelt auch neue latente Gefahren in sich. Wer regelmäßig im Homeoffice arbeitet, hat häufiger das Gefühl, auch außerhalb der Arbeitszeiten beruflich erreichbar sein zu müssen, macht weniger Pausen und läuft in Gefahr, in eine soziale Isolation zu gelangen.

Gerade im Homeoffice stellt sich häufig die Frage, ob eine Arbeitspause gemacht wird und wofür diese genutzt wird. Kinderbetreuung oder Haushaltstätigkeiten werden wohl kaum einen gleichwertigen Erholungswert haben wie der Spaziergang in der Mittagspause und das private Gespräch mit Kollegen im Sozialraum. Oft werden Mitarbeiter auch dazu verleitet, tagsüber nicht erledigte Tätigkeiten aufgrund häuslicher Ablenkungen abends nachdem die Kinder im Bett sind, nachzuholen oder früh morgens vorzuarbeiten. So kann der Traum vom selbstbestimmten Arbeiten leicht in einen Albtraum abgleiten. Die fehlende zeitliche und räumliche Abgrenzung im Homeoffice zwischen Arbeit und Freizeit wird oft unterlassen und so verschmelzen »Work« und »Life« zu einem Gemenge die als Work-Life-Blending (englisch: to blend = mischen) bezeichnet wird. Unterstützt wird diese Entwicklung auch durch Führungskräfte, die eine ständige Erreichbarkeit ihrer Mitarbeiter signalisieren oder einfordern und die Arbeitszeit als eine Mitarbeiter-Flatrate sehen.

Um nicht in die Work-Life-Blending-Falle zu tappen ist die Fähigkeit der Abgrenzung entscheidend sowohl gegenüber dem Betrieb als auch der Familie. Es bedarf einer klaren Regelung mit dem unmittelbaren Vorgesetzten als auch mit den Familienmitgliedern, was wann und wo für Beruf oder Familie erledigt wird.

> **Praxistipp: Tipps die helfen können der Work-Life-Blending-Falle zu entgehen** !
>
> - Legen Sie mit dem Arbeitgeber fixe Arbeitszeiten fest, kommunizieren Sie dies auch ihren Familienangehörigen und halten Sie diese konsequent ein.
> - Richten Sie sich im Homeoffice einen Arbeitsraum ein, der auch nur für die Arbeit und nicht für Freizeittätigkeiten genutzt wird.
> - Legen Sie zuhause außer dem Arbeitsraum auch die Erholungszone fest, wo Sie Ihre Pause machen können – genauso wie im Büro, wenn Sie für eine Pause den Sozialraum aufsuchen.
> - Legen Sie Ihren »On-off-Zyklus« fest. Wann wird gearbeitet und wann machen Sie Pause. Orientieren Sie sich am BRAC-Zyklus und machen Sie spätestens nach 90 Minuten eine Pause.
> - Stellen Sie sich einen Weckalarm nach 90 Minuten, der Sie an die Pause erinnert. Solange bis sich ihr Körper automatisch an diesen Rhythmus anpasst oder sie es wahrnehmen, wann wieder eine Pause notwendig ist. Im Büro wird man oft durch Kollegen an eine Pause erinnert – zu Hause müssen Sie selbst darauf achten.
> - Genauso konsequent wie die Arbeitszeiten, sollten Sie auch die Freizeiten einhalten. Nicht aus der Freizeit schnell in die Arbeitszeit switchen, um zwischendurch schnell etwas zu erledigen.
> - Homeoffice oder Telekonferenzen sind psychisch anstrengender, da in der Regel konzentrierter und fokussierter gearbeitet wird. Aus diesem Grund legen Sie zwischendurch Micropausen ein.
> - Vermeiden Sie einen digitalen Stand-by-Modus. Wenn Sie eine Arbeitspause einlegen, checken Sie nicht ihre beruflichen oder privaten SMS, E-Mails oder Tweets, sondern betätigen Sie mental den digitalen Off-Schalter und widmen Sie sich ganz der Erholung.
> - Machen Sie mindestens einmal am Tag einen Brain-Walk, eine fünf- bis zehnminütige Arbeitsunterbrechung, die Sie für einen Spaziergang im Freien, im Park oder Garten nutzen.
> - Achten Sie auf die wichtigste Regenerationsquelle des Menschen – guter und ausreichender Schlaf.

10.1.3   Pausengestaltung

Pausen sind eine wichtige Regenerationsquelle im Arbeitsalltag, da sie uns helfen, die vorübergehend verlorene physische und psychische Leistungsfähigkeit wiederherzustellen. Pausen haben somit eine wichtige Bedeutung zur Erhaltung der Sicherheit und Gesundheit am Arbeitsplatz. Leider besteht noch bei vielen Führungskräften als auch Mitarbeitern die Vorstellung, dass eine Pause eine verlorene Arbeitszeit sei.

Eine erholsame Pause ist eine Form der Arbeitsunterbrechung bei der in Bezug auf die Erhaltung der Leistungsfähigkeit, die förderlichen Wirkungen größer als die hinderlichen sind. Unter diesem Aspekt wird der entstandene Zeitverlust durch Pausen vollständig durch die positiven Regenerationseffekte, wie z. B. gesteigerte Arbeitsfähigkeit oder -motivation, wettgemacht und verhindert somit Leistungseinbußen über den gesamten Arbeitstag hinweg betrachtet. Das Einhalten erholsamer Pausen führt zu einer deutlichen Mehrleistung gegenüber einer ununterbrochenen Arbeitsweise und beugt zudem arbeitsbedingten Belastungsspitzen und Überbelastungen vor. (Wendsche/Lohmann-Haislah 2018)

Durch eine zur Arbeitstätigkeit konträre Pausengestaltung stellt sich ein Erholungseffekt ein. Bei Arbeit im Sitzen sind Bewegungspausen, bei überwiegend körperlich belastenden Tätigkeiten Entspannungspausen zu empfehlen. Bei Bildschirmarbeitsplätzen ist es für die Augen empfehlenswert in der Pause eine andere Sehaufgabe zu realisieren wie z. B. in die Ferne schauen, Augentraining absolvieren bzw. sich zu bewegen. Nach angestrengter Bildschirmtätigkeit ist es also wenig erholsam in der Pause mittels Smartphone Nachrichten abzurufen und soziale Netzewerke zu durchzuforsten. (Eder/Wendsche 2014)

Ein Regenerationseffekt durch eine Pause kann nicht nur durch einen Wechsel der Arbeitstätigkeit, sondern auch durch einen Ortswechsel erzielt werden. Das bedeutet, dass bereits durch Modifikation der Belastungsanforderungen im Zuge der Arbeitstätigkeit physische oder psychische Erholung erfolgen kann. Abbildung 61 gibt einen Überblick über vorteilhafte und ungünstige Pausenaktivitäten.

Erholsame Pausengestaltung	Zu vermeidende Pausengestaltung
Nahrungsaufnahme: Energieversorgung des Körpers und speziell des Gehirns	Sich weiter mit Arbeitsinhalten beschäftigen, z.B. per E-Mail oder in Unterhaltungen mit den Kollegen
Spaziergang: aktiviert den Körper und verbessert den Blutfluss im Gehirn	Lesen privater E-Mails, Nachrichten
Tagträumen, zeichnen: verbessert die Kreativität	Romane oder Zeitschriften lesen, wenn im Beruf bereits viel gelesen wird
Powernapping (Nickerchen): 10 Minuten schlafen verbessert kognitive Fähigkeiten und verringert Müdigkeit	Sitzen bei einer sitzenden Tätigkeit, weiter stehen bei einer Stehtätigkeit
leichte sportliche Übungen: fördert Konzentrationsfähigkeit, geben Energie	Private Dinge erledigen bzw. Hausarbeit
Unterhaltung mit Kollegen (wenn sie freiwillig geführt wird)	
Augenentspannung: mindestens 20 Sekunden alle 20 Minuten in die Ferne schauen	
im Internet surfen (ausgenommen E-Mails bearbeiten oder senden)	
Entspannungsübungen	

Abb. 61: Erholsame und wenig erholsame Pausenaktivitäten (nach Ederer/Wendsche 2014)

Für die praktische Umsetzung im Betrieb zeigt sich, dass durch organisatorische Rahmenbedingungen für Pausenzeiten die Arbeitsfähigkeit der Mitarbeiter stark beeinflusst werden kann. Allgemein empfiehlt sich, Pausen jedenfalls einzuhalten. Das Ergänzen der im Arbeitsschutz vorgesehenen Pausen durch Micro- oder Kurzpausen von ein oder fünf Minuten spätestens nach eineinhalbstündiger Arbeitstätigkeit, zeigt besonders positive Effekte, die nicht zu oft befürchteten Leistungseinbußen für das Unternehmen führen, sondern eine Produktivitätssteigerung im Arbeitsprozess sowie eine verbesserte Regenerationsfähigkeit nach Arbeitsende nach sich ziehen. (Braun/ Konrad 2019)

Grundbegriff: Micropausen

Micropausen sind eine Arbeitsunterbrechung von ca. einer Minute, die insbesondere bei geistiger Arbeit bzw. Bildschirmarbeit empfehlenswert sind. Der Pauseneffekt solcher Micropausen kann durch das Betrachten von etwas Grünem, wie z. B. Wald, Wiesen oder Blumen deutlich gesteigert werden.

Blasche (2019) hat eine Unterteilung der Pausen in *Micro-, Kurz-* und *längere Pausen* vorgeschlagen.

Insbesondere bei fordernder Tätigkeit ist es sinnvoll, *Micropausen* von bis zu einer Minute zu machen, um vor allem die körperliche Anstrengung zu reduzieren bzw. auszugleichen. Micropausen haben den Zweck, neben der Unterbrechung der Arbeitstätigkeit eine Veränderung der Sitzhaltung durch kurze Bewegungsänderungen oder Körperstreckungen oder z. B. ein Abwenden des Blickes vom PC-Bildschirm beinhalten. Sehr erholsam ist es aus dem Fenster zu schauen, den Blick in die Natur oder auf eine Zimmerpflanze zu richten. Bei konzentrativ oder körperlich sehr fordernder Tätigkeit kommt es meist automatisch zu häufigeren Micropausen, um zu »verschnaufen«.

Kurzpausen sollten im Schnitt 10 Minuten dauern und in Abhängigkeit von der Arbeitsintensität alle 1 bis 2 Stunden durchgeführt werden. Kurzpausen dienen der Strukturierung der Arbeit (es gibt eine Pause, auf die ich mich freuen kann), der Belohnung (ich mache eine Pause, wenn ich eine Aufgabe erledigt habe), der Befriedigung sonstiger Bedürfnisse (Sozialkontakt, Trinken) sowie der Erholung durch Entlastung von der Arbeit.

Mindestens eine *längere Pause* von mindestens 20 bis 30 Minuten, muss aus Arbeitszeitschutzgründen nach spätestens sechs Stunden durchgehender Arbeitszeit eingelegt werden. Diese längere Pause sollte neben der Nahrungsaufnahme auch anderen Bedürfnissen wie körperliche Bewegung oder einem Kurzschlaf dienen. Bei einer längeren Pause ist es jedenfalls sinnvoll, den Arbeitsplatz zu verlassen. (Blasche 2019)

Micropausen (Pausendauer < 1 Minute)		
Anwendung bei	**Gestaltung**	**Durchführung**
• schwerer körperlicher Arbeit • fordernden motorischen Tätigkeiten (z. B. Dateneingabe) • fordernden sensomotorischen Tätigkeiten (z. B. Bildschirmarbeit) • hoher emotionaler Belastung (z. B. Tätigkeit im Callcenter)	• Tätigkeit unterbrechen • Sitzhaltung ändern, Bewegung • Muskel entspannen • Fernblick und/oder Grünblick • Mental ausklinken	• alle 3–30 Minuten • in Abhängigkeit von der Belastung • fixes Pausenschema und/oder Erinnerung günstig

Tabelle 13: Micropausen (Pausendauer < 1 Minute) (nach Blasche 2019)

Kurzpausen (Pausendauer 5–15 Minuten)		
Ziel	**Gestaltung**	**Durchführung**
• Motivation • Stressabbau, Entspannung • Bedürfnissen nachgehen • Ausgleich der Beanspruchung • Aufrechterhaltung der Leistungsfähigkeit	• Tätigkeit unterbrechen • wenn es geht, Arbeitsplatz verlassen und Erreichbarkeit einschränken • bevorzugten Aktivitäten nachgehen (Bewegung, Entspannung, Sozialkontakt …) • komplementäre Aktivitäten wählen (Gehen bei Tätigkeit im Sitzen …)	• alle 1 bis 2 Stunden • in Abhängigkeit von Art und Ausmaß der Belastung • Motivation durch Kollegen oder fixe Pausenzeiten

Tabelle 14: Kurzpausen (Pausendauer 5–15 Minuten) (nach Blasche 2019)

Längere Pausen (Pausendauer > 20 Minuten)		
Ziel	**Gestaltung**	**Durchführung**
• Stressabbau, Entspannung • Bedürfnissen nachgehen • Nahrungsaufnahme • Freizeit, Erledigungen • Schläfrigkeit abbauen	• Tätigkeit unterbrechen • nach Möglichkeit ins Freie (Natur) • bevorzugte Aktivitäten durchführen (Bewegung, Entspannung, Sozialkontakte pflegen) • Nahrungsaufnahme • Kurzschlaf	• In Abhängigkeit von der Tagesarbeitszeit • 1- bis 2-mal pro Schicht (bei 8 bzw. 12 Stunden dauernden Schichten)

Tabelle 15: längere Pausen (Pausendauer >20 Minuten) (nach Blasche 2019)

10.1.4   Pausenkultur im Betrieb einführen

Umfangreiche Untersuchungen bestätigen die Bedeutung der betrieblichen Pausengestaltung für die Sicherheit und die Gesundheit am Arbeitsplatz. Möchte ein Betrieb das Thema der Pausen umsetzen, so sollte dies mehrschichtig erfolgen. Im Zuge einer Erhebung der deutschen Initiative für Gesundheit und Arbeit (IGA 2017) wurden mehrere Ebenen definiert, die notwendig sind um eine betriebliche Pausenkultur aufzubauen und zwar aus Sicht des Betriebes, der Führungskräfte und der Mitarbeiter.

10.1.5   Pausenkultur im Betrieb ermöglichen

In der heutigen, verdichteten und digitalisierten, von flexiblen Arbeitszeitmodellen gekennzeichneten Arbeitswelt müssen Betriebe auf die Erhaltung der Leistungs- und Erholungsfähigkeit ihrer Mitarbeiter ein besonderes Augenmerk legen. Auf betrieblicher Ebene sollten Führungskräfte und Mitarbeiter über die Notwendigkeit, Sinnhaftigkeit bewusster Pausengestaltung und Regenerationsmöglichkeiten informiert sein und es sollte Teil des Betrieblichen Gesundheitsmanagements sein. Erst wenn die oberste Leitung des Unternehmens die Haltung vorlebt, dass Pausen für den Erhalt der Leistungsfähigkeit sehr wichtig sind, werden die Mitarbeiter ohne Ängste die Pausenkultur offen in ihren Arbeitsalltag integrieren. Wenn Pausen den Nimbus der »unproduktiven Arbeitszeit« verlieren, kann der Betrieb gemeinsam mit den Mitarbeitern eine Pausenkultur erarbeiten, wie durch Umgestaltung der Rahmenbedingungen eine sinnvolle Veränderung herbeigeführt werden kann. Ziel einer gesunden Pausenkultur ist, dass Pausen durch geeignete betriebliche Rahmenbedingungen ermöglicht werden. Dabei sollte nicht nur die inhaltliche Pausengestaltung thematisiert, sondern auch die Fähigkeiten des Selbstmanagements gefördert werden. Wenn im Betrieb die Haltung sichtbar gelebt wird, dass Pausen wichtig sind, werden mehr Mitarbeiter diese auch annehmen und erholsam gestalten.

Checkliste: Pausenkultur (IGA 2017)   **!**

- Pausen als unternehmerisch relevant für die Leistungs- und Erholungsfähigkeit anerkennen
- Pausenkultur für ein besseres Betriebsklima etablieren
- Aufklärung betreiben: Verständnis für die Notwendigkeit und den Nutzen von Pausen für die Produktivität und Gesundheit schaffen
- Gesetzliche Vorgaben kontrollieren
- Zeit- und Termindruck reduzieren
- Realistische Ziele entwickeln
- Pausenräume, Fitnesspoints, Entspannungsinsel oder Kommunikationszonen einrichten
- In Pausen Bewegung und/oder Entspannung anbieten.

- Eigene Beschäftigte als Multiplikatoren für die Durchführung von Bewegungs- und Entspannungspausen schulen
- Arbeitsorganisation beachten und regelmäßig überprüfen, ob diese mit Vertreterregelungen Pausen ermöglicht
- Prüfen, ob z. B. Smartphones als Reminder (»Heute schon Pause gemacht?«) eingesetzt werden können
- Richtlinien aufstellen zum Umgang mit dem Thema ständige Erreichbarkeit.

10.1.6   Führungskräfte leben Pausenkultur vor

Führungskräfte nehmen in der Umsetzung der Pausenkultur eine besonders wichtige Rolle ein. Führungskräfte sollten im Rahmen ihrer Fürsorgepflicht ihren Mitarbeitern eine offene Pausenkultur vorleben sowie selbst Pausen einhalten und die Belegschaft aktiv dazu auffordern, dass die Einhaltung von Pausen im Interesse des Betriebes liegt. Vereinzelt kann auch die gemeinsame Durchführung von Pausen zur gegenseitigen Akzeptanz der Pausenkultur und zur Verbesserung des Sozialklimas beitragen. Ein weiterer Aspekt aus Perspektive der Führungskräfte ist die Einhaltung vereinbarter Rahmenbedingungen auf der Ebene der Arbeitsorganisation, die mit Belastungs- und Erholungsphasen verbunden sind.

!

Checkliste: Führungskräfte unterstützten die Pausenkultur (IGA 2017)

- Vorbildwirkung durch Selbstbeteiligung an Pausen
- Zeigen, dass Pausen wichtig sind und nicht vergeudete Zeit
- Beschäftigte an ihre Pausen erinnern
- Thema Regeneration in Mitarbeiter- oder Zielgespräche aufnehmen
- Realistische Arbeitsziele setzen, die Pausen zulassen
- Arbeitsorganisation regelmäßig überprüfen und bei Bedarf verändern, um Pausen zu ermöglichen. Regelung der Erreichbarkeit, Ansprechbarkeit der Teams gewährleisten
- akzeptieren, dass Beschäftigte Smartphones (in Notfällen) benutzen
- Lob und Anerkennung nicht nur für Leistung, sondern auch für richtiges Verhalten, d. h. Pausennutzung, aussprechen
- nicht erwarten, dass alle Beschäftigten jederzeit erreichbar sind.

10.1.7   Mitarbeiter – Pausenkultur annehmen

Im Sinne eines wirkungsvollen **BGM** sollten Mitarbeiter ihre Kompetenzen in Richtung der Pausengestaltung erweitern, um festzustellen, wann sie Pausen benötigen und was ihnen hilft, Pausen so zu gestalten, dass sie sich erholen können. Neben dem betrieblichen Einfluss sind es vor allem die Mitarbeiter selbst, die Regeln für ihr Verhalten erschaffen. So haben viele Mitarbeiter Aussagen wie »Ich muss mir eine Pause erst verdienen!« oder »Ich darf mich erst ausruhen, wenn alles erledigt ist, auch wenn ich mit meinen Kräften am Ende bin!« verinnerlicht. Dabei entbehren solche Aussagen jeder wissenschaftlichen Grundlage. Blasche (2014) argumentiert für eine Selbstregulation bei Pausen, da Pausen dann am wirksamsten sind, wenn sich erste Anzeichen von Ermüdung einstellen, was individuell sehr unterschiedlich sein kann. Einen weiterer Vorteil liegt darin, dass Tätigkeiten zu Ende gebracht werden können. Das vermindert zudem das Unterbrechungserleben und erleichtert in der Pause das gedankliche Abschalten. Um Mitarbeiter vor einem drohenden Leistungsabfall und Überlastungssymptomen – wie Verspannungen und Kopfschmerzen – zu bewahren, können festgelegte Pausenzeiten sinnvoll sein, da häufig Pausen aufgrund eines hohen Arbeitspensums nicht gemacht werden. Legt der Betrieb Pausenzeiten fest, so wird damit ein Rahmen geschaffen, der dafür sorgt, dass Pausen systematisch eingehalten werden. (Wendsche/Lohmann-Haislah 2018)

Checkliste: Pausenkultur der Mitarbeiter (IGA 2017)   **!**

- Mitarbeiter schaffen mit den Kollegen Akzeptanz für Pausen
- Pausen werden tatsächlich als Pausen genutzt, Dienstliches wird in dieser Zeit nicht besprochen oder geregelt
- Kollegen werden unterstützt, sodass sie ihre Pause nehmen können
- Offen für Veränderungen sein: Jede Person im Team trägt dazu bei, dass alle ihre Pausen nehmen können
- Probleme bei der Pausengestaltung offen in Teamgesprächen ansprechen
- Wünsche bzw. Vorschläge für eine Optimierung der Pausengestaltung werden im Team besprechen oder im Mitarbeitergespräch mit der Führungskraft
- Die Themen Pausengestaltung und Wert von Erholung werden mit Kollegen reflektiert
- Ideen sammeln: Was macht jeder Einzelne in seiner Pause? Wann brauche ich eine Pause? Wie merke ich das? Wie kann ich mich am besten entspannen oder erholen?
- Bewegung, wie Treppensteigen oder kurzen Spaziergang, in die Pause einbauen
- Nahrungsaufnahme auf die Pausen abstimmen
- Frische Luft oder Entspannungsräumlichkeiten nutzen
- Powernapping zur Pausengestaltung nutzen
- Entspannungstechniken erlernen und regelmäßig anwenden
- Pausen einplanen und bewusst in die tägliche Zeitplanung mit aufnehmen
- Selbstmanagement -Pausengestaltung lernen und üben
- Eigenen Umgang mit dem Smartphone in der Pause reflektieren
- Gemeinsam mit Kollegen die Zeiten festlegen, in denen man nicht erreichbar ist.

Sollte eine Pause ausfallen oder nicht möglich sein gibt es folgende Alternativen:
- Kurzpausen, z. B. der Gang auf die Toilette, zum Kopierer oder zu einem Kollegen
- Fenster öffnen und durchatmen
- falls möglich, Sitz-/Stehposition verändern, aufstehen, sich durchlockern oder dehnen.

10.1.8 Pausencoaches – Multiplikatoren der Pausenkultur

Eine systematische sowie nachhaltige Verankerung eines Pausensystems in einem Betrieb wird durch die Installierung von Pausencoaches unterstützt. Sie fungieren als Multiplikatoren im Unternehmen. Im Rahmen eines Forschungsprojekts der Fachhochschule Burgenland wurde die Systematik einer Pausencoach-Ausbildung entwickelt. In einer überbetrieblichen Schulung wurden die Pausencoaches zum Thema »gesunde Pausengestaltung« geschult. Sie trugen diese Informationen an die Mitarbeiter im eigenen Betrieb weiter, wodurch sich das generierte Wissen vervielfachte. Diese Ausbildung bot zusätzlich eine gute Grundlage für einen gegenseitigen Austausch über Erfahrungen mit Pausen in den jeweiligen Betrieben und trug positiv zum interaktiven Charakter der Ausbildung bei. (Braun/Konrad 2019)

> **!** **Praxistipp: Potenzielle Themen einer Pausencoach-Ausbildung**
> - Rolle eines Pausencoaches – Zweck, Aufgaben, Nutzen
> - Stressreaktionen und Regeneration
> - Der Basic-Rest-Activity-Cycle (BRAC-Zyklus)
> - Pausengestaltung im Arbeitsalltag
> - Rechtliche Grundlagen
> - Arten von Pausen
> - Planung von Pausen
> - Wirkung von Pausen
> - Ideen für Kurzpausen
> - Pausenkultur – 4-Ebenen Modell
> - Pausenraumgestaltung.

Arbeitshilfe online: Das Pausencheck-Verfahren
Ein Pausencheck-Verfahren zur Erhebung der Rahmenbedingungen einer gesunden Pausenkultur in Ihrem Unternehmen finden Sie in den Arbeitshilfen im Downloadbereich.

Dadurch wurden die Teilnehmer einerseits für die Wichtigkeit und die positiven Wirkungen von Kurzpausen im Arbeitsalltag sensibilisiert und erlernten andererseits, welche Rahmenbedingungen im Betrieb geschaffen werden müssen, um die Umsetzung wirkungsvoller Pausensysteme zu realisieren. Ein leicht anzuwendendes Instrument zur Einschätzung der Pausenkultur im Betrieb stellt das Pausencheck-Verfahren von Wendsche (2014) dar. Dabei handelt es sich um ein umfangreiches Screeningtool, bestehend aus 49 empirisch gestützten Kriterien bezüglich des betrieblichen Pausensystems.

Für die Pausencoach-Ausbildung wurde die Originalversion des Pausencheck-Verfahrens auf 18 wesentliche Kriterien gekürzt. Diese gekürzte Version wurde den Pausencoaches vorgestellt und im Anschluss zur Bewertung des Pausensystems im eigenen Betrieb verwendet. Dadurch konnten Bereiche und Handlungsfelder identifiziert werden, an denen in der Arbeit als Pausencoach angesetzt werden kann.

Um das generierte Know-how nachhaltig im Betrieb zu verankern wurde eine Schulungsmappe erstellt. Zusätzlich dazu wurden eigens für die Ausbildung Kommunikationsmaterialien zur Sensibilisierung für Pausen im Betrieb aufbereitet. Die Kommunikationsmaterialien bereiteten eine abwechslungsreiche Pausengestaltung, in den drei Pausenkategorien Micropausen (<1 Min.), Minipausen (1–3 Min.) und Kurzpausen (5–15 Min.) auf. Die Pausenideen wurden in Form von Postkarten und Handzetteln visualisiert und den Pausencoaches in der Schulungsmappe als Instrument zur Informationsweitergabe mitgegeben. Außerdem wurden ihnen alle Schulungsunterlagen digital in Form eines Onlinekurses zur Verfügung gestellt. (Braun/Konrad 2019)

Arbeitshilfen online: Die Pause am Arbeitsplatz
Relevante Studien und Leitfäden rund um das Thema Pausenkultur finden Sie in den Arbeitshilfen im Downloadbereich.

10.2   Herzratenvariabilität – Messbarkeit für gesundes Arbeiten und Führen

Seit 2015 beschäftigt man sich im Pinkafelder **BGM-Modell** mit dem Gedanken, zusätzlich zu Fragebögen Instrumente zu nutzen, die medizinisch fundierte Daten liefern und zur objektiven Evaluierung des psychophysischen Gesundheitszustands eingesetzt werden können. Bisher war es so, dass Themen wie Stress am Arbeitsplatz und Burnout mit Selbstbeurteilungsfragebögen erfasst wurden.

Seit einigen Jahren wird die **Herzratenvariabilität** (HRV) als Tool zur Beurteilung der Gesundheit von Mitarbeitern genutzt. Dabei werden nicht nur Belastungen erkannt, sondern auch jene Ressourcen, die gesunde Mitarbeiter besitzen, um lange leistungsfähig im Unternehmen zu bleiben.

Wichtig: Was kann die HRV?   !
Die HRV ermöglicht ein laufendes objektives Monitoring von Gesundheit und Belastbarkeit und verbessert damit die Leistungsfähigkeit und das Gesundheitsverständnis, steigert die Produktivität und senkt die Krankheitskosten.

Die mit der HRV einfach möglich gewordene individuelle und umfassende Verhaltensprävention als Ergänzung zur Tradition der Verhältnisprävention wird immer häufiger anerkannt und praxisnah umgesetzt.

Mit der HRV ist es möglich, alle wirksamen Einflüsse auf das Individuum im (Berufs-) Alltag direkt und ungefiltert zu erfassen. Psychosoziale Interaktionen oder Arbeitsgestaltung zeigen große Chancen auf, um Mitarbeitergesundheit zu erkennen, zu bewegen und Veränderungen zu messen.

Die Analyse der HRV ermöglicht es, in diesem Bereich mit geringstem Aufwand die höchste Aussagekraft aller entwickelten und denkbaren Diagnostiken zu liefern. Sie wird damit immer mehr zu einem anerkannten Diagnoseverfahren und effektiven Werkzeug zur Beurteilung von sowohl physischen als auch psychischen Belastungen und Ressourcen.

10.2.1   Was steckt hinter der Herzratenvariabilität?

Jeder Herzschlag liefert etwa jede Sekunde eine Information. Das macht rund 100.000 Informationen in 24 Stunden. Es handelt sich hierbei um eine riesige Datenmenge, die auf einfachste Weise über ein Elektrokardiogramm (EKG) erfasst, gespeichert und weiterverarbeitet werden kann.

Das Herz reagiert also unmittelbar auf alles, was der Mensch im Außen erlebt und im Inneren denkt und fühlt. Bei gesunden Menschen reagiert das Herz als High-Tech-Instrument ununterbrochen auf diese äußeren und inneren Signale mit fein abgestimmten Veränderungen (Variationen) der Herzschlagfolge. Es ist zum Beispiel so, dass bei körperlicher Anstrengung oder Stress die Herzfrequenz ansteigt, während sie bei Ruhe oder im Schlaf sinkt. Dieses Phänomen nennt man Herzratenvariabilität (HRV).

Grundbegriff: Herzratenvariabilität

Die HRV beschreibt die Fähigkeit des Herzens, den zeitlichen Abstand von einem Herzschlag zum nächsten laufend zu verändern und sich so flexibel ständig wechselnden Herausforderungen anzupassen. (Lohninger 2017)

Innere und äußere Reize werden von unserem autonomen Nervensystem erfasst und verarbeitet und wirken sich somit auf die HRV aus. Die Steuerung der HRV geschieht durch zwei Anteile im vegetativen Nervensystem: das Aktivieren des *Sympathikus* – im Sinne der Anspannung, aber auch Leistung – sowie des *Parasympathikus* – im Sinne der Erholung.

Schon Shaffer et al. (2014) weisen darauf hin: »The healthy heart is not a metronome«. Sie meinen damit, dass sich ein »gut funktionierender Organismus« durch eine hohe

HRV auszeichnet. Je flexibler also das autonome Nervensystem eines Individuums ist, desto eher ist es in der Lage, auf die Umwelt zu reagieren, und desto höher sind seine erhaltene Anpassungsfähigkeit und damit auch seine HRV. Eine reduzierte HRV steht hingegen für ein Ungleichgewicht im autonomen Nervensystem.

Die Herzratenvariabilität kommt ursprünglich aus der Medizin, findet aber inzwischen in diversen Disziplinen Anklang. Sie analysiert den aktuellen Gesundheitszustand nicht invasiv und nicht punktuell, wie andere bildgebende Verfahren oder die Labordiagnostik zu einem einzigen Zeitpunkt, sondern dynamisch über beliebig lange Zeiträume, vorzugsweise über 24 Stunden, um alle wichtigen Körperfunktionen aussagekräftig abzubilden und so einen Blick auf den gesundheitlichen Allgemeinzustand werfen zu können.

Spannend ist, dass dabei nicht nur körperliche Veränderungen gemessen werden können. Auch Faktoren wie Stressverarbeitung, Resilienz, Erschöpfungsrisiko oder der mentale Zustand können erfasst werden.

> **Wichtig: HRV und psychische Belastung**   **!**
>
> Ein kleiner Auszug aus diversen wissenschaftlichen Arbeiten zeigt, dass auch psychische Belastungen durch die HRV entdeckt werden. Bei Depressionen (Birkhofer et al. 2005), mentalem Stress (Hjortskov et al. 2004), Bluthochdruck (Ruediger et al. 2004), Angststörungen (Chalmers et al. 2014) und Panikstörungen (McCraty et al. 2011) ist eine reduzierte HRV erkennbar. Sie zeigt sich in einer erhöhten sympathischen Kontrolle der HRV und einem reduzierten Parasympathikus.

Ein gesteigerter Parasympathikus kann ein Zeichen für Müdigkeit (Jouanin et al. 2004), eine reduzierte parasympathische Aktivität Zeichen von mentalem Stress (Ruediger et al. 2004) und eine erhöhte Sympathikusaktivität, verbunden mit einem Rückgang des Parasympathikus, ein Zeichen von Anspannung (Jiao et al. 2005) sein. Stress am Arbeitsplatz zeigt sich in einer Überaktivierung des Sympathikus bei gleichzeitigem Rückgang des Parasympathikus. (Vrijkotte et al. 2000) Hält eine Stressbelastung lange an, kann sie zu Burnout führen, das durch Veränderungen in der Herzratenvariabilität diagnostizierbar wird.

Die Studien veranschaulichen, welche Beweise zur Evaluierung der physischen und psychischen Gesundheit in der betrieblichen Gesundheitsförderung mit der HRV erbracht werden können.

Die HRV schließt damit den Kreis zwischen subjektiv emotionalen Daten, erhoben durch Mitarbeiterbefragungen und objektiv gültigen Fakten, gewonnen aus medizinisch objektiven Systemkennzahlen.

10.2.2   Wie kann die Herzratenvariabilitätsmessung in einem Betrieb eingesetzt werden?

Die HRV kann im Betrieb jederzeit eingeführt werden. Zu Beginn eignet sich ein Kick-Off mit einem HRV-Experten, um Einsatzmöglichkeiten und Nutzen sowie das Handling vorzustellen.

Gemessen werden kann auf zwei Arten:

- Ein Minirekorder wird mit zwei Klebeelektroden am Brustgurt angelegt. Unbemerkt wird damit 24 Stunden lang die Herzrate aufgezeichnet, um damit den Alltag objektiv zu erfassen. Nach Beendigung der Messung spielt eine Vertrauensperson die Messung in das Autonom Health Analyseportal ein. Die während der Messung über eine App protokollierten Aktivitäten werden beim Upload der Messdaten automatisch zur Messung hinzugefügt. Schließlich wird die Messung für die Messperson freigeschaltet. Die HRV wird individuell ausgewertet, verrät Vieles über die Lebensweise und gibt eindeutige Auskunft über den Gesundheitszustand wie z. B. über die Belastung während der Arbeitszeit, die Qualität des Schlafs, der Ernährung und weiterer Lebensstilfaktoren.
- Ein bluetoothfähiger Brustgurt schickt die aufgezeichneten HRV-Daten an die My-Autonom-Health-App und wertet sie sofort aus. Hier erhält der Gemessene regelmäßig während der laufenden Messung bereits Feedback über sein vegetatives Nervensystem.

In beiden Fällen können autorisierte Personen wie Betriebsärzte und -psychologen u. ä. nach Beendigung der Messung für ein ausführliches Coaching zu Rate gezogen werden, um die HRV theoretisch zu erläutern und praktische Interventionen gemeinsam mit dem Mitarbeiter aus den Messergebnissen abzuleiten.

Die Analyse der HRV-Daten erfolgt über eine speziell entwickelte, hoch performante Software, die die Messung anhand verschiedener diagnostischer Algorithmen auswertet und bildlich in Form eines HRV-Spektrogramms und schriftlich in ausführlichen Erklärungen und Empfehlungen auswertet.

Das HRV-Spektrogramm wird auch Lebensfeuer genannt, weil es in Form eines Flammenbildes dargestellt wird. Es emotionalisiert bereits auf den ersten Blick durch seine Farben. Es ändert sich je nach körperlicher Befindlichkeit und Aktivität und ist intuitiv auf den ersten Blick erfassbar.

Beispiel: Beispielmessung bei einer leistungsstarken Topmanagerin   !

In der Abbildung 62 wird das HRV-Spektrogramm einer 56-jährigen Frau dargestellt, die eine Managerposition in ihrem Betrieb innehat. Auf den ersten Blick sind die kräftigen Differenzen anhand der Grauwerte sowie der Höhe und Dichte erkennbar, die für eine ausgezeichnete Vitalität sprechen. Zwischen 9 und 18 Uhr hat sie diverse Aktivitäten wie Kommunikation, Telefonate und geistige Aktivitäten protokolliert, die zum größten Teil mit gut bis sehr gut bewertet werden.

Auch die ersten Details zur Messung zeigen deutlich, dass die Frau Einiges richtig macht, ihren Alltag gut managen kann und bei der Arbeit Spaß hat. Ihr biologisches Alter liegt mit 23 Jahren deutlich unter ihrem kalendarischen Alter von 56 Jahren. Maßgeblich dafür sind die Anzahl der Herzschläge in 24 h, die mit ca. 87.500 in einem sehr ökonomischen Bereich liegt, ihre mittleren Herzraten Tag und Nacht, die unter den Werten gleichaltriger Frauen liegen, und stark ausgeprägten Frequenzbereichen (VLF, LF, HF). Weitere HRV-Parameter wie allgemeine Vitalität, Leistungspotential oder Burnoutrisiko zeigen, wie gut sie über 24 Stunden hinweg performt.

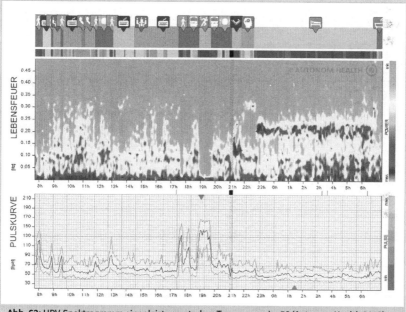

Abb. 62: HRV-Spektrogramm einer leistungsstarken Topmanagerin, 56 (Autonom Health 2019)

DETAILS DER MESSUNG

Aktuelles Biologisches Alter	23 Jahre	General Vitality Index	498
Anzahl Herzschläge	85.546	Anzahl Herzschläge in 24h	87.508
Minimale Herzrate	39 BpM um 05:54:10 (Schlaf)	Dynamik A	13 BpM
Maximale Herzrate	144 BpM um 18:09:24 (Autolenken)	Dynamik B	106 BpM

Parameter	Tag	Schlaf	Ganze Messung
Mittlere Herzrate	64,83 BpM	52,02 BpM	60,77 BpM
Total Power	5.973,48 msec²	7.018,08 msec²	6.245,33 msec²
ULF	697,60 msec² (11,68 %)	405,95 msec² (5,78 %)	618,51 msec² (9,90 %)
VLF	2.479,14 msec² (41,50 %)	2.166,45 msec² (30,87 %)	2.387,67 msec² (38,23 %)
LF	1.814,56 msec² (30,38 %)	1.826,36 msec² (26,02 %)	1.812,21 msec² (29,02 %)
HF	982,18 msec² (16,44 %)	2.619,32 msec² (37,32 %)	1.426,94 msec² (22,85 %)
pNN50	28,51 %	56,77 %	34,95 %
SDNN	159,91 msec	128,59 msec	185,02 msec
RMSSD	64,52 msec	80,46 msec	68,48 msec
StressIndex	---	---	---

Pulsstatistik	Protokolliert	Tatsächliches Aktivierungsniveau	
Schlaf, Entspannen / Ruhen	07:35 (31,58%)	10:26 (44,49%)	Pulsbereich Schlafen
Sitzende Tätigkeiten	13:50 (57,59%)	09:50 (41,93%)	Pulsbereich Sitzen
Gehen / Radfahren, manuelle Arbeit	01:45 (7,28%)	02:52 (12,28%)	Pulsbereich Gehen, Manuelle Arbeit, etc.
Sport	00:00 (0,00%)	00:00 (0,01%)	Pulsbereich Grundlagenausdauer
	00:00 (0,00%)	00:00 (0,00%)	Pulsbereich Spitzenpuls
	---	---	

Abb. 63: erste Details zur HRV-Messung einer leistungsstarken Topmanagerin, 56 (Autonom Health 2019)

Arbeitshilfe online: HRV-Spektogramm

Eine farbliche Darstellung zum HRV-Spektogramm einer leistungsstarken Topmanagerin (Abb. 62 und 63) bzw. eines 52-jährigen Mannes im Burnout (Abb. 64 und 65) finden Sie in den Arbeitshilfen im Downloadbereich.

Beispiel: Beispielmessung bei einem 52-jährigen Mann mit Burnout   !

In Abbildung 64 ist ein kaum vorhandenes Lebensfeuer erkennbar. Weder ein starkes Grauwertspektrum, noch Höhe und Dichte sind vorhanden. Wenige fordernde Aktivitäten bei einem hohen Pulsniveau sind zudem ein Zeichen dafür, dass hier eine starke Belastung vorliegt.

Sein biologisches Alter von 70 Jahren liegt fast 20 Jahre über seinem kalendarischen Alter. Fast 124.000 Herzschläge in 24 Stunden sprechen zudem für sich. Im Schlaf findet keine Erholung mehr statt. Sowohl tagsüber als auch nachts liegt seine Herzrate in einem hohen Bereich, Männer in seinem Alter haben hier im Durchschnitt deutlich bessere Ergebnisse. Allgemeine Vitalität, Leistungspotential und Burnout Risiko liegen in einem alarmierenden Bereich. Es besteht unzweifelhaft Handlungsbedarf.

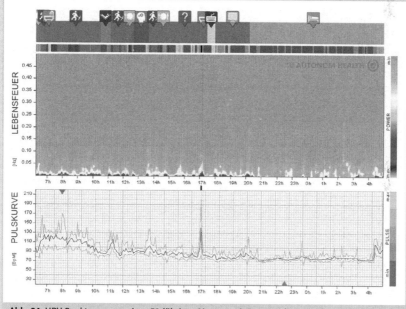

Abb. 64: HRV-Spektrogramm eines 52-jährigen Mannes mit Burnout (Autonom Health 2019)

DETAILS DER MESSUNG

Aktuelles Biologisches Alter — 70 Jahre
Anzahl Herzschläge — 116.191
Minimale Herzrate — 68 BpM um 22:36:02 (Schlaf)
Maximale Herzrate — 164 BpM um 08:04:01 (Manuelle Arbeit)

General Vitality Index — 38
Anzahl Herzschläge in 24h — 123.629
Dynamik A — 15 BpM
Dynamik B — 96 BpM

Parameter	Tag	Schlaf	Ganze Messung
Mittlere Herzrate	91,79 BpM	77,19 BpM	85,85 BpM
Total Power	840,30 msec^2	402,35 msec^2	675,78 msec^2
ULF	301,11 msec^2 (35,83 %)	77,27 msec^2 (19,20 %)	217,79 msec^2 (32,23 %)
VLF	367,75 msec^2 (43,76 %)	214,86 msec^2 (53,40 %)	309,67 msec^2 (45,82 %)
LF	111,53 msec^2 (13,27 %)	83,53 msec^2 (20,76 %)	100,87 msec^2 (14,93 %)
HF	59,90 msec^2 (7,13 %)	26,71 msec^2 (6,64 %)	47,46 msec^2 (7,02 %)
pNN50	0,79 %	0,31 %	0,63 %
SDNN	95,59 msec	39,68 msec	103,99 msec
RMSSD	17,99 msec	15,26 msec	17,15 msec
StressIndex	---	---	---

Pulsstatistik	Protokolliert	Tatsächliches Aktivierungsniveau	
Schlaf, Entspannen / Ruhen	08:55 (39,30%)	00:00 (0,00%)	Pulsbereich Schlafen
Sitzende Tätigkeiten	07:18 (32,18%)	06:11 (27,42%)	Pulsbereich Sitzen
Gehen / Radfahren, manuelle Arbeit	05:15 (23,14%)	11:36 (51,44%)	Pulsbereich Gehen, Manuelle Arbeit, etc.
Sport	00:00 (0,00%)	03:29 (15,47%)	Pulsbereich Grundlagenausdauer
	---	01:16 (5,66%)	Pulsbereich Spitzenpuls

Abb. 65: Details zur HRV-Messung eines 52-jährigen Mannes mit Burnout (Autonom Health 2019)

Natürlich kann nur in Kombination mit einem ausführlichen Gespräch auf ein Burn-out geschlossen werden. Eine stark reduzierte HRV kann auch ein Zeichen für andere chronische Belastungen oder eine Erkrankung sein.

10.2.3   Welchen Nutzen hat die Herzratenvariabilitäts-Messung im BGM?

Die HRV eignet sich, um Mitarbeiter personalisierte Aussagen zu ihrem Gesundheits-zustand und Empfehlungen zur Verbesserung ihrer Gesundheit zu geben. Die erho-benen Werte liefern Informationen zu Stärken und Belastungen im Laufe des Alltags. Belastungen im psychischen Bereich, das Risiko für Herz-Kreislauf-Erkrankungen und andere gesundheitliche Störungen werden objektiv sichtbar gemacht und bieten die Möglichkeit effektiv entgegenzuwirken.

Besonders schön ist, dass die Methode auch einen überdurchschnittlich guten Gesundheitszustand und ein extrem hohes Leistungsvermögen erfasst. Der Schwer-punkt liegt somit nicht nur auf der Entdeckung von Krankheit, sondern orientiert sich stark an den Ressourcen und Potentialen. Ein wertvoller Zugang zur bestmöglichen Förderung von Performanz bei gleichzeitigem Schutz vor Überforderung.

Das Unternehmen selbst kann – das Einverständnis aller Beteiligten und eine aus-reichend große Zahl an Teilnehmenden vorausgesetzt – anonymisierte, aggregierte Ergebnisse zu den HRV-Messungen erhalten und mehrfach nutzen. Es erhält damit Auskunft über Belastungsschwerpunkte und Fördermöglichkeiten für die Gesundheit der Mitarbeiter. Es kann damit sein Humankapital anhand objektiver, dokumentierter Daten bewerten, ebenso wie den return on investment in jede, die Gesundheit und Leistung seiner Mitarbeiter fördernden Maßnahme.

Wir können die HRV auch zur Planung von Gesundheitsförderungsmaßnahmen ver-wenden. Der Einsatz der HRV-Methode wird bereits für die Arbeitsmedizin empfohlen: »Die Praxistauglichkeit von Herzfrequenz- und HRV-Analysen im Rahmen von Feldun-tersuchungen an Arbeitsplätzen ist erwiesen. Die Analysen können für verschiedene Fragestellungen zielführend eingesetzt werden, wenn die methodischen Anforderun-gen erfüllt sind. Unter diesen Voraussetzungen können sie nicht nur Forschungsein-richtungen, sondern auch praktizierenden Arbeitsmedizinern und Betriebsärzten empfohlen werden, zumal kardioassoziierte Aspekte in der modernen Arbeitsme-dizin im Rahmen des Wandels der Arbeitswelt und der demografischen Situation der Erwerbstätigen in Deutschland eine zunehmend größere Bedeutung erlangen«. (Quelle: 002/042 – S2k-Leitlinie: Nutzung der Herzschlagfrequenz und der Herzfre-quenzvariabilität in der Arbeitsmedizin und Arbeitswissenschaft)

Die HRV gibt Aufschluss über die Ressourcen und Belastungen der Mitarbeiter. Eine reduzierte HRV ist ein Anzeichen für eine psychische oder physische Belastung. Rechtzeitig erkannt und abgefangen können damit die Werte wichtiger Kennzahlen wie Fehlerquoten, Fehlzeiten und Fluktuationen reduziert und die Werte hinsichtlich Leistungsfähigkeit, Produktivität und Commitment gesteigert werden. Damit bleibt die Gesundheitsquote am Ende realistisch hoch. Die Beteiligung an Gesundheitsmanagementaktivitäten steigt mit dem grafisch dargestellten Erfolg in den HRV-Messungen. Optimal ist es, wenn Mitarbeiter ihre eigenen Kompetenzen rund um den persönlichen Einsatz von gesundheitsförderlichen Maßnahmen erweitern und selbständig reagieren können. Die Mitarbeiter können mit HRV-Messungen dort abgeholt werden, wo sie sind. Das ist vor allem in Zeiten, in denen Arbeits- und Freizeitbereiche miteinander verschmelzen, besonders wichtig.

> **!** **Praxistipp: Einsatzmöglichkeiten der HRV**
>
> - Objektive Beurteilung von Gefahren und Ressourcen
> - Identifizierung von betrieblichen Belastungsschwerpunkten
> - Individuelle physische und psychische Beanspruchungsanalyse
> - Anonyme Do-it-yourself-Messungen im Arbeits- und Privatleben
> - Evaluation arbeitsmedizinischer, gesundheitsbezogener und präventiver Interventionen
> - Real-time-Gesundheits-Kommunikation auch bei Pandemien
> - Valide Gesundheitsinformationen für HR-Verantwortliche, Betriebsärzte, BGF/BGM Dienstleister.

10.2.4   Welche Vorteile bringt das HRV- Gesundheitsmonitoring für Führungskräfte?

Gerade für Führungskräfte ist, angesichts der an sie gestellten Herausforderungen, die Gewissheit, sich »im gesunden Bereich« Ihrer Leistungsfähigkeit zu befinden, von unschätzbarem Vorteil. Ihnen und anderen High Performern im Sport – wie ganzen Formel1-Teams – und Künstlern dient die HRV mittlerweile dazu, extreme Aufgaben unter Absicherung ihrer Gesundheit zu bewältigen.

Jede wirksame Technologie kann für und gegen das Individuum und die Gesellschaft eingesetzt werden. Neben aller technischen Vorkehrungen für bestmöglichen Datenschutz und Datensicherheit und der Garantie, Messergebnisse keinesfalls an Dritte weiterzugeben, ist die Vorbildfunktion der Führungskraft für die Akzeptanz entscheidend. Nur wenn auch die Führungskraft die Verantwortung für die eigene Gesundheit übernimmt, z. B. durch die klar ersichtliche Nutzung von Messsystem und App, soll sie dies auch von Mitarbeitern verlangen.

> **Wichtig: HRV als Anreiz**
>
> Neben der Absicherung, die eigene Gesundheit und Leistung im Griff zu haben, gelingt es durch die HRV auch die Mitarbeiter nachhaltig positiv zu steuern. Und das nicht mit einer auf Risiken oder Krankheiten abzielenden Präventionsmaßnahme, sondern mit einem Incentive zur Optimierung von Gesundheit und Performanz.

!

10.2.5 Wie können HRV-Ergebnisse in den Arbeitsalltag integriert werden?

Veränderungen zum Gesunden auf personeller Ebene erfordern es, sich gesundheitsschädigende Verhaltensweisen ab- und gesundheitsförderliche anzugewöhnen. Die dazu notwendige Bereitschaft entsteht nicht nur durch Bewusstmachung, dass etwas nicht stimmt, sondern wird stark durch Emotionalisierung motiviert. HRV-Messungen zeigen deutlich, wo man im beruflichen und privaten Alltag Lebensenergie gewinnt oder verliert.

Dies zu identifizieren und die Motivation, ein besseres Ergebnis erzielen zu wollen – z. B. ein niedrigeres biologisches Alter oder ein (noch) schöneres Lebensfeuer – erzeugen eine intrinsische, auf Gesundheit gerichtete Verhaltensbereitschaft. Belohnungen in Form positiver Verlaufsgrafiken im Zuge laufender Messungen festigen gesundheitsförderliches Verhalten.

Das Gefühl, seine Gesundheit selbst in Händen zu halten, kann dazu führen, dass sich die Qualität nachhaltigen Gesundheitsmanagements für selbstkompetentere Mitarbeiter verbessert.

Gezielte Gesundheitsförderung wird durch die differenzierte qualitative Bewertung der entscheidenden Lebensstilfaktoren möglich. Sollte beispielsweise der größte Handlungsbedarf in der Schlafqualität liegen, können gezielte Angebote für besseren Schlaf getroffen werden, die auch auf ein begründetes Bedürfnis einer großen Mitarbeiterzahl stoßen werden.

Der Gemeinsinn der Organisation wird durch die von HRV-Messungen entstehende Kommunikation innerhalb von teilnehmenden und auch nicht teilnehmenden Mitarbeitern gestärkt. Diese kann und soll durch die begleitende Vermittlung von Gesundheitsthemen in firmeninternen und -externen Kommunikationsmedien verstärkt werden.

Nicht zuletzt erweist sich das Feiern der Verbesserungen der aggregierten Messergebnisse, z. B. einer großen Anzahl »eingesparter Herzschläge« während eines Jahres, ein nachweislich verbesserter körperlicher Aktivierungsgrad, besserer Schlaf und natürlich jede »Verzögerung« des biologischen Alterungsprozesses als idealer Anlass die Zusammengehörigkeit im Betrieb zu stärken.

10.3   Die wichtigen Fragen und Antworten zu Kapitel 10

Weshalb sind Pausen am Arbeitsplatz wichtig?
Regelmäßige zeitlich und selbstverantwortlich geplante Unterbrechungen der Arbeitstätigkeit sind eine enorm wichtige Regenerationsquelle im Arbeitsalltag. Um Arbeitsbelastungen auszugleichen, müssen in den Arbeitsverlauf Erholungszeiten eingeplant werden. Auf diese Weise kann, eine durch eine Arbeitsbelastung hervorgerufene Ermüdung und ein eintretender Verlust an Leistungsfähigkeit, ausgeglichen werden.

Wie wirken sich regelmäßige Pausen aus?
Die Einhaltung regelmäßiger Erholungspausen hat eine positive Auswirkung auf die Aufrechterhaltung der Arbeitsleistung und führt zu einer Minimierung des Unfallrisikos. Pausen dienen somit der Sicherheit und Gesundheit am Arbeitsplatz. Neben der Steigerung der Leistungsfähigkeit üben Arbeitspausen auch positive Effekte auf die Stimmungslage besonders in anspruchsvoller Arbeitssituationen aus.

Kann die Leistungsfähigkeit erhöht werden, wenn nach der inneren biologischen Uhr gearbeitet wird?
Die menschliche Arbeitsleistung unterliegt mehr oder weniger regelmäßigen tageszeitlichen Schwankungen, die wir besser berücksichtigen sollten. Unsere genetisch vorgegebene Leistungskurve im Tagesablauf ist der von Forschern entdeckte Basic Rest Activity Cycle (BRAC). Dieser Ruhe-Aktivitätszyklus beschreibt, wie Leistungs- und Erholungsbereitschaft sich in einem natürlichen Rhythmus abwechseln.

Tagsüber bewirkt dieser alle 90 Minuten abwechselnde Zyklus eine subjektiv wahrgenommene erhöhte und verminderte Leistungsfähigkeit. Mittels einer angepassten Arbeits- und Pausengestaltung im zeitlichen Tagesverlauf können die menschlichen Leistungsressourcen wirksam genutzt sowie Fehler reduziert werden.

Wie kann eine betriebliche Pausenkultur entwickelt werden?
Auf betrieblicher Ebene sollten Führungskräfte und Mitarbeiter über die Notwendigkeit, Sinnhaftigkeit und bewusste Gestaltung von Pausen und Regenerationsmöglichkeiten informiert sein und es sollte Teil des Betrieblichen Gesundheitsmanagements sein. Erst wenn die Pausen den Nimbus der »unproduktiven Arbeitszeit« verlieren und Führungskräfte mit gutem Beispiel vorangehen, kann der Betrieb gemeinsam mit den Mitarbeitern eine Pausenkultur erarbeiten. Ziel einer gesunden Pausenkultur ist es, dass Pausen durch geeignete betriebliche Rahmenbedingungen wie räumliche Voraussetzungen für die Pausengestaltung oder Vorbildfunktion der Führungskräfte ermöglicht werden.

Wie kann die Herzratenvariabilitätsmessung im Betrieb zur Unterstützung der Gesundheit eingesetzt werden?

Die Herzratenvariabilität beschreibt die zeitliche Änderung der Abstände zwischen jeweils zwei Herzschläge und wird dabei in Millisekunden gemessen. Je größer die Variabilität – also je unterschiedlicher die einzelnen zeitlichen Abstände voneinander sind –, desto flexibler ist das Herz in der Fähigkeit, sich ständig wechselnden Herausforderungen anzupassen.

Die Herzratenvariabilität eignet sich, um Mitarbeiter und Führungskräfte personalisierte Aussagen zu ihrem Gesundheitszustand und Empfehlungen zur Verbesserung der Gesundheit zu geben. Die erhobenen Werte liefern Informationen zu Stärken und Belastungen im Laufe des Alltags. Belastungen im psychischen Bereich, das Risiko für Herz-Kreislauf-Erkrankungen und andere gesundheitliche Störungen werden objektiv sichtbar gemacht und bieten die Möglichkeit effektiv entgegenzuwirken.

10.4 Zusammenfassung

- Pausen im Sinne einer selbstbestimmten zeitlichen Unterbrechung der jeweiligen Tätigkeit sind eine wichtige Regenerationsquelle im Arbeitsalltag
- Das Arbeiten unter Einhaltung des 90-minütigen Basic Rest Activity Cycle optimiert die Arbeitsfähigkeit und beugt übermäßigen Belastungsbeanspruchungen vor
- Regelmäßige Pausen helfen Mitarbeiter vor einem drohenden Leistungsabfall und Überlastungssymptomen zu bewahren und eine bessere Life-Domain Balance zu erreichen
- Die Messung der Herzratenvariabilität gibt Aufschluss über Ressourcen und Belastungen von Mitarbeitern und kann als eine individuelle physische und psychische Beanspruchungsanalyse eingesetzt werden.

Autoren

Erwin Gollner, Mag. phil., Dr. phil., MPH, MBA, Trainingstherapeut, Gesundheits- und Arbeitspsychologe mit Public Health Ausbildung, Prof. (FH), Fachhochschule Burgenland; Lektor Medizinische Universität Wien; Arbeitsgebiet: Settingentwicklung in der Gesundheitsförderung, gesundheitsförderliche Organisationsentwicklung in Betrieben, Forschungs- und Beratungsprojekte zum Thema *»Betriebe Gesund Managen«* und »Gesundes Führen«. Leitung des Bachelor-Studienganges Gesundheitsförderung und Gesundheitsmanagement und Departmentleiter Gesundheit an der Fachochschule Burgenland. Kontakt: erwin.gollner@fh-burgenland.at

Heinz K. Stahl, Dr. rer. soc. oec., Chemieingenieur, ao. Univ.-Prof., Research Associate, Interdisziplinäres Institut für Verhaltenswissenschaftlich orientiertes Management, Wirtschaftsuniversität Wien; Wissenschaftlicher Partner, Lehrstuhl Wirtschafts- und Betriebswissenschaften, Montanuniversität Leoben; Wissenschaftlicher Leiter von Managementlehrgängen, Management Center Innsbruck; Kooperationspartner, Zentrum für systemische Forschung und Beratung, Heidelberg, Lektor an der Fachhochschule Burgenland; Arbeitsgebiet: Die Brückenbildung zwischen verhaltenswissenschaftlichen Erkenntnissen und der Führung in und von Organisationen unter besonderer Berücksichtigung eines humanistischen Menschenbildes. Kontakt: info@hks-research.at

Florian Schnabel, Mag. rer. soc. oec., MPH, Prof. (FH), Fachhochschule Burgenland, Gesundheitssoziologie mit Public Health Ausbildung. Arbeitsgebiet: Soziale Determinanten von Gesundheit speziell im Setting Betrieb, Forschungs- und Beratungsprojekte zum Thema *»Betriebe Gesund Managen«* und gesundheitsförderliche Organisationskultur. Leitung des Master-Studiengangs Gesundheitsförderung und Personalmanagement an der Fachhochschule Burgenland. Kontakt: florian.schnabel@fh-burgenland.at

Co-Autorinnen und Co-Autoren

Patricia-Maria Böhm, Mag., ist Klinische Psychologin und Gesundheitspsychologin. Seit fünf Jahren betreut sie Forschungsprojekte und die Gesundheitsplattform von Autonom Health, recherchiert nach aktuellsten Publikationen zur Herzratenvariabilität (HRV) und nutzt HRV-Messungen regelmäßig in Führungskräfte-Coachings.

Carmen Braun, MA ist als wissenschaftliche Mitarbeiterin und in der Hochschullehre am Department Gesundheit der Fachhochschule Burgenland tätig. Ihre Forschungsschwerpunkte sind Betriebliches Gesundheitsmanagement sowie gesundheitsförderliche Führungsforschung mit Schwerpunkt werte- und sinnorientiertes Führen.

Gerhard Eichinger, Dipl. Ing. (FH), seit 35 Jahren als Qualitätstechniker, Controller, Sicherheitsfachkraft und als Unternehmensberater im Bereich Integrierte Managementsysteme tätig, Vortragender zu Qualitäts- und Umweltmanagement an Bildungsinstitutionen, Leadauditor bei TÜV Austria Cert GmbH.

Alexander Glaser, MBA, seit mehr als 25 Jahren als Unternehmensberater im Bereich Integrierte Managementsysteme tätig, Vortragender zu Qualitäts-, Projekt-, Prozess- und Risikomanagement an hochschulischen Bildungsinstitutionen, Geschäftsführer der mc&t Management Consulting & Training e. U., Lektor an der Fachhochschule Burgenland.

Alfred Lohninger, Dr. med., ist Chronomediziner, Gynäkologe und Allgemeinmediziner, gründete 2005 die Autonom Health Gesundheitsbildungs GmbH, deren umfassendes diagnostisch-therapeutisches Konzept von namhaften Institutionen in Projekten zur betrieblichen Gesundheitsförderung erfolgreich eingesetzt wird; Lektor an der Fachhochschule Burgenland.

Literaturverzeichnis

Antonovsky, A. (1997): Salutogenese. Zur Entmystifizierung der Gesundheit. Tübingen.

AOK (2020): Gesundes Essen bei der Arbeit. https://www.aok.de/fk/betriebliche-gesundheit/gesundes-essen-bei-der-arbeit/ernaehrungstipps. [Abrufdatum: 5.3.2020].

Aristoteles (1909): Nikomachische Ethik. Jena.

Assmann, A. (1999): Erinnerungsräume. Formen und Wandlungen des kulturellen Gedächtnisses. München.

Badura, B. (2017): Arbeit und Gesundheit im 21. Jahrhundert: Mitarbeiterbindung durch Kulturentwicklung. Bielefeld.

Badura, B./Hehlmann, T. (2003): Betriebliche Gesundheitspolitik: Der Weg zur gesunden Organisation. Berlin.

Badura, B./Griener, W./Rixgens, P./Ueberle, M./Behr, M. (2008). Sozialkapital: Grundlagen von Gesundheit und Unternehmenserfolg. Berlin/Heidelberg.

Badura, B./Walter, U./Hehlmann, T. (2010): Betriebliche Gesundheitspolitik: Der Weg zur gesunden Organisation (2. Auflage). Heidelberg.

Bahl, F./Staab, P. (2010): Das Dienstleistungsproletariat. Theorie auf kaltem Entzug. In: Zeitschrift des Hamburger Instituts. für Sozialforschung, Heft 6.

Baltes, B. B./Briggs, T. E./Huff, J. W./Wright, J. A./Neuman, G. A. (1999): Flexible and compressed workweek schedules: A meta-analysis of their effects on work-related criteria. Journal of Applied Psychology, 84 (4), S. 496–513.

Bambra, C./Egan, M./Thomas, S./Petticrew, M./Whitehead, M. (2007): The psychosocial and health effects of workplace reorganisation. 2. A systematic review of task restructuring interventions. Journal of Epidemiology and Community Health, 61 (12), S. 1028–1037.

Barling, A. J./Weber, T./Kelloway, E. K. (1996): Effects of transformational leadership training on attitudinal and financial outcomes: A field experiment. Journal of Applied Psychology, 81 (6), S: 827–832.

BAuA (2017): Arbeitswelt im Wandel: Zahlen – Daten – Fakten. https://www.baua.de/DE/Angebote/Publikationen/Praxis/A97.pdf?__blob=publicationFile&v=9 [Abrufdatum: 16.02.2020].

BAuA (2018): Sicherheit und Gesundheit bei der Arbeit – Berichtsjahr 2017. https://www.baua.de/DE/Angebote/Publikationen/Berichte/pdf/Suga-2018-barrierefrei.pdf?__blob=publicationFile&v=2 [Abrufdatum: 25.03.2020].

Bauer, G./Jenny, G. (2017): The Application of Salutogenesis to Organisations. In: M. B. Mittelmark/S. Sagy/M. Eriksson/G. Bauer/J. M. Pelikan/B. Lindström/G. A. Espnes (Hrsg.), The handbook of salutogenesis. Schweiz, S. 211–224.

Bauer, G. F./Vogt, K./Inauen, A./Jenny, G. J. (2015): Work-SoC – Entwicklung und Validierung einer Skala zur Erfassung des arbeitsbezogenen Kohärenzgefühls. Zeitschrift für Gesundheitspsychologie, 23 (1), S. 20–30.

Bertelsmann Stiftung/Hans-Böckler-Stiftung (2011): Zukunftsfähige betriebliche Gesundheitspolitik: Vorschläge der Expertenkommission. Gütersloh.

Birkofer, A./Schmidt, G/Först, H. (2005): Herz und Hirn – Die Auswirkungen psychischer Erkrankungen und ihrer Therapie auf die Herzfrequenzvariabilität. In: Fortschritte der Neurologie Psychiatrie, 73. Jg., 2011, S. 192–205.

Blanchard, K./Zigarmi P. (2002): Der Minuten Manager- Führungsstile. Hamburg Rowohlt.

Blasche, G. (2014): Arbeitspausen – aus Sicht der Erholungsforschung. Österreichisches Forum Arbeitsmedizin, 14 (2), S. 10–16.

Blasche, G. (2019): Pausengestaltung am Arbeitsplatz. In: Gollner, E./Hauer, K.: Sind resiliente Unternehmen erfolgreichere Unternehmen. Leykam.

Blattner, A./Elsigan, G. (2015): Leitfaden Psychische Gesundheit: Kombinierte Umsetzung der Arbeitsplatzevaluierung psychischer Belastungen gem. ASchG bzw. B-BSG und Betrieblicher Gesundheitsförderung. Wien.

Blättner, B. (2007): Das Modell der Salutogenese: eine Leitorientierung für die berufliche Praxis. Prävention und Gesundheitsförderung, 2, S. 67–73.

Bond, F. W./Bunce, D. (2001): Job control mediates change in a work reorganization intervention for stress reduction. Journal of Occupational Health Psychology, 6 (4), S. 290–302.

Bördlein, Ch. (2006): Zerstört Verstärkung die »intrinsische Motivation«? http://www. verhalten.org/grundlagen/intrinsisch.html [Abrufdatum: 13.02.2020].

Bourbonnais, R./Brisson, C./Vézina, M. (2011): Long-term effects of an intervention on psychosocial work factors among healthcare professionals in a hospital setting. Occupational and Environmental Medicine, 68 (7), S. 479–486.

Braun, C. (2018): Kohärente Führung zur Gestaltung gesundheitsförderlicher Arbeitsbedingungen. FH Burgenland: Masterthesis.

Braun, C./Konrad, J. (2019): Konzept zur Gestaltung einer gesunden Pausenkultur. In: Gollner, E.; Hauer, K.: Sind resiliente Unternehmen erfolgreichere Unternehmen. Leykam.

Braun, M. (2018): Chronobiologische Arbeitsgestaltung. https://wiki.iao.fraunhofer.de/ index.php/Chronobiologische_Arbeitsgestaltung: [Abrufdatum: 3.4.2020].

Bräunig, D./Kohstall, T. (2013): Berechnung des internationalen »Return on Prevention« für Unternehmen: Kosten und Nutzen von Investitionen in den betrieblichen Arbeits- und Gesundheitsschutz. DGUV.

Brunstein, J. C./Heckhausen, H. (2010): Leistungsmotivation. In: Heckhausen, J./Heckhausen, H. (Hrsg.): Motivation und Handeln, 4. Aufl., Heidelberg, S. 145–192.

Bunce, D./West, M. A. (1996): Stress management and innovation interventions at work. Human relations, 1996, Vol. 49 (2), S. 209–232.

Bundesministerium für Ernährung und Landwirtschaft. (2017): Der BMEL-Ernährungsreport. https://www.bmel.de/DE/themen/ernaehrung/ernaehrungsreport2020.html;jsessionid= 5E656D5E32FB7C448A1C9E0EF05DAB3A.internet2832 [Abrufdatum: 28.03.2020].

Busch, Ch./Deci. N./Laackmann, M. (2013): Teamarbeit und Gesundheit – Der Einfluss von Teammerkmalen auf Stressbewältigung und Gesundheit bei Un- und Angelernten. In: Gruppendynamik und Organisationsberatung, 44, Heft 1, S. 133–151.

Cabanas, E./Illouz, E. (2019): Das Glücksdiktat. Frankfurt am Main.

Chalmers, J. A./Quintana, D. S./Abbot M. J./Kemp, A. H. (2014): Anxiety disorders are associated with reduced heart rate variability: a meta analysis. In: Front Psychiatry, 11. Jg., 2014, S. 80.

Coleman, J. (1990): Foundations of Social Theory, Cambridge, Miss.: Harvard University Press.

Collins, J. J./Baase, C. M./Sharda, C. E./Ozminkowski, R. J./Nicholson, S./Billotti, G. M./ Turpin, R. S./Olson, M./Berger, M. L. (2005): The assessment of chronic health conditions on work performance, absence, and total economic impact for employers. Journal of Occupational and Environmental Medicine, 47, S. 547-57.

Craes, U./Mezger, E. (2001). Erfolgreich durch Gesundheitsmanage-ment: Beispiele aus der Arbeitswelt (hrsg. von der Bertelsmann Stiftung und der Hans-Böckler-Stiftung unter wissenschaftlicher Leitung von Bernhard Badura, 2. Aufl. Gütersloh.

Csikszentmihalyi, M. (1975): Beyond boredom and anxiety. San Francisco.

Csikszentmihalyi, M. (1997): Finding Flow. New York.

Deloitte Consulting GmbH (2018): Fluktuation und deren Auswirkung auf Unternehmen. Wien.

Ditzen, B./Heinrichs, M. (2007): Psychobiologische Mechanismen sozialer Unterstützung. In: Zeitschrift für Gesundheitspsychologie, 15, S. 143–157.

Drucker, P. F. (2002): They're Not Employees, They're People. Harvard Business Review, 80 (2), S. 70–77.

Eberz, S./Antoni, C. H. (2016): Das Systemisch-Salutogene Interaktions-Modell (SSIM) – Ein ganzheitlicher Ansatz zur Erklärung und Entwicklung gesundheitsförderlicher Interaktionsdynamiken zwischen Führungskräften und Mitarbeitenden. Gruppe. Interaktion. Organisation. Zeitschrift für Angewandte Organisationspsychologie (GIO), 47, S. 265–273.

Eberz, S./Becker, R./Antoni, C.H. (2011): Kohärenzerleben im Arbeitskontext - ein nützliches Konstrukt für die ABO-Psychologie. Zeitschrift für Arbeits- & Organisationspsychologie, 55, S. 115-131.

Eder, B.-C./Wendsche, J. (2014): Evaluierung der psychischen und physischen Entlastung. Sichere Arbeit, 6, S. 22–28.

Egan, M./Bambra, C./Thomas, S./Petticrew, M./Whitehead, M./Thomson, H. (2007): The psychosocial and health effects of workplace reorganisation. 1. A systematic review of organisational-level interventions that aim to increase employee control. Journal of Epidemiology and Community Health, 61 (11), S. 945–954.

Ericsson, Anders K./Prietula, Michael J./Edward T. Cokely. (2007): »The Making of an Expert«. Harvard Business Review. 85 (2007), S. 114-21.

Etzel, G. (2010): Untersuchungen zum Korrumpierungseffekt der Motivation. Gerhard Etzel Training, Ebenhausen.

European Commission (2014): Communication from the commission to the European parliament, the council, the European economic and social committee and the committee of the regions. https://www.auva.at/cdscontent/load?contentid=10008.542527&vers ion=14455213588 [Abrufdatum: 24.04.2020]

Feldt, T./Leskinen, E./Kinnunen, U./Mauno, S. (2000): Longitudinal factor analysis models in the assessment of the stability of sense of coherence. Personality and Individual Diverences, 28, S. 239–257.

Felfe, J./Ducki, A./Franke, F. (2014): Führungskompetenzen der Zukunft. In: B. Badura/A. Ducki/H. Schröder/J. Klose/M. Meyer (Hrsg.), Fehlzeiten-Report 2014: Erfolgreiche Unternehmen von morgen – gesunde Zukunft heute gestalten. Berlin & Heidelberg, S. 139–148.

Felfe, J./Krick, A./Reiner, A. (2018): Wie kann Führung Sinn stiften? – Bedeutung der Vermittlung von Sinn für die Gesundheit. In: B. Badura/A. Ducki/H. Schröder/J. Klose/M. Meyer (Hrsg.), Fehlzeiten-Report 2018: Sinn erleben – Arbeit und Gesundheit. Berlin, S. 213–224.

Fischer, H. R./Stahl, H. K. (2014): Führen als Dienen. In: Konfliktdynamik, 2. Jg., Heft 3, S. 238–243.

Flütter-Hoffmann, C. (2018): Sinnstiftung als Erfolgsfaktor: Wie Arbeitgeber dazu beitragen können, dass Beschäftigte ihre Arbeit als sinnvoll erleben. In: B. Badura/A. Ducki/H. Schröder/J. Klose/M. Meyer (Hrsg.), Fehlzeiten-Report 2018: Sinn erleben – Arbeit und Gesundheit. Berlin, S. 201–212.

Foerster, H. (1993): Wissen und Gewissen. Versuch einer Brücke. Suhrkamp, Frankfurt.

Franke, A. (2006): Modelle von Gesundheit und Krankheit. Bern.

Frone, M. R. (2000): Interpersonal Conflict at Work and Psychological Outcomes: Testing a Model Among Young Workers. Journal of Occupational Health Psychology, 5 (2), S. 246–255.

Fuchs, R./Schwarzer, R. (1994): Selbstwirksamkeit zur sportlichen Aktivität: Reliabilität und Validität eines neuen Messinstruments, Zeitschrift für Differentielle und Diagnostische Psychologie, 15, 1994, Heft 3, S. 141–154.

Garde, A. H./Albertsen, K./Nabe-Nielsen, K./Carneiro, I. G./Skotte, J./Hansen, S. M. et al. (2012): Implementation of self-rostering (the PRIO-project): effects on working hours, recovery, and health. Scandinavian Journal of Work, Environment & Health, 38 (4), S. 314–326.

Geissler, J. (1977): Psychologie der Karriere, München.

Glaser, J./Kühnl, A. (2014): Führung und Mitarbeitergesundheit. In: P. Angerer/J. Glaser/H. Gündel/P. Henningsen/C. Lahmann/S. Letzel/D. Nowak (Hrsg.), Psychische und psychosomatische Gesundheit in der Arbeit: Wissenschaft, Erfahrungen, Lösungen aus Arbeitsmedizin, Arbeitspsychologie und Psychosomatischer Medizin. Heidelberg, S. 74–83.

Goldgruber, J. (2012): Organisationsvielfalt und betriebliche Gesundheitsförderung. Wiesbaden.

Gollner, E./Kreuzriegler, F./Eitzinger F. (1992): Gesundheitstraining für Manager. BLV Verlag.

Gollner, E./Szabo, B./Schnabel, F. et. al, (2018): Gesundheitsförderung Konkret. Ein forschungsgeleitetes Lehrbuch für die Praxis. Wien.

Gollner, E./Hauer, K. (2019): Sind resiliente Unternehmen erfolgreichere Unternehmen. Leykam.

Gollner, E./Schnabel, F./Braun, C. (2020): Reset in der Arbeitswelt. Lernende Organisation 115. Wien.

Gregersen, S./Zimber, A./Kuhnert, S./Nienhaus, A. (2011): Führungsverhalten und Gesundheit: zum Stand der Forschung. Das Gesundheitswesen, 72 (6), S. 3–12.

Grote, S. (2012): Die Zukunft der Führung. In: B., Michaelis/C., Nolte/K., Sonntag (Hrsg.) Führungskräfteentwicklung im 21. Jahrhundert – Wo stehen wir und wo müssen wir hin? Berlin-Heidelberg, S. 365–389.

Hardering, F. (2018): Die Sinnsuche der Generation Y: Zum Wandel von Ansprüchen an den Sinn (in) der Arbeit. In: B. Badura/A. Ducki/H. Schröder/J. Klose/M. Meyer (Hrsg.), Fehlzeiten-Report 2018: Sinn erleben – Arbeit und Gesundheit. Berlin, S. 75–84.

Heckhausen, H. (1974): Leistung und Chancengleichheit. Göttingen.

Heckhausen, J./Heckhausen, H. (2010): Motivation und Handeln. 4. Aufl., Berlin und Heidelberg.

Hjarsbech, P. U./Christensen, K. B./Bjorner, J. B./Madsen, I. E. H./Thorsen, S. V./Carneiro, I. G. et al. (2014): A multi-wave study of organizational justice at work and long-term sickness absence among employees with depressive symptoms. Scandinavian Journal of Work, Environment & Health, 40 (2), S. 176–185.

Hjortskov, N./Rissen, D./Blangsted, AK./Fallentin, N./Lundberg, U./Sogaard, K. (2004): The effect of mental stress on heart rate variability and blood pressure dur-ing computer work. In: European Journal of Applied Physiology, 92. Jg., 2004, S. 84–89. https://eur-lex.europa.eu/legal-content/EN/TXT/PDF/?uri=CELEX:52014DC0332Abrufdatum 24.04.2020

Huber, A. (2014): Das Betriebliche Eingliederungsmanagement. In S. Hahnzog (Hrsg.), Betriebliche Gesundheitsförderung: Das Praxishandbuch für den Mittelstand. Wiesbaden, S. 59–73.

IfGP (2014): Wirksamkeit und Wirtschaftlichkeit von Betrieblicher Gesundheitsförderung. https://www.ifgp.at/cdscontent/load?contentid=10008.643036&version=1499941131 [Abrufdatum: 13.04.2020].

IGA.Report 22 (2011): Arbeitsbedingte Gesundheitsgefahren und Berufe mit hoher Krankheitslast in Deutschland. Dresden.

IGA.Report 39 (2019): Flexible Beschäftigungsformen und aufsuchende Gesundheitsförderung im Betrieb. Dresden.

IGA.Report 40 (2018): Wirksamkeit und Nutzen arbeitsweltbezogener Gesundheitsförderung und Prävention. Zusammenstellung der wissenschaftlichen Evidenz 2012 bis 2018. Dresden.

INQA (2019): Psychische Gesundheit in der Arbeitswelt. Initiative Neue Qualität der Arbeit. Berlin.

International Monetary Fund. World Economic Outlook (2020): The Great Lockdown. https://www.imf.org/en/Publications/WEO/Issues/2020/04/14/weo-april-2020 [Abrufdatum: 14.4.2020].

ISO 45001:2018, Managementsysteme für Sicherheit und Gesundheit bei der Arbeit – Anforderungen mit Anleitung zur Anwendung, www.iso.orgAbrufdatum 24.04.2020

ISO Survey (2018): The ISO Survey. https://www.iso.org/the-iso-survey.html [Abrufdatum: 24.04.2020]

Jiao, K./Li, Z./Chen, M./Wang, C. (2005): Synthetic effect analysis of heart rate variability and blood pressure variability on driving mental fatigue. In: Journal of Biomedical Engineering, 22, Jg., 2005, S. 343–346.

John, M./Maier, G. W. (Hrsg.) (2007): Eignungsdiagnostik in der Personalarbeit: Grundlagen, Methoden, Erfahrungen. Düsseldorf.

Jouanin, JC/Dussault, C./Peres, M./Satabin, P./Pierard, C./Guezennec, CY. (2004): Analysis of heart rate variability after a ranger training course. In: Military Medi-cine, 169, Jg., 2004, S. 583–587.

Joyce, K./Pabayo, R./Critchley, J. A./Bambra, C. (2010): Flexible working conditions and their effects on employee health and wellbeing. Cochrane Database Systematic Review, (2).

Kammeyer-Mueller, J. D./Wanberg, C. R. (2003): Unwrapping the Organizational Entry Process: Disentangling Multiple Antecedents and Their Pathways to Adjustment. Journal of Applied Psychology, 88 (5), S. 779–794.

Kappler, E.; Stahl, H. K. (1999): Managervisionen sind Strategien ohne Erfolgszwang. In: Frankfurter Allgemeine Zeitung, Nr. 164, 19. Juli 1999, S. 25.

Karasek, P. A. (1979): Job demands, Job descisions latitude and mental strain: Implications for job redesign. Administration Science Quaterly, 24, S: 285–307.

Kawakami, N./Araki, S./Kawashima, K., Masumoto, T./Hayashi, T. (1997): Effects of work-related stress reduction on depressive symptoms among Japanese blue-collar workers. Scandinavian Journal of Work, Environment & Health, 23 (1), S. 54–59.

Keller, H. (2011): Handbuch der Kleinkindforschung. Bern.

Kerth, K./Asum, H./Stich, V. (2011): Die besten Strategietools in der Praxis. München,

Kivimäki, M./Virtannen, M./Elovainio, M./Kouvonnen, A./Väänänen, A./Vahtera, J.(2006): Work stress in the etiologie of coronary heart disease – a meta-analysis. Scandinavian Jounal of work,Environment &Health, 32, 6, S. 431–442.

Kleinbeck, U. (2010): Handlungsziele. In: Heckhausen, J./Heckhausen, H. (Hrsg.): Motivation und Handeln, 4. Aufl., S. 295–307, Heidelberg.

Kleitman, N. (1982): Basic rest-activity cycle-22 years later, Journal of Sleep Research & Sleep Medicine, Vol 5(4), Dec 1982, S: 311–317.

Klink, J. J. L. van der/Blonk, R. W. B./Schene, A. H./Dijk, F. J. H. van. (2001): The Benefits of Interventions for Work-Related Stress. American Journal of Public Health, 91 (2), S. 270–276.

Kobayashi, Y./Kaneyoshi, A./Yokota, A./Kawakami, N. (2008): Effects of a Worker Participatory Program for Improving Work Environments on Job Stressors and Mental Health among Workers: A Controlled Trial. Journal of Occupational Health, 50 (6), S. 455–470.

Kramer, R. M. (1996): Divergent Realities and Convergent Disappointments in the Hierarchic Relation. In: Kramer, R. M.; Tyler, T. R. (Hrsg.): Trust in Organizations. Frontiers of Theory and Research. Sevenoaks (Cal).

Kroll, L. E./Lampert, T. (2007): Sozialkapital und Gesundheit in Deutschland. Das Gesundheitswesen, 69, Heft 3, S. 120–127.

Kugler, S./Horch, D./Scholz, I./Rankl D. (2016): Gesunde Unternehmen: Mit Betrieblichem Gesundheitsmanagement zu mehr Erfolg. (2., geänderte Auflage). Hamburg.

Leoni, T. (2015): Fehlzeitenreport 2015: Krankheits- und unfallbedingte Fehlzeiten in Österreich. (Österreichisches Institut für Wirtschaftsforschung WIFO, Hrsg.). Wien.

Lohninger, A. (2017): Herzratenvariabilität. In: Das HRV-Praxis-Lehrbuch. Wien.

Loose, A./Sydow, J. (1994): Vertrauen und Ökonomie in Netzwerkbeziehungen. Struktu-rationstheoretische Betrachtungen. In: Sydow, J./Windeler, A. (Hrsg.): Management Interorganisationaler Beziehungen. Opladen, S. 160–193.

Luhmann, N. (1988): Macht, 2. Aufl., Stuttgart.

Luhmann, N. (1989): Vertrauen. Ein Mechanismus der Reduktion sozialer Komplexität. 3. Aufl., Stuttgart.

Marine, A./Ruotsalainen, J./Serra, C./Verbeek, J. (2006): Preventing occupational stress in healthcare workers. Cochrane Database of Systematic Reviews, S. 4.

McCraty, R/Shaffer, F. (2015): Heart rate variability: new perspectives on physiological me-chanisms, assessment of self-regulatory capacity, and health risk. In: Global Advances in Health and Medicine, 4, Jg., 2015, S. 46–61.

Mette, J./Harth, V. (2017): Das Kohärenzgefühl im Arbeitskontext: Bedeutung des Kons-trukts für die Gesundheit von Beschäftigten und die betriebliche Gesundheitsförderung. https://link.springer.com/article/10.1007/s40664-017-0168-2 [Abrufdatum: 21.04.2020].

Meyer, H. (2007): Leitfaden zur Unterrichtsvorbereitung. Berlin.

Müller, M. (2007): Taylorismus – Abschied oder Wiederkehr? In: Magazin Mitbestimmung, 07/2000, Hans-Boeckler-Stiftung, Düsseldorf.

Murray, Christopher J. L, Lopez, Alan D, World Health Organization, World Bank & Harvard School of Public Health. (1996). The Global burden of disease : a comprehensive as-sessment of mortality and disability from diseases, injuries, and risk factors in 1990 and projected to 2020 : summary / edited by Christopher J. L. Murray, Alan D. Lopez. World Health.

Murray, H. A. (1938): Explorations in personality. New York.

Ndjaboué, R./Brisson, C./Vézina, M. (2012): Organisational justice and mental health: a systematic review of prospective studies. Occupational and Environmental Medicine, 69 (10), S. 694–700.

Nido, M./Medici, E. G./Boch, D. (2016): Verschiedene Bürostrukturen und ihr Zusammen-hang mit Wohlbefinden und Gesundheit. In: iafob (Hrsg.), Unternehmensgestaltung im Spannungsfeld von Stabilität und Wandel: Neue Erfahrung und Erkenntnisse Band II. Zürich, S. 377–396.

Nijp, H. H./Becker, D. G. J./Geurts, S. A. E./Tucker, P./Kompier, M. A. J. (2012): Systematic review on the association between employee worktime control and work-non-work ba-lance, health and well-being, and job-related outcomes. Scandinavian Journal of Work, Environment & Health, 38 (4), S: 299–313.

Noelle-Neumann, E./Petersen, Th. (2005): Alle, nicht jeder: Ein-führung in die Methoden der Demoskopie. Berlin.

Normenreiche ONR 49000ff:2014 (2014) Risikomanagement für Organisationen und Sys-teme, Umsetzung von ISO 31000 in die Praxis, Austrian Standards Institute. Wien.

Nutbeam, D. (2010): Theory in a Nutshell. Australia.

ÖNORM ISO 31000:2018 (2018): Risikomanagement – Leitlinien, Austrian Standards Interna tional. Wien.

OSHA Europe (2020): Europäische Normen. https://osha.europa.eu/de/safety-and-health-legislation/standardsAbrufdatum [Abrufdatum: 24.04.2020]

Paridon, H./Lazar, N. (2017): IGA.Report 34. Regeneration, Erholung, Pausengestaltung – alte Rezepte für moderne Arbeitswelten? Dresden.

Pfaff, H./Plath, S. V./Köhler, T./Krause, H. (2008): Gesundheitsförderung im Finanzdienstleistungssektor: Prävention und Gesundheitsmanagement bei Banken und Versicherungen. Berlin.

Pfläging, N. (2006): Führen mit flexiblen Zielen: Beyond Budgeting in der Praxis. Franfurt a. Main

Philipsen, G./Ziemer, F. (2014): Mit Resilienz zu nachhaltigem Unternehmenserfolg. Wirtschaftsinformatik & Management, (2), S. 68–76.

Popper, K. (1965): Conjectures and Refutations. New York.

Rasmussen, K./Glasscock, D. J./Hansen, O. N./Carstensen, O./Jepsen, J. F./Nielsen, K. J. (2006): Worker participation in change processes in a Danish industrial setting. American Journal of Industrial Medicine, 49 (9), S. 767–779.

Reuter, T./Prümper, J./Jungkunz, C. (2015): Grundsätze des Betrieblichen Eingliederungsmanagements. In: Prümper, J./Reuter, T./Sporbert, A. (Hrsg). Betriebliches Eingliederungsmanagement erfolgreich umsetzen: Ergebnisse aus dem transnationalen Projekt. (43–48). Berlin.

Reuter, T./Stadler, D. (2015): Das BEM-Verfahren und notwendige Strukturen im Betrieblichen Eingliederungsmanagement. In: Prümper, J./Reuter, T./Sporbert, A. (Hrsg). Betriebliches Eingliederungsmanagement erfolgreich umsetzen: Ergebnisse aus dem transnationalen Projekt. (49–53). Berlin.

Richardson, K. M./Rothstein, H. R. (2008): Effects of occupational stress management intervention programs: a meta-analysis. Journal of Occupational Health Psychology, 13 (1), S. 69–93.

Riegger, M. (1983): Lernstatt erlebt. Praktische Erfahrungen mit Gruppeninitiativen am Arbeitsplatz. Essen.

Rigotti, Th./Otto, K./Mohr, G. (2007): Psychologische Verträge und ihr Zusammenhang mit psychosozialem Befinden von Arbeitnehmerinnen und Arbeitnehmern. In: Richter, P. G./Rau, R./Mühlpfordt, S. (2007) (Hrsg.): Arbeit und Gesundheit. Zum aktuellen Stand in einem Forschungs- und Praxisfeld. Lengerich.

Robertson, B. J. (2016): Holacracy. Ein revolutionäres Management-System für eine volatile Welt. München.

Rosso, B. D./Dekas, K. H./Wrzensniewski, A. (2010): On the meaning of work: A Theoretical integration and review. Research in Organizational Behaviour, 30, S. 91–127.

Roth, G. (1998). Das Gehirn und seine Wirklichkeit. Frankfurt am Main.

Roth, G. (2008): Persönlichkeit, Entscheidung und Verhalten. Stuttgart.

Rousseau, J. J. (1963): Émile oder über die Erziehung. Stuttgart.

Ruediger, H./Seibt, R./Scheuch, K./Krause, M./Alam, S. (2004): Sympathetic and parasympathetic activation in heart rate variability in male hypertensive patients under mental stress. In: Journal of Human Hypertension, 18, Jg., 2004, S. 305–315.

Rump, J./Eilers, S. (2014): Personalrekrutierung und -entwicklung der Zukunft. In: B. Badura/A. Ducki/H. Schröder/J. Klose/M. Meyer (Hrsg.), Fehlzeiten-Report 2014: Erfolgreiche Unternehmen von morgen – gesunde Zukunft heute gestalten. Berlin & Heidelberg.

Russel, B. (1938): Power. London.

Sammito, S./Thielmann, B./Seibt, R./Klussmann, A./Weippert, M./Böckelmann, I. (2014): Leitlinie Nutzung der Herzschlagfrequenz und der Herzfrequenzvariabilität in der Arbeitsmedizin und der Arbeitswissenschaft. In: Portal Wiss Med, 11, Jg., 2014, S. 1–60.

Schaeffer D./Pelikan J. M. (2017): Health Literacy. Forschungsstand und Perspektiven. Bern.

Schettgen, P./Schliepat, H. (Hrsg.): Dienende Führung. Zu einer neuen Balance zwischen ICH und WIR. Berlin.

Schmalz, J. S. (2007): Zwischen Kooperation und Kollaboration, zwischen Hierarchie und Heterarchie. Organisationsprinzipien und -strukturen von Wikis. In: kommunikation @ gesellschaft, 8, S. 1–21.

Schneider, F./Dreer E (2013): Volkswirtschaftliche Analyse eines rechtzeitlichen Erkennens von Burnout. http://download.opwz.com/wai/Studie_UNI_Linz_Burnout_Volkswirtschaft_041213.pdf. [Abrufdatum: 03.03.2020].

Schnell, T. (2018). Von Lebenssinn und Sinn in der Arbeit: Warum es sich bei beruflicher Sinnerfüllung nicht um ein nettes Extra handelt. In: B. Badura/A. Ducki/H. Schröder/J. Klose/M. Meyer (Hrsg.), Fehlzeiten-Report 2018: Sinn erleben – Arbeit und Gesundheit. Berlin, S. 11–22.

Schuster, C. (2006): Organizational Culture Inventory: Nutzung von Kultur als Treiber erfolgreichen Wandels. In: Bertelsmann Stiftung (Hrsg.), Messen, werten, optimieren: Erfolg durch Unternehmenskultur. Gütersloh, S. 20–25.

Semmer, N. K. (2006): Job stress interventions and the organization of work. Scandinavian Journal of Work, Environment & Health, 32 (6), S. 515–527.

Seyda, S./Placke, B. (2017): Die neunte IW-Weiterbildungserhebung – Kosten und Nutzen betrieblicher Weiterbildung: IW-Trends 4.2017, Vierteljahresschrift zur empirischen Wirtschaftsforschung, Jg. 44, Institut der deutschen Wirtschaft. Köln.

Shaffer, F./McCraty, R./Zerr, C. (2014): A healthy heart is not a metronome: an integrative review of the hearts anatomy and heart rate variability. In: Frontiers in Psychology, 5, Jg., 2014, S. 1040

Siegrist, J./Dragano, N. (2008): Psychosoziale Belastungen und Erkrankungsrisiken im Erwerbsleben. Bundesgesundheitsblatt-Gesundheitsforschung-Gesundheitsschutz, 51, S. 305–312.

Siegrist, K./Siegrist, J. (2014): Epidemiologische Zusammenhänge zwischen psychosozialen Arbeitsbelastungen und psychischen Erkrankungen. In: P. Angerer/J. Glaser/H. Gündel/P. Henningsen/C. Lahmann/S. Letzel/D. Nowak (Hrsg.), Psychische und psychosomatische Gesundheit in der Arbeit: Wissenschaft, Erfahrungen, Lösungen aus Arbeitsmedizin, Arbeitspsychologie und Psychosomatischer Medizin. Heidelberg, S. 84–90.

Siegrist,J. (2002): Efford- reward imbalance at work and health. In: P.Perrewe/D. Ganster (Hrsg.) Research in occupational stress and well- beeing. Volume 2: Historical and current perspectives in stress and health. New York, 261–291.

Siegrist,J.(2004): Soziale Determinanten von Herz – Kreislauf – Erkrankungen. Neue Erkenntnisse und ihre Bedeutung für die Prävention. Padeborn.

Sitkin, S. B./See, K. E./Miller, C. C./Lawless, M. W./Carton, A.M (2011): The Paradox of Stretch Goals: Organizations in Pursuit of the seemingly impossible. In: Academy of Management Review, 26, Nr. 3, S. 544–566.

Slesina, W./Bohley, S. (2011): Gesundheitsförderung und Prävention in Settings: Betriebliches Gesundheitsmanagement. In: T. Schott/C. Hornberg (Hrsg.), Die Gesellschaft und ihre Gesundheit: 20 Jahre Public Health in Deutschland: Bilanz und Ausblick einer Wissenschaft. Wiesbaden, S. 619–633.

Sorensen, K./Pelikan,J./Röthlin, F./ Ganahl, K./Slonska, Z./Doyle, G./Fullam, J./Kondilis, B./ agrafiotis, D./Uiters, E./Falcon, M./Mensing, M./Tchamov, K./Van den Brouke, S./Brand, H./ (2015): Health Literarcy in europe: comperative results of the European health literacy survey. European Journal of public health Vol.25, No 6 1053-1058

Specht, J. (2018): Persönlichkeit. Spektrum der Wissenschaft, Heidelberg.

Spicker, I/Schopf, A. (2007): Betriebliche Gesundheitsförderung erfolgreich umsetzen: Praxishandbuch für Pflege- und Sozialdienste. Wien.

Sprenger, R. (2015): Die Entscheidung liegt bei Dir! Frankfurt a. M.

Stab, N. (2014): Pflegekräfte. In: P. Angerer/J. Glaser/H. Gündel/P. Henningsen/C. Lahmann/S. Letzel/D. Nowak (Hrsg.), Psychische und psychosomatische Gesundheit in der Arbeit: Wissenschaft, Erfahrungen, Lösungen aus Arbeitsmedizin, Arbeitspsychologie und Psychosomatischer Medizin, S. 183–190.

Stadler, P. (2006): Psychische Belastungen am Arbeitsplatz – Ursachen, Folgen und Handlungsfelder der Prävention. Bayerisches Landesamt für Gesundheit und Lebensmittelsicherheit. https://www.lgl.bayern.de/downloads/arbeitsschutz/arbeitspsychologie/doc/ psybel_arbeitsplatz.pdf. [Abrufdatum: 01.03.2020].

Stahl, H. K. (2013a): Leistungsmotivation in Organisationen – Ein interdisziplinärer Leitfaden für die Führungspraxis. Fokus Management und Führung, Band 5. Zweite, neu bearbeitete Auflage, Berlin.

Stahl, H. K. (2013b): Führungswissen. Berlin.

Stahl, H. K. (2018): Das neue Management des persönlichen Verkaufs. Renningen.

Stahl, H. K. (2019): Dienende Führung. Das Heidelberger Modell. In: Fischer H. R.; Stahl H. K.;

Stahl, H. K. (2020): Systematisches Human Resource Management. Berlin.

Statista Dossier (2019): Mentale Gesundheit weltweit.

Steger, M./Dik, B./Duffy, R. (2012): Measuring Meaningful Work: The Work and Meaning Inventory (WAMI). Journal of Career Assessment, 20 (3), S. 322–337.

Szabo, B. (2019): Belastungen und Ressourcen von Volksschulleitungen: Eine triangulative Analyse der Bedeutung des sozialen Netzwerkes am Arbeitsplatz. Wiesbaden: Springer VS.

Uhle, T./Treier, M. (2019): Betriebliches Gesundheitsmanagement: Gesundheitsförderung in der Arbeitswelt – Mitarbeiter Einbinden, Prozesse Gestalten, Erfolge Messen. Wiesbaden.

Ulich, E. (2008): Betriebliches Gesundheitsmanagement – Arbeitspsychologische Perspektiven. In: F. Gastager (Hrsg.). Betriebliche Gesundheitsförderung im europäischen Eisenbahnwesen (S. 49–74). Wien.

Ulich, E./Wülser, M. (2018): Gesundheitsmanagement in Unternehmen: Arbeitspsychologische Perspektiven (4. überarbeite und erweiterte Auflage). Wiesbaden.

Vollmeyer, R. (2005): Einführung: Ein Ordnungsschema zur Integration verschiedener Motivationskomponenten. In: Vollmeyer, R./Brunstein, J. (Hrsg.): Motivationspsychologie und ihre Anwendung. Stuttgart, S. 9–19.

Vrijkotte, T.G./van Doornen, L.J./de Geus, E.J. (2000): Effects of work stress on ambulatory blood pressure, heart rate, and heart rate variability. In: Hypertension, 35, Jg., 2000, S. 880-6.

Waltersbacher, A./Zok, K./Böttger, S./Klose, J. (2018): Sinnerleben bei der Arbeit und der Einfluss auf die Gesundheit. In: B. Badura/A. Ducki/H. Schröder/J. Klose/M. Meyer (Hrsg.), Fehlzeiten-Report 2018: Sinn erleben – Arbeit und Gesundheit, Berlin, S. 23–46.

Weber, M. (1976): Wirtschaft und Gesellschaft – Grundriss der verstehenden Soziologie, 1. Halbband, 5. Aufl., Tübingen.

Wendsche, J. (2014): Pausencheckverfahren. Dresden: Technische Universität.

Wendsche, J./Lohmann-Haislah, A. (2018): Arbeitspausen gesundheits- und leistungsförderlich gestalten (1. Aufl.). Göttingen.

WHO (1986). Gesundheitsförderung. http://www.euro.who.int/__data/assets/pdf_file/0006/129534/Ottawa_Charter_G.pdf [Abrufdatum: 12.01.2020].

World Economic Forum. (2010). The Wellness Imperative. Creating more effective Organizations. https://www.right.com/wps/wcm/connect/a2bd7426-4b2a-4af9-81ac-5211e83c72bb/the-wellness-imperative-creating-more-effective-organizations-world-economic-forum-in-partnership-with-right-management.pdf?MOD=AJPERES [Abrufdatum: 13.04.2020].

Stichwortverzeichnis

Exklusiv für Buchkäufer!

Ihre Arbeitshilfen zum Download:

 ▶ **http://mybook.haufe.de/**

▶ **Buchcode:** | HZL-9130 |

HaUFE.

 Ihr Feedback ist uns wichtig!
Bitte nehmen Sie sich eine Minute Zeit

www.haufe.de/feedback-buch